KB041594

제2판

2018년 4월 19일 시행

개
정 **제조물책임법**

- 이론과 판례 -

최병록

Product Liability Act

박영사

제2판 머리말

　　우리나라 제조물책임법은 2002년 7월 1일부터 시행하였으며, 징벌적 손해배상 제도를 도입하는 제조물책임법의 개정(2차 개정)은 2018. 4. 19.부터 시행되고 있다. 제조업자(기업)들은 나름대로 제조물책임대책(PLP)으로 사전예방책으로 제품안전 대책(Product Safety ; PS)과 사후대책으로 제조물책임방어대책(Product Liability Defence ; PLD)을 마련하여 적극적으로 대응해 왔다고 생각된다.

　　그러나 우리 사회는 여전히 제품안전(PS)이 확보되지 못한 제조물의 결함으로 인하여 소비자들의 생명·신체 또는 재산상의 손해를 발생시키는 제조물책임사고 가 빈번하게 발생하고 있다. 이는 "소비자안전이 확보되지 못한 제품은 상품이 아 니다"라는 철저한 소비자안전마인드가 확보되지 못한데서 기인한다고 볼 수 있다.

　　이 책은 2차 개정된 제조물책임법을 해설하고 2002년 7월 1일 이후에 나온 대법 원 판결 15개와 하급심 판결 25개를 대상으로 사건개요와 판결요지, 시사점을 정리 한 것이다. 2018년 9월 15일에 발간되고 나서 짧은 기간 안에 많은 독자들의 사랑 을 받아왔다. 이에 힘입어 이번에 14개의 판례(대법원 판례 2개, 하급심 판례 12개)를 추가 하였고 징벌적 손해배상제도를 도입한 개별 법률을 보완하여 수정·발간하게 되었 다. 이번 개정판에서 판례의 추가는 기존의 판례의 순서에 이어서 게재하였다.

　　앞으로 계속하여 제조물책임 관련 판례를 추가하여 소비자와 기업에게 정보를 제공하고자 한다. 이 책이 소비자에게는 소비자권리를 실현하는 데 유익한 정보가 되기를 기대하며, 기업에서도 소비자안전경영을 하는 데 도움을 얻을 수 있는 참고 자료로 활용되기를 간절히 기대한다.

2021년 12월

저자

머리말

현대사회에서 우리 소비자는 각종 제품이나 서비스의 안전성이 확보되지 못하여 각종 위해로부터 생명·신체 또는 재산에 크고 작은 손해를 입게 되는 경우가 많다는 데 심각성이 있다. 특히 최근에 가습기살균제로 인한 다수의 소비자가 사망하거나 상해를 입은 사건은 우리나라의 소비자안전침해사건 중에서 최악의 참사로 기록될 수 있을 것이다.

일찍이 미국에서는 1960년대부터 제품(제조물)의 결함으로 인하여 소비자들이 생명·신체나 재산상에 손해를 입게 되었을 때 제조업자로부터 구제받을 수 있는 근거법리로 제조물책임(Product Liability: PL)법리가 태동하였다. 1963년 미국의 캘리포니아 주 법원에서 내린 그린맨(Greenman)사건의 판결은 소비자권리를 신장시키는 데 획기적으로 기여하여 미국을 소비자천국으로 만들었다. 그 후 제조물책임의 법리는 유럽의 20여 개 국가와 일본을 비롯하여 브라질, 필리핀, 중국 등으로 파급되어 이제는 규범의 국제표준(Global Standard)으로까지 자리를 잡게 되었다.

우리나라에서도 민법의 전통적인 책임원칙인 「과실책임의 원칙」을 수정하여 제조물의 결함을 요건으로 제조업자에게 손해배상책임을 추궁하는 제조물책임법이 2000년 1월 12일에 공포되었다. 부칙에서 규정한 대로 2002년 7월 1일부터 시행하여 왔다.

제조물책임법의 제정목적은 소비자(피해자)가 손해배상을 청구하기 위하여 증명하여야 하는 「제조업자의 과실」이라는 주관적인 요건 대신에 「제조물의 결함」이라는 객관적인 요건을 증명하게 함으로써 소비자가 훨씬 더 쉽게 손해배상을 받을 수 있도록 하는 데 있다.

그 후 2013년 5월 22일에 제조물책임법의 1차 개정되어 시행되었는데, 이는 제조물책임에서 다투어지는 주요 쟁점에 대한 개정이 아니라 법 문장의 표기를 한글화하고, 어려운 용어를 쉬운 우리말로 풀어쓰며 복잡한 문장은 체계를 정리하여 간결하게 다듬음으로써 쉽게 읽고 잘 이해할 수 있도록 하려는 이유에서 개정되었다.

그러나 2002년 7월 1일부터 시행된 제조물책임법은 소비자피해구제에 실효성이 없다는 비판이 학계나 소비자단체로부터 지속적으로 받아왔다. 그동안 국회에서는 제조물책임법에 대한 개정안이 의원입법형태로 다수 제기되었는데, 2017년 3월 30일 징벌적 손해배상

제 도입, 피해자의 증명책임 완화, 제조물 공급자의 책임 강화 등을 내용으로 하는 「제조물책임법」 2차 개정법률안이 국회에서 의결되었다. 정부로 이송된 개정 제조물책임법은 2017년 4월 11일 국무회의를 통과하여 2017년 4월 18일에 공포(법률 제14,764호)되었다. 부칙에 따라 공포 후 1년이 경과한 시점에 시행하도록 되어 있어서 개정내용을 2018년 4월 19일부터 시행하게 되었다.

본서는 크게 두 개의 장으로 나누어 저술하였다. 하나는 최근에 개정된 2차 개정 제조물책임법의 내용을 주요 쟁점별로 이해하기 쉽게 설명하고 있다.

다른 하나는 2002년 7월 1일 이후에 나온 대법원판결과 하급심 판결을 수집하여 사건 내용, 판결 요지, 시사점으로 나누어 분석하였다.

끝으로 본서를 통하여 소비자는 안전한 제품의 선택과 결함제품으로부터 구제받을 수 있는 권리의식을 다지는 기회가 되기를 바란다. 무엇보다도 기업에서는 본서의 활용으로 제조물의 설계ㆍ제조ㆍ관리 및 광고ㆍ판매 파트에 종사하는 직원들이 제조물책임마인드로 철저히 무장하고, 안전한 제품을 생산하여 소비자로부터 신뢰받고 경쟁력이 있는 기업으로 거듭나는 데 도움이 되기를 간절히 기대한다.

제조물책임법을 전문적으로 공부하고자 하는 학생, 기업체의 제조물책임관련 직원, 법조 관계자 또는 일반인들에게 제조물책임법을 활용하는 데 좋은 정보를 제공하게 될 것으로 믿는다.

본서가 출간되기까지 어려운 출판시장의 여건에도 불구하고 기꺼이 출간해 주신 박영사 안종만 대표님을 비롯한 임직원 모두에게 진심으로 감사를 드립니다.

2018년 8월

저 자

차 례

제2장 우리나라 제조물책임 판례 55

제1장

우리나라 개정 제조물책임법의 해설

제1절

제조물책임법의 제정과 개정

1. 제조물책임의 개념

산업사회의 진전과 현대의 과학기술이 고도로 발달함에 따라 소비자에게 제공되는 제품도 고도화·복잡화되고, 이에 따라 소비자는 제품의 성분, 성능, 제조공정 및 사용방법 등에 관한 모든 정보를 스스로 알 수 없게 되었을 뿐만 아니라 제조업자와 소비자 사이에 분쟁이 발생하여 소송으로 해결하려고 하여도 소비자는 소송수행 및 증명 등에 어려움이 적지 않았다는 점이다. 따라서 소비자보호와 제조물의 안전성확보를 위하여 결함제조물로 인한 손해에 대하여 제조업자와 판매업자에게 손해배상책임을 확대하여 왔으며, 기본적으로는 소비자의 증명부담을 경감하는 데 의의가 있다.

제조물책임(Product Liability: PL)이란 제조물의 결함으로 인하여 소비자 또는 제3자의 생명·신체 또는 재산 등에 손해가 발생했을 경우, 그 제조물의 제조업자나 판매업자에게 손해배상책임을 지게 하는 법리를 말한다.

제조물책임의 법리는 그동안 「제조업자의 과실」이라는 주관적인 요건이 있어야 한다는 민법상의 '과실책임의 원칙'에서 「제조물의 결함」을 요건으로 하는 책임원칙이 변경된 것이다. 민사상의 과실책임의 원칙을 결함책임으로 변경하게 된 배경을 든다면 다음의 두 가지를 들 수 있다.

첫째로, 제조물책임법이 없는 현재에는 제조물 관련 사고의 피해자가 제조업자에게 손해배상을 청구하기 위해서는 현행 민법 제750조(불법행위의 내용)의 규정을 적용하여 ① 가해자(제조업자)의 과실 ② 손해의 발생 ③ 가해자(제조업자)의 과실과 손해의 발생 사이의 인과관계를 증명하여야만 한다.

그러나 제조물의 제조기술이 고도화되고 복잡화됨에 따라 피해자가 제조업자의 과실을 증명한다는 것은 곤란하게 되어, 피해자의 증명부담을 경감한다는 측면에서 「제조업자의 과실」이라는 주관적인 요건을 「제조물의 결함」이라는 객관적인 요건으로 변경함으로써 소비자피해를 보다 쉽게 구제하는 데 그 목적이 있다.

둘째로, 제조물의 결함으로 인하여 제조물자체에 손해가 그친 경우에는 제조물책임법을 적용하지 않으며, 제조물책임법이 적용되는 경우는 제조물의 결함으로 소비자의 생명·신체 또는 재산상에까지 손해가 확대되었다는 데 대하여 그 손해를 구제하는 데 의의가 있다.

2. 제조물책임법의 제정경위

기획재정부(당시 재정경제부)는 제조물책임법(이하 '동법'이라 한다)을 법무부와 공동으로 입법 추진하기로 하고, 유예기간을 1년으로 설정하는 것 등을 주요내용으로 하는 제조물책임법안을 마련하여 1999년 7월 13일부터 입법예고하였으며, 관계부처와의 협의와 이해관계자들의 의견을 폭넓게 수렴한 후, 정부안을 확정하여 1999년 9월 정기국회에 법안을 제출할 계획이었다.

그러나 당시 새정치국민회의에서 동법을 의원입법으로 제정키로 함에 따라 정부안은 철회되었고 의원입법안이 1999년 11월 5일에 국회에 제출 되었으며, 1999년 12월 16일에 국회 본회의를 통과하여 2000년 1월 12일에 공포(법률 제6109호)되었고, 동법 부칙의 규정에 따라 2002년 7월 1일부터 시행하도록 되어 있다.

입법추진 배경을 보면 소비자피해구제의 원활화, 제품안전 향상 등을 통한 소비자권익 강화와 국제규범에 맞는 제도의 도입으로 우리 기업의 경쟁력을 제고하는 데 있다. 제품 생산과정과 기술이 복잡해짐에 따라 소비자가 제조업자의 고의·과실을 증명하여 손해배상 받는 것은 매우 어려운 형편이므로, 제품에 대한 정보와 지식이 부족한 소비자의 증명책임 부담을 완화시켜 줄 필요가 있었다. 또한 우리나라의 수출품은 다른 외국국가에서 제조물책임제도를 적용받는 데 반해 국내소비자는 제조물책임제도의 미비로 보호받지 못하는 형평상 문제를 해소할 필요가 있다.

그리고 우리기업들도 제품생산에 있어 국제표준(Global Standard)에 맞추어 무한경쟁시대에 적극 대응해 나갈 필요가 있는데, 당시 미국, EU(당시는 EC), 일본 등 선진국과 중국, 필리핀, 브라질 등 전세계적으로 40여 개국에서는 이미 제조물책임제도를 시행하고 있었다.

3. 제조물책임법의 1차 개정

제조물책임법의 1차 개정은 주요 쟁점에 대한 개정이 아니라 법 문장의 표기를 한글화하고, 어려운 용어를 쉬운 우리말로 풀어쓰며 복잡한 문장은 체계를 정리하여 간결하게 다듬음으로써 쉽게 읽고 잘 이해할 수 있도록 하려는 이유에서 2013년 5월 22일(법률 제11,813호)에 개정되어 시행되었다.

가. 개정 이유

법치국가에서의 법 문장은 일반 국민이 쉽게 읽고 이해해서 잘 지킬 수 있도록 해야 함은 물론이고 국민의 올바른 언어생활을 위한 본보기가 되어야 하는데, 우리의 법 문장은 용어 등이 어려워 이해하기 힘든 경우가 많고 문장 구조도 어문(語文) 규범에 맞지 않아 국민의 일상적인 언어생활과 거리가 있다는 지적이 많았다.

이에 따라 법적 간결성·함축성과 조화를 이루는 범위에서, 법 문장의 표기를 한글화하고, 어려운 용어를 쉬운 우리말로 풀어쓰며 복잡한 문장은 체계를 정리하여 간결하게 다듬음으로써 쉽게 읽고 잘 이해할 수 있으며 국민의 언어생활에도 맞는 법률이 되도록 하여, 지금까지 공무원이나 법률 전문가 중심의 법률 문화를 국민 중심의 법률 문화로 바꾸려는 데 제안이유가 있었다.

나. 주요 개정 내용

1) 법률의 한글화

법 문장 중 한자를 한글로 바꾸되, "起算"을 "기산(起算)"으로 하는 등 한글만으로 이해가 어렵거나 혼동의 우려가 있는 경우에는 괄호 안에 한자를 병기(倂記)하기로 하였다.

2) 어려운 법령 용어의 순화(醇化)

법률의 내용을 바꾸지 않는 범위에서, "경과하다."를 "지나다."로, "오인시키다."를 "오인하게 하다."로 하는 등 법 문장에 쓰는 어려운 한자어와 용어, 일본식 표현 등을 알기 쉬운 우리말로 고치기로 한다.

3) 한글맞춤법 등 어문 규범의 준수

법 문장에 나오는 법령 제명(이름)과 명사구 등의 띄어쓰기를 할 때와 가운뎃점 (·), 반점(,) 등의 문장부호와 기호 등을 사용할 때에 한글맞춤법 등 어문 규범에 맞도록 하였다.

4) 정확하고 자연스러운 법 문장의 구성

(개) 주어와 서술어, 부사어와 서술어, 목적어와 서술어 등의 문장 성분끼리 호응 (呼應)이 잘 되도록 법 문장을 구성하기로 한다.

(내) 자연스럽지 않거나 일상생활에서 자주 쓰지 않는 표현은 문맥에 따라 알맞 고 쉬운 표현으로 바꾸기로 한다.

5) 체계 정비를 통한 간결화·명확화

여러 가지 내용이 한 문장 속에 뒤섞여 내용 파악이 어렵거나 너무 길고 복잡한 문장 등은 표현을 간소화하거나 문장을 나누는 등 체계를 정비하여 명확하게 하기로 하였다.

4. 제조물책임법의 2차 개정

2002년 7월 1일부터 시행한 제조물책임법이 소비자피해구제에 실효성을 발휘하지 못하고 있다는 소비자단체들의 비판이 지속적으로 제기되어 왔고, 국회에서는 국회의원들이 제조물책임법의 개정안을 수차례 제안하였다.

1994년에 가습기살균제가 최초로 개발되어 시판된 이후에 2002년 6월 서울에 거주하는 5세 김모 양이 사망(접수 사례 중 최초 사망)하였고, 2006년 원인 미상 소아가 급성 간질성 폐렴으로 사망하는 다수의 사례가 발생하였다.

2011년 4월 25일 서울 아산병원에서 '원인미상 폐질환' 환자가 7명 접수되어 "중환자실에 중증 폐렴 임산부 환자가 갑자기 늘고 있다."고 질병관리본부에 신고 및 역학조사 신청이 시작되었다. 서울 아산병원이 출산 전후의 여성 7명과 40대 남성 1명이 급성 호흡부전으로 입원해 그중 4명이 원인 미상으로 사망했다. 임산부 7명이 원인 미상의 폐질환으로 입원하고 그중 4명이 사망한 사건은 여론의 비상한 관심을 끌었다. 폐 이식 수술을 받은 3명을 포함해 4명은 퇴원했다.

2011년 8월 31일 보건복지부가 역학조사를 시작한다고 발표하면서 최종 인과관계 확인까지 사용 및 출시 자제를 권고하게 되었다. 역학조사를 거쳐 2011년 8월 질병관리본부는 원인 미상의 폐손상은 가습기 살균제가 원인으로 추정된다고 밝혔다. 이후 앞서 묻혔던 영유아 사망 등 가습기살균제로 인한 피해 사실이 알려지기 시작했고 급성 호흡기 질환 사망자가 수십명에 이른다는 정황이 드러났다. 질병관리본부는 2011년 11월 11일 가습기살균제에 대한 수거명령을 내렸다.

1994년부터 2011년까지 10년 동안 판매된 가습기살균제로 영유아와 사망하거나 폐손상 등 심각한 건강피해를 입은 사건이 발생하여 사회적으로 엄청난 파장을 일으켰다. 가습기살균제로 인한 피해규모는 2016년 5월 기준으로 사망 266명을 포함 1,848명이 넘는다. 이 수치는 2014~2015년 정부가 세 차례 진행한 피해조사 신청 접수 건수에 2016년 4월 25일 이후 가습기 살균제 민간신고센터에서 접수한 피해사례를 합친 것이다.

한편 가습기 살균제로 인한 피해자의 수가 매우 많고 심각하다는 점을 뒤늦게 인식한 정부는 가습기살균제 피해를 구제하기 위하여 특별법을 제정하여 시행하게

되었다.[1]

소비자의 사망과 질병의 원인이 가습기살균제로 인한 것이라는 정부발표로 제조물책임법의 개정이 여론의 힘을 받게 되었다. 가습기살균제로 인한 소비자의 생명과 신체상의 피해가 대량으로 발생하는 최악의 소비자안전 침해사고라는 오명을 기록하게 되었다.

그동안 소비자안전이 심각하게 침해되는 크고 작은 사건이 발생하여 사회적인 비판여론이 팽배하자 국회에서는 제조물책임법의 개정안에 대한 논의가 속도를 내게 되어 의원입법형태로 다수 제기된 것을 단일안으로 마련하여 「제조물책임법」개정안이 2017년 3월 30일 국회 본회의에서 의결되었다. 2차 개정 제조물책임법은 2017년 4월 11일 국무회의를 통과하여 2017년 4월 18일에 공포(법률 제14,764호)되었다. 부칙에 따라 공포 후 1년이 경과한 시점에 시행하도록 되어 있어서 개정내용을 2018년 4월 19일부터 시행하게 되었다.

가. 개정 이유

개정이유를 살펴보면, 제조물의 대부분이 고도의 기술을 바탕으로 제조되고, 이에 관한 정보가 제조업자에게 편재되어 있어서 피해자가 제조물의 결함여부 등을 과학적·기술적으로 증명한다는 것은 지극히 어렵고, 대법원도 이를 고려하여 제조물이 정상적으로 사용되는 상태에서 사고가 발생한 경우 등에는 그 제품에 결함이 존재하고 그 결함으로 인해 사고가 발생하였다고 추정함으로써 소비자의 증명책임을 완화하는 것이 손해의 공평·타당한 부담을 원리로 하는 손해배상제도의 이상에 맞는다고 판시한 바 있었다. 이에, 대법원 판례의 취지를 반영하여 피해자가 '제조물이 정상적으로 사용되는 상태에서 손해가 발생하였다는 사실' 등을 증명하면, 제조물을 공급할 당시에 해당 제조물에 결함이 있었고, 그 결함으로 인하여 손해가 발생한 것으로 추정하도록 하여 소비자의 증명책임을 경감하려는 데 있다.

---

1 독성이 판명된 화학물질을 함유한 가습기살균제의 사용으로 인하여 생명 또는 건강상 피해를 입은 피해자 및 그 유족을 신속하고 공정하게 구제하는 것을 목적으로 하는 "가습기살균제 피해구제를 위한 특별법(약칭: 가습기살균제피해구제법)[법률 제14566호]"이 2017. 2. 8. 제정되어 2017. 8. 9.부터 시행되고 있다.

한편, 우리 법원의 판결에 따른 손해배상액이 일반의 상식 등에 비추어 적정한 수준에 미치지 못하여 피해자를 제대로 보호하지 못하고, 소액다수의 소비자피해를 발생시키는 악의적 가해행위의 경우 불법행위에 따른 제조업자의 이익은 막대한 반면 개별 소비자의 피해는 소액에 불과하여, 제조업자의 악의적인 불법행위가 계속되는 등 도덕적 해이가 발생하고 있다는 인식이 확산되고 있다. 이에 징벌적 손해배상제를 도입하여 제조업자의 악의적 불법행위에 대한 징벌 및 장래 유사한 행위에 대한 억지력을 강화하고, 피해자에게는 실질적인 보상이 가능하도록 하려는 데 그 개정이유를 들고 있다.

나. 주요 개정내용

첫째, 제조업자가 제조물의 결함을 알면서도 필요한 조치를 취하지 아니한 결과로 생명 또는 신체에 중대한 손해를 입은 자가 있는 경우, 그 손해의 3배를 넘지 아니하는 범위에서 손해배상책임을 지도록 하는 규정을 신설하였다(제3조 제2항 신설).

둘째, 제조물을 판매·대여 등의 방법으로 공급한 자가 피해자등의 요청을 받고 상당한 기간 내에 그 제조업자 등을 피해자 등에게 고지하지 아니한 경우, 손해배상책임을 지도록 하였다(제3조 제3항).

셋째, 피해자가 '제조물이 정상적으로 사용되는 상태에서 손해가 발생하였다는 사실' 등 세 가지 사실을 증명하면, 제조물을 공급할 당시에 해당 제조물에 결함이 있었고, 그 결함으로 인하여 손해가 발생한 것으로 추정하도록 하였다(제3조의2 신설).

제2절

\

개정 제조물책임법의 해설

1. 법의 목적(제1조)

> **제1조** (목적) 이 법은 제조물의 결함으로 발생한 손해에 대한 제조업자 등의 손해배상
> 책임을 규정함으로써 피해자 보호를 도모하고 국민생활의 안전 향상과 국민
> 경제의 건전한 발전에 이바지함을 목적으로 한다.

이 법의 직접적인 목적은 제조물의 결함으로 인하여 발생한 손해에 대한 제조업자 등의 손해배상책임을 규정함으로써 「피해자의 보호」를 도모하는 데 있고, 나아가 「국민생활의 안전향상과 국민경제의 건전한 발전에 기여」하는 것을 들고 있다.

가. 피해자의 보호

제조물의 결함에 의해 생명·신체 또는 재산에 손해를 입은 주체는 소비자에 한정되지 않는다. 주로 해당 제조물을 자기를 위해 사용·소비하는 자를 염두에 둔 것은 물론이지만 이러한 자 외에도 예컨대 결함자동차의 사고에 연루된 승객이나 보행자 등과 같이 제조물을 직접 사용·소비하지 않은 제3자에게도 해당 제조물의 결함에 의해 손해를 입은 경우에 적용된다. 또한 이 법에 있어서 피해자는 자연인뿐만 아니라 법인을 포함한 취지이다. 이를 위해 이 법에서는 목적을 소비자이익의 옹호 또는 증진에 한정하지 않고 넓게 「피해자의 보호」를 도모하는 것으로 하고 있다.

나. 국민생활의 안전향상과 국민경제의 건전한 발전에 기여

이 법의 직접 목적은 제조물의 결함에 의해 피해가 발생한 경우에 있어서 「피해자의 보호」를 도모하는 것이며, 나아가 「국민생활의 안전향상과 국민경제의 건전한 발전에 기여할 것」을 목적으로 하고 있다. 「국민생활의 안전향상」은 안전성이 결여된 결함있는 제조물로 인하여 국민의 생명·신체 또는 재산상의 위해를 방지함으로써 달성될 것이 기대되고 있는 내용을 나타낸 것이다. 구체적으로는 제조물책임의 도입으로 초래되는 재판에 있어서 쟁점의 명확화, 판례수준의 평준화, 기업과 소비자 쌍방의 제품의 안전성에 대한 의식의 변화, 재판 외에 있어서 피해구제의 원활화, 더 나아가 국제적인 조화에 초점을 맞춘 것이다.

2. 제조물의 범위(제2조 제1호)

제2조 (정의) 이 법에서 사용하는 용어의 뜻은 다음과 같다.
  1. "제조물"이란 제조되거나 가공된 동산(다른 동산이나 부동산의 일부를 구성하는 경우를 포함한다)을 말한다.

제조물책임은 과학기술이 급속히 진보하는 가운데에서 대량생산·대량소비로 특징되는 공업적 제품에 대하여 소비자안전이 제품의 제조업자 등에 의존하는 비율이 높아져 왔다는 배경아래, 제조물 관련사고에 대한 손해배상책임원칙을 「과실」에서 「결함」으로 전환하는 것이다. 이러한 배경, 연혁을 살펴보면 제조물에 관한 민사책임으로서의 제조물책임의 대상은 기본적으로 「인위적인 조작이나 처리」가 이루어지고 「유통된 동산」으로 하는 것이 적당하다. 이러한 면에서 이 법의 대상으로 되는 제조물을 「제조 또는 가공된 동산」으로 정의하고 있다.

가. 제조물의 요건

'동산'이라 함은 우리 민법상의 동산으로 "부동산 이외의 물건"(민법 제99조 제2항)을 말하며, 민법상 물건은 유체물 및 전기 기타 관리할 수 있는 자연력을 말한다(민법 제 98조).

'제조'라 함은 제조물의 설계, 가공, 검사, 표시를 포함한 일련의 행위로서 일반적으로는 "원재료에 손을 더하여 새로운 물품을 만드는 것. 생산보다는 좁은 개념이며 이른바 제2차 산업에 관계가 있는 생산행위를 가리키며 1차 생산품의 산출, 서비스의 제공에는 사용되지 않는다."는 것을 나타내고 있다. 또한 '가공'이라 함은 "동산을 재료로 하여 이것에 공작을 더하여 그 본질은 유지되면서 새로운 속성을 부가하거나 가치를 덧붙이는 것"을 말한다.

따라서 이 법이 적용되는 '제조물'이라 함은 다음과 같은 요건에 해당하는 것이다.

첫째, 관리할 수 있는 유체물과 자연력이 해당한다. 유체물이라 함은 일반적으로 공간의 일부를 점하는 유형적 존재(분자가 존재하는 물질)이라고 되어 있다. 분자가 존재하지 않는 전기, 음향, 광선, 열, 물의 운동은 무체물이지만 관리가 가능하면 대상이 된다. 그러나 소프트웨어, 서비스는 물론 대상이 되지 않는다.

둘째, 동산이어야 한다. 이 법률에서는 부동산은 대상으로 되지 않는다. 부동산이라 함은 토지 및 그 정착물을 말한다(민법 제99조). 또한 제조물인가 여부는 유통된 시점에서 책임주체마다 판단한다. 사고 시에 부동산의 일부로 되었던 동산이더라도 인도된 시점에서 동산이고 해당 결함과 발생한 손해와의 사이에 상당인과관계가 있는 경우에는 해당 동산의 제조업자 등은 제조물책임을 부담하게 된다.

셋째, 제조 또는 가공된 동산이어야 한다. 제1차 산업이나 제3차 산업에 있어서 생산행위에는 '제조 또는 가공' 특히 '가공'에 해당하는가 여부를 간단하게 판단할 수 없는 경우가 있을 수 있지만 '가공'인가 '미가공'인가의 판단은 구체적으로는 개개의 사안에 따라 해당 제조물에 덧붙여진 행위를 평가하는 등으로 결정된다.

<판 례>

　　제조물책임의 대상이 되는 제조물은 원재료에 설계·가공 등의 행위를 가하여 새로운 물품으로 제조 또는 가공된 동산으로서 상업적 유통에 제공되는 것을 말하고, 여기에는 여러 단계의 상업적 유통을 거쳐 불특정 다수 소비자에게 공급되는 것뿐만 아니라 특정 소비자와의 공급계약에 따라 그 소비자에게 직접 납품되어 사용되는 것도 포함된다.

　　원심이 같은 취지에서 고엽제는 피고들이 미국 정부와의 개별적 공급계약에 따라 대량으로 제조하여 미국 정부에 판매하고 실질적으로는 베트남전에 참전한 불특정 다수의 군인들에 의하여 사용된 물품으로서 제조물책임의 적용 대상이 되는 제조물에 해당한다고 판단한 것은 정당하고, 거기에 상고이유에서 주장하는 바와 같은 제조물책임의 적용 대상이 되는 제조물에 관한 법리오해 등의 위법이 없다.

　　　　　　　　　　　　　　　　　　　　　<대판 2013. 7. 12, 2006다17539>

나. 제조물의 범위에 포함되는지 여부

1) 부동산

　　EU지침[2]에서는 부동산을 제조물의 범위에 포함하고 있지 않다. 미국에서는 일반적으로 부동산을 제외하지만 대량으로 건축·판매된 신축주택에 관해서는 엄격책임이론의 적용을 긍정한 사례도 있다.[3] 일본에서는 미완성의 분양맨션을 주문자로부터 구입한 부동산회사가 공사시행자에 대하여 공사의 하자를 이유로 제조물책임을 추궁한 사례[4]가 있었으나 판결은 제조물책임을 부정하였다.[5]

2　EU지침의 정식명칭은 「결함제품의 책임에 관한 EC가맹국의 법률, 명령 및 행정규칙의 조정을 위한 1985년 7월 25일의 각료이사회지침」(Council Directive of 25 July 1985 on the Approximation of Laws, Regulations and Administrative Provisions of the Member States Concerning Liability for Defective Products)이다. EU지침에서는 「제조물의 제조업자를 특정할 수 없는 경우에는 각각의 공급업자를 제조업자로 본다. 다만 공급업자가 합리적인 기간 내에 피해자에 대하여 제조업자의 신원, 또는 해당 공급업자에게 제조물을 공급한 자의 신원을 고지한 경우에는 그러하지 아니하다.」라고 판매업자 등의 보충적인 책임을 규정하고 있다.

3　松本恒雄, "アメリカにおける製造物責任", 「判例タイムズ」第673號 89面, 1988. 10.

4　東京高裁, 判決(判夕330号, 286面), 1975. 6. 30.

5　竹内昭夫編, 「製造物責任法」59面, 東京: 有斐閣, 1990.

부동산을 제조물로 현행법상 해석하기는 어렵다고 본다. 최근 부동산 유통이 활발하게 행해지고 있어서 부동산 제조에 관련된 건축업자와 유통을 거쳐 해당 부동산을 취득한 자와의 관계가 동산의 제조업자와 소비자와의 관계에 근접하게 되었기 때문에 제조물에 포함시키는 편이 좋다는 입법론적인 의견도 있다.[6]

2) 미가공 1차 농림축수산물

공업제조물이 아닌 제1차 산업의 산물인 미가공 농림축수산물에 제조물책임을 추궁할 것인가에 대하여 논의가 갈라지고 있다. 제조물의 정의에서 살펴본 것과 같이 미가공 농림수축산물은 제조물의 범위에 포함되지 않지만 제조물책임을 물을 수 있는가는 입법정책적인 문제로 남아 있는 것이다. 현재 미가공 농림수축산물의 안전성에 대한 소비자의 기대는 점차로 높아지고 있으며 자연식품 붐(Boom) 등을 보면 오히려 제1차산물이 갖추어야 할 생명, 건강에 관한 안전성은 공업제조물에 있어서 보다도 큰 것으로 기대된다고 할 것이다. 나아가 농업, 임업, 축산업, 수산업이 자연으로부터의 산물의 단순한 획득이 아니라 종자·치어에서 사료·비료에 이르기까지 산업적으로 생산된 것을 이용해서 재배·사육하는 방법을 쓰고 있음을 생각할 때 자연산물이라는 이유만으로 미가공 농림수축산물을 제조물책임에서 제외하기가 어렵고 또한 대규모 양계업자나 수산회사, 양어업자 등을 보면 공업제조물의 제조업자보다 영세한 소규모이므로 무거운 책임을 지우기 어렵다는 주장도 설득력이 적다고 한다.

그러나 농림수축산물 중 미가공 농림수축산물에 관해서는 ① 구체적으로 자연의 힘을 이용하여 생산이 행해진 것으로, 고도로 가공된 공업제조물과는 생산형태에 현저한 차이가 있고 ② 자연 가운데서 농림축수산업자가 행하는 생산에 관해 과도한 위험관리 능력을 요구하는 것은 농림축수산업자에게 가혹하다고 생각되며 ③ 농림축수산업자가 특정할 수 없는 경우에 책임주체를 공급자로 하면 공급자의 부담이 지나치게 가중되며, 어디까지나 농림축수산업자를 책임주체로 한다면 생산자라는 특정 때문에 방대한 비용이 들고 ④ EU각국에서 제조물책임 입법이 이루어지는 국가 중에 미가공 농림축수산물을 제조물책임의 대상으로 하고 있는 것은 프랑

---

6 양창수, "한국의 제조물책임법", 「법학」 제42권 제2호 101쪽, 서울대학교, 2001.

스, 룩셈부르크 등 몇 개 국가뿐이기 때문에, 제조물책임의 대상으로 하는 것은 적당치 않다고 주장하는 견해도 있다.

생각건대 현대의 농업이나 어업, 임업, 축산업, 수산업에 있어서 산업화가 현저하고 인공적 색채가 농후한 상황이며 앞으로 이러한 사태가 진전될 것을 염두에 둔다면 농약이나 화학적 사료에 의한 제1차 농수산물의 결함으로 인한 제조물책임을 물어야 할 것이다. 특히 수입 농림수축산물에 있어 운송상의 가공·처리·부패방지·포장·보존기간 등의 고려와 농약잔류문제 등이 빈번히 사회문제가 되고 있음을 볼 때 제조물책임의 대상에 포함시켜야 할 것이다.

3) 전기 등 무형에너지

EU지침에서는 전기를 제조물에 포함시키는 규정(제2조)이 있으며 전기의 결함에 기인하여 발생한 손해에 관하여는 제조물책임이 성립하게 된다. 제조물에 전기를 포함하는 이유로서는 전기를 비롯한 에너지를 동산에 포함시키는 가맹국과 동산에 포함시키지 않는 가맹국이 있기 때문에 제조물로서 명문규정을 둘 필요가 있었다는 점이다. 물론 열, 자기, 방사선등의 에너지에 관해서는 EU지침에서 제조물의 범위에 포함시키지 않고 있다. 전기를 제조물에 포함시키더라도 전기에서 문제되는 결함에는 정전(불공급)을 포함하지 않고, 전압·암페아 수·싸이클 수 등의 이상이 포함되고 있다. 미국에서는 전기의 공급행위를 서비스로 보아 엄격책임에서 제외되고 있지만 고객에게 공급된 전기 자체는 제조물이라고 보는 견지에서, 예컨대 고압전기를 가정에 공급하였기 때문에 발생한 화재 등에 대하여 전력회사에게 엄격책임이 인정되고 있다.[7]

우리 민법에서는 전기를 물건에 포함시키고 있으며(민법 제98조), 제조 또는 가공된 동산이므로 전기를 제조물의 범위에 포함시키는 것은 당연하다.

4) 소프트웨어

일반적으로 소프트웨어 그 자체는 동산으로 보지 않아서 제조물책임법의 제조

---

7 Schriner v. Pennsylvania Power & Light Co., 501. A. 2d 1128(Pa. Swper), 1985; Ramsome v. Wisconsin Electric Power Co., 87 Wis. 2d 605, 275 N. W. 2d 641, 1979.

물이라고 보기는 어렵다는 견해와 볼 수 있다는 견해가 대립되고 있다는 점이다.[8]

EU지침에서는 논란이 있었으나 소프트웨어를 제조물로 보지 않는 것으로 최종 결정되어 지침이 만들어 졌다. 미국에서는 대체적으로 소프트웨어는 제조물에 포함되지 않는다고 보지만, 컴퓨터 소프트웨어는 엄격책임(Strict Liability)이 적용되는 제조물에 해당될 수 있다고 판시[9]하기도 하였으며, 학설도 컴퓨터 소프트웨어는 제조물로 보아야 한다는 주장도 있다.[10] 하지만 모든 소프트웨어를 제조물로 보는 것은 아니며, 대량생산된 소프트웨어만이 제조물이고 특별히 제작된 소프트웨어는 서비스로 보고 있다.[11]

일본에서는 소프트웨어가 저장매체에 저장되어 있는 경우에도 소프트웨어 자체는 무체물로서 부품이나 원재료와 같은 동산이라고 할 수 없는 단순한 정보라는 점을 근거로 제조물로 보지 않는다.[12] 제조물책임법 입법당시에 소프트웨어 자체는 제조물이 아니라고 보면서도 디스켓 등 유체물에 체화된 경우에는 제조물에 해당한다고 해석하기도 한다.[13]

그러나 자율주행자동차에 자율주행소프트웨어가 장착되어 부품과 같이 기능하고 있다면 이는 이른바 임베디드 소프트웨어(embedded software)로 파악되므로 소프트웨어의 결함은 곧 자동차의 자체의 결함으로 볼 수 있다.[14]

이처럼 각국에서도 소프트웨어를 제조물로 볼 것인지에 대하여 입법례와 판례의 입장이 다양하므로 우리나라에서도 이에 대하여는 제조물책임법의 개정에서 검

---

8 권오승 등,「제조물책임법」190쪽, 법문사, 2003.에서는 제조물로 보지 않으나, 차성민, "정보통신업에서의 제조물책임",「법조」제55권 제1호 257-258쪽, 2006.에서는 소프트웨어자체를 제조물로 볼 수 있다고 한다. 한편 대량으로 시판된 소프트웨어를 구입하여 작동한 결과, 그 소프트웨어의 결함(예컨대 소프트웨어 자체의 문제, 컴퓨터바이러스 감염 등)으로 인하여 기존의 다른 데이터나 하드웨어에 손해를 가한 경우에는 제조물책임을 인정하여도 좋을 것이라고 한다.

9 Winter v. G.P. Putnam's Sons, 938 F. 2d 1033, 1035(9th Cir), 1991.에서 책의 내용은 정보에 해당하여 제조물에 해당하지 않는다고 판단하면서 컴퓨터 소프트웨어는 이것과 다를 수 있다고 보고 있다. Schafer et al v. State Farm Fire & Casualty Co. 판결에서는 명시적으로 소프트웨어를 제조물로 보고 있다.

10 Gemignani, Product Liability and Software, 8 Rutgers Computer & Tech. L. J. 173, 196-199, 1981.

11 박동진,「제조물책임법 개정방안 연구」, 2012년도 법무부/공정거래위원회 연구용역과제보고서 71쪽, 2012.

12 升田 純,「詳解製造物責任法」, 商事法務研究會, 252面, 1997.

13 松本恒雄, "製造物の意義と範圍",「ジュリスト」No. 1051 26面, 1994. 9.

14 이상수, "임베디드 소프트웨어의 결함과 제조물책임 적용에 관한 고찰",「법학논문집」제39집 제2호 73쪽 이하, 2015.

토하여 현재 의료기기를 비롯한 다양한 첨단기술제품에서 소프트웨어가 없는 제품을 상상하기 어려울 정도로 발전하고 있으므로 소프트웨어를 제조물의 개념에 포함시키는 규정을 마련하는 것이 바람직하다고 생각된다.[15]

5) 혈액

수혈된 혈액이 간염 바이러스나 선천성 면역결핍증이라는 AIDS(Acguired Immuno-Deficiency Syndrome)바이러스에 오염되어 있는 경우에 혈액이 제조물에 포함되는가가 문제이다.

미국에서는 혈액이 제조물인가에 대하여는 종전부터 논의가 있었으나 1990년 5월 22일 미국상원 상무위원회에 제출되었던 Kasten법안(S. 1400)에서는 제조물에는 육체의 조직, 혈액, 혈액제조물, 기관 등은 포함되지 않는 것을 원칙으로 하고 있다(제102조 13호). 또한 독일의 제조물책임법에서도 육체의 일부나 기관, 혈액도 동산이라고 볼 수 있지만 경제적 목적의 제조·판매라고는 할 수 없으므로 동법 제1조 2항 3호에 의하여 이를 제공한 자는 면책되는 것으로 하고 있다.

사람에게서 채취한 혈액을 기본적으로 가공·처리하지 않고 수혈하기 위해서 이용되는 전혈제제 및 혈액성분 제제는 혈액 그 자체의 제조라고는 할 수 없으며, 또한 이들의 혈액제제는 생체기능의 일부를 보충, 이식한다는 성격을 지니기 때문에, 제조물책임의 대상으로 하는 것은 적당치 않다. 그러나 혈액중 유효성분은 추출, 가공하여 치료에 이용할 수 있는 혈장분획제제는 고도의 가공처리가 부가된 제조물로 볼 수가 있기 때문에 제조물책임의 대상으로 함이 적당하다.

---

15 박동진, 앞의 책, 72쪽.

3. 결함의 정의(제2조 제2호)

제**2조** (정의) 이 법에서 사용하는 용어의 뜻은 다음과 같다.

2. "결함"이란 해당 제조물에 다음 각 목의 어느 하나에 해당하는 제조상·설계상 또는 표시상의 결함이 있거나 그 밖에 통상적으로 기대할 수 있는 안전성이 결여되어 있는 것을 말한다.

가. "제조상의 결함"이란 제조업자가 제조물에 대하여 제조상·가공상의 주의의무를 이행하였는지에 관계없이 제조물이 원래 의도한 설계와 다르게 제조·가공됨으로써 안전하지 못하게 된 경우를 말한다.

나. "설계상의 결함"이란 제조업자가 합리적인 대체설계(代替設計)를 채용하였더라면 피해나 위험을 줄이거나 피할 수 있었음에도 대체설계를 채용하지 아니하여 해당 제조물이 안전하지 못하게 된 경우를 말한다.

다. "표시상의 결함"이란 제조업자가 합리적인 설명·지시·경고 또는 그 밖의 표시를 하였더라면 해당 제조물에 의하여 발생할 수 있는 피해나 위험을 줄이거나 피할 수 있었음에도 이를 하지 아니한 경우를 말한다.

가. 결함의 개념

일반적으로 결함이라 함은 "제조물에서 통상적으로 기대할 수 있는 안전성을 결여하고 있는 것"을 말하며, 넓은 의미의 하자(민법 제580조의 하자담보책임에 있어서 하자)에는 포함되지만 안전성과 관련되는 손해를 발생시키지 않는 간단한 품질의 하자는 이 법의 대상으로 되지 않는다. 또한 일반적으로 결함은 제조상의 결함, 설계상의 결함, 표시상의 결함의 3가지로 분류할 수 있는데, 이 법에서는 결함의 정의에서 이것을 명백하게 구분하여 정의하였다. 그리고 "기타 통상적으로 기대할 수 있는 안전성이 결여되어 있는 것을 말한다."고 하여 상기와 같은 세 가지 유형의 결함을 제외한 다른 유형의 결함발생의 가능성을 염두에 두고 있다.

결함은 새롭게 도입되는 개념이며 주로 재판규범으로서 기능하지만 사고의 방지나 재판 외에서의 분쟁처리에 있어서의 규범으로서도 기능한다는 것을 생각하면 피해자의 증명부담이 과대하지 않도록 유의하면서 가능한 한 그 명확성을 도모하는 것이 바람직하다.

나. 결함과 하자의 구분

제조물책임에서 결함(defect, Fehler)은 민법 제580조, 제581조에 규정된 하자담보책임에 있어서 하자(flaw, Mangel)의 개념과 일치하는 것은 아니다. 따라서 제조물책임에 있어서 결함(defect)은 하자담보책임에 있어서의 하자(flaw)와의 개념구별이 문제되기도 한다.

결함의 개념은 우리 민법의 조문상 나타나고 있지 않지만, 제조물책임을 논하는 경우에는 많이 사용되는 개념이다. 하자라는 개념은 민법 제580조(매도인의 하자담보책임), 민법 제758조(공작물등의 점유자, 소유자의 책임), 국가배상법 제5조(공공시설 등의 하자로 인한 책임)에 나타나고 있다.

결함을 하자와 동일시하는 견해에서는 하자의 전제가 되는 물건의 품질·성능이 현재 일반적으로 판매되고 있는 동종의 물건과 같은 품질·성능을 의미하는 것이 아니라 마땅히 도달하여야 할 수준의 품질·성능을 의미한다고 이해함으로써 결함과 하자는 같은 것으로 보아도 무방하다고 한다.[16]

그러나 우리나라의 다수설은 제조물의 흠을 제조물의 사용가치 내지는 제조물성에 대한 것과 제조물의 안전성에 대한 것으로 나누어, 전자의 흠은 제조물의 성질이나 품질이 표준이하인 것을 말하지만, 후자의 흠은 제조물에 위험성이 있는 것을 말한다고 한다.[17] 따라서 하자는 거래상 또는 사회통념상 갖추어야 할 품질이 결여된 상태이고, 결함은 그 하자가 원인이 되어 새로운 손해·위험성을 발생시킬 가능

---

16 전창조, "소비자보호의 사법적 처리에 관한 연구─제조물책임을 중심으로", 「아카데미논총」 제5집 215쪽, 세계평화교수아카데미, 1977.

17 권영준, "제조물책임에 있어서 결함", 「민법과 법학의 중요문제」, 의당장경학박사고희기념론문집 299쪽, 동국대학교출판부, 1987; 홍천룡, 앞의 책 "소비자피해의 민사적 구제" 197쪽; 이은영, 「채권각론」 682-683쪽, 박영사, 1989.

성이 있는 상태이므로, 하자는 상품성의 결여이나 결함은 안전성의 결여로서 양자는 본질적으로 다르다고 한다. 다른 한편, 결함은 제조물의 사용에 의하여 하자야기손해를 일으킬 가능성이 있는 하자이므로 하자담보책임에 있어서의 하자에 해당하더라도 그것이 하자야기손해를 발생시킬 가능성이 없는 것이라면 제조물책임에 있어서의 결함이라고 할 수 없다고 한다.

생각건대 제조물책임의 목적이 제조물의 불안전성으로 말미암아 제조물의 이용자에게 입힌 손해를 배상하도록 하는 데에 있으므로, 그 목적에 적합하게 제조물의 결함도 하자담보책임의 하자와는 별도로 고유의 의미로 이해되어야 할 것이다.[18]

다. 결함의 유형과 정의

1) 제조상의 결함

제조상의 결함이라 함은 제조업자의 제조물에 대한 제조·가공상의 주의의무의 이행여부에 불구하고 제조물이 원래 의도한 설계와 다르게 제조·가공됨으로써 안전하지 못하게 된 경우를 말한다. 설계도면대로 제품이 생산되지 아니한 경우를 말하며, 제조과정에 이물질이 혼입된 식품이나, 자동차에 부속품이 빠져있는 경우에 제조상의 결함에 해당하게 된다.

이른바 제조물책임이란 제조물에 통상적으로 기대되는 안전성을 결여한 결함으로 인하여 생명·신체나 제조물 그 자체 외의 다른 재산에 손해가 발생한 경우에 제조업자 등에게 지우는 손해배상책임이고, 제조물에 상품적합성이 결여되어 제조물 그 자체에 발생한 손해는 제조물책임이론의 적용 대상이 아니다.[19]

---

18 이은영, 앞의 책, 683쪽.
19 대판 1999. 2. 5, 97다26593.

<판 례>

　　지하주차장에 주차해 둔 차량의 운전석에서 원인불명의 화재가 발생하여 차량
이 전소한 경우, 차량의 결함부위 및 내용이 특정되지 아니하였고 차량의 외부에서
발화하여 그 내부로 인화되었을 가능성도 배제할 수 없는 점 등에 비추어 차량의 제
조상의 결함(하자)으로 화재가 발생하였다고 추정하기는 어렵다.
　　제조물책임이란 제조물에 통상적으로 기대되는 안전성을 결여한 결함으로 인하
여 생명·신체나 제조물 그 자체 외의 다른 재산에 손해가 발생한 경우에 제조업자
등에게 지우는 손해배상책임이고, 제조물에 상품적합성이 결여되어 제조물 그 자체
에 발생한 손해는 제조물책임의 적용 대상이 아니므로, 하자담보책임으로서 그 배
상을 구하여야 한다.
　　<대판 2000. 7. 28, 98다35525>

2) 설계상의 결함

　　설계상의 결함이라 함은 제조업자가 합리적인 대체설계를 채용하였더라면 피해
나 위험을 줄이거나 피할 수 있었음에도 대체설계를 채용하지 아니하여 해당 제조
물이 안전하지 못하게 된 경우를 말한다. 설계도면대로 제품이 생산되었지만 설계
자체가 안전설계가 되지 아니한 경우를 말하며, 예컨대 녹즙기에 어린이들의 손가
락이 잘려 나간 경우처럼 설계자체에서 안전성이 결여된 것이다.

<판 례>

　일반적으로 제조물을 만들어 판매하는 자는 제조물의 구조, 품질, 성능 등에 있어서 현재의 기술 수준과 경제성 등에 비추어 기대가능한 범위 내의 안전성을 갖춘 제품을 제조하여야 하고, 이러한 안전성을 갖추지 못한 결함으로 인하여 그 사용자에게 손해가 발생한 경우에는 불법행위로 인한 배상책임을 부담하게 되는 것인바, 그와 같은 결함 중 주로 제조업자가 합리적인 대체설계를 채용하였더라면 피해나 위험을 줄이거나 피할 수 있었음에도 대체설계를 채용하지 아니하여 제조물이 안전하지 못하게 된 경우를 말하는 소위 설계상의 결함이 있는지 여부는 제품의 특성 및 용도, 제조물에 대한 사용자의 기대와 내용, 예상되는 위험의 내용, 위험에 대한 사용자의 인식, 사용자에 의한 위험회피의 가능성, 대체설계의 가능성 및 경제적 비용, 채택된 설계와 대체설계의 상대적 장단점 등의 여러 사정을 종합적으로 고려하여 사회통념에 비추어 판단하여야 한다.
　<대판 2003. 9. 5, 2002다17333>

<판 례>

　급발진사고가 운전자의 액셀러레이터 페달 오조작으로 발생하였다고 할지라도, 만약 제조업자가 합리적인 대체설계를 채용하였더라면 급발진사고를 방지하거나 그 위험성을 감소시킬 수 있었음에도 대체설계를 채용하지 아니하여 제조물이 안전하지 않게 된 경우 그 제조물의 설계상의 결함을 인정할 수 있지만, 그러한 결함의 인정 여부는 제품의 특성 및 용도, 제조물에 대한 사용자의 기대의 내용, 예상되는 위험의 내용, 위험에 대한 사용자의 인식, 사용자에 의한 위험회피의 가능성, 대체설계의 가능성 및 경제적 비용, 채택된 설계와 대체설계의 상대적 장단점 등의 여러 사정을 종합적으로 고려하여 사회통념에 비추어 판단하여야 할 것이다.
　<대판 2004. 3. 12, 2003다16771>

<판 례>

　　제조업자가 인체에 유해한 독성물질이 혼합된 화학제품을 설계·제조하는 경우, 그 화학제품의 사용 용도와 방법 등에 비추어 사용자나 그 주변 사람이 그 독성물질에 계속적·반복적으로 노출될 수 있고, 그 독성물질이 가진 기능적 효용은 없거나 극히 미미한 반면, 그 독성물질에 계속적·반복적으로 노출됨으로써 사용자 등의 생명·신체에 위해가 발생할 위험이 있으며 제조업자가 사전에 적절한 위험방지조치를 취하기 전에는 사용자 등이 그 피해를 회피하기 어려운 때에는, 제조업자는 고도의 위험방지의무를 부담한다. 즉, 이러한 경우 제조업자는 그 시점에서의 최고의 기술 수준으로 그 제조물의 안전성을 철저히 검증하고 조사·연구를 통하여 발생 가능성 있는 위험을 제거·최소화하여야 하며, 만약 그 위험이 제대로 제거·최소화되었는지 불분명하고 더욱이 실제 사용자 등에게 그 위험을 적절히 경고하기 곤란한 사정도 존재하는 때에는, 안전성이 충분히 확보될 정도로 그 위험이 제거·최소화되었다고 확인되기 전에는 그 화학제품을 유통시키지 말아야 한다. 따라서 제조업자가 이러한 고도의 위험방지의무를 위반한 채 생명·신체에 위해를 발생시킬 위험이 있는 화학제품을 설계하여 그대로 제조·판매한 경우에는 특별한 사정이 없는 한 그 화학제품에는 사회통념상 통상적으로 기대되는 안전성이 결여된 설계상의 결함이 존재한다고 봄이 타당하다.
　　<대판 2013. 7. 12, 2006다17539>

3) 표시상의 결함

　　표시상의 결함이라 함은 제조업자가 합리적인 설명·지시·경고 기타의 표시를 하였더라면 해당 제조물에 의하여 발생될 수 있는 피해나 위험을 줄이거나 피할 수 있었음에도 이를 하지 아니한 경우를 말한다. 제조상의 결함과 설계상의 결함이 제조물 자체의 결함이라고 한다면 표시상의 결함은 제조물 자체에 존재하는 결함이 아니라고 할 수 있다. 제품을 사용하는 데 있어서 올바로 사용할 수 있도록 하는 설명이나 지시 또는 제조물에 있는 위험성에 대하여 경고를 하지 아니하여 피해가 발생하였을 경우에는 표시상의 결함이 된다. 이를 지시·경고상의 결함이라고도 한다.

<판 례>

　　제조물에 대한 제조상 내지 설계상의 결함이 인정되지 아니하는 경우라 할지라도, 제조업자 등이 합리적인 설명, 지시, 경고 기타의 표시를 하였더라면 해당 제조물에 의하여 발생될 수 있는 피해나 위험을 줄이거나 피할 수 있었음에도 이를 하지 아니한 때에는 그와 같은 표시상의 결함(지시·경고상의 결함)에 대하여도 불법행위로 인한 책임이 인정될 수 있고, 그와 같은 결함이 존재하는지 여부에 대한 판단을 함에 있어서는 제조물의 특성, 통상 사용되는 사용형태, 제조물에 대한 사용자의 기대의 내용, 예상되는 위험의 내용, 위험에 대한 사용자의 인식 및 사용자에 의한 위험회피의 가능성 등의 여러 사정을 종합적으로 고려하여 사회통념에 비추어 판단하여야 한다.

　　<대판 2003. 9. 5, 2002다17333>

<판 례>

　　제조업자가 합리적인 설명·지시·경고 기타의 표시를 하였더라면 해당 제조물에 의하여 발생될 수 있는 피해나 위험을 줄이거나 피할 수 있었음에도 이를 하지 아니한 때에는 표시상의 결함에 의한 제조물책임이 인정될 수 있지만, 그러한 결함 유무를 판단함에 있어서는 제조물의 특성, 통상 사용되는 사용형태, 제조물에 대한 사용자의 기대의 내용, 예상되는 위험의 내용, 위험에 대한 사용자의 인식 및 사용자에 의한 위험회피의 가능성 등의 여러 사정을 종합적으로 고려하여 사회통념에 비추어 판단하여야 한다.

　　<대판 2004. 3. 12, 2003다16771>

4) 기타 유형의 결함

　　이 법에서는 이상과 같은 세 가지 유형의 결함이외에 "기타 통상적으로 기대할 수 있는 안전성이 결여되어 있는 것을 말한다."라고 정의를 하여 포괄적으로 결함의 가능성을 염두에 두고 있다.

외국의 입법례를 보면 결함의 유무에 대한 고려사항을 명확히 하여 소비자와 기업 쌍방의 예측가능성이나 투명성을 높이고, 제품의 안전성 향상에 유용하도록 하기 위해 결함판단에 있어서의 고려사항을 예시하고 있다. 일본의 제조물책임법에서는 결함개념의 명확화와 쟁점의 확산(증명부담의 증가) 방지에 의한 피해자구제의 원활한 조정 등을 고려하여, ① 해당 제조물의 성질, 사용방법 등에 대한 설명, 지시·경고 기타의 표시, ② 합리적으로 예상할 수 있는 해당 제조물의 사용, ③ 제조업자 등이 해당 제조물을 유통시킨 시기의 3가지 요소를 예시하고 있다.

<판 례>

물품을 제조·판매하는 제조업자는 그 제품의 구조·품질·성능 등에 있어서 그 유통 당시의 기술수준과 경제성에 비추어 기대 가능한 범위 내의 안전성과 내구성을 갖춘 제품을 제조·판매하여야 할 책임이 있고, 이러한 안전성과 내구성을 갖추지 못한 결함으로 인하여 소비자에게 손해가 발생한 경우에는 불법행위로 인한 손해배상의무를 부담한다.
<대판 2004. 3. 12, 2003다16771>

---

4. 제조업자의 정의(제2조 제3호)

> **제2조** (정의) 이 법에서 사용하는 용어의 뜻은 다음과 같다.
>
>   3. "제조업자"란 다음 각 목의 자를 말한다.
>
>   가. 제조물의 제조·가공 또는 수입을 업(業)으로 하는 자
>
>   나. 제조물에 성명·상호·상표 또는 그 밖에 식별(識別) 가능한 기호 등을 사용하여 자신을 가목의 자로 표시한 자 또는 가목의 자로 오인(誤認)하게 할 수 있는 표시를 한 자

제조물책임은 현대사회에 있어서 대량생산·대량소비라는 현상에 수반되는 피해자의 구제를 목적으로 하고 있는 것이며, 또한 신뢰책임, 위험책임, 보상책임 등이 전체로서 과실책임으로부터 결함책임으로의 전환근거가 되고 있다. 이러한 배경, 연혁을 감안하면 제조물책임을 묻게 될 책임주체의 범위에 대해서는 기본적으로 제조·가공 또는 수입을 업으로 한 자를 포함하는 것이 타당하다.

가. 제조업자·가공업자 및 수입업자(제3호 가목)

이 법에서는 책임주체를 제조·가공 또는 수입을 「업으로」 하는 자를 들고 있다. 이것은 제조물책임이 공업적인 대량생산·대량소비라는 형태가 일반적인 점을 배경으로 하여 발전된 법리라는 점에 기한 것이다. '업으로'라 함은 동종의 행위를 반복·계속하여 하는 것을 말한다. 어떤 기간 계속할 의도를 가지고 행한 것이라면 최초의 행위도 업으로서 한 것으로 해석된다. 또한 동종의 행위가 반복·계속해서 행하게 되면 영리를 목적으로 행해질 필요는 없고, 예컨대 시공품과 같이 당초부터 무상으로 배부할 것을 예정하고 있는 제조물이더라도 무상이지만 이 법에서 규정하는 손해배상책임의 대상에서 제외된다고는 해석되지 않으며, 공익을 목적으로 한 행위이더라도 동종의 행위가 반복·계속해서 행해지게 되면 '업으로'에 해당하는 것으로 해석된다.

나. 표시제조업자와 오인 표시제조업자(제3호 나목)

　제3호 나목에 해당하는 자는 제조물의 명칭·상호·상표 기타 식별가능한 기호 등을 사용하여 자신을 가목의 제조·가공 또는 수입을 업으로 하는 자로 표시거나 가목의 제조·가공 또는 수입을 업으로 하는 자로 오인시킬 수 있는 표시를 한 자를 말한다. 구체적으로는 '제조원 ○○○', '수입원 ○○○' 등의 이름으로 자기의 이름 등을 붙인 경우나, 특히 이름을 붙이지 않고 자기의 이름 등을 붙이는 경우가 해당된다. 이러한 자는 스스로 제조 또는 수입을 하지 않은 경우에도 제조업자 또는 수입업자로서 표시를 하거나 명백하게 그것으로 오인하도록 표시를 하는 경우를 통해서 제조업자로서의 신뢰를 주고 그러한 사실이 인정되는 이상은 신뢰책임의 관점에서 그 제조물의 안전성에 대하여 보증할 책임을 져야할 것이라는 견해에서 이 법의 책임주체로 하고 있는 것이다.

　또한 실질적인 제조업자로 인정할 수 있는 표시를 한 자, 예컨대 '판매원 ○○○', '판매업자 ○○○' 등의 이름으로 자기의 이름 등을 표시한 경우이더라도 해당 표시자가 해당 제조물과 동종의 제조물 제조업자로서 사회적으로 인지되고 있으며 해당 제조물을 독점판매하고 있는 경우에도 여기에 해당한다.

> ### <판 례>
> 　제조물책임을 부담하는 제조업자는 제조물의 제조·가공 또는 수입을 업으로 하는 자 또는 제조물에 성명·상호·상표 기타 식별 가능한 기호 등을 사용하여 자신을 제조업자로 표시하거나 제조업자로 오인시킬 수 있는 표시를 한 자를 말하고, 정부와의 공급계약에 따라 정부가 제시한 제조지시에 따라 제조물을 제조·판매한 경우에도 제조물에 결함이 발생한 때에는 제조물책임을 부담한다.
> 　원심이 피고들이 실제로 고엽제를 제조하여 미국 정부에 판매한 이상 제조물책임에서 말하는 제조업자의 지위를 가진다고 판단한 것은 위와 같은 법리에 따른 것으로 정당하고, 거기에 상고이유에서 주장하는 바와 같은 제조물책임의 제조업자 지위에 관한 법리오해 등의 위법이 없다.
> 　<대판 2013. 7. 12, 2006다17539>

5. 제조물책임의 책임원칙과 손해배상(제3조)

제3조 (제조물책임) ① 제조업자는 제조물의 결함으로 생명·신체 또는 재산에 손해(그 제조물에 대하여만 발생한 손해는 제외한다)를 입은 자에게 그 손해를 배상하여야 한다.

② 제1항에도 불구하고 제조업자가 제조물의 결함을 알면서도 그 결함에 대하여 필요한 조치를 취하지 아니한 결과로 생명 또는 신체에 중대한 손해를 입은 자가 있는 경우에는 그 자에게 발생한 손해의 3배를 넘지 아니하는 범위에서 배상책임을 진다. 이 경우 법원은 배상액을 정할 때 다음 각 호의 사항을 고려하여야 한다.

1. 고의성의 정도
2. 해당 제조물의 결함으로 인하여 발생한 손해의 정도
3. 해당 제조물의 공급으로 인하여 제조업자가 취득한 경제적 이익
4. 해당 제조물의 결함으로 인하여 제조업자가 형사처벌 또는 행정처분을 받은 경우 그 형사처벌 또는 행정처분의 정도
5. 해당 제조물의 공급이 지속된 기간 및 공급 규모
6. 제조업자의 재산상태
7. 제조업자가 피해구제를 위하여 노력한 정도 <2017. 4. 18. 신설>

③ 피해자가 제조물의 제조업자를 알 수 없는 경우에 그 제조물을 영리 목적으로 판매·대여 등의 방법으로 공급한 자는 제1항에 따른 손해를 배상하여야 한다. 다만, 피해자 또는 법정대리인의 요청을 받고 상당한 기간 내에 그 제조업자 또는 공급한 자를 그 피해자 또는 법정대리인에게 고지(告知)한 때에는 그러하지 아니하다. <2017. 4. 18. 개정>

가. 책임원칙(제3조 제1항)

본 조는 제조업자 등이 지는 제조물책임의 책임근거규정이며 고의 또는 과실을 책임요건으로 하는 민법의 불법행위책임(민법 제750조)에 대한 특칙으로서 결함을 책임요건으로 하는 손해배상책임을 규정한 것이다.

<판 례>

　제조물의 결함으로 인하여 발생한 손해에 대한 제조업자 등의 손해배상책임을
규정함으로써 피해자의 보호를 도모하고 국민생활의 안전향상과 국민경제의 건전
한 발전에 기여함을 목적으로 제정된 제조물책임법은 제3조 제1항에서 제조업자는
제조물의 결함으로 인하여 생명·신체 또는 재산에 손해를 입은 자에게 그 손해를
배상하여야 한다고 규정하고 있고, 또한 제2조 제2호에서는 그 책임의 원인인 "결
함"이라 함은 해당 제조물에 제조·설계 또는 표시상의 결함이나 기타 통상적으로
기대할 수 있는 안전성이 결여되어 있는 것을 말한다고 규정하고 있는바, 이는 제조
물의 결함으로 인해 피해를 입은 자가 계약상 직접적 거래관계가 없는 자에게도 그
제조업자의 고의, 과실에 대한 증명 없이도 손해배상책임을 추궁할 수 있도록 하기
위하여 특별히 도입된 입법원리이다.

　따라서 위와 같은 제조물책임법의 입법 목적 및 취지, 규정 내용 등에 비추어 보
면, 제조업자가 손해를 배상할 책임이 인정되는 "결함"이라 함은, 제품이 통상 갖추
어야 할 안정성을 결여함으로써 그 제조물로 인하여 그 이용자 또는 제3자에게 생
명·신체, 기타 재산상의 피해를 발생시킬 위험성을 가지고 있는 것을 말하고, 안전
성과 관련되는 손해를 발생시키지 않는 단순한 품질의 하자는 위 법의 적용대상이
아니라 할 것이다.

　그런데 이 사건에서 원고는, 그 주장 자체에 의하더라도 이 사건 마루제품의 안
정성의 결여로 인한 손해의 발생을 주장하는 것이 아니라, 그 제품의 품질상 하자로
인하여 야기된 재시공 비용 등을 이 사건 마루제품의 제조업자인 피고에게 제조물
책임법에 따라 손해배상을 구하고 있으므로, 원고 주장과 같은 손해는 위와 같은 법
리에 비추어 제조물책임법이 규정하는 "결함"으로 인한 손해라고 보기 어려워 원고
의 청구는 더 나아가 판단할 필요 없이 이유 없다.

<수원지법2009. 8. 20, 2008가합27878>

나. 손해배상의 범위(제3조 제1항)

　불법행위에 의한 손해배상의 범위에 대해서 판례는 채무불이행에 의한 손해배
상 관련 규정(민법 제393조)을 유추 적용한다는 견해를 채용하고 있으며 실무상에서
도 이 견해에 따른 처리가 이루어지고 있다. 민법 제393조 규정의 기본견해는 개개

의 사안마다 피해자가 입은 손해가 통상손해(통상 발생한 손해)인가 특별손해(특별한 사정에 의해 발생한 손해)인가를 검토해서 통상손해에 해당하는 경우에는 당연히 배상의 범위에 포함되며 특별손해에 해당하는 경우에는 불법행위 시에 그 손해의 발생에 대하여 예견가능성이 있었는가 여부를 판단하여 예견가능성이 있었던 경우에 배상을 인정한다는 것이다.

이 법은 확대손해가 발생하지 않은 경우의 제조물자체의 손해는 손해배상의 대상으로 하지 않는다. 제조물책임제도는 제조물이 통상 갖추어야 할 안전성을 결하고 있기 때문에 그 위험의 발현에 의해 소비자 또는 제3자의 「생명·신체·재산」에 대한 확대손해가 발생한 경우에 손해배상책임을 인정하려고 하는 것이며 이러한 사고는 역사적으로 확대손해의 전보를 목적으로 발전되어온 제조물책임의 연혁에 연유하는 것이다.

만약 확대손해가 발생하지 않고 해당 제품의 결함에 의해 발생한 손해가 그 제품자체에만 그치는 경우와 품질상의 하자가 있는 데 지나지 않는 경우에도 부당한 클레임을 남용할 우려가 있으므로 이러한 경우에는 하자담보책임이나 채무불이행책임에 의한 구제에 맡기고 제조물책임의 대상에서 제외하는 것이 타당하다고 본다. 다만 일단 확대손해가 발생한 경우에는 확대손해는 결함책임에 의하고 결함제품자체의 손해는 계약책임에 의해 처리한다면 청구의 상대방이 증명해야하는 책임요건이 각각 다르게 되어 피해자의 부담이 과대하게 될 우려가 있다. 그러므로 이 경우에는 불법행위제도의 기본원칙에 따라 제조물자체의 손해도 배상의 대상으로 하는 것이 타당할 것이다.

<판 례>

　제조물책임이란 제조물에 통상적으로 기대되는 안전성을 결여한 결함으로 인하여 생명·신체 또는 재산에 손해가 발생한 경우에 제조업자 등에게 지우는 손해배상책임인데,'그 제조물에 대하여만 발생한 재산상 손해'는 여기서 제외된다(제조물책임법 제3조 제1항).

　그리고 '제조물에 대하여만 발생한 재산상 손해'에는 제조물 그 자체에 발생한 재산상 손해뿐만 아니라 제조물의 결함 때문에 발생한 영업 손실로 인한 손해도 포함된다고 봄이 상당하므로 그로 인한 손해는 제조물책임법의 적용대상이 아니다(대법원 1999. 2. 5. 선고 97다26593 판결, 대법원 2000. 7. 28. 선고 98다35525 판결 등 참조).

　<대판 2015. 3. 26, 2012다4824>

1) 정신적 손해

　종래의 판례실무에 따라서 정신적손해도 당연히 손해배상의 범위에 포함된다. 또한 민법상의 불법행위책임의 원칙 하에서는 타당한 손해배상을 실현하기 위해 위자료가 중요한 역할을 수행하고 있으므로 제조물책임에 있어서도 위자료는 종전의 판례·실무에 따라 인정된다고 생각된다.

2) 사업용 재산의 손해

　제조물책임을 도입하는 근거(신뢰책임, 위험책임, 보상책임)에 비추어 생각하면 제품사고의 피해자가 사업자(법인을 포함)인 경우 또는 피해의 대상이 사업용 재산인 경우에도 현행의 불법행위에 기한 손해배상의 경우와 달리 취급해야 할 합리적인 근거는 찾아보기 어렵다. 또한 피해의 대상이 사업용 재산인가 여부는 피해자 측의 사정이며 불법행위에 대한 배상책임이 피해자의 주관적 사정에 의해 좌우되는 것은 법이론상 합리적이지 않다. 따라서 과실책임 대신에 결함책임이 도입된 경우이더라도 제조물의 결함과 손해 발생 사이에 상당한 인과관계가 존재할 경우에는 사업자에게 발생한 손해 또는 사업용 재산에 발생한 손해도 배상의 대상이 된다.

　외국의 손해배상책임의 범위와 관련하여 외국은 배상최고한도금액과 배상면책금액을 두고 있는 경우가 있다. 독일은 배상최고한도금액으로 1억 6,000만 마르크를 두고 있다. 그리고 배상대상의 최저금액, 즉 면책금액으로 영국은 275파운드, 독일은 1,125마르크를 두는 규정이 있는 점에서 우리나라는 그러한 별도의 규정을 두지 않고 있다.

다. 징벌적 손해배상의 도입(제3조 제2항)

1) 징벌적 손해배상의 의의

2017년 4월 18일 개정된 제조물책임법의 가장 큰 특징으로는 미국의 징벌적 손해배상제도를 받아들여서 우리나라에 도입한 것을 들 수 있다.

징벌적 손해배상(punitive damages)은 특정한 유형의 불법행위에 있어서 피해자가 실제로 입은 손해(actual damage)를 배상하는 통상의 전보적 손해배상(compensatory damages)에서 더 나아가 특별히 손해배상을 지우는 또 다른 배상을 의미한다.

한편, 우리나라의 경우에는 징벌적 손해배상이 불법행위에 대한 손해배상에서 일반적으로 인정되고 있는 것은 아니다. 다만, 불법행위의 가해자가 내국인이고 피해자가 미국인인 사안에서 미국 법원이 징벌적 배상을 명하는 판결을 선고하여 확정되고, 이 확정판결에 기해 내국인의 국내 재산에 대한 강제집행을 하고자 국내 법원에 집행판결이 신청된 경우, 대법원의 입장은 명확하지 않으나 하급심 법원 중 "징벌적 배상제도는 불법행위로 인한 손해의 전보만을 인정하는 우리 민사법 체계에서 인정되지 아니하는 형벌적 성질을 갖는 배상형태로서, 우리나라 공서양속(公序良俗)에 반할 수 있다."고 판시함으로써 원칙상 이 제도를 인정하지 않았다(서울지법 동부지원 1995. 2. 10. 선고 93가합19069 판결). 위 판결은 "당해 외국판결의 집행을 용인하는 것이 우리나라 사회통념상 가혹한 결과를 가져오지는 않는지 여부와 아울러 민사소송법상 외국판결에 대한 실질심사금지원칙에 따른 외국판결의 존중이라는 승인제도 본래의 취지를 살린다는 측면을 비교·형량해 볼 때, 이 사건에서 미국 미네소타주 법원의 판결에서 인정된 손해배상액의 1/2 한도로 승인을 제한함이 상당하다."고 판시하여 부분적으로 그 집행을 승인하기도 했다.

판례법을 통하여 징벌적 손해배상을 확립한 영국을 비롯하여 미국, 캐나다 등 여러 영미법계 국가에서는 징벌적 손해배상이 인정되고 있다.

이러한 징벌적 손해배상은 영미법계에서 인정되던 것이어서, 민사와 형사를 엄격하게 구분하고 있는 우리나라의 법체계에는 부합하지 않는다는 등의 지적도 일부 있다. 영국과 미국의 징벌적 손해배상제도를 비교해 보면 <표 1> 영국과 미국의 징벌적 손해배상제도의 비교에서 보는 것처럼 차이점은 있다.

그러나 우리나라에서 징벌적 손해배상제도를 도입하게 된 배경을 들자면, 첫째, 소비자를 대상으로 하는 악의적인 영리형 불법행위, 사회적 · 경제적 지위를 내세운 부당한 강요행위 등이 여러 피해를 야기하고 있는 상황에서 징벌적 손해배상이 악의적 가해자를 응징하는 제재적 기능을 수행할 수 있다는 점, 둘째, 가해자가 불법행위로 취득한 부당이익을 환수함으로써 불법행위의 재발을 실효적으로 방지할 수 있다는 점, 그리고 셋째, 현재까지는 재산적 손해 외에 비재산적 손해에 대해서는 충분한 배상이 이루어지지 않고 있다고 판단되므로 징벌적 손해배상이 재산적 손해를 충분히 배상할 수 있도록 하는 전보적 기능을 지닐 수 있다는 점을 들 수 있다.

<표 1> 영국과 미국의 징벌적 손해배상제도의 비교

구분	주요 내용의 비교
영국	− 전보배상이 원칙, 징벌적 배상은 예외적으로 인정됨. − 징벌적 배상은 다음의 경우에 한하여 인정함. 　① 공무원의 억압적, 자의적 또는 위헌적 행위 　② 불법행위의 이익이 전보배상액보다 크다는 계산 하에 이루어진 불법행위 　③ 제정법에서 명시적으로 징벌적 배상을 인정한 행위
미국	− 대부분의 주에서는 징벌적 배상을 인정하나, 일부 주에서는 명시적으로 부정함. − 징벌적 배상은 일반 불법행위보다 가중된 요건 하에서만 인정됨. 　① 일반불법행위요건 　② 피해자의 권익 침해에 대한 악한 동기(evil motive)나 미필적 고의에 의한 무관심(reckless indifference) 등

우리나라는 기본적으로 전보적 손해배상(Compensatory Damages)제도를 취하고 있어서 영미법계 국가가 인정하고 있는 징벌적 손해배상(Punitive Damages)제도와는 구별되고 있다. 그러나 2011년 「하도급거래 공정화에 관한 법률」에서 징벌적 손해배상제도의 도입을 시작으로 특정분야의 개별 법률에서 도입하는 경우가 늘어나고 있다.

우리나라 개별 법률에서 징벌적 손해배상제도를 도입하고 있는 현황을 살펴보면 〈표 2〉와 같다.

<표 2> 우리나라의 징벌적 손해배상제도 도입현황

법률명	책임주체	행위유형	배상범위	도입
하도급거래 공정화에 관한 법률	원사업자	− 부당한 대금결정 − 부당한 위탁취소 − 부당반품 · 부당감액 − 기술자료 유용	3배 이내	2011
기간제 및 단시간근로자 보호 등에 관한 법률	사용자	− 차별적 처우(명백한 고의 또는 반복된 행위)	3배 이내	2014
신용정보의 이용 및 보호에 관한 법률	신용정보 회사 등	− 개인신용정보의 누설, 분실 · 도난 · 누출 · 변조 또는 훼손	5배 이내	2015
개인정보보호법	개인정보 처리자	− 개인정보의 분실 · 도난 · 유출 · 위조 · 변조 또는 훼손	3배 이내	2015
대리점거래의 공정화에 관한 법률	공급업자	− 구입 강제 − 이익제공 강요	3배 이내	2016
특허법	침해자	− 특허권의 침해 − 전용실시권의 침해	3배 이내	2019
실용신안법	침해자	− 실용신안권의 침해 − 전용실시권의 침해	3배 이내	2019
디자인보호법	침해자	− 디자인권의 침해 − 전용실시권의 침해	3배 이내	2020
상표법	침해자	− 상표권의 침해 − 전용실시권의 침해	3배 이내	2020
부정경쟁방지 및 영업비밀 보호에 관한 법률	침해자	− 타인의 기술적 또는 영업상의 아이디어가 포함된 정보의 부정사용행위 − 영업비밀 침해행위	3배 이내	2019

2) 징벌적 손해배상청구의 요건

이번에 개정된 제조물책임법에서 규정한 징벌적 손해배상은 "제조업자가 제조물의 결함을 알면서도 그 결함에 대하여 필요한 조치를 취하지 아니한 결과로 생명 또는 신체에 중대한 손해를 입은 자가 있는 경우에는 그 자에게 발생한 손해의 3배를 넘지 아니하는 범위에서 배상책임을 진다."라고 규정하여 제한적으로 인정하고 있다. 이를 구체적으로 분석해보면 다음과 같다.

첫째, 제조물의 결함을 알고서도 필요한 조치를 취하지 아니하였음과 둘째, 그로 인하여 피해자의 생명 또는 신체에 중대한 손해가 발생하였다는 점이다.

징벌적 손해배상을 받을 수 있는 권리주체는 당연히 피해자이다. 일반적 손해배상은 제조물의 결함으로 생명·신체 또는 재산에 손해를 입은 피해자이지만 징벌적 손해배상을 청구할 수 있는 자는 생명·신체에 피해를 입은 자에게 한정된다.

이는 특별히 피해자의 생명·신체의 피해를 발생시킨 제조업자는 불법한 결과발생에 특히 큰 책임이 있는 자이므로, 징벌적 손해배상을 통하여 그의 불법한 행위를 제재하고, 안전성이 결여된 제조물을 통하여 취득한 이익을 환수할 필요가 있다는 점에서 개정취지에 공감할 수 있다.

3) 징벌적 손해배상청구의 효과

제조업자가 제조물의 결함을 알고서도 필요한 조치를 취하지 아니함으로써 피해자의 생명·신체에 손해를 발생시킨 경우에는 발생한 손해의 3배를 넘지 아니하는 범위에서 배상책임을 지게 된다. 따라서 피해자는 법원에서 인정하는 한도에서 실제손해의 3배를 넘지 않는 범위에서 손해배상청구를 받을 수 있게 된다.

다만, 아쉬운 점으로는 제조업자의 고의적인 행위에 한정하고, 피해자에게 발생한 손해의 3배를 넘지 않는 범위에서 인정된다는 점과 피해자의 재산적 손해가 발생한데 대하여는 제외하고 있는 점이다.

나아가 "이 경우 법원은 배상액을 정할 때 다음 각 호의 사항을 고려하여야 한다.

1. 고의성의 정도
2. 해당 제조물의 결함으로 인하여 발생한 손해의 정도
3. 해당 제조물의 공급으로 인하여 제조업자가 취득한 경제적 이익

4. 해당 제조물의 결함으로 인하여 제조업자가 형사처벌 또는 행정처분을 받은 경우 그 형사처벌 또는 행정처분의 정도

5. 해당 제조물의 공급이 지속된 기간 및 공급 규모

6. 제조업자의 재산상태

7. 제조업자가 피해구제를 위하여 노력한 정도"라고 규정하여 법원에서 광범위하게 여러 가지 사유를 참작하여 정하도록 하고 있다.

라. 공급업자의 책임(제3조 제3항)

공급업자(판매업자 등)는 결함을 창출하여 자기의 의사를 가지고 시장에 제조물을 공급한다고는 할 수 없고 또한 일반적으로 판매업자에게 제조업자와 똑같은 책임을 부담시키는 것은 적당하지 않기 때문에 제조물책임법에서는 EU지침처럼 예외적으로 판매업자에게 보충적인 책임을 지도록 규정하였다. 이것은 최종적인 배상의무자 이어야 할 제조업자가 불분명한 경우에는 공급업자에게 책임을 지우도록 하기 위한 수단으로 둔 정책적인 규정이라고 해석되고 있다.

개정 전의 제조물책임법(제3조 제2항)에서는 피해자가 제조업자를 알 수 없는 경우에 공급업자에게 책임을 묻기 위해서는 "제조물의 제조업자 또는 제조물을 자신에게 공급한 자를 알거나 알 수 있었음에도 불구하고 상당한 기간 내에 그 제조업자나 공급한 자를 피해자 또는 그 법정대리인에게 고지(告知)하지 아니한 경우"를 소비자가 증명하여야 공급업자에게 책임을 물을 수 있었다.

개정법 제3조 제3항에서는 "피해자가 제조물의 제조업자를 알 수 없는 경우에 그 제조물을 영리 목적으로 판매·대여 등의 방법으로 공급한 자는 제1항에 따른 손해를 배상하여야 한다. 다만, 피해자 또는 법정대리인의 요청을 받고 상당한 기간 내에 그 제조업자 또는 공급한 자를 그 피해자 또는 법정대리인에게 고지(告知)한 때에는 그러하지 아니하다."라고 규정하였다. 이는 개정 전 법률과 비교할 때, 피해자가 제조업자를 알 수 없는 경우에 공급업자(유통업체 등)가 제조업자를 알았거나 알 수 있었는지 여부와 관계없이 원칙적으로 배상책임을 부담하도록 하였다. 다만, 피

해자의 요청을 받고 상당한 기간 내에 제조업자(또는 공급업자 자신에게 공급한 자)를 피해자에게 고지하면 공급업자는 손해배상책임을 면한다. 이는 공급업자가 불분명한 제조물을 판매·유통하지 않도록 공급업자의 책임을 강화하여 소비자안전을 확보하려는 취지이다.

한편, 이 조항에서 '상당한 기간'이라 함은 피해자가 공급업자에 대하여 제조업자가 누구인지를 고지할 것을 요청하거나, 손해배상을 요구한 날부터 공급업자가 고지하는 데 필요한 합리적인 기간을 말하는 것으로서 이를 둘러싼 해석상의 논란이 있을 수 있는 것으로 보여진다. 입법례로는 EU지침과 영국은 "합리적 기간"으로, 독일은 1개월로 규정하고 있다.

6. 결함과 인관관계의 법률상 추정(제3조의 2)

제3조의 2 (결함 등의 추정) 피해자가 다음 각 호의 사실을 증명한 경우에는 제조물을 공급할 당시 해당 제조물에 결함이 있었고 그 제조물의 결함으로 인하여 손해가 발생한 것으로 추정한다. 다만, 제조업자가 제조물의 결함이 아닌 다른 원인으로 인하여 그 손해가 발생한 사실을 증명한 경우에는 그러하지 아니하다.

1. 해당 제조물이 정상적으로 사용되는 상태에서 피해자의 손해가 발생하였다는 사실
2. 제1호의 손해가 제조업자의 실질적인 지배영역에 속한 원인으로부터 초래되었다는 사실
3. 제1호의 손해가 해당 제조물의 결함 없이는 통상적으로 발생하지 아니한다는 사실 <2017. 4. 18. 신설>

가. 결함의 존재와 결함과 손해발생사이의 인과관계

제조물의 결함에 기인하는 손해에 대한 배상책임을 제조업자 등에 대하여 추궁하기 위해서는 제조물의 결함에 의해 해당 손해가 발생하였다고 하는 점, 즉 결함의 존재와 결함과 손해발생 사이의 인과관계가 있어야 한다.

나. 증명책임

이 법에서는 제조물의 결함을 원인으로 손해배상을 청구하는 경우의 증명책임에 대해서는 제3조 1항에 의해 정해지게 되며 손해배상을 청구하는 자에게 요건사실을 증명할 책임을 지는 것은 증명책임분배의 원칙상 당연하다.

현행의 재판실무에서는 제조물에 의한 사고가 일어난 경우, 그 제조물의 종류, 결함의 태양, 제조 후 사고발생까지의 기간, 제조물의 사용상황, 증거의 편재상황 등의 여러 가지 사정을 법원이 종합적으로 고려해서 개개의 사안에 따라서 결함이나 인과관계의 존재, 결함의 존재시기가 인정되고 있다. 이러한 인정에 있어서는 경험칙이나 사실상의 추정 등이 사안에 따라서 활용되며, 사안에 따른 공평한 피해자의 증명부담의 경감이 도모되고 있다.

그러나 개정법은 일반국민의 예측 가능성과 법적 안정성을 보장하기 위해 기존 대법원 판례의 내용을 법제화함으로써 피해자의 증명책임을 완화하려는 노력을 하였다. 즉, 피해자가 제조물을 정상적으로 사용하는 상태에서 손해가 발생하였다는 점 등 세 가지 간접사실을 증명하면 그 제조물에 결함이 있었고(결함의 존재), 그 제조물의 결함으로 말미암아 손해가 발생한 것(결함과 손해 발생 사이의 인과관계)으로 추정할 수 있는 규정을 신설하였다.

세 가지 간접사실은 ① 해당 제조물이 정상적으로 사용되는 상태에서 피해자의 손해가 발생하였다는 사실, ② 그 손해가 제조업자의 실질적 지배영역에 속한 원인으로부터 초래되었다는 사실, ③ 그 손해가 해당 제조물의 결함없이는 통상적으로 발생하지 아니한다는 사실이다.

개정 전의 법률에서는 피해자가 ① 제조물의 결함, ② 손해의 발생 및 ③ 결함과 손해 발생 사이의 인과관계를 모두 증명해야 하나, 법원은 정상적 사용상태에서 손해가 발생한 사실 등의 간접사실을 증명하면 결함 및 인과관계를 추정하는 법률상 추정규정이 신설된 것이다. 다만, 제조업자가 제조물의 결함이 아닌 소비자의 고의·과실 등 다른 원인으로 인하여 그 손해가 발생하였다는 사실을 증명한 경우에는 예외를 인정함으로써 제조업자가 책임을 면할 수 있다.

<판 례>

물품을 제조·판매한 자에게 손해배상책임을 지우기 위하여서는 위와 같은 결함의 존재, 손해의 발생 및 결함과 손해의 발생과의 사이에 인과관계의 존재가 전제되어야 하는 것은 당연하다. 그러나 고도의 기술이 집약되어 대량으로 생산되는 제품의 경우, 그 생산과정은 대개의 경우 소비자가 알 수 있는 부분이 거의 없고, 전문가인 제조업자만이 알 수 있을 뿐이며, 그 수리 또한 제조업자나 그의 위임을 받은 수리업자에 맡겨져 있기 때문에, 이러한 제품에 어떠한 결함이 존재하였는지, 나아가 그 결함으로 인하여 손해가 발생한 것인지 여부는 전문가인 제조업자가 아닌 보통인으로서는 도저히 밝혀 낼 수 없는 특수성이 있어서 소비자 측이 제품의 결함 및 그 결함과 손해의 발생과의 사이의 인과관계를 과학적·기술적으로 완벽하게 증명한다는 것은 지극히 어렵다.

그러므로 이 사건과 같이 텔레비전이 정상적으로 수신하는 상태에서 발화·폭발한 경우에 있어서는, 소비자측에서 그 사고가 제조업자의 배타적 지배하에 있는 영역에서 발생한 것임을 증명하고, 그러한 사고가 어떤 자의 과실 없이는 통상 발생하지 않는다고 하는 사정을 증명하면, 제조업자 측에서 그 사고가 제품의 결함이 아닌 다른 원인으로 말미암아 발생한 것임을 증명하지 못하는 이상, 위와 같은 제품은 이를 유통에 둔 단계에서 이미 그 이용 시의 제품의 성상이 사회통념상 당연히 구비하리라고 기대되는 합리적 안전성을 갖추지 못한 결함이 있었고, 이러한 결함으로 말미암아 사고가 발생하였다고 추정하여 손해배상책임을 지울 수 있도록 증명책임을 완화하는 것이 손해의 공평·타당한 부담을 그 지도원리로 하는 손해배상제도의 이상에 맞는다 할 것이다.

<계속>

<판 례>

이 사건 텔레비전의 내구연한을 제품구입일로부터 5년으로 설정하였고, 그 내구연한을 도과한 이후에 이 사건 사고가 발생하였으나, 위 내구연한은 이 사건 텔레비전이 본래의 용도에 따라 정상적으로 성능을 발휘할 수 있는 최소한의 기간을 의미하는 것으로 보여질 뿐, 그 결함으로 인한 손해배상청구권의 권리행사기간 내지 피고의 손해배상채무의 존속기간을 정한 것이라고 볼 수는 없고, 나아가 오늘날 일반 국민에게 널리 보급된 대표적 가전제품인 텔레비전은 제조업자가 설정한 내구연한이 다소 경과되었다 하더라도 사회통념상 이를 소비자의 신체나 재산에 위해를 가할 수 있는 위험한 물건으로는 여겨지지 아니하므로 텔레비전의 제조업자는 그 내구연한이 다소 경과된 이후에도 제품의 위험한 성상에 의하여 소비자가 손해를 입지 않도록 그 설계 및 제조과정에서 안전성을 확보해야 할 고도의 주의의무를 부담한다 할 것이어서 이 사건 텔레비전이 비록 그 내구연한으로부터 1년 정도 초과된 상태라 하더라도 그 정상적인 이용 상황 하에서 위와 같이 폭발한 이상, 그 제조상의 결함을 인정함에는 아무런 지장이 없다고 판단한 것도 정당한 것으로 수긍이 가며, 거기에 상고이유가 지적하는 바와 같은 제조물책임의 면책사유에 관한 사실오인 및 법리오해 등의 위법이 없다.

<대판 2000. 2. 25, 98다15934>

<판 례>

"고도의 기술이 집약되어 대량으로 생산되는 제품의 결함을 이유로 그 제조업자에게 손해배상책임을 지우는 경우 그 제품의 생산과정은 전문가인 제조업자만이 알 수 있어서 그 제품에 어떠한 결함이 존재하였는지, 그 결함으로 인하여 손해가 발생한 것인지 여부는 일반인으로서는 밝힐 수 없는 특수성이 있어서 소비자 측이 제품의 결함 및 그 결함과 손해의 발생과의 사이의 인과관계를 과학적·기술적으로 증명한다는 것은 지극히 어려우므로 그 제품이 정상적으로 사용되는 상태에서 사고가 발생한 경우 소비자 측에서 그 사고가 제조업자의 배타적 지배하에 있는 영역에서 발생하였다는 점과 그 사고가 어떤 자의 과실 없이는 통상 발생하지 않는다고 하는 사정을 증명하면, 제조업자 측에서 그 사고가 제품의 결함이 아닌 다른 원인으로 말미암아 발생한 것임을 증명하지 못하는 이상 그 제품에게 결함이 존재하며 그 결함으로 말미암아 사고가 발생하였다고 추정하여 손해배상책임을 지울 수 있도록 증명책임을 완화하는 것이 손해의 공평·타당한 부담을 그 지도원리로 하는 손해배상제도의 이상에 맞다.

<대판 2004. 3. 12, 2003다16771>

<판 례>

　제조물의 결함을 증명함에 있어서는 제조물책임의 특성상 소비자측에서 사고가 제조업자의 배타적 지배하에 있는 영역에서 발생한 것임을 증명하고 그러한 사고가 어떤 자의 과실 없이는 통상 발생하지 않는다고 하는 사정을 증명하면, 제조업자측에서 그 사고가 제품의 결함이 아닌 다른 원인으로 말미암아 발생한 것임을 증명하지 못하는 이상 제품의 결함으로 인하여 사고가 발생하였다고 추정하여야 한다.

　온수 세정기의 전원코드의 전기합선이 원인으로 추정되는 화재에 있어서 제조업자가 위 화재가 온수 세정기의 결함이 아닌 다른 원인으로 인하여 발생한 것임을 증명하지 못하였다면 위 제품은 이를 유통에 둔 단계에서 이미 그 이용 시의 제품의 성상이 사회통념상 제품에 요구되는 합리적 안전성을 결여하여 부당하게 위험한 것으로서 제조업자는 이러한 제품의 결함으로 말미암아 발생하였다고 추정되는 위 화재로 인한 손해의 배상책임을 진다.

　<대구지법 2005. 6. 21, 2004가단29429>

7. 제조업자의 면책사유(제4조)

제4조 (면책사유) ① 제3조에 따라 손해배상책임을 지는 자가 다음 각 호의 어느 하나에 해당하는 사실을 증명한 경우에는 이 법에 따른 손해배상책임을 면(免)한다.

   1. 제조업자가 해당 제조물을 공급하지 아니하였다는 사실

   2. 제조업자가 해당 제조물을 공급한 당시의 과학·기술 수준으로는 결함의 존재를 발견할 수 없었다는 사실

   3. 제조물의 결함이 제조업자가 해당 제조물을 공급한 당시의 법령에서 정하는 기준을 준수함으로써 발생하였다는 사실

   4. 원재료나 부품의 경우에는 그 원재료나 부품을 사용한 제조물 제조업자의 설계 또는 제작에 관한 지시로 인하여 결함이 발생하였다는 사실

② 제3조에 따라 손해배상책임을 지는 자가 제조물을 공급한 후에 그 제조물에 결함이 존재한다는 사실을 알거나 알 수 있었음에도 그 결함으로 인한 손해의 발생을 방지하기 위한 적절한 조치를 하지 아니한 경우에는 제1항 제2호부터 제4호까지의 규정에 따른 면책을 주장할 수 없다.

본 조는 제3조에 기해 제조업자 등이 제조물책임을 부담하는 경우에 해당 제조업자가 일정한 사정을 증명함으로써 제3조에 규정하는 배상책임을 면한다는 취지이며, 민법 기타의 법률에 의해 발생한 손해배상책임에 대해서 까지 효력이 미치는 것은 아니다.

면책사유는 네 가지를 규정하고 있는데 첫째, 제조업자가 해당 제조물을 공급하지 아니한 사실, 둘째, 제조업자가 해당 제조물을 공급한 때의 과학·기술수준으로는 결함의 존재를 발견할 수 없었다는 사실, 셋째, 제조물의 결함이 제조업자가 해당 제조물을 공급할 당시의 법령이 정하는 기준을 준수함으로써 발생한 사실, 넷째, 원재료 또는 부품의 경우에는 해당 원재료 또는 부품을 사용한 제조물 제조업자의 설계 또는 제작에 관한 지시로 인하여 결함이 발생하였다는 사실 등이다.

가. 제조업자가 해당 제조물을 공급하지 아니한 사실

판매를 위해 생산되었으나 아직 유통되지 않은 결함제조물에 의해 기업의 고용인이 상해를 입은 경우에는 제조업자는 제조물책임을 부담하지 않는다. 그러나 제품으로서 이미 유통되어 사용된 결함부품 또는 결함원료에 의해 피해가 발생한 경우에는 해당 고용인은 결함부품 또는 결함원료의 제조업자에 대하여 제조물책임을 물을 수 있을 것이다.

나. 개발위험의 항변(기술수준의 항변)

개발위험이라 함은 제품을 유통시킨 시점에 있어서 과학·기술의 수준에 의해서는 거기에 내재하는 결함을 발견하는 것이 불가능한 위험을 말한다. 제조업자에게 개발위험에 대해서까지 책임을 부담시키면 연구 및 기술개발이 저해되거나 소비자의 실질적인 이익을 저해하는 것이 아닌가라는 점에서 해당 결함이 개발위험에 해당된다는 것을 제조업자가 증명한 경우에는 제조업자의 책임을 면하게 하는 개발위험의 항변이 필요하다. 또한 개발위험을 항변으로서 명시함으로서 고도의 과학·기술수준에 관한 예견가능성에 관한 증명책임이 제조업자에게 귀속하는 것이 명백하게 되며 심리의 신속에 도움이 된다고 생각된다. 또한 개발위험의 항변의 판단기준과 관련하여 「과학·기술수준」의 해석이 문제로 되지만 이 법에 있어서도 「과학·기술수준」이라고 하면 결함의 유무를 판단함에 있어서 영향을 받을 정도로 확립된 지식의 총체이며, 또한 특정인이 가진 것이 아니라 객관적으로 사회에 존재하는 지식의 총체를 가리키는 것이다. 즉, 다른 곳에 영향을 미칠 수 있을 정도로 확립된 지식이라면 초보적인 지식에서 최고수준의 지식까지 전부가 포함되게 되며 스스로 면책되기 위해서는 해당 결함 여부의 판단에 필요한 입수가능한 최고수준의 지식에 비추어 결함이라는 것을 인식할 수 없었다는 것을 증명하는 것이 필요하다. 따라서 개발위험의 항변에 대해서는 입수가능한 최고의 과학·기술의 수준이 판단기준으로 취해지는 것이라고 해석된다.

다. 법령기준 준수의 항변

법령에서 정한 기준이라 함은 국가가 제조업자에 대하여 법률이나 규칙 등으로 일정한(최고기준인) 제조방법을 강제하고 있고 제조업자로서는 제조하는 이상 그 기준을 따를 수밖에 없고 또한 국가가 정한 기준 자체가 정당한 안전에의 기대에 합치하지 않음으로 해서 필연적으로 결함있는 제조물이 나올 수밖에 없는 그런 성격의 것을 의미한다.

남유럽의 국가에서는 열화를 방지하기 위해 버터에 화학물질을 첨가하는 것이 강제되어 있지만 이 첨가물은 발암성이 있다고 지적되고 있다. 따라서 제조업자가 책임을 지지 않으려면 화학물질 첨가를 강제하고 있는 법률에 위반되지 않는다는 것을 증명하여야 한다.

법령이 정하는 기준이라는 개념은 엄밀히 규정된 제조방법에 관한 행정법상의 구속적인 규칙을 의미하고 있다. 법령에 규정된 제조방법 때문에 결함이 발생하였다는 것은 제조업자가 증명하여야 한다. 동 규정에 따라 면책이 인정되는 경우에는 피해자는 기준의 제정권자인 국가에 대하여 국가배상법 상 손해배상청구권을 가지게 되는 것으로 볼 수 있다.

<판 례>

이 사건 사고는 스프링클러를 시공한 후 1개월 이상 별다른 이상이 없다가 갑작스럽게 주름관 연결 부분이 SP 너트에서 이탈되면서 발생한 것이다. 이 사건 스프링클러는 SP 너트와 SP 압착링이 일체형으로 납품된 것으로서 시공을 하면서 무리하게 SP 너트에 압력을 가한다는 이유만으로 SP 압착링이 제 위치에서 벗어나 기능을 발휘하지 못한다면 이는 이미 제품의 안전성과 내구성을 갖추지 못하였음을 나타내는 것이다. 더구나 이 사건 스프링클러의 SP 너트에 홈이 있다는 이유만으로 원고가 시공을 함에 있어서 통상의 힘 이상의 무리한 힘을 가하였다거나 내부 구조에 변경을 가하여 SP 압착링이 제 위치를 벗어나게 하였다고 보기에는 부족하다. 결국, 원고가 이 사건 스프링클러를 정상적으로 설치하였음에도 이 사건 사고가 발생하였다고 봄이 상당하다. 따라서 피고는 이 사건 스프링클러의 제조업자로서 원고가 입은 모든 손해를 배상할 책임이 있다.

피고는, 이 사건 스프링클러는 검정승인을 받은 제품으로서 공급 당시의 법령 기준을 준수한 만큼 제조물책임법 제4조 제1항 제3호에 의해 면책된다고 주장한다. 그러나 이 사건 스프링클러가 검정승인을 받은 제품의 크기와 달리 SP 압착링의 후면 외경이 허용오차를 벗어나는 크기로 제작되었음은 위에서 본 바이므로, 피고가 검정승인을 받은 기준을 준수하였다고 볼 수 없으므로, 위 주장은 이유 없다.

<대전지법 2008. 5. 20, 2006가단91350>

라. 원재료 또는 부품 제조업자의 항변

부품 · 원재료 제조업자의 항변은 제조물책임이 해당 제조물의 결함 존재 여부에 따라 손해배상책임을 인정하는 것인 이상 부품 · 원재료이더라도 결함이 존재한다고 하면 그 제조업자는 손해배상책임을 지게 된다.

그러나 해당 부품 · 원재료를 사용하여 다른 제조물을 생산하는 자의 설계 또는 제작에 관한 지시로 인하여 해당 부품 · 원재료에 결함이 발생하였을 경우에는 해당 부품 · 원재료의 제조업자는 손해배상 책임이 면제된다.

마. 사후개선조치를 소홀히 한 경우의 면책사유 부인

이상과 같은 제조업자의 면책사유가 있더라도 제조업자 또는 보충적으로 책임을 지게 되는 공급업자가 제조물을 공급한 후에 해당 제조물에 결함이 존재한다는 사실을 알거나 알 수 있었음에도 그 결함에 의한 손해의 발생을 방지하기 위한 적절한 조치를 하지 아니한 때에는 제1항 제2호 내지 제4호의 규정(개발위험의 항변, 법령기준 준수의 항변 및 부품·원재료 제조업자의 항변)에 의한 면책을 주장할 수 없다.

이는 제조업자에게 연구개발의욕의 고취, 법령기준의 준수, 부품·원재료 제조업자의 항변을 인정 등을 통하여 제조물책임법의 엄격책임에 대한 반대급부로 제조업자의 면책사유를 인정하고 있지만, 시장에 출시된 제조물에서 결함이 존재한다는 사실을 알거나 알 수 있었음에도 그 결함에 의한 손해의 발생을 방지하기 위한 적절한 조치를 하지 아니한 때에는 면책사유를 인정받을 수 없게 된다.

따라서 제조물을 공급한 자는 사후에 제조물을 주의 깊게 관찰하고, 만약에 결함이 확인되면 즉시 리콜 등의 개선조치를 취하거나 설계의 변경 등의 조치를 취하여 그 결함에 의한 손해의 발생을 방지하기 위한 적절한 조치, 즉 소비자에 대한 신속한 안전조치를 취하여야 한다.

이는 2차 개정 제조물책임법에서 새로 도입한 징벌적 손해배상제도(제3조 제2항)과도 관련이 있다. 즉, 제조업자가 제조물의 결함을 알면서도 그 결함에 대하여 필요한 조치를 취하지 아니한 결과로 생명 또는 신체에 중대한 손해를 입은 자가 있는 경우에는 그 자에게 발생한 손해의 3배를 넘지 아니하는 범위에서 배상책임이 있게 된다.

8. 연대책임(제5조)

> **제5조** (연대책임) 동일한 손해에 대하여 배상할 책임이 있는 자가 2인 이상인 경우에는 연대하여 그 손해를 배상할 책임이 있다.

　결함이 있는 제품의 제조에 관여한 자가 2인 이상일 경우에는 관여한 자 모두가 연대하여 손해배상책임을 지게 된다. 이러한 연대책임자의 피해자에 대한 손해배상 책임은 공동불법행위가 성립하는가 여부를 묻지 않고 원칙적으로 각각의 책임주체가 피해자에 대하여 자기의 책임원인과 상당 인과관계에 있는 모든 손해에 대하여 배상할 의무를 지게 된다(다른 책임주체가 이행한 한도에서 배상의무를 면하는 것은 당연하다). 결함제품에 의한 사고가 발생하고 복수의 책임주체가 손해배상의무를 지는 경우 그 책임주체간에 있어서는 손해에 대한 각자의 기여도에 따라서 부담 부분이 결정되게 된다. 복수의 책임주체 중에서 피해자에게 손해배상의무를 먼저 이행한 자는 자기의 부담 부분을 초과하는 부분에 대하여 다른 책임주체에 대하여 구상권을 취득하게 된다.

9. 면책특약의 제한(제6조)

> **제6조** (면책특약의 제한) 이 법에 따른 손해배상책임을 배제하거나 제한하는 특약(特約)은 무효로 한다. 다만, 자신의 영업에 이용하기 위하여 제조물을 공급받은 자가 자신의 영업용 재산에 발생한 손해에 관하여 그와 같은 특약을 체결한 경우에는 그러하지 아니하다.

　이 법에 의한 자기의 제조물책임을 배제하거나 제한하는 특약은 무효가 된다. 이 것은 주로 소비자와의 관계에서 한 면책특약을 제한하는 데 의의가 있다. 그러나 자신의 영업에 이용하기 위하여 제조물을 공급받은 자가 자신의 영업용 재산에 대하여 발생한 손해에 관하여 그와 같은 특약을 체결한 경우에는 무효로 하지 아니한다고 규정하고 있다. 이러한 면책특약을 하더라도 그 효력은 자기의 직접거래상대방인 사업자에게 미칠 뿐이며 제조물을 인도한 모든 자에게 미치는 것은 아니므로 예외적으로 면책특약을 인정하고 있는 것이다. 또한, 사전에 제조업자의 손해배상책임을 제한하거나 면제하는 뜻의 기재가 제품의 표시나 취급설명서 등에 있고, 그 효력이 거래의 상대방과의 사이에서 문제로 되는 경우에도 인적손해에 관한 면책특약에 대해서는 이 법의 규정에서도 특약을 허용하지 않고 있으므로 당연히 무효이며, 공서양속의 위반(민법 제103조)을 이유로 일률적으로 무효가 된다고도 해석된다.

10. 소멸시효 등(제7조)

> **제7조** (소멸시효 등) ① 이 법에 따른 손해배상의 청구권은 피해자 또는 그 법정대리인이 다음 각 호의 사항을 모두 알게 된 날부터 3년간 행사하지 아니하면 시효의 완성으로 소멸한다.
>
>   1. 손해
>
>   2. 제3조에 따라 손해배상책임을 지는 자
>
> ② 이 법에 따른 손해배상의 청구권은 제조업자가 손해를 발생시킨 제조물을 공급한 날부터 10년 이내에 행사하여야 한다. 다만, 신체에 누적되어 사람의 건강을 해치는 물질에 의하여 발생한 손해 또는 일정한 잠복기간(潛伏期間)이 지난 후에 증상이 나타나는 손해에 대하여는 그 손해가 발생한 날부터 기산(起算)한다.

본 조는 제조물책임의 성격을 고려하면서 소멸시효와 제척기간을 규정한 것이다. 민법 제766조(손해배상청구권의 소멸시효)의 장기의 기간제한에 대해서는 판례상 제척기간이라고 해석되고 있으며 이 법에 있어서도 같은 견해이다. 기산점 및 제척기간의 장기에 대해서 제조물책임의 성격 등을 고려해서 특별히 규정하고 있다. 즉, 책임주체마다에 해당 제조물을 인도한 때로부터 10년으로 하고 있다.

제조물의 결함에 기인하는 손해 중에는 제조물의 사용개시 후 일정한 기간을 경과한 후 예상외의 손해가 발생하는 경우가 있으며 제조물의 통상사용기간을 전제로 하는 제척기간을 적용하면 그 기간의 경과 후에 손해가 발생한 손해에 대해서는 이 법에 의한 손해배상청구소송을 일체 제기할 수 없게 된다. 이 때문에 이 법에서는 피해자보호의 관점에서 이러한 손해의 경우 제척기간의 특칙으로서 기산점을 '손해가 발생한 때'로 하는 규정을 두었다.

<판 례>

민법 제766조 제1항은 불법행위로 인한 손해배상청구권은 피해자나 그 법정대리인이 그 손해 및 가해자를 안 날부터 3년간 이를 행사하지 아니하면 시효로 소멸한다고 규정하고 있다. 여기서 '손해 및 가해자를 안 날'이란 피해자나 그 법정대리인이 손해 및 가해자를 현실적이고도 구체적으로 인식한 날을 의미하며, 그 인식은 손해발생의 추정이나 의문만으로는 충분하지 않고, 손해의 발생사실뿐만 아니라 가해행위가 불법행위를 구성한다는 사실, 즉 불법행위의 요건사실에 대한 인식으로서 위법한 가해행위의 존재, 손해의 발생 및 가해행위와 손해 사이의 인과관계 등이 있다는 사실까지 안 날을 뜻한다. 그리고 피해자 등이 언제 불법행위의 요건사실을 현실적이고도 구체적으로 인식한 것으로 볼 것인지는 개별 사건의 여러 객관적 사정을 참작하고 손해배상청구가 사실상 가능하게 된 상황을 고려하여 합리적으로 인정하여야 하고, 손해를 안 시기에 대한 증명책임은 소멸시효 완성으로 인한 이익을 주장하는 자에게 있다.

민법 제766조 제2항에 의하면, 불법행위를 한 날부터 10년을 경과한 때에도 손해배상청구권이 시효로 소멸한다고 규정되어 있는데, 가해행위와 이로 인한 손해의 발생 사이에 시간적 간격이 있는 불법행위에 기한 손해배상청구권의 경우, 위와 같은 장기소멸시효의 기산점이 되는 '불법행위를 한 날'은 객관적·구체적으로 손해가 발생한 때, 즉 손해의 발생이 현실적인 것으로 되었다고 할 수 있을 때를 의미하고, 그 발생 시기에 대한 증명책임은 소멸시효의 이익을 주장하는 자에게 있다.

<대판 2013. 7. 12, 2006다17539>

<판 례>

갑 등 베트남전 참전군인들이 베트남전에서 살포된 고엽제 때문에 염소성여드름 등 질병에 걸렸다며 고엽제 제조회사인 을 외국법인 등을 상대로 제조물책임 등에 따른 손해배상을 구하자, 을 법인 등이 소멸시효 항변을 한 사안에서, 염소성여드름 발병 시점부터 을 법인 등 보유의 특허권에 대한 가압류신청일이나 을 법인 등을 상대로 한 소 제기일까지 10년의 장기소멸시효기간이 지난 참전군인들의 경우에도 그들이 고엽제휴유증환자로 등록하여 을 법인 등에 대한 손해배상청구권의 존재에 관하여 인식할 수 있게 되기까지는 객관적으로 권리행사를 기대하기 어려운 장애사유가 있었고, 그들 중 일부를 제외한 나머지 참전군인들의 경우 그들 개개인이 고엽제후유증환자 등록 후 민법상 시효정지의 경우에 준하는 단기간 내에 가압류신청이나 소제기 등 권리행사를 하는 데 상당한 어려움이 있는 등 매우 특수한 사정이 있었던 점을 감안할 때 그들이 상당한 기간 내에 권리행사를 한 것으로 봄이 타당하므로, 을 법인 등이 그들에게 소멸시효 완성을 주장하는 것은 신의칙에 반하는 권리남용에 해당하여 허용되지 않지만, 고엽제후유증환자로 등록한 날부터 3년이 경과한 후에 가압류신청 또는 소를 제기한 일부 참전군인들에 대한 소멸시효 항변은 권리남용에 해당하지 않는다.

<대판 2013. 7. 12, 2006다17539>

11. 민법의 보충적용(제8조)

제8조 (「민법」의 적용) 제조물의 결함으로 인한 손해배상책임에 관하여 이 법에 규정된 것을 제외하고는 「민법」에 따른다.

이 법은 과실책임주의에 기한 민법의 불법행위책임제도에 더하여 새롭게 결함을 책임요건으로 하는 불법행위책임제도인 제조물책임제도를 도입하는 것이며, 민법의 불법행위책임제도의 특칙이 되는 것이고 이 법에 특별한 규정이 없는 사항에 대해서는 민법의 규정이 적용되는 것을 명확하게 하고 있다.

민법에 의한 보충적인 적용이 예상되는 것으로 과실상계규정이 있다. 과실상계에 대해서는 불법행위에 일반적으로 적용된다는 뜻의 명문의 규정(민법 제763조, 제396조 준용)이 있다. 과실상계는 가해자측에 전면적으로 손해배상책임을 부담시키는 것이 공평하지 않은 사정이 피해자측에 있는 경우에 손해배상액을 감액하는 제도이며 배상해야 할 손해액을 정함에 있어서 피해자의「과실」을 고려한다는 것이다. 이 경우에 고려되는 피해자의 과실은 과실책임에 있어서 책임요건으로서의「과실」과는 같은 것은 아니고 넓게「피해자측의 부주의」로 해석되고 있다. 제조물의 결함을 청구원인으로 하는 손해배상책임에 있어서도 과실상계를 하는 것은 방해되어야 할 것은 아니므로 민법에 의하여 보충적으로 적용되게 된다.

12. 시행일과 적용례(부칙 제1조, 제2조)

부 칙

제1조(시행일) 이 법은 공포 후 6개월이 경과한 날부터 시행한다.

제2조(적용례) 제3조 제2항 및 제3항, 제3조의2의 개정규정은 이 법 시행 후 최초로 공급하는 제조물부터 적용한다.

가. 제정법의 시행일과 적용례

2000년에 제정된 제조물책임법은 부칙에 따라 제1항에서는 이 법의 시행일을 제정일로부터 2년 6개월 후인 2002년 7월 1일로 규정하였다. 이는 제조물책임이라는 개념이 전혀 새로운 것이라는 점, 동법이 재판규범뿐만 아니라 행위규범으로서도 작용하는 것이며 사회 일반에 광범위한 영향을 줄 수 있는 것이라는 점에서 관계자들이 새로운 제도의 내용을 충분히 인지하고 대응준비를 할 수 있도록 하기 위한 것으로 생각된다.

일반적으로 민사법규에 있어서는 행위자에게 의무를 부과하거나 사람의 권리를 제한하거나 하는 것은 법의 적용을 소급하지 않는 것이 원칙이다. 이 법 부칙 제2항에서도 제조물책임의 귀책근거는 결함이 있는 제조물을 제조 또는 가공한 다음 공급한다는 점에 있으므로 이 법률의 시행 후에 제조업자 등이 최초로 공급한 제조물에 대하여 적용하는 것을 규정하고 있다.

나. 1차 개정법의 시행일

2013년에 개정된 제조물책임법(법률 제11,813호)은 부칙에 따라 2013년 5월 22일에 공포되어 그때부터 시행하고 있다.

다. 2차 개정법의 시행일과 적용례

2차 개정법은 부칙 제1조(시행일)에 의하여 공포 후 1년이 경과한 날부터 시행한다. 따라서 2018년 4월 19일부터 시행한다.

동 개정법은 부칙 제2조(적용례)에 의하여 징벌적 손해배상(제3조 제2항) 및 공급업자의 책임(제3조 제3항)에 관한 규정과 결함 등의 추정규정(제3조의2)의 개정규정은 이 법 시행 후 최초로 공급하는 제조물부터 적용한다.

제2장

우리나라 제조물책임 판례

제1절

제조물책임판례의 개요

제조물책임법이 시행되기 전에도 우리나라에서 결함제조물과 관련된 제조물책임 판례를 다수 찾아 볼 수 있다. 법원은 민법에 의한 전통적인 과실책임원칙을 근간으로 하는 불법행위책임의 법리로 제조물책임 관련소송을 처리해왔다. 다만 경우에 따라 피고(제조업자)의 과실 및 인과관계를 추정하는 '사실상의 추정칙'을 적용하여 소비자의 증명책임을 완화내지 전환함으로써 과실책임원칙하에서도 소비자 피해를 구제하는 데 기여해 왔다.

1992년에 나온 제조물책임의 리딩 케이스(Leading case)로 평가되는 「변압변류기 폭발사건」[20]은 제조물책임판례의 하나의 이정표가 되는 판례이다. 이후 다양한 제조물과 관련된 제조물책임판례가 많이 나왔으나 소비자(피해자)가 승소한 판례도 있고 소비자(피해자)가 패소한 판례도 있다. 여기서는 제조물책임법이 시행된 2002년 7월 1일 이후에 나온 제조물책임관련 대법원판례와 하급심판례를 중심으로 살펴보기로 한다.[21]

---

20 대판 1992. 11. 24, 92다18139.
21 우리나라 제조물책임판례를 체계적으로 정리한 책으로는 최병록, 「최신 제조물책임법론」, 구룡문화사, 2007년을 참고.

1. 2002년 7월 1일 제조물책임법 시행 이후의 대법원판례

2002년 7월 1일 제조물책임법 시행 이후에 나온 대법원 판례로서 중요한 판례들을 들면 다음과 같다. 물론 2002년 7월 1일 이후에 나온 판례라고 하더라도 제조물책임법이 아닌 민법이 적용된 판례도 있고, 제조물책임법이 적용된 판례도 있다.

1. 세탁기에 어린이 익사 사건 (대판 2003. 5. 16, 2002다42087)
2. 헬리콥터추락으로 인한 사망사건 (대판 2003. 9. 5, 2002다17333)
3. 자동차 급발진으로 운전자 부상사건 (대판 2004. 3. 12, 2003다16771)
4. 비료의 결함으로 인한 농작물(장미) 피해사건 (대판 2006. 3. 10, 2005다31361)
5. 감기약(콘택 600)의 부작용으로 뇌졸중 사망사건 (대판 2008. 2. 28, 2007다52287)
6. 혈우병 환자에게 바이러스에 오염된 혈액제제로 인간면역결핍바이러스(HIV)에 감염된 피해사건 (대판 2011. 9. 29, 2008다16776)
7. 자동차 급발진을 주장하는 자동차 돌진 사건 (대판 2011. 10. 27, 2010다72045)
8. 베트남전쟁 참전군인의 고엽제 피해 손해배상청구 사건 (대판 2013. 7. 12, 2006다17553)
9. 로타 바이러스백신 접종 후 송아지 집단폐사 사건 (대판 2013. 9. 26, 2011다88870)
10. 베이비파우더 석면 함유로 인한 정신적 피해 사건 (대판 2014. 2. 13, 2011다38417)
11. 담배의 흡연으로 인한 건강침해 사건 (대판 2014. 4. 10, 2011다22092)
12. 제조물책임소송에서 손해발생지의 외국 법원에 국제재판관할권이 있는지 여부 (대판 2015. 2. 12, 2012다21737)
13. 제조물자체의 손해(영업손실)의 제조물책임법 적용여부 (대판 2015. 3. 26, 2012다4824)
14. 혈액제제로 인한 혈우병환자들의 바이러스 감염피해 사건 (대판 2017. 11. 9, 2013다26708, 26715, 26722, 26739)
15. 자동차급발진 사고로 인한 교통사고처리특례법 위반 사건 (대판 2008. 6. 12, 2007도5389)
16. 가습기살균제로 업무상과실치사·업무상과실치상·표시·광고의 공정화에 관한 법률 위반·상습사기의 형사책임에 관한 사건 (대판 2018. 1. 25, 2017도13628)
17. 열병합발전설비 중 가스터빈의 압축기를 구성하는 19단 블레이드 가운데 1단 블레이드 1개가 파단되는 바람에 압축기의 전체 블레이드 등이 손상되는 사고로 인한 피해 사건 (대법원 2019. 1. 17, 2017다1448)

2. 2002년 7월 1일 제조물책임법 시행 이후의 하급심판례

2002년 7월 1일 제조물책임법 시행 이후에 나온 하급심판례도 제조물책임법이 적용되지 않은 판례와 제조물책임법이 적용된 판례로 나눌 수 있다.

1. 햄버거로 알레르기발생 피해사건 (서울지법 2003. 1. 30, 2002나43102)
2. 모발탈색제로 생긴 두피염증 피해사건 (서울지법 2003. 2. 26, 2001가단289221)
3. 온수 세정기로 발생한 화재 피해사건 (대구지법 2005. 6. 21, 2004가단29429, 145901)
4. 미니컵 젤리로 어린이 질식 사망한 피해사건 (서울중앙지법 2006. 8. 17, 2005가합32369)
5. 승합차의 베어링과 차축융합으로 발생한 자동차사고 피해사건 (서울고법 2007. 1. 12, 2005나 45898)
6. 발마사지기로 입은 다리의 화상 피해사건 (서울중앙지법 2007. 4. 20, 2006가합81863)
7. 스프링클러의 파열로 가재도구 침수 피해사건 (대전지법 2008. 5. 20, 2006가단91350)
8. 발코니 확장된 마루시공 후 변질로 인한 피해사건 (수원지법 2009. 8. 20, 2008가합27878)
9. 수입자동차 급발진 사건 (서울중앙지법 2010. 8. 10, 2009나37830)
10. 김치냉장고 화재로 인한 건물 및 가재도구 소실 피해사건 (서울동부지방법원 2012. 4. 20, 2011가합20629)
11. 석면공장 인근 주민의 석면으로 인한 건강 피해사건 (부산지법 2012. 5. 10, 2008가합21566)
12. 냉장고의 화재로 인한 미술품 소실 피해사건 (서울고법 2015. 6. 4, 2013나2023677)
13. 스크린 골프장 골프채의 헤드탈락으로 눈 실명 피해사건 (서울중앙지법 2015. 6. 25, 2012가 합45660)
14. 자동차화재로 인한 손해배상청구사건 (서울고법 2016. 1. 27, 2015나9478)
15. 가습기살균제로 사망 등 피해사건 (서울중앙지법 2016. 11. 15, 2014가합563032)
16. 벽걸이용 원적외선 히터로 발생한 화재 피해사건 (서울중앙지법 2016. 11. 16, 2016가합 538474, 2016가합538481)
17. 감기약 복용으로 발생한 부작용에 대한 의료과실로 인한 양 눈 실명 피해사건 (서울고법 2017. 4. 4, 2013나2010343)
18. 주전자 넘어져 끓는 물에 어린이가 입은 화상 피해사건 (서울중앙지법 2017. 5. 12, 2015가합 547075)
19. 냉장고화재로 인한 손해배상청구사건 (서울중앙지법 2017. 5. 23, 2016나64014)
20. 짜장면에 넣은 새우로 인한 알레르기 피해사건 (수원지법 2017. 6. 13, 2014가합62810)
21. 차량용 에어컨 탈취제 분사로 승용차 화재 피해사건 (서울중앙지법 2017. 8. 8, 2016가단 5233128)

제2절

2002년 7월 1일 제조물책임법 시행 이후의 대법원판례

1. 세탁기에 어린이 익사 사건 (대판 2003. 5. 16, 2002다42087)

가. 사건 개요

2000년 5월경, 부모가 집을 비운 사이 혼자 있던 5세 여자 어린이가 물을 받아 놓은 세탁기에서 운동화를 꺼내기 위해 의자를 받쳐놓고 세탁기 위로 몸을 숙여 손을 넣었다가 세탁기 속으로 떨어져서 익사한 사건이었다. 어린이의 부모는 세탁기 제조업자를 상대로 제조물책임소송을 제기하였다.

나. 판결 요지

세탁기 작동 중 세탁기의 뚜껑을 열면 작동을 정지하는 인터록(INTER LOCK) 장치나 작동 중 세탁기의 뚜껑을 열면 경고음이 울리고 강제 배수시키는 차일드록(CHILD LOCK) 장치 등이 되어 있지 않은 점 및 세탁 공정 선택시 배수기능이 존재하지 않은 점은 세탁기가 작동 중이 아니었으므로 망인의 사망과 인과관계가 없다고 한 원심의 판단에 잘못이 없다고 하면서 이 사건 세탁기와 같은 와권식 세탁기의 경우 사용의 편의와 효율을 위하여 세탁기의 뚜껑이 쉽게 열리고 세탁기의 입구도 비교적 넓게 제작하는 방식을 택하고 있는데, 이 사건과 같이 어린이가 의자를 놓고 올라가

세탁기 속에 떨어져 익사하는 이례적인 상황까지 고려하여 세탁기를 제작할 의무가 없다는 판단에도 제조물책임에 관한 법리 오해 등의 위법이 없다고 판시하였다.

또한 이 사건 세탁기의 사용설명서와 라벨에 어린이가 받침대에 올라가면 사고가 날 위험이 있다는 점 등을 경고하고 있어 지시 · 경고상의 결함이 없다고 한 판단도 수긍이 간다고 밝혔다.

다. 시사점

이 판례는 사고발생시점이 2000년 5월이므로 제조물책임법이 적용되지는 않았다. 민법이 적용되는 제조물책임소송에서 책임요건으로 다루는 요소는 두 가지 인데, 첫째는 제조물에 결함이 존재하고 이 결함이 제조업자의 과실로 발생한 것인지 여부이다. 판례는 이 사건 세탁기와 같은 와권식 세탁기의 경우 사용의 편의와 효율을 위하여 세탁기의 뚜껑이 쉽게 열리고 세탁기의 입구도 비교적 넓게 제작하는 방식을 택하고 있는데, 이 사건과 같이 어린이가 의자를 놓고 올라가 세탁기 속에 떨어져 익사하는 이례적인 상황까지 고려하여 세탁기를 안전하게 제작할 의무가 없다고 판단하였다.

둘째는 결함이 발생한 제조업자의 과실과 손해발생 사이의 인과관계의 존재이다. 이 사건에서 어린이가 의자를 놓고 올라가 세탁기 속에 떨어져 익사하는 이례적인 상황까지 고려하여 세탁기를 안전하게 제작할 의무는 없다고 판단하고 있으므로 익사사고는 세탁기의 결함으로 일어난 것으로 보지 않았다.

또한 이 사건 세탁기의 사용설명서와 라벨에 어린이가 받침대에 올라가면 사고가 날 위험이 있다는 점 등을 경고하고 있어서 표시상의 결함(지시 · 경고상의 결함)이 없다고 판단한 원심의 판단도 인정하고 있다.

따라서 제조업자로서는 설계상의 결함이나 표시상의 결함에 대한 적절한 대책을 마련한 것으로 판단하고 있으므로 소비자(피해자)의 비합리적인 오사용에 대한 경각심이 필요하다고 보여진다. 그러나 제조업자로서도 지속적으로 소비자의 오사용을 고려하여 설계상, 표시상의 결함을 예방하는 노력이 필요하다고 생각된다.

한편 일본에서도 2013~2014년에 드럼세탁기에 2~5세 어린이들이 사망하는 사건이 3건 발생하였다. 드럼세탁기의 일부 기종이 안에서 열리지 않는 구조인데다, 낮은 위치에 있어서 어린이들이 들어가기 쉽다는 점에서 구조적으로 안전성을 갖추는 것이 필요하다. 2018년 1월에도 일본 오사카에서 5세 남자 어린이가 드럼세탁기에 갇혀 사망하는 사건이 또 다시 발생하며 논란이 확산되고 있다.

우리나라에서도 2008년에 초등학생 2명이 드럼세탁기에 갇혀서 사망하는 사건이 발생하였는데, 2010년 2월에 역시 드럼세탁기에 어린이가 갇혀 질식하여 사망하는 사고가 발생하여 제조회사에서 리콜하여 안전캡을 씌우거나 경고문을 부착하고 부모들의 주의를 요청하였으나 제조물책임대책은 늦었고, 어린이의 생명을 다시 살릴 수는 없다는 점에서 제품안전대책(Poduct Safety)은 아무리 강조하여도 지나치지 않는다.

2. 헬리콥터추락으로 인한 사망사건 (대판 2003. 9. 5, 2002다17333)

가. 사건 개요

대한항공 소속의 이 사건 헬기의 조종사들이 시계가 불량한 관계로 시계비행방식을 포기하고 계기비행방식으로 전환하여 기온이 영하 8℃까지 내려가는 고도 6,000피트 상공을 비행함에 있어서 피토트 튜브(pitot/static tube, 動靜壓管)의 결빙을 방지하기 위한 피토트 히트(pitot heat)를 작동시키지 아니하였고, 이로 말미암아 피토트 튜브가 얼어 헬기의 실제 속도와 달리 속도계에 나타나는 속도가 감소하고 또한 속도계와 연동하여 자동으로 작동하는 스태빌레이터(Stabilator)의 뒷전이 내려가면서 헬기의 자세도 앞쪽으로 기울어졌는데, 조종사들이 이러한 상황을 제대로 파악하지 못한 채 속도계상 헬기의 속도가 떨어지는 것을 보고 속도를 증가시키려고 출력을 높임으로써 헬기가 급강하하게 되었으며, 조종사들이 뒤늦게 헬기의 자세를 회복하려고 시도하는 과정에서 헬기의 주회전날개 중 하나가 후방 동체에 부딪혀 헬기가 추락하게 되었다.

피해자들은 대한항공(주)에 대하여 제조물에 대한 설계상의 결함 등을 이유로 손해의 배상을 구하는 소를 제기하였다.

나. 판결 요지

1) 제조물책임에 있어서 설계상의 결함이 있는지 여부를 판단하는 기준

일반적으로 제조물을 만들어 판매하는 자는 제조물의 구조, 품질, 성능 등에 있어서 현재의 기술 수준과 경제성 등에 비추어 기대가능한 범위 내의 안전성을 갖춘 제품을 제조하여야 하고, 이러한 안전성을 갖추지 못한 결함으로 인하여 그 사용자에게 손해가 발생한 경우에는 불법행위로 인한 배상책임을 부담하게 되는 것인바, 그와 같은 결함 중 주로 제조업자가 합리적인 대체설계를 채용하였더라면 피해나 위험을 줄이거나 피할 수 있었음에도 대체설계를 채용하지 아니하여 제조물이 안전하지 못하게 된 경우를 말하는 소위 설계상의 결함이 있는지 여부는 제품의 특성 및 용도, 제조물에 대한 사용자의 기대와 내용, 예상되는 위험의 내용, 위험에 대한 사용자의 인식, 사용자에 의한 위험회피의 가능성, 대체설계의 가능성 및 경제적 비용, 채택된 설계와 대체설계의 상대적 장단점 등의 여러 사정을 종합적으로 고려하여 사회통념에 비추어 판단하여야 한다.

이와 같은 법리와 기록에 비추어 살펴보면, 이 사건 헬기에 대체설계로서 ① 피토트 히트 자동작동장치(pitot heat auto activation system), ② 피토트 히트 작동지시 및 경고 장치(pitot heat indication system), ③ 피토트 튜브의 결빙을 탐지하는 장치, ④ 피토트 튜브의 결빙시 스태빌레이터가 수동모드로 자동전환하는 장치, ⑤ 자동모드일 경우 스태빌레이터의 작동각도를 25°정도로 최소화하는 장치, 그리고 ⑥ 피토트 튜브의 결빙 등에 대비한 스태빌레이터 경고등 장치 등이 채택되었어야 함에도 이러한 대체설계가 채택되지 아니한 설계상의 결함이 있다는 원고들의 주장을 배척한 원심의 판단은 정당한 것으로 수긍이 가고, 이 사건 헬기는 현재 갖추고 있는 정도의 장치만으로도 통상적인 안전성은 갖춘 것이라 보여진다. 따라서 설계상의 결함으로 인한 불법행위책임에 관한 원심의 판단에 채증법칙을 위반하고 심리를 다하지 아니하여 사실을 잘못 인정한 위법이 있다거나 설계상의 결함에 관한 법리를 오해한 위법, 내지는 판결의 결과에 영향을 미친 판단유탈의 위법이 있다고 할 수 없다.

　제조업자의 고의 또는 과실을 전제로 하지 않는 엄격책임으로서의 제조물책임은 제조물책임법(2000. 1. 12. 법률 제6,109호)에서 새로이 도입되었고 같은 법 부칙 규정에 의하여 2002. 7. 1. 이후 공급된 제조물에 대하여 적용되는 것이어서 이 사건 헬기에는 적용될 여지가 없다. 따라서 원심에서 판단한 결함으로 인한 책임이란 모두 제조업자의 기대가능성을 전제로 한 과실책임의 일환이라 볼 수 있으므로, 원심이 결함으로 인한 책임 이외에 별도로 행위적 측면에서의 과실책임에 관하여 판단을 하지 아니하였다 하여 판단유탈의 위법이 있다고 할 수 없다. 또한, 원심이 결빙탐지(Ice Detected) 경고등이 작동하지 아니한 것이 제조상의 결함에 해당하는지 여부에 대하여 명시적으로 판단하지는 아니하였으나, 기록에 의하더라도 그와 같은 제조상의 결함이 존재한다고 추정할 만한 증거가 부족하다고 보이는 이상 판결 결과에 영향을 미친 판단유탈의 위법이 있다고 볼 수는 없다.

 2) 표시(지시·경고)상의 결함으로 제조물책임을 인정할 수 있는지 여부 및 표시상의 결함이 있는지 여부를 판단하는 기준

　제조물에 대한 제조상 내지 설계상의 결함이 인정되지 아니하는 경우라 할지라도, 제조업자 등이 합리적인 설명, 지시, 경고 기타의 표시를 하였더라면 해당 제조물에 의하여 발생될 수 있는 피해나 위험을 줄이거나 피할 수 있었음에도 이를 하지 아니한 때에는 그와 같은 표시상의 결함(지시·경고상의 결함)에 대하여도 불법행위로 인한 책임이 인정될 수 있고, 그와 같은 결함이 존재하는지 여부에 대한 판단을 함에 있어서는 제조물의 특성, 통상 사용되는 사용형태, 제조물에 대한 사용자의 기대의 내용, 예상되는 위험의 내용, 위험에 대한 사용자의 인식 및 사용자에 의한 위험회피의 가능성 등의 여러 사정을 종합적으로 고려하여 사회통념에 비추어 판단하여야 한다.

이 사건에서는 비행교범(Flight Manual)에서 스태빌레이터의 비정상적인 작동이 일어날 수 있는 점을 경고하고 또한 그에 대처하는 방법을 적절히 설명하고 있으며 한편 이 사건 헬기의 특성상 스태빌레이터의 비정상적인 작동이 피토트 튜브의 결빙 때문에 초래될 수 있음은 조종사들이 쉽게 알 수 있는 내용이므로, 지시·경고상의 결함이 인정되지 아니한다고 본 원심의 판단은 정당한 것으로 수긍이 가고, 거기에 채증법칙을 위반하고 심리를 다하지 아니하여 사실을 잘못 인정한 위법이 있다거나 지시·경고상의 결함에 관한 법리를 오해한 위법, 내지는 판결의 결과에 영향을 미친 판단유탈의 위법이 있다고 할 수 없다고 하여 원고(소비자)의 상고를 기각하였다.

다. 시사점

이 판례는 제조물책임법이 시행되기 전에 공급된 것이므로 제조물책임법이 적용되는 판례는 아니다.

대상판결은 설계상 결함여부는 제품의 특성 및 용도, 제조물에 대한 사용자의 기대와 내용, 예상되는 위험 내용, 위험에 대한 사용자의 인식, 사용자에 의한 위험회피 가능성, 대체설계의 가능성 및 경제적 비용, 채택된 설계와 대체설계의 상대적 장단점 등 여러 사정을 종합적으로 고려, 사회통념에 비춰 판단해야 한다고 판시하고 있다. 이 판결에서의 제조물은 제조물책임법 이전에 공급된 것이어서 대법원은 이 사건에서의 결함으로 인한 책임은 제조자의 기대가능성을 전제로 한 과실 책임의 일환이라고 하고 있지만 나름대로 제조물책임법 제정 이후 설계상의 결함으로서「합리적 대체설계」의 판단기준과 표시·경고상의 결함에 대한 구체적인 판단기준을 제시하였다는 데 의의가 있다.[22]

---

22 송오식, "제조물책임법상 설계상의 결함", 법률신문(2004. 2. 9.); https://www.lawtimes.co.kr/Legal-Info/Legal-Info-View?serial=104705&kind=CC01&key=.

3. 자동차 급발진으로 운전자 부상사건 (대판 2004. 3. 12, 2003다16771)

가. 사건 개요

원고는 서광건설산업 소속 주차관리원으로서 1997. 2. 3. 18:00경 위 건물 부설 주차장에 세워져 있던 주식회사 금강이앤아이 소유의 아카디아 승용차(이하 '이 사건 자동차'라고 한다)를 이동시키기 위하여 위 자동차에 탑승하여 시동을 켜고 자동변속 기의 선택레버를 주차에서 전진으로 이동하였는데, 그러자 위 자동차가 갑자기 앞 으로 진행하면서 그 곳에 주차되어 있던 다른 자동차를 충격하고 계속 전진하면서 다른 주차차량과 음식점의 벽면을 잇달아 충격한 후 정지하였고 그에 따라 위 자동 차들 및 음식점 벽의 일부가 파손된 사실, 이 사건 자동차는 위 사고 이전에 엔진, 자동변속기, 브레이크 내지 전자제어장치에 이상이 생기거나 급발진사고를 일으킨 적이 없으며 사고 후 점검 결과 차량 부품 등의 이상이 발견되지 않은 사실, 위 자동 차는 정리회사 대우자동차 주식회사(2000. 11. 30. 회사정리절차 개시)가 1996년에 제조한 사실을 인정하였다.

나. 판결 요지

1) 제조물책임의 성립요건

물품을 제조 · 판매하는 제조업자는 그 제품의 구조 · 품질 · 성능 등에 있어서 그 유통 당시의 기술수준과 경제성에 비추어 기대 가능한 범위 내의 안전성과 내구 성을 갖춘 제품을 제조 · 판매하여야 할 책임이 있고, 이러한 안전성과 내구성을 갖 추지 못한 결함으로 인하여 소비자에게 손해가 발생한 경우에는 불법행위로 인한 손해배상의무를 부담한다.

2) 제조물책임에 관한 증명책임의 분배

고도의 기술이 집약되어 대량으로 생산되는 제품의 결함을 이유로 그 제조업자에게 손해배상책임을 지우는 경우 그 제품의 생산과정은 전문가인 제조업자만이 알 수 있어서 그 제품에 어떠한 결함이 존재하였는지, 그 결함으로 인하여 손해가 발생한 것인지 여부는 일반인으로서는 밝힐 수 없는 특수성이 있어서 소비자 측이 제품의 결함 및 그 결함과 손해의 발생과의 사이의 인과관계를 과학적·기술적으로 증명한다는 것은 지극히 어려우므로 그 제품이 정상적으로 사용되는 상태에서 사고가 발생한 경우 소비자 측에서 그 사고가 제조업자의 배타적 지배하에 있는 영역에서 발생하였다는 점과 그 사고가 어떤 자의 과실 없이는 통상 발생하지 않는다고 하는 사정을 증명하면, 제조업자 측에서 그 사고가 제품의 결함이 아닌 다른 원인으로 말미암아 발생한 것임을 증명하지 못하는 이상 그 제품에게 결함이 존재하며 그 결함으로 말미암아 사고가 발생하였다고 추정하여 손해배상책임을 지울 수 있도록 증명책임을 완화하는 것이 손해의 공평·타당한 부담을 그 지도원리로 하는 손해배상제도의 이상에 맞다.

원심은 오랜 운전경력에 동종의 사고를 낸 적이 없는 원고가 통상적으로 자동차를 운전하던 중 급발진사고가 발생하였으니 이 사건 자동차를 제조·설계하는 과정에서 발생한 결함으로 인하여 급발진사고가 발생한 것으로 추정되어야 한다는 원고의 주장에 대하여, 원고의 페달 오조작으로 인하여 위 자동차가 급발진한 것으로 추인되는 한 이러한 사고경위에 비추어 볼 때 원고가 사고 당시 이 사건 자동차를 정상적으로 사용하고 있었음에도 제조업자의 배타적인 지배하에 있는 영역에서 사고가 발생하였다고 볼 수 없으므로 이 사건 자동차의 결함으로 인하여 급발진사고가 발생한 것으로 추정할 수도 없다는 취지로 판단한 것을 정당한 것으로 인정하였다.

3) 자동변속기가 장착된 차량의 급발진사고에서 대체설계 미채용에 의한 설계상의 결함 유무를 판단하는 기준

급발진사고가 운전자의 액셀러레이터 페달 오조작으로 발생하였다고 할지라도, 만약 제조업자가 합리적인 대체설계를 채용하였더라면 급발진사고를 방지하거나 그 위험성을 감소시킬 수 있었음에도 대체설계를 채용하지 아니하여 제조물이 안전하지 않게 된 경우 그 제조물의 설계상의 결함을 인정할 수 있지만, 그러한 결함의 인정 여부는 제품의 특성 및 용도, 제조물에 대한 사용자의 기대의 내용, 예상되는 위험의 내용, 위험에 대한 사용자의 인식, 사용자에 의한 위험회피의 가능성, 대체설계의 가능성 및 경제적 비용, 채택된 설계와 대체설계의 상대적 장단점 등의 여러 사정을 종합적으로 고려하여 사회통념에 비추어 판단하여야 할 것이다.

기록에 의하여 살펴보면, 이 사건에서 원고가 급발진사고를 방지할 수 있는 대체설계로서 주장한 쉬프트 록(Shift Lock)은 운전자가 브레이크 페달을 밟아야만 자동변속기 레버를 주차 위치에서 전(후)진 위치로 움직일 수 있도록 고안된 장치로서 쉬프트 록을 장착하더라도 모든 유형의 급발진사고에 대하여 예방효과가 있는 것이 아니고 시동을 켠 후 자동변속기의 레버를 주차 위치에서 후진 또는 전진 위치로 변속하는 단계에서 비정상적으로 액셀러레이터 페달을 밟는 경우에 한하여 이를 방지 또는 감소시키는 효과를 가질 뿐이며, 또한 설령 쉬프트 록이 장착된 차량이라고 할지라도 운전자가 자동변속기를 주차가 아닌 다른 위치에서 변속시키는 과정에서 급발진사고가 발생하는 위험성은 방지할 수 없어서 쉬프트 록의 장착으로 급발진 사고를 예방할 수 있는 효과가 크다고 보기 어렵고 그 정도를 가늠하기도 어려운 점, 운전자가 자동변속기 자동차의 기본적인 안전운전 요령만 숙지하여 실행하면 굳이 쉬프트 록을 장착하지 않더라도 동일한 사고예방효과가 있는데, 자동차는 법령에 정하여진 바에 따른 운전면허를 취득한 사람만이 운전할 수 있고 액셀러레이터 페달의 올바른 사용은 자동차 운전자로서 반드시 숙지하여야 할 기본사항인 점, 일반적으로 자동변속기 또는 액셀러레이터 페달의 오조작을 감소시키려면 쉬프트 록 이외에도 여러 가지 안전장치를 강구할 수 있는 점, 통계상 급발진사고를 일으킨 차량은 그 이전에 동종의 사고를 일으킨 적이 없으며 그 후에도 그러하기 때문에 그 차량에 대하여 급발진사고를 대비한 안전장치가 없다고 하여 그 자동차가 통상적으로 기대되는 안정성을 결하였다고 보기 어렵다는 점 등 여러 사정에 비추어 볼 때 정리회사가 이 사건 자동차에 쉬프트 록을 장착하였더라면 급발진사고를 방지하거나 그 위험성을 감소시킬 수 있었음에도 이를 장착하지 아니하여 위 자동차가 안전하지 않게 된 설계상의 결함이 있다고는 볼 수 없는 것이다.

또한, 기록에 의하면 국내외의 조사 결과 급발진사고를 일으킨 차량들에 있어서 액셀러레이터 페달과 브레이크 페달 사이의 간격과 사고 사이에는 관련성은 없는 것으로 밝혀진 사실, 페달 간격을 넓게 배치하면 오히려 위급상황 시의 대처가 어렵게 될 위험성이 있는 사실이 인정되는바, 그렇다면 이 사건 자동차의 페달 간격에 있어서 운전자의 오조작을 야기할 수 있는 설계상의 결함이 있다고 볼 수도 없다.

원심이 같은 취지에서 이 사건 자동차의 쉬프트 록 미장착 또는 액셀러레이터 페달과 브레이크 페달 사이의 간격과 관련한 설계상 결함이 운전자의 페달 오조작을 일으켜 급발진사고가 발생하였다는 원고의 주장을 배척한 조치는 정당하고, 거기에 상고이유의 주장과 같은 판결에 영향을 미친 사실오인, 법리오해의 위법이 없다.

4) 표시(지시 · 경고)**상의 결함에 의한 제조물책임의 성립요건 및 그 결함의 유무에 대한 판단 기준**

제조업자가 합리적인 설명 · 지시 · 경고 기타의 표시를 하였더라면 해당 제조물에 의하여 발생될 수 있는 피해나 위험을 줄이거나 피할 수 있었음에도 이를 하지 아니한 때에는 표시상의 결함에 의한 제조물책임이 인정될 수 있지만, 그러한 결함 유무를 판단함에 있어서는 제조물의 특성, 통상 사용되는 사용형태, 제조물에 대한 사용자의 기대의 내용, 예상되는 위험의 내용, 위험에 대한 사용자의 인식 및 사용자에 의한 위험회피의 가능성 등의 여러 사정을 종합적으로 고려하여 사회통념에 비추어 판단하여야 한다.

기록에 의하면, 이 사건 자동차의 취급설명서에 엔진시동 시에는 액셀러레이터 페달과 브레이크 페달의 위치를 확인한 후 브레이크 페달을 밟고 시동을 걸고 자동변속기 선택레버를 이동시키라는 지시문구가 기재되어 있으므로 원고가 위 지시내용을 확인하고 이에 따랐더라면 이 사건 사고는 충분히 예방할 수 있었던 점을 인정할 수 있으므로, 법령에 의한 면허를 갖춘 사람만이 운전할 수 있는 자동차에 있어서 위의 지시 외에 운전자가 비정상적으로 액셀러레이터 페달을 밟는 경우까지 대비하여 그에 대한 경고나 지시를 하지 아니하였다 하여 결함이 존재한다고 볼 수는 없다고 할 것이다.

다. 시사점

자동차 급발진 사건은 사고원인을 구명하기 위하여 재현실험을 한다면 쉽게 재현되지 않는다는 특성이 소비자(피해자)가 결함을 증명하기가 매우 어렵다는 점이다. 그러나 이 사건 판결에서 합리적인 대체설계가 가능한지 여부가 설계상의 결함 여부를 다투는 데 매우 중요한 쟁점중의 하나이다.

당시 급발진 사고가 빈발하면서 대형 자동차, 고가의 자동차에서는 쉬프트 록(Shift Lock)이 장착되어 있어서 상대적으로 급발진 사고가 매우 적게 발생한다는 점도 제기되고 있었다. 급발진사고를 방지할 수 있는 대체설계 중의 하나인 쉬프트 록(Shift Lock)이라는 장치의 부품가격은 자동차 가격에서 차지하는 비중이 매우 적어서(불과 몇 천원에 불과하다고 함) 합리적인 대체설계를 채용하지 않은 것으로 보아 설계상의 결함을 인정하기에 부족하지 않다고 볼 수도 있다고 생각된다.

4. 비료의 결함으로 인한 농작물(장미) 피해사건 (대판 2006. 3. 10, 2005다31361)

가. 사건 개요

원고 A를 비롯한 4인(이하 '원고들'이라 한다)은 고양시 덕양구 원흥동 일대에 비닐하우스(원고별 비닐하우스의 면적은 1,700평, 1,600평, 800평, 1,000평이다)를 설치하고, 그 곳에서 장미를 재배하여 판매하는 시설원예업자들이고, 피고 X는 비료의 제조 및 판매업을 목적으로 하는 회사이며, 피고 Y는 미국보험회사로서 2001. 11. 5. 피고 X와 사이에 보험기간 2001. 11. 5.부터 2002. 11. 4.까지, 보상한도액 1사고당 금 2억원으로 정하여 피고 X가 생산·판매한 비료로 인하여 제3자가 입은 손해를 배상하기로 하는 내용의 영업배상책임보험계약을 체결한 보험업자이다.

원고들은 2001. 11. 15. 고양시 덕양구 대자동에 소재한 비료판매대리점에서 소외 B로부터 피고 X가 생산한 '유비정'(이하에서는 '이 사건 비료'라고 한다)이라는 유기질비료 420포대(1포대당 용량 20㎏)를 구입하여 그 무렵부터 2001. 11. 18.까지 사이에 원고들 비닐하우스 1,700평(坪)에 비료 100포대를, 비닐하우스 1,600평에 비료 90포대를, 비닐하우스 800평에 비료 18포대를, 비닐하우스 1,000평에 비료 120포대를 살포하였다.

그런데, 원고들이 이 사건 비료를 비닐하우스 내에 살포한 후 약 40일이 경과할 무렵 비닐하우스 내에 식재되어 있던 장미가 모두 성장이 멈추고, 잎이 떨어지거나 위축되며 꽃봉오리가 형성되지 않는 등의 증상을 나타내며 고사하였다.

나. 판결 요지

[1] 제품이 정상적으로 사용되는 상태에서 사고가 발생한 경우 그 제품의 결함을 이유로 제조업자에게 손해배상책임을 지우기 위해서는 달리 제조업자측에서 그 사고가 제품의 결함이 아닌 다른 원인으로 말미암아 발생한 것임을 입증하지 못하는 이상 소비자측에서 그 사고가 제조업자의 배타적 지배하에 있는 영역에서 발생하였다는 점과 그 사고가 어떤 자의 과실 없이는 통상 발생하지 않는다고 하는 사정을 증명하는 것으로서 충분하고, 한편 제조업자가 해당 제조물에 의하여 발생될 수 있는 피해나 위험을 줄이거나 피하기 위하여 필요한 합리적인 설명, 지시, 경고 기타의 표시를 하였는지에 관한 표시상의 결함 유무를 판단함에 있어서는 제조물의 특성, 통상 사용되는 사용형태, 제조물에 대한 사용자의 기대의 내용, 예상되는 위험의 내용, 위험에 대한 사용자의 인식 및 사용자에 의한 위험회피의 가능성 등의 여러 사정을 종합적으로 고려하여 사회통념에 비추어 판단하여야 할 것이다.

[2] 불법행위의 직접적 대상에 대한 손해가 아닌 간접적 손해는 특별한 사정으로 인한 손해로서 가해자가 그 사정을 알았거나 알 수 있었을 것이라고 인정되는 경우에만 배상책임이 있다 할 것이며, 한편 타인의 불법행위로 인한 손해배상의 청구와 관련하여 장래에 얻을 수 있었을 이익을 입증함에 있어서는 그 증명도를 과거사실에 대한 입증에 있어서의 증명도보다 경감하여 피해자가 현실적으로 얻을 수 있을

구체적이고 확실한 이익의 증명이 아니라 합리성과 객관성을 잃지 않는 범위 내에서의 상당한 개연성이 있는 이익의 증명으로 족하다 할 것이다.

다. 시사점

제조물책임법은 부칙 제1조에 의해 2002. 7. 1.부터 시행하였고, 부칙 제2조의 규정에 따라 2002. 7. 1. 이후에 공급한 제조물에 대하여 적용하게 된다. 따라서 이 사건은 동법이 시행되기 전인 2001. 11. 15.에 원고들이 피고 X가 유통시킨 비료를 중간판매상을 거쳐서 구입하였고, 비료는 판매일인 2001. 11. 15. 이전에 제조되어 공급된 것이므로 동법이 적용되지 않는다. 따라서 민법 제750조에 근거하여 판단하게 된다.

본 판결에서 비료의 결함여부를 판단함에 있어서 설계상의 결함여부와 표시상의 결함여부를 판단할 수 있다고 생각된다. 먼저, 설계상의 결함여부에 대하여 비료를 제조함에 있어서 합리적인 대체설계를 채용하였더라면 피해나 위험을 줄이거나 피할 수 있었음에도 대체설계를 채용하지 아니하여 해당 제조물이 안전하지 못하게 된 경우인지를 살펴볼 필요가 있다. 이 사건 비료와 같은 미발효 유기질비료는 필연적으로 암모니아 가스가 발생할 수밖에 없지만 암모니아 가스 발생을 최소화하거나 최단기간 내에 발생하도록 하는 대체설계가 가능한지, 장미와 같이 이미 정식되어 생육 중인 다년생 작물에 사용하기에는 적합한 비료를 설계하여 제조하거나 비닐하우스와 같은 시설재배의 경우 밀폐된 환경으로 인하여 노지재배의 경우에 비하여 암모니아 가스로 인한 피해발생의 우려가 높으므로 이를 대체할 수 있는 비료의 설계가 가능한지를 판단하는 것도 필요하다.

두 번째로 표시상의 결함여부에 대하여 "제조업자가 해당 제조물에 의하여 발생될 수 있는 피해나 위험을 줄이거나 피하기 위하여 필요한 합리적인 설명, 지시, 경고 기타의 표시를 하였는지에 관한 표시상의 결함 유무를 판단함에 있어서"라고 하여 제조물책임법상의 표시상의 결함개념을 도입하였다. 다만 표시상의 결함여부를 판단함에 있어서 "제조물의 특성, 통상 사용되는 사용형태, 제조물에 대한 사용자의 기대의 내용, 예상되는 위험의 내용, 위험에 대한 사용자의 인식 및 사용자에 의한 위험회피의 가능성 등의 여러 사정을 종합적으로 고려하여 사회통념에 비추어 판단하여야 할 것이다."라고 하여 결함판단기준으로 소비자기대기준이나 위험효용기준을 종합적으로 혼용하여 판단한 것으로 보인다.

원고들의 업종과 이 사건 비료의 구입목적 및 구입경위, 구입장소 기타 사정에 비추어 보면 피고 회사가 판시 비료판매대리점을 통하여 이 사건 비료를 원고들에게 공급함에 있어서 원고들이 위 비료를 시장 출하를 전제로 한 장미의 재배에 사용하리라는 사정을 알았거나 알 수 있었다고 봄이 상당하다고 판단하였다.

5. 감기약(콘택 600)의 부작용으로 뇌졸중 사망사건 (대판 2008. 2. 28, 2007다 52287)

가. 사건 개요

간이 주점을 운영하던 A씨(여성, 사망 당시 약 41세)씨는 2003. 12. 어느 날 저녁에 감기약으로 콘택600 1정을 복용하였는데, 다음날 새벽까지 술을 마시다가 뇌출혈로 쓰러져 긴급후송되어 수술을 받았으나 결국 사망하였다.

A씨의 남편과 자녀는 콘택600 제약회사를 상대로 하여, 소비자들에게 합리적인 설명·경고를 하거나 대체의약품을 제조할 의무를 지키지 아니하였다는 등의 이유로 손해배상 청구소송을 제기하였다.

나. 판결 요지

[1] 일반적으로 제조물을 만들어 판매하는 자는 제조물의 구조, 품질, 성능 등에 있어서 현재의 기술 수준과 경제성 등에 비추어 기대가능한 범위 내의 안전성을 갖춘 제품을 제조하여야 하고, 이러한 안전성을 갖추지 못한 결함으로 인하여 그 사용자에게 손해가 발생한 경우에는 불법행위로 인한 배상책임을 부담하게 되는데, 그와 같은 결함 중 주로 제조자가 합리적인 대체설계를 채용하였더라면 피해나 위험을 줄이거나 피할 수 있었음에도 대체설계를 채용하지 아니하여 제조물이 안전하지 못하게 된 경우를 말하는 소위 설계상의 결함이 있는지 여부는 제품의 특성 및 용도, 제조물에 대한 사용자의 기대의 내용, 예상되는 위험의 내용, 위험에 대한 사용자의 인식, 사용자에 의한 위험회피의 가능성, 대체설계의 가능성 및 경제적 비용, 채택된 설계와 대체설계의 상대적 장단점 등의 여러 사정을 종합적으로 고려하여 사회통념에 비추어 판단하여야 한다. 이와 같은 법리는 의약품의 경우에도 마찬가지로 적용되어야 하되, 다만 의약품은 통상 합성화학물질로서 인간의 신체 내에서 화학반응을 일으켜 질병을 치유하는 작용을 하는 한편 정상적인 제조과정을 거쳐 제조된 것이라 하더라도 본질적으로 신체에 유해한 부작용이 있다는 측면을 고려하여야 한다.

[2] 합성 교감신경흥분제인 페닐프로판올아민(Phenylprophanolamine) 함유 일반의약품인 감기약 "콘택600"을 복용한 사람이 출혈성 뇌졸중으로 사망한 사안에서, 그 제조 및 공급 당시의 페닐프로판올아민과 출혈성 뇌졸중의 상관관계에 관한 연구 결과와 기술 수준 및 경제성 등에 비추어 위 감기약이 이를 복용하였다가 피해를 입은 소비자에 대하여 불법행위책임을 부담하게 할 정도의 설계상 결함을 지니고 있다고 보기 어렵다고 하였다.

[3] 제조업자 등이 합리적인 설명, 지시, 경고 기타의 표시를 하였더라면 해당 제조물에 의하여 발생될 수 있는 피해나 위험을 피하거나 줄일 수 있었음에도 이를 하지 아니한 때에는 그와 같은 표시상의 결함(지시·경고상의 결함)에 대하여도 불법행위로 인한 책임이 인정될 수 있고, 그와 같은 결함이 존재하는지 여부에 관한 판단을 함에 있어서는 제조물의 특성, 통상 사용되는 사용형태, 제조물에 대한 사용자의 기

대의 내용, 예상되는 위험의 내용, 위험에 대한 사용자의 인식 및 사용자에 의한 위험회피의 가능성 등의 여러 사정을 종합적으로 고려하여 사회통념에 비추어 판단하여야 한다.

[4] 합성 교감신경흥분제인 페닐프로판올아민(Phenylprophanolamine) 함유 일반의약품인 감기약 "콘택600"을 복용한 사람이 출혈성 뇌졸중으로 사망한 사안에서, 사용설명서에 부작용으로 출혈성 뇌졸중이 표시되어 있고, 그 병력이 있는 환자 등에게 투여하지 말라는 등의 지시사항이 기재되어 있는 점 등에 비추어 위 의약품에 표시상의 결함이 없다고 보았다.

[5] 합성 교감신경흥분제인 페닐프로판올아민(Phenylprophanolamine) 함유 일반의약품인 감기약 "콘택600"의 포장지에 제조자가 기재한 보상 관련 문구인 "본 제품은 재정경제부 고시에 의거 보상을 받을 수 있습니다."는, 위 감기약의 소비자와 제조자 사이에 보상합의가 이루어지지 않을 경우 구 소비자보호법(2006. 9. 7. 법률 제7988호 소비자기본법으로 전문 개정되기 전의 것) 및 그 하위 법령 등에서 정한 절차와 보상기준에 따라 피해구제를 청구할 수 있음을 안내하는 의미를 가질 뿐, 그 제조자가 소비자들에게 위 감기약을 정상적으로 사용할 경우 아무런 해를 끼치지 않는다는 것을 보증하고 사고 발생시 무과실책임을 부담하겠다는 의사표시로 볼 수 없다고 하였다.

[6] 합성 교감신경흥분제인 페닐프로판올아민(Phenylprophanolamine) 함유 일반의약품인 감기약 "콘택600"을 복용한 사람이 출혈성 뇌졸중으로 사망한 사안에서, 설령 소비자의 생명·신체의 안전에 위해를 끼치거나 끼칠 우려가 있는 의약품에 대한 국가기관의 책무 또는 조치권한 등을 정한 구 소비자보호법(2006. 9. 7. 법률 제7988호 소비자기본법으로 전문 개정되기 전의 것) 및 구 약사법(2007. 4. 11. 법률 제8365호로 전문 개정되기 전의 것)의 규정들이 오로지 공공 일반 또는 국민 전체의 이익을 도모하기 위한 것이 아니라, 부수적으로라도 사회구성원 개인의 안전과 이익을 보호하기 위하여 설정된 것이라 보더라도, 위 의약품의 제조·공급 당시 페닐프로판올아민과 출혈성 뇌졸중의 상관관계에 관한 연구 결과 및 이에 기반하여 식품의약품안전청이 취한 조치의 내용 등에 비추어, 위 사고 당시 국민의 생명, 신체, 재산 등에 대하여 절박하고 중대한 위험상태가 발생하였거나 발생할 우려가 있음에도 식품의약품안전청 공무원 또는 소비자문제 소관 행정기관 공무원이 그 위험을 배제하기 위하여 관

계 법령에서 정한 조치를 취하지 아니한 과실이 있다고 보기 어렵다는 이유로 국가
배상책임의 성립을 부정하였다.

다. 시사점

이 판례는 2003년 12월에 감기약을 구입하여 복용한 후 사고가 발생한 것을 고
려할 때, 2002년 7월 1일 이후에 공급한 제조물로 추정되어 제조물책임법이 적용된
것으로 생각된다.

이 판례에서는 설계상의 결함과 표시상의 결함에 대한 다툼이 있어서 이에 대한
대법원의 판단이 나왔다. 첫째, 설계상의 결함에 대한 대법원 판단에 대한 비판은
다음과 같다.

[1] 예일대 연구진의 연구이전에도 논란이 많았지만 확정된 결론을 얻지는 못하
였음을 감안하더라도 예일대 연구진이 통계적 연구를 한 결과, PPA가 출혈성 뇌졸
중의 발병위험을 증대시킨다는 결론을 내렸고, 그와 같은 결과를 기술한 예일대 보
고서를 2000. 4.경 미국 FDA에 제출하였다.

미국 FDA는 2000. 10. 19. 의사의 처방이 필요하지 않은 비처방약에 대한 자문
위원회(NDAC)를 소집하였는데, 위 자문위원회 위원들은 토의결과 PPA를 식욕억제
제로 사용한 경우는 출혈성 뇌졸중의 위험과 관련이 있다고 대부분 판단하였고,
PPA를 감기약과 같은 비충혈제거제로 사용한 경우에는 출혈성 뇌졸중의 위험과
관련이 있다는 의견보다는 결정할 수 없다는 의견이 많았다. 그러나 최종적으로는
PPA와 출혈성 뇌졸중 사이에는 상관관계가 있으므로, PPA를 OTC제제(일반의약품,
over-the-counter drug의 줄임말로 의사의 처방 없이 자유롭게 살 수 있는 약을 말한다)로 사용하는
것은 안전하지 않다는 결론을 내렸다.

미국 FDA는 2000. 11. 3. PPA 제조업체에 위 자문위원회의 회의결과를 통지하
고, 2000. 11. 6. 모든 의약품에서 PPA를 제거하도록 조치하고, 모든 제약회사에 대
하여 PPA가 포함된 의약품을 시판하지 않도록 요청하였으나, PPA 함유 감기약의
강제회수조치는 취하지 않았다.

[2] 예일대 연구 발표 이후, 2000. 당시 영국, 스페인, 일본은 감기약에 쓰이는 PPA 1일 최대복용량이 100mg으로서 미국의 150mg보다 낮아서 판매 중지 조치는 취하지 않고 사용상의 주의권고를 하는 데 그쳤고, 일본은 2003. 8.경 제약회사들에게 추가적으로 사용상의 주의내용 문구를 개정하고 PPA 함유 의약품에서 보다 안전하다고 알려진 슈도에페드린을 함유한 의약품으로 전환할 것을 지시하였다.

말레이시아, 멕시코, 브라질, 아르헨티나 등은 예일대 보고서 발표 이후 PPA 함유 의약품의 판매를 중지하였으나, 독일, 스위스, 이탈리아에서는 이 사건 변론종결일 현재까지도 아직 PPA가 함유된 의약품(특히 감기약의 경우)에 대하여 판매금지가 이루어지지는 않았다.

[3] 위와 같은 예일대 연구결과만으로는 감기약에 함유된 PPA의 경우 출혈성 뇌졸중과 상관관계가 있는지 명확하지 않아 식약청은 2000. 11. 9. 잠정적으로 국내 제조업체에 대하여 PPA 함유 의약품의 제조, 판매 중지를 권고하는 한편, 2001. 7. 25. PPA 함유 의약품 중 식욕억제제, PPA 단일제, PPA 1일 최대복용량이 100㎎을 초과하는 복합제의 사용을 금지시켰다.

식약청은 예일대연구 결과만으로는 1일 최대복용량이 100㎎ 미만의 PPA 함유 감기약의 경우에도 출혈성 뇌졸중과 상관관계가 있다고 보기 어렵다고 판단하여 식약청의 주도하에 서울대학교 신경과 윤병우 교수를 책임연구자로 하여 전국 9개 의과대학 교수가 참여하여 감기약에 사용되는 PPA 함유 감기약과 출혈성 뇌졸중 간의 관련성에 대한 역학조사(앞서 본 서울대연구를 말한다)를 하기로 결정하였다.

서울대 연구진은 2004. 6. 25. 최종연구결과를 식약청에 보고하였는데, 그 연구결과 14일 이내 PPA 복용(서울대 연구에서는 감기약에 함유된 PPA만을 대상으로 하였다. 이하 서울대 연구 결과에서의 PPA는 모두 감기약에 함유된 PPA를 말한다)의 경우 전체 대상자의 대응위험도는 2.14(95% 신뢰구간 0.94-4.84), 남성의 대응위험도는 1.36(95% 신뢰구간 0.45-4.84), 여성의 대응위험도는 3.86(95% 신뢰구간 1.08-13.80)으로 나타났고, 3일 이내 PPA 복용의 경우 전체 대상자의 대응위험도는 5.36(95% 신뢰구간 1.40-20.46), 남성의 대응위험도는 4.21(95% 신뢰구간 0.78-22.77), 여성의 대응위험도는 9.15(95% 신뢰구간 0.95-87.89)로 나타났다. 서울대 연구진은 위와 같은 역학조사결과 감기약에 함유된 PPA의 복용이 출혈성 뇌졸중의 위험성을 증가시킬 가능성이 충분하며 이는 특히 여성에게서 뚜렷하다고 결론지었다.

위와 같은 연구결과에 의하여 식약청은 독성연구원의 세부검토와 중앙약사심의위원회의 심의를 종합하여 통계학적으로 PPA의 복용이 출혈성 뇌졸중의 위험성을 증대시키고, 대체약물이 있다는 이유로 2004. 8. 1. PPA 함유 감기약의 판매 중지 및 회수 폐기를 지시하였다.

[4] 위와 같이 미국 FDA는 2000. 11. 3. PPA 제조업체에 위 자문위원회의 회의 결과를 통지하고, 2000. 11. 6. 모든 의약품에서 PPA를 제거하도록 조치하고, 모든 제약회사에 대하여 PPA가 포함된 의약품을 시판하지 않도록 요청하였다는 사실, 말레이시아, 멕시코, 브라질, 아르헨티나 등은 예일대 보고서 발표 이후 PPA 함유 의약품의 판매를 중지하였다는 사실, 우리나라 식의약청이 2000. 11. 9. 잠정적으로 국내 제조업체에 대하여 PPA 함유 의약품의 제조, 판매 중지를 권고하는 한편, 2001. 7. 25. PPA 함유 의약품 중 식욕억제제, PPA 단일제, PPA 1일 최대복용량이 100㎎을 초과하는 복합제의 사용을 금지시켰다는 사실 등을 종합적으로 고려할 때, 나아가 식의약청의 의뢰로 서울대 연구진이 사건 발생이후인 2004. 6. 25. 최종연구결과를 식약청에 보고하였는데, 역학조사결과 감기약에 함유된 PPA의 복용이 출혈성 뇌졸중의 위험성을 증가시킬 가능성이 충분하며 이는 특히 여성에게서 뚜렷하다고 결론지었고, 위와 같은 연구결과에 의하여 식약청은 독성연구원의 세부검토와 중앙약사심의위원회의 심의를 종합하여 통계학적으로 PPA의 복용이 출혈성 뇌졸중의 위험성을 증대시키고, 대체약물이 있다는 이유로 2004. 8. 1. PPA 함유 감기약의 판매 중지 및 회수 폐기를 지시하였다는 사실을 감안할 때 피고 유한양행이 제조하여 판매한 콘택600은 합리적인 대체설계를 채용하지 아니하여 그 제조 및 공급당시의 기술 수준과 경제성 등에 비추어 기대가능한 범위 내의 안전성을 갖추지 못한 설계상의 결함이 있다고 판단된다.

또한 망인이 복용한 콘택600의 사용설명서에는 부작용으로 출혈성 뇌졸중이 표시되어 있는 사실, 콘택600은 1일 2회 복용하는 감기약으로 1일 PPA 최대섭취량은 80mg인 사실, 망인이 콘택600을 복용하던 시기에 적용되는 콘택600 사용설명서에는 고혈압 환자, 출혈성 뇌졸중의 병력이 있는 환자, 심장애 환자에는 투여하지 말고, 다른 PPA 함유 의약품과 같이 복용하지 말라는 주의사항이 기재되어 있는 사실 등에 비추어 보면, 사회통념상 망인이 복용한 콘택600에는 출혈성 뇌졸중의 위험이 많음을 간접적으로 반증하고 있다는 것을 보더라도 이는 설계상의 결함이 있음을 인정할 수 있다고 하겠다.

둘째, 표시상의 결함에 대한 대법원 판단에 대한 비판 역시 다음과 같다. 대법원 판결에서 나타난 것처럼 "제조물의 특성, 통상 사용되는 사용형태, 제조물에 대한 사용자의 기대의 내용, 예상되는 위험의 내용, 위험에 대한 사용자의 인식 및 사용자에 의한 위험회피의 가능성 등의 여러 사정을 종합적으로 고려하여 사회통념에 비추어 판단"하여야 하는데, 콘택600의 사용설명서의 기재내용의 변화를 보면, 2000. 1. 31.경 피고 유한양행이 제조한 콘택600의 사용설명서에 기재된 콘택600의 효능, 성분 및 함량, 용법, 사용상의 주의사항, 부작용에 대한 표시와 2001. 7. 25. 식약청의 지시에 따라 개정된 콘택600의 사용설명서에 기재된 콘택600의 사용상의 주의사항, 부작용에 대한 표시는 보다 구체적이고 세부적으로 되어 있음을 알 수 있다.

문제는 사용설명서의 기재내용과 글씨의 크기 등에 대한 기준이 약사법에 정하여져 있으므로 피고 유한양행은 법적인 기준을 준수하였다고 항변할 수 있을지 모르지만 이는 행정법적 단속기준으로서의 준수하여야할 최소한의 기준이므로 이를 준수하였다고 하여 결함이 없다는 항변이 되는 것은 아니다.[23]

따라서 콘택600의 표시(설명, 지시, 경고)가 소비자에게 유효적절한 표시인지, 경고의 효능을 발휘하는 표시인지, 지시나 경고를 제대로 전달하기 위한 다양한 방법을 강구하고 있는지에 대한 세부적인 고려가 부족한 것은 아닌가 생각된다.[24]

---

23 정용수·강병모, 「제조물책임과 제품안전인증제도에 관한 연구」, 한국소비자원 정책연구 2008-06, 한국소비자원 101쪽, 2008.

24 최병록, "의약품(감기약 콘택600)의 제조물책임", 「법학논고」 제38집 157~208쪽, 2012. 2.

6. 혈우병 환자에게 바이러스에 오염된 혈액제제로 인간면역결핍바이러스(HIV)에 감염된 피해사건 (대판 2011. 9. 29, 2008다16776)

가. 사건 개요

피가 잘 멎지 않는 혈우병 환자는 출혈 시 혈액응고제를 맞는다. 녹십자에서 제조된 주사제 '훽나인'을 구입하여 직접 또는 병원에서 맞았다. 그 후에 검사에서 에이즈를 일으키는 인간면역결핍바이러스(HIV) 보균자로 판정을 받았다. HIV 보균자가 된 사람은 모두 20명이다. 이 중 생존자 18명 가운데 16명과 가족 53명 등 69명은 2003년 2월 '에이즈 감염이 치료제 때문'이라며 녹십자홀딩스를 대상으로 32억 원의 손해배상 소송을 냈다.

나. 판결 요지

[1] 의약품의 제조물책임에서 손해배상책임이 성립하기 위해서는 의약품의 결함 또는 제약회사의 과실과 손해 사이에 인과관계가 있어야 한다. 그러나 의약품 제조과정은 대개 제약회사 내부자만이 알 수 있을 뿐이고, 의약품 제조행위는 고도의 전문적 지식을 필요로 하는 분야로서 일반인들이 의약품의 결함이나 제약회사의 과실을 완벽하게 입증하는 것은 극히 어렵다. 따라서 환자인 피해자가 제약회사를 상대로 바이러스에 오염된 혈액제제를 통하여 감염되었다는 것을 손해배상책임의 원인으로 주장하는 경우, 제약회사가 제조한 혈액제제를 투여받기 전에는 감염을 의심할 만한 증상이 없었고, 혈액제제를 투여받은 후 바이러스 감염이 확인되었으며, 혈액제제가 바이러스에 오염되었을 상당한 가능성이 있다는 점을 증명하면, 제약회사가 제조한 혈액제제 결함 또는 제약회사 과실과 피해자 감염 사이의 인과관계를 추정하여 손해배상책임을 지울 수 있도록 증명책임을 완화하는 것이 손해의 공평·타당한 부담을 지도 원리로 하는 손해배상제도의 이상에 부합한다. 여기서

바이러스에 오염되었을 상당한 가능성은, 자연과학적으로 명확한 증명이 없더라도 혈액제제의 사용과 감염의 시간적 근접성, 통계적 관련성, 혈액제제의 제조공정, 해당 바이러스 감염의 의학적 특성, 원료 혈액에 대한 바이러스 진단방법의 정확성 정도 등 여러 사정을 고려하여 판단할 수 있다. 한편 제약회사는 자신이 제조한 혈액제제에 아무런 결함이 없다는 등 피해자의 감염원인이 자신이 제조한 혈액제제에서 비롯된 것이 아니라는 것을 증명하여 추정을 번복시킬 수 있으나, 단순히 피해자가 감염추정기간 동안 다른 회사가 제조한 혈액제제를 투여받았거나 수혈을 받은 사정이 있었다는 것만으로는 추정이 번복되지 않는다.

[2] 혈우병 환자인 갑 등이 을 주식회사가 제조·공급한 혈액제제로 인하여 HIV(인간면역결핍바이러스, Human Immunodeficiency Virus)에 감염되었는지가 문제된 사안에서, 갑 등이 을 회사가 제조한 혈액제제를 투여받기 전에는 감염을 의심할 만한 증상이 없었고, 을 회사가 제조한 혈액제제를 투여받은 후 바이러스 감염이 확인되었으며, 혈액제제가 HIV에 오염되었거나 오염되었을 상당한 가능성이 있으므로, 을 회사가 제조한 혈액제제의 결함 또는 을 회사의 과실과 갑 등의 HIV 감염 사이에 인과관계가 있다고 추정되고, 감염혈액을 제공하였을 것으로 추정되는 사람이 보유한 HIV의 유전자 정보와 갑 등이 보유한 HIV의 유전자 정보가 정확히 일치하지 않는다거나, 일부 환자들이 HIV 오염 여부를 알 수 없는 외국산 혈액제제 또는 수혈을 받은 사정만으로 위 추정이 번복된다고 할 수 없다고 하였다.

[3] 불법행위에 기한 손해배상채권에서 민법 제766조 제2항에 의한 소멸시효의 기산점이 되는 '불법행위를 한 날'이란 가해행위가 있었던 날이 아니라 현실적으로 손해의 결과가 발생한 날을 의미한다. 그런데 감염의 잠복기가 길거나, 감염 당시에는 장차 병이 어느 단계까지 진행될 것인지 예측하기 어려운 경우, 손해가 현실화된 시점을 일률적으로 감염일로 보게 되면, 피해자는 감염일 당시에는 장래의 손해 발생 여부가 불확실하여 청구하지 못하고 장래 손해가 발생한 시점에서는 소멸시효가 완성되어 청구하지 못하게 되는 부당한 결과가 초래될 수 있다. 따라서 위와 같은 경우에는 감염 자체로 인한 손해 외에 증상의 발현 또는 병의 진행으로 인한 손해가 있을 수 있고, 그러한 손해는 증상이 발현되거나 병이 진행된 시점에 현실적으로 발생한다고 볼 수 있다.

다. 시사점

이 판례는 증명책임에 있어서 사실상의 추정칙을 도입하고 있는 점이 특징이다. 즉, 의약품의 제조물책임에서 손해배상책임이 성립하기 위해서는 의약품의 결함 또는 제약회사의 과실과 손해 사이에 인과관계가 있어야 한다. 또한 이를 피해자가 증명하여야 하는 것이 원칙이다.

그러나 의약품 제조과정은 대개 제약회사 내부자만이 알 수 있을 뿐이고, 의약품 제조행위는 고도의 전문적 지식을 필요로 하는 분야로서 일반인들이 의약품의 결함이나 제약회사의 과실을 완벽하게 입증하는 것은 극히 어렵다.

따라서 환자인 피해자가 제약회사를 상대로 바이러스에 오염된 혈액제제를 통하여 감염되었다는 것을 손해배상책임의 원인으로 주장하는 경우, ⑴ 제약회사가 제조한 혈액제제를 투여받기 전에는 감염을 의심할 만한 증상이 없었고, ⑵ 혈액제제를 투여받은 후 바이러스 감염이 확인되었으며, ⑶ 혈액제제가 바이러스에 오염되었을 상당한 가능성이 있다는 점을 증명하면 제약회사가 제조한 혈액제제 결함 또는 제약회사 과실과 피해자 감염 사이의 인과관계를 추정하여 손해배상책임을 지울 수 있도록 증명책임을 완화하는 것이 손해의 공평·타당한 부담을 지도 원리로 하는 손해배상제도의 이상에 부합한다고 한다.

여기서 바이러스에 오염되었을 상당한 가능성은 자연과학적으로 명확한 증명이 없더라도 혈액제제의 사용과 감염의 시간적 근접성, 통계적 관련성, 혈액제제의 제조공정, 해당 바이러스 감염의 의학적 특성, 원료 혈액에 대한 바이러스 진단방법의 정확성 정도 등 여러 사정을 고려하여 판단할 수 있다. 한편 제약회사는 자신이 제조한 혈액제제에 아무런 결함이 없다는 등 피해자의 감염원인이 자신이 제조한 혈액제제에서 비롯된 것이 아니라는 것을 증명하여 추정을 번복시킬 수 있으나, 단순히 피해자가 감염추정기간 동안 다른 회사가 제조한 혈액제제를 투여받았거나 수혈을 받은 사정이 있었다는 것만으로는 추정이 번복되지 않는다고 판시하였다.

개정 제조물책임법에서는 이러한 판례의 사실상의 추정칙을 법률상의 추정규정으로 수용하고 있다는 점이 보다 발전된 것이다.

7. 자동차 급발진을 주장하는 자동차 돌진 사건 (대판 2011. 10. 27, 2010다72045)

가. 사건 개요

원고가 2008. 7. 26. 17:00경 거주하던 빌라의 지하주차장에서 이 사건 자동차를 운전하여 주차장 입구로 나와 우회전을 한 후 약 30m가량을 그대로 직진하여 정면의 빌라 앞 화단 벽을 넘어 빌라 외벽을 충격하는 사고가 발생하여 원고는 급발진에 의한 자동차의 결함을 주장하였다.

나. 판결 요지

대법원은 제출된 증거들을 모두 살펴보아도 원고가 피고로부터 구매한 이 사건 자동차의 전자제어장치(Electronic Control Unit)와 브레이크 시스템 등에 주장하는 바와 같은 하자가 있었다고 인정하기에 부족하고, 오히려 그 판시와 같은 사정들에 의하면 원고가 2008. 7. 26. 17:00경 거주하던 빌라의 지하주차장에서 이 사건 자동차를 운전하여 주차장 입구로 나와 우회전을 한 후 약 30m가량을 그대로 직진하여 정면의 빌라 앞 화단 벽을 넘어 빌라 외벽을 충격한 이 사건 사고는 원고가 가속 페달을 브레이크 페달로 오인하는 등 운전조작 미숙으로 발생하였다고 추인함이 상당하다고 판단한 원심의 사실인정과 판단은 정당하다고 수긍이 되고, 거기에 상고이유로 주장하는 바와 같은 채증법칙 위반 등의 위법이 없다.

제조물책임에서 증명책임을 완화하는 것은 일반적으로 그 제품의 생산과정을 전문가인 제조업자만이 알 수 있어서 그 제품에 어떠한 결함이 존재하였는지, 그 결함으로 인하여 손해가 발생한 것인지 여부를 일반인으로서는 밝힐 수 없는 특수성이 있어서 소비자 측이 제품의 결함 및 그 결함과 손해의 발생과의 사이의 인과관계를 과학적·기술적으로 입증한다는 것은 지극히 어렵다는 정보의 편재 내지 불균형을 감안하여 손해의 공평·타당한 부담을 이루기 위한 것이므로(대법원 2000. 2. 25.

선고 98다15934 판결, 대법원 2004. 3. 12. 선고 2003다16771 판결 등 참조), 특별한 사정이 없는 한 제조업자나 수입업자로부터 제품을 구매하여 이를 판매한 자가 그 매수인에 대하여 부담하는 민법 제580조 제1항의 하자담보책임에는 제조업자에 대한 제조물책임에서의 증명책임 완화의 법리가 유추적용된다고 할 수 없다.

다. 시사점

이 판례도 자동차 급발진을 주장하는 사고에 대한 것으로 원고가 거주하던 빌라의 지하주차장에서 이 사건 자동차를 운전하여 주차장 입구로 나와 우회전을 한 후 약 30m가량을 그대로 직진하여 정면의 빌라 앞 화단 벽을 넘어 빌라 외벽을 충격하는 사고가 발생한 것이므로 확대손해가 발생한 사고는 제조물책임법을 근거로 결함여부에 대하여 먼저 판단하여야 한다. 피해자는 수입업자를 상대로 제조물책임을 묻고 있지만 판례는 수입업자를 상대로 매도인의 하자담보책임을 제조물책임에서의 증명책임 완화의 법리가 유추적용된다고 할 수 없다고 판단하였지만 제조물책임법 상 수입업자는 제조물책임 주체에 해당하므로 결함여부를 판단하였어야 한다.

8. 베트남전쟁 참전군인의 고엽제 피해 손해배상청구 사건 (대판 2013. 7. 12, 2006다17553)

가. 사건 개요

김 씨 등 베트남전 참전군인들은 지난 1999년 고엽제 제조사를 상대로 5조 원대의 손해배상 청구소송을 냈다. 2002년 1심은 원고패소로 판결했지만, 2006년 항소심은 11개 질병에 대한 역학적 인과관계를 인정해 5,227명에게 600만 원~4,600만 원씩 배상하라고 판결했다. 그러나 2013년 대법원은 39명을 제외한 나머지 원고들에 대해 인과관계를 인정할 수 없다고 판단하고 사건을 서울고법으로 다시 재판하도록 돌려보냈다.

나. 판결 요지

[1] 국제재판관할은 당사자 간의 공평, 재판의 적정, 신속 및 경제를 기한다는 기본이념에 따라 결정하여야 한다. 구체적으로는 소송당사자들의 공평, 편의 그리고 예측가능성과 같은 개인적인 이익뿐만 아니라 재판의 적정, 신속, 효율 및 판결의 실효성 등과 같은 법원 내지 국가의 이익도 함께 고려하여야 하고, 이러한 다양한 이익 중 어떠한 이익을 보호할 것인지는 개별 사건에서 법정지와 당사자 사이의 실질적 관련성 및 법정지와 분쟁이 된 사안 사이의 실질적 관련성을 객관적인 기준으로 삼아 합리적으로 판단하여야 한다. 특히 물품을 제조·판매하는 제조업자에 대한 제조물책임소송에서 손해발생지 법원에 국제재판관할권이 있는지를 판단하는 경우에는 제조업자가 손해발생지에서 사고가 발생하여 그 지역의 법원에 제소될 것임을 합리적으로 예견할 수 있을 정도로 제조업자와 손해발생지 사이에 실질적 관련성이 있는지를 고려하여야 한다.

[2] 구 섭외사법(2001. 4. 7. 법률 제6465호 국제사법으로 전부 개정되기 전의 것) 제13조 제1항에 의하면, 외국적 요소가 있는 섭외사건에서 불법행위로 인하여 생긴 채권의 성립 및 효력은 그 원인이 된 사실이 발생한 곳의 법에 의하여 판단하여야 하고, 불법행위에서 그 원인이 된 사실이 발생한 곳에는 불법행위를 한 행동지뿐만 아니라 손해의 결과발생지도 포함된다.

[3] 제조물책임의 대상이 되는 제조물은 원재료에 설계·가공 등의 행위를 가하여 새로운 물품으로 제조 또는 가공된 동산으로서 상업적 유통에 제공되는 것을 말하고, 여기에는 여러 단계의 상업적 유통을 거쳐 불특정 다수 소비자에게 공급되는 것뿐만 아니라 특정 소비자와의 공급계약에 따라 그 소비자에게 직접 납품되어 사

용되는 것도 포함된다.

[4] 제조물책임을 부담하는 제조업자는 제조물의 제조·가공 또는 수입을 업으로 하는 자 또는 제조물에 성명·상호·상표 기타 식별 가능한 기호 등을 사용하여 자신을 제조업자로 표시하거나 제조업자로 오인시킬 수 있는 표시를 한 자를 말하고, 정부와의 공급계약에 따라 정부가 제시한 제조지시에 따라 제조물을 제조·판매한 경우에도 제조물에 결함이 발생한 때에는 제조물책임을 부담한다.

[5] 제조업자가 인체에 유해한 독성물질이 혼합된 화학제품을 설계·제조하는 경우, 그 화학제품의 사용 용도와 방법 등에 비추어 사용자나 그 주변 사람이 그 독성물질에 계속적·반복적으로 노출될 수 있고, 그 독성물질이 가진 기능적 효용은 없거나 극히 미미한 반면, 그 독성물질에 계속적·반복적으로 노출됨으로써 사용자 등의 생명·신체에 위해가 발생할 위험이 있으며 제조업자가 사전에 적절한 위험방지조치를 취하기 전에는 사용자 등이 그 피해를 회피하기 어려운 때에는, 제조업자는 고도의 위험방지의무를 부담한다. 즉, 이러한 경우 제조업자는 그 시점에서의 최고의 기술 수준으로 그 제조물의 안전성을 철저히 검증하고 조사·연구를 통하여 발생 가능성 있는 위험을 제거·최소화하여야 하며, 만약 그 위험이 제대로 제거·최소화되었는지 불분명하고 더욱이 실제 사용자 등에게 그 위험을 적절히 경고하기 곤란한 사정도 존재하는 때에는, 안전성이 충분히 확보될 정도로 그 위험이 제거·최소화되었다고 확인되기 전에는 그 화학제품을 유통시키지 말아야 한다. 따라서 제조업자가 이러한 고도의 위험방지의무를 위반한 채 생명·신체에 위해를 발생시킬 위험이 있는 화학제품을 설계하여 그대로 제조·판매한 경우에는 특별한 사정이 없는 한 그 화학제품에는 사회통념상 통상적으로 기대되는 안전성이 결여된 설계상의 결함이 존재한다고 봄이 타당하다.

[6] 갑 등 베트남전 참전군인들이 을 외국법인 등에 의해 제조되어 베트남전에서 살포된 고엽제 때문에 염소성여드름 등 각종 질병이 발생하였다며 을 법인 등을 상대로 제조물책임 등에 따른 손해배상을 구한 사안에서, 고엽제에 함유된 유해물질인 TCDD에 대한 개개인의 신체적 감수성이 염소성여드름 발현 여부와 형태에 미치는 영향, TCDD에 노출된 후 염소성여드름이 발병하는 기간 등 제반 사정을 종합하여, 참전군인들 중 일부가 고엽제에 함유된 TCDD에 노출되어 특이성 질환인

염소성여드름이 발생하였을 개연성이 인정된다는 이유로, 그들이 베트남전 동안 복무지역 등에 살포되거나 잔류하는 고엽제의 TCDD에 노출되어 염소성여드름이 발생하는 손해를 입었다고 본 원심판단을 정당하다.

[7] 비특이성 질환의 경우에는 특정 위험인자와 비특이성 질환 사이에 역학적 상관관계가 인정된다 하더라도, 어느 개인이 위험인자에 노출되었다는 사실과 비특이성 질환에 걸렸다는 사실을 증명하는 것만으로 양자 사이의 인과관계를 인정할 만한 개연성이 증명되었다고 볼 수 없다. 이러한 경우에는 위험인자에 노출된 집단과 노출되지 않은 다른 일반 집단을 대조하여 역학조사를 한 결과 위험인자에 노출된 집단에서 비특이성 질환에 걸린 비율이 위험인자에 노출되지 않은 집단에서 비특이성 질환에 걸린 비율을 상당히 초과한다는 점을 증명하고, 그 집단에 속한 개인이 위험인자에 노출된 시기와 노출 정도, 발병시기, 위험인자에 노출되기 전의 건강상태, 생활습관, 질병 상태의 변화, 가족력 등을 추가로 증명하는 등으로 위험인자에 의하여 비특이성 질환이 유발되었을 개연성이 있다는 점을 증명하여야 한다.

[8] 갑 등 베트남전 참전군인들이 을 외국법인 등에 의해 제조되어 베트남전에서 살포된 고엽제 때문에 당뇨병 등 각종 질병에 걸렸다며 을 법인 등을 상대로 제조물책임 등에 따른 손해배상을 구한 사안에서, 고엽제 노출과 당뇨병 등 비특이성 질환 사이에 통계학적 연관성이 있다는 사정과 참전군인들 중 일부가 비특이성 질환에 걸렸다는 사정만으로 그들 개개인이 걸린 비특이성 질환이 베트남전 당시 살포된 고엽제에 노출되어 발생하였을 개연성을 인정할 수 없는 데도, 일부 참전군인들이 고엽제의 TCDD에 노출되어 당뇨병 등 비특이성 질환이 발생하는 손해를 입었다고 본 원심 판결에 역학적 인과관계와 개연성 등에 관한 법리오해 등 위법이 있다.

[9] 민법 제766조 제1항은 불법행위로 인한 손해배상청구권은 피해자나 그 법정대리인이 그 손해 및 가해자를 안 날부터 3년간 이를 행사하지 아니하면 시효로 소멸한다고 규정하고 있다. 여기서 '손해 및 가해자를 안 날'이란 피해자나 그 법정대리인이 손해 및 가해자를 현실적이고도 구체적으로 인식한 날을 의미하며, 그 인식은 손해발생의 추정이나 의문만으로는 충분하지 않고, 손해의 발생사실뿐만 아니라 가해행위가 불법행위를 구성한다는 사실, 즉 불법행위의 요건사실에 대한 인식

으로서 위법한 가해행위의 존재, 손해의 발생 및 가해행위와 손해 사이의 인과관계 등이 있다는 사실까지 안 날을 뜻한다. 그리고 피해자 등이 언제 불법행위의 요건사실을 현실적이고도 구체적으로 인식한 것으로 볼 것인지는 개별 사건의 여러 객관적 사정을 참작하고 손해배상청구가 사실상 가능하게 된 상황을 고려하여 합리적으로 인정하여야 하고, 손해를 안 시기에 대한 증명책임은 소멸시효 완성으로 인한 이익을 주장하는 자에게 있다.

[10] 민법 제766조 제2항에 의하면, 불법행위를 한 날부터 10년을 경과한 때에도 손해배상청구권이 시효로 소멸한다고 규정되어 있는데, 가해행위와 이로 인한 손해의 발생 사이에 시간적 간격이 있는 불법행위에 기한 손해배상청구권의 경우, 위와 같은 장기소멸시효의 기산점이 되는 '불법행위를 한 날'은 객관적·구체적으로 손해가 발생한 때, 즉 손해의 발생이 현실적인 것으로 되었다고 할 수 있을 때를 의미하고, 그 발생 시기에 대한 증명책임은 소멸시효의 이익을 주장하는 자에게 있다.

[11] 갑 등 베트남전 참전군인들이 베트남전에서 살포된 고엽제 때문에 염소성여드름 등 질병에 걸렸다며 고엽제 제조회사인 을 외국법인 등을 상대로 제조물책임 등에 따른 손해배상을 구하자, 을 법인 등이 소멸시효 항변을 한 사안에서, 염소성여드름 발병 시점부터 을 법인 등 보유의 특허권에 대한 가압류신청일이나 을 법인 등을 상대로 한 소 제기일까지 10년의 장기소멸시효기간이 지난 참전군인들의 경우에도 그들이 고엽제후유증환자로 등록하여 을 법인 등에 대한 손해배상청구권의 존재에 관하여 인식할 수 있게 되기까지는 객관적으로 권리행사를 기대하기 어려운 장애사유가 있었고, 그들 중 일부를 제외한 나머지 참전군인들의 경우 그들 개개인이 고엽제후유증환자 등록 후 민법상 시효정지의 경우에 준하는 단기간 내에 가압류신청이나 소제기 등 권리행사를 하는 데 상당한 어려움이 있는 등 매우 특수한 사정이 있었던 점을 감안할 때 그들이 상당한 기간 내에 권리행사를 한 것으로 봄이 타당하므로, 을 법인 등이 그들에게 소멸시효 완성을 주장하는 것은 신의칙에 반하는 권리남용에 해당하여 허용되지 않지만, 고엽제후유증환자로 등록한 날부터 3년이 경과한 후에 가압류신청 또는 소를 제기한 일부 참전군인들에 대한 소멸시효 항변은 권리남용에 해당하지 않는다.

[12] 불법행위로 인한 손해배상청구 소송에서 가해행위와 손해 발생 사이의 인

과관계는 존재하거나 부존재하는지를 판단하는 것이고, 이를 비율적으로 인정할 수는 없으므로, 이른바 비율적 인과관계론은 받아들일 수 없다.

다. 시사점

베트남전쟁에서 고엽제로 인하여 11개의 각종 질병을 앓게 된 피해자 1만 6,579명이 미국의 고엽제 제조사 다우케미컬과 몬샌토를 상대로 낸 손해배상청구소송에서 항소심은 피해자 5,227명에게 1인당 600만~4,600만 원씩 총 631억 원을 배상하라고 승소 판결하였다.

그러나 대법원은 항소심 판결을 뒤집고 당뇨병·폐암·후두암 등 대부분의 고엽제 환자들이 피해를 봤다고 주장한 10가지 질병에 대해서는 인과관계를 모두 인정하지 않고, 염소성여드름[25] 피해자 39명을 제외한 5,188명에게 "고엽제로 질병이 생겼다고 보기 어렵다."며 사건을 서울고법으로 돌려보낸 것이다. 대법원 판결은 고엽제 제조업체의 손해배상책임을 인정한 세계 첫 확정판결이라는 데 의미를 둘 수 있다.

대법원 판결은 피해자들이 1999년에 1심 소송을 제기한 지 무려 14년 만에 나온 것이며, 2심 판결이 2006년 1월 선고된 것을 고려하면 대법원에서만 7년 반 동안 선고가 미뤄진 것이다.

---

25 염소성여드름은 고엽제 생산 과정에서 생성되는 테트라클로로디벤조다이옥신(TCDD)에 노출돼 다양한 크기의 낭종이 얼굴, 둔부, 성기 등에 생기는 현상을 말한다. 일반적으로 TCDD 노출이 중단되면 사라지지만 25년 이상 지속되는 경우도 보고되었다. 두꺼비 피부증, 붉은 반점, 결막염 등이 동반되며 간기능장애, 신경계 증상이 나타나기도 한다.

9. 로타 바이러스백신 접종 후 송아지 집단폐사 사건 (대판 2013. 9. 26, 2011다88870)

가. 사건 개요

원고는 그 동안 코미팜에서 제조한 백신을 사용하여 오다가, 2007년부터 강화군에서 피고 회사의 칼프가드를 무료로 제공하면서부터 이를 함께 사용하여 오던 중, 2008. 9.경부터는 코미팜 제품의 사용을 중단하고 강화군청에서 무상으로 지원받은 칼프가드와 원고가 그 판매회사인 ㈜씨티씨바이오로부터 별도로 구입한 칼프가드만을 사용하여 오다, 송아지 폐사가 계속되자 2009. 3.경부터 칼프가드 사용을 중지하고, 코미팜 제품만을 사용하기 시작하였다.

종전에 코미팜 제품만을 사용하던 기간 중 원고 농장의 송아지가 젖을 뗄 때까지인 약 5개월까지의 폐사율은 3% 정도에 불과하였다.

2009. 5. 초 서울대학교 수의대학 소외 2 교수에게 역가 감정을 의뢰하였지만, 그가 피고 회사와의 특수관계를 이유로 감정을 거절하자, 원고가 2009. 8. 사용하지 않고 보관 중이던 칼프가드 2개를 충남대학교 수의대학 소외 1 교수에게 보내 역가 감정을 의뢰하여, 그가 통상적으로 사용되는 검사방법, 즉 생약독화백신 역가검사 방법인 세포배양에 의해 세포사멸 효과를 바탕으로 판단하는 방법으로 감정한 결과, 역가를 인정하기 어렵다는 감정결과가 나왔다.

원고 농장 인근의 다른 농장에서도 원고와 비슷한 시기인 2008. 8.과 9.경 칼프가드를 사용한 후 송아지가 설사병으로 폐사하는 경우들이 상당수 있었다.

사양환경, 충분한 초유 급여여부, 모체에 대한 로타바이러스 백신접종 여부 등 환경조건에 따라 다양하지만, 로타바이러스에 감염된 경우 폐사율이 50% 정도이고, 추위에 의한 스트레스나 다른 병원성 미생물과의 혼합감염시, 혹은 초유 섭취부족 등의 요인이 복합되는 경우 폐사율이 90%까지 상승한다는 보고가 있다. 또한 우리나라 전체 송아지설사증의 69.2%가 로타바이러스에 의한 것이고, 축사시설 현대화·사양관리 개선으로 세균성 설사증은 감소추세를 보이고 있으나, 전염성이 강한 코로나바이러스나 로타바이러스로 인한 설사증이 상대적으로 증가하는 추세에 있다는 최근의 조사결과도 있다.

대장균감염증만이 문제되는 경우는 치료가 크게 어렵지 않지만, 복합감염의 경우는 치료가 쉽지 않아 폐사율이 높다.

로타바이러스는 로타바이러스를 포함한 분변이나 위 분변에 오염된 사료, 물, 건초의 섭식으로 인한 경구적 전파로 주로 감염된다.

원고 농장은 인근에서 가장 큰 규모의 번식우 농장으로서, 2008. 6. 농산물품질관리원으로부터 친환경농장인증을 받았다가, 2010. 6. 재심사를 거쳐 다시 친환경농장인증을 받았고, 위 1.의 다.항과 바.항의 2008. 10.부터 2010. 2.까지 기간 이외에 원고 농장에서 송아지가 집단 폐사한 적이 없으며, 위 1.의 라.항과 같이 2009. 2. 24. 원인 규명요청으로 원고 농장을 방문한 인천광역시 보건환경연구원 담당자 역시 원고 농장의 위생관리 및 송아지 사양관리 상태가 양호하다고 평가하였다.

나. 판결 요지

[1] 고도의 기술이 집약되어 대량으로 생산되는 제품에 성능 미달 등의 하자가 있어 피해를 입었다는 이유로 제조업자 측에게 민법상 일반 불법행위책임으로 손해배상을 청구하는 경우에, 일반 소비자로서는 제품에 구체적으로 어떠한 하자가 존재하였는지, 발생한 손해가 하자로 인한 것인지를 과학적·기술적으로 증명한다는 것은 지극히 어렵다. 따라서 소비자 측으로서는 제품이 통상적으로 지녀야 할 품질이나 요구되는 성능 또는 효능을 갖추지 못하였다는 등 일응 제품에 하자가 있었던 것으로 추단할 수 있는 사실과 제품이 정상적인 용법에 따라 사용되었음에도 손해가 발생하였다는 사실을 증명하면, 제조업자 측에서 손해가 제품의 하자가 아닌 다른 원인으로 발생한 것임을 증명하지 못하는 이상, 제품에 하자가 존재하고 하자로 말미암아 손해가 발생하였다고 추정하여 손해배상책임을 지울 수 있도록 증명책임을 완화하는 것이 손해의 공평·타당한 부담을 지도 원리로 하는 손해배상제도의 이상에 맞다.

[2] 갑이 을 주식회사가 수입·판매하는 로타바이러스 예방백신을 사용한 이후에 태어난 송아지가 집단 폐사하자 을 회사를 상대로 손해배상을 구한 사안에서, 제반 사정을 종합하면 위 백신이 백신으로서 통상 지녀야 할 품질이나 요구되는 성능 또는 효능을 갖추지 못한 하자가 있다거나 이를 추단하기에 충분하다고 볼 만한 사실이 증명되었다고 보기 어려운데도 이와 달리 보아 일반 불법행위책임을 인정한 원심 판결에 법리오해 등의 위법이 있다.

즉, 이 사건 백신이 정상적인 효능을 갖추지 못한 하자가 있는 것이었음을 일응 추단하게 하는 사실에 대한 입증책임은 원고에게 있는바, 충남대학교 교수의 실험은 유효기간이 4개월이나 지난 이 사건 백신을 한여름에 통상적인 택배 방식으로 발송 받아 이뤄지는 등 결과의 정확성이 보장되었다고 보기 어렵다는 점, 송아지 폐사체에서 병원성 대장균이 검출되었고 폐사하지 아니한 송아지의 설사변에서도 로타바이러스가 검출된 점에 비추어 볼 때 송아지 폐사의 원인이 로타바이러스 감염 때문이라고 보기는 어렵다는 점, 원고는 2009년 2월부터 타사 백신을 사용하였고 2009년 3월부터는 로타바이러스 항체를 송아지들에게 직접 투여하였음에도 불구하고 그 후 1년간 송아지 폐사율이 여전히 높았던 점, 피고가 원고로부터 수거한 백신을 모두 폐기하였다는 주장을 하였다고 볼 근거 자료가 발견되지 않는 점, 이 사건 백신에 대하여 법원에 감정 신청 등이 이루어지지 않았다는 점 등과 같은 제반 사정을 종합하면, 이 사건 백신에 하자가 있다고 추단하기에 충분하다고 볼 만한 사실이 증명되었다고 보기는 어렵다고 판단하여 원심 판결을 파기환송하였다.

다. 시사점

이 사건의 경우 대법원은 피고의 손해배상책임이 성립하기 위한 전제로서 원고가 "제품이 통상적으로 지녀야 할 품질이나 요구되는 성능 또는 효능을 갖추지 못하였다는 등 일응 그 제품에 하자가 있었던 것으로 추단할 수 있는 사실"을 입증해야 한다고 보았는데, 이는 위 요건 중 "사고가 어떠한 자의 과실 없이는 통상 발생하지 않는다고 하는 사정"에 대응하는 것이라고 볼 수 있다. 백신 관련 사건의 경우, 과연 해당 사고가 "제조업자의 배타적 지배하에 있는 영역에서 발생한 것"이라고 볼 수 있는지 의문이다. 감염성 질환 예방의 경우 백신의 성능 이외에도 접종 대상의 위생 상태, 동반 질환 및 유행 균주의 특성 등 다양한 요인의 영향을 받을 것이기 때문이다. 이 사건의 경우에도 송아지 집단 폐사에는 로타바이러스 감염증 이외에 대장균 감염증, 어미소 및 축사의 위생 상태, 해당 농장 내지 해당 지역에 이 사건 백신이 듣지 않는 바이러스 균주가 분포하였을 가능성 등 이 사건 백신의 성능과는 무관한 요인들이 일정 정도 개입하였을 가능성이 있다. 그러한 측면에서, 대법원이 이 사건 불법행위책임의 성립에 있어 송아지 집단 폐사가 "제조업자의 배타적 지배하에 있는 영역에서 발생"하였을 것을 요구하지 않은 것은 적절하다고 판단된다.[26]

이 사건과 같은 경우에 "일응 해당 제품에 하자가 있었던 것으로 추단할 수 있는 사실"은 어떻게 입증하여야 할까? 대법원 판결에서는 감정 신청 등 객관적이고 전문적인 판단을 받기 위한 증거신청이나 증거조사가 이루어진 적이 없다는 점을 지적하였지만, 반드시 감정 등을 요한다고 보기는 어려울 것이다. 그렇다면 결함을 추단할 수 있는 사실이 아닌 결함 자체의 입증을 요구하는 것과 마찬가지의 결과를 낳을 것이기 때문이다. 이 사건의 경우, 어미소의 혈액에서 로타바이러스 감염증 항체가 검출되었고 송아지 폐사체에서 대장균 감염증이 확인되었으며 타사 백신 내지 항체 직접 투여 이후에도 상당 기간 동안 송아지 폐사율이 높았던 점 등에 비추어 보면, 제반 정황이 이 사건 백신의 결함을 추단할 수 있을 정도에 이르렀다고 보기는 어렵다고 사료된다. 이와 같이 제반 정황이 충분하지 못할 경우에는, 감정 신청 등 보다 적극적인 입증방법을 고려하는 것이 필요할 것이다.

---

26 이재상, "제조물 관련 불법행위책임 성립요건 및 판단기준(대법원 2013. 9. 26. 선고 2011다88870 판결)", 법률신문 2013. 11. 11. 오전 12:00 입력; https://www.lawtimes.co.kr/Legal-Info/Cases-Commentary- View. asp x?serial=1063.

10. 베이비파우더 석면 함유로 인한 정신적 피해 사건 (대판 2014. 2. 13, 2011다38417)

가. 사건 개요

2009년 3월 30일 식약청이 시중에 유통중인 탈크를 주원료로 사용하는 베이비파우더 제품 14개사 30개 품목에 대해 석면검출시험을 실시한 결과 8개 제조사 12개 제품에서 석면이 검출되면서 사회적 파장이 일어났다.

이후 영유아 부모 등 해당 제품을 사용한 소비자들은 '정신적 충격과 고통을 입었다'며 피해 발생 개연성이 높은 악성중피종의 조기발견을 위해 향후 지출하게 될 최소한의 검진비용(인당 30만 원)에 대한 재산상 손해배상을 골자로 서울중앙지법에 손해배상청구소송을 제기하였다.

나. 판결 요지

1) 피고 대한민국에 대하여

[1] 구 약사법(2010. 1. 18. 법률 제9932호로 개정되기 전의 것. 이하 같다)은 제1조에서 "이 법은 약사에 관한 일들이 원활하게 이루어질 수 있도록 필요한 사항을 규정하여 국민보건 향상에 기여하는 것을 목적으로 한다."고 정하고, 제51조, 제52조, 제71조 등에서는 식품의약품안전청장(이하 '식약청장'이라고 한다)으로 하여금 의약품과 의약외품 등(이하 '의약품 등'이라고 한다)의 제법·성상·성능·품질 및 저장방법과 그 밖에 필요한 기준을 마련하도록 하고, 의약품의 품목허가를 받은 이나 의약외품 제조업자 등이 위와 같은 규격과 기준을 위반하여 의약품 등이나 그 원재료 등을 판매·저장·진열·제조 또는 수입한 경우에는 이를 공중위생상의 위해를 방지할 수 있는 방법으로 폐기하거나 그 밖의 필요한 조치를 하도록 명할 수 있으며, 나아가 의약품 등으로 인하여 공중위생상 위해가 발생하였거나 발생할 우려가 있다고 인정

하면 의약품의 품목허가를 받은 자나 의약외품 제조업자 등에 대하여 유통 중인 의약품 등을 회수·폐기하게 하거나 그 밖의 필요한 조치를 하도록 명할 수 있다고 정하고 있다.

위와 같은 구 약사법의 규정 내용 및 형식 등에 비추어 보면, 위 각 법규정들은 의약품 등의 위해성을 평가하면서 관련 산업 종사자들의 재산권이나 그 산업의 자율적 시장 질서를 부당하게 해치지 아니하는 범위 내에서 적정한 의약품 등의 규격과 기준을 설정하고, 그러한 규격과 기준을 위반한 의약품 등이나 그 원재료 등 또는 공중위생상 위해가 발생하였거나 발생할 우려가 있는 의약품 등을 폐기하도록 하는 등 의약품 등으로 인한 국민의 생명·신체에 대한 위험을 예방하기 위한 조치를 취할 수 있는 합리적 재량권한을 식약청장과 관련 공무원에게 부여한 것이라고 봄이 상당하다.

한편 소비자기본법은 제1조에서 "이 법은 소비자의 권익을 증진하기 위하여 소비자의 권리와 책무, 국가·지방자치단체 및 사업자의 책무, 소비자단체의 역할 및 자유 시장 경제에서 소비자와 사업자 사이의 관계를 규정함과 아울러 소비자정책의 종합적 추진을 위한 기본적인 사항을 규정함으로써 소비생활의 향상과 국민경제의 발전에 이바지함을 목적으로 한다."고 정한다. 또한 그 제46조에서는 공정거래위원회로 하여금 사업자가 제공한 물품 등으로 인하여 소비자에게 위해 발생이 우려되는 경우 관계 중앙행정기관의 장에게 위해 방지를 위하여 필요한 소정의 조치를 하도록 요청할 수 있고, 제49조, 제50조에서는 중앙행정기관의 장으로 하여금 사업자가 제공한 물품 등의 결함으로 인하여 소비자의 생명·신체 또는 재산에 위해를 끼치거나 끼칠 우려가 있다고 인정되는 경우에 그 사업자에 대하여 해당 물품 등의 수거·파기·수리·교환·환급 또는 제조·수입·판매·제공의 금지를 권고하거나 명하는 등 필요한 조치를 하도록 명할 수 있다고 각 정하고 있다.

위와 같은 소비자기본법의 규정 내용과 형식에 비추어 보면, 위 각 법규정들 역시 사업자가 제공한 물품 등의 결함으로 인하여 소비자의 생명·신체 또는 재산에 위해를 끼치거나 끼칠 우려가 있다고 인정되는 경우에 해당 물품 등의 수거·파기·수리·교환·환급 또는 제조·수입·판매·제공의 금지 등을 권고하거나 명하도록 하는 등 사업자가 제공한 물품 등으로 인한 소비자에 대한 위해 발생을 예방하기 위한 조치를 취할 수 있는 합리적 재량권한을 공정거래위원회와 중앙행정기관의 장 및 관련 공무원에게 부여한 것이라고 볼 것이다.

따라서 구 약사법과 소비자기본법의 위와 같은 법규정들이 식약청장, 공정거래위원회, 중앙행정기관의 장 및 관련 공무원들(이하 통틀어 '식약청장 등'이라고 한다)에게 각각 합리적인 재량에 따른 직무수행 권한을 부여한 것으로 해석되는 이상, 식약청장 등에게 그러한 권한을 부여한 취지와 목적에 비추어 볼 때, 구체적인 상황 아래에서 식약청장 등이 그 권한을 행사하지 아니한 것이 현저하게 합리성을 잃어 사회적 타당성이 없는 경우에 한하여 직무상 의무의 위반으로서 위법하게 된다(대법원 2010. 4. 22. 선고 2008다38288 전원합의체 판결, 대법원 2010. 11. 25. 선고 2008다67828 판결 등 참조).

[2] 원심은 그 채택 증거에 의하여 판시와 같은 사실을 인정한 다음, ① 석면으로 인한 신체변화가 장기적으로 일정량 이상에 노출될 경우 발생하는 점에 비추어, 베이비파우더에 의하여 단기간 노출되는 수준이라면 폐암·석면폐증 등 중병의 발병 가능성은 낮은 점, ② 악성중피종은 다른 암 등에 비하여 상대적으로 저농도, 단기간의 노출로도 발생이 가능하지만, 그 발병률은 100만 명 당 1명 내지 2명 수준으로 극히 미약하고, 이들 대부분이 직업적 노출로 인한 발병으로서, 환경에 의하여 석면에 노출된 이들의 발병률은 상대적으로 적은 것으로 보고된 점, ③ 석면으로 인하여 폐암, 악성중피종 등의 유발가능성이 있지만 이는 석면이 호흡기로 유입된 후 발생하는 질병이고, 베이비파우더는 피부 표면에 바르는 것이어서 호흡기로의 유입양은 심각한 수준은 아니라고 보이는 점, ④ 베이비파우더에 함유되어 있는 석면의 양이 어느 정도에 이르렀을 때 인체에 유해한지에 관하여 유해의 가능성만 추측하고 있을 뿐 아직 확증되지는 아니한 점 등 판시 사정들을 종합하여 볼 때, 식약청장을 비롯한 피고 대한민국 소속 공무원들이 베이비파우더의 주원료인 탈크(Talc)에 석면이 함유된 것에 대하여 대책을 마련하는 등 규제권한을 행사하지 아니한 것이 현저하게 합리성을 잃어 사회적 타당성이 없는 것으로 보기는 어렵다는 이유로, 직무상 의무의 위반으로 위법하다고 할 수 없다고 판단하였다.

[3] 앞서 이 법리에 비추어 기록을 살펴보면, 원심의 위와 같은 판단은 정당한 것으로 수긍할 수 있다. 거기에 상고이유 주장과 같이 국가배상법상 공무원의 직무상 의무 또는 위법성에 관한 법리를 오해하는 등의 위법이 있다고 할 수 없다.

2) 소송수계인 피고 한국콜마 주식회사에 대하여

이 부분 상고논지는 결국 분할 전 피고 한국콜마 주식회사가 제조·판매한 라꾸베 베이비파우더에 석면이 함유되었다고 보기 어렵다는 원심의 사실인정이 잘못되었다는 것에 귀착한다. 그러나 사실의 인정, 그리고 그 전제로 행하여지는 증거의 취사선택 및 평가는 논리와 경험칙에 반함으로써 자유심증주의의 한계를 벗어나지 아니하는 한 사실심법원의 전권에 속하는 것이다. 기록에 비추어 원심 판결 이유를 살펴보아도 원심의 사실인정이 위 한계를 넘어섰다고 볼 사유를 발견할 수 없는 이 사건에서, 위와 같은 상고논지는 원심법원의 전권에 속하는 사항을 비난하는 것에 불과하여 받아들일 수 없다.

3) 나머지 피고들에 대하여

[1] 정신적 손해 발생에 관한 상고이유

원심은, 석면이 함유된 베이비파우더의 사용으로 인하여 질병 발생 등의 직접적인 침해 결과가 발생하지 아니한 상황에서, ① 석면으로 인한 신체변화가 장기적으로 일정량 이상에 노출될 경우 발생하는 점에 비추어, 베이비파우더에 의하여 단기간 노출되는 수준이라면 폐암·석면폐증 등 중병의 발병 가능성은 낮은 점, ② 악성중피종은 다른 암 등에 비하여 상대적으로 저농도, 단기간의 노출로도 발생이 가능하지만, 그 발병률은 100만 명당 1명 내지 2명 수준으로 극히 미약하고, 이들 대부분이 직업적 노출로 인한 발병으로서, 환경에 의하여 석면에 노출된 이들의 발병률은 상대적으로 적은 것으로 보고된 점, ③ 석면으로 인하여 폐암, 악성중피종 등의 유발가능성이 있지만 이는 석면이 호흡기로 유입된 후 발생하는 질병이고, 베이비파우더는 피부 표면에 바르는 것이어서 호흡기로의 유입양은 심각한 수준은 아니라고 보이는 점, ④ 공공건물·다중이용시설의 65%가 석면함유 자재를 사용하고 있어 일반인도 일상생활에서 불가피하게 어느 정도의 석면에 노출될 수밖에 없는 점, ⑤ 석면의 유해성은 노출량, 노출경로, 노출기간 등에 따라 차이가 있는데, 이 사건의 경우 원고들이 각자 석면이 함유된 베이비파우더를 어떠한 기간 동안, 어떤 방법으로 사용했는지에 관한 명백한 주장이나 증명이 없는 점, ⑥ 베이비파우더에 함유되어 있는 석면의 양이 어느 정도에 이르렀을 때 인체에 유해한지에 관하여 유해의 가능성만 추측하고 있을 뿐 아직 확증되지는 아니한 점 등에 비추어 볼 때, 석면이 함유된 베이비파우더의 사용으로 인하여 발생하였다는 원고들의 정신적 고통이 법적으로 배상되어야 하는 정신적 손해로 평가되기는 어렵다는 취지로 판단하였다.

관련 법리에 비추어 기록을 살펴보면, 원심의 위와 같은 판단은 정당한 것으로 수긍할 수 있고, 거기에 상고이유 주장과 같이 정신적 손해에 관한 법리를 오해한 위법 등이 있다고 할 수 없다.

[2] 제조물책임과 불법행위책임의 성립에 관한 상고이유

위에서 본 바와 같이 원고들의 정신적 손해만의 배상을 구하는 이 사건에서 원고들에게 정신적 손해가 발생하였다는 것을 인정하지 아니하는 이상, 피고 보령메디앙스 주식회사, 유씨엘 주식회사, 성광제약 주식회사 및 소외인이 제조·판매한 베이비파우더에 발암물질인 석면이 함유된 것이 설계상의 결함이 아닌 제조상의 결함에 해당하여 위 피고들이 제조물책임을 부담하고, 위 피고들에게 탈크(Talc)를 수입·공급한 피고 덕산약품공업 주식회사(이하 '피고 덕산약품공업'이라고 한다)도 베이비파우더에 석면이 함유된 것에 대하여 제조물책임을 부담하며, 아울러 피고 덕산약품공업이 석면이 함유된 탈크를 공급한 행위와 위 피고들이 석면이 함유된 탈크를 주원료로 하여 베이비파우더를 제조한 행위가 위법하기 때문에 불법행위책임도 성립한다는 상고이유의 주장은 더 나아가 판단할 필요 없이 받아들일 수 없다.

다. 시사점

1심 법원은 석면이 함유된 베이비파우더를 사용했다고 하더라도 그 유해성이 확실하게 과학적·의학적으로 검증됐다고 보기 어렵다고 보아 원고(소비자) 패소판결을 내렸고 서울고등법원 역시 이 판결을 인용해 항소를 기각하였다.

1심 판결의 논점은 ① 석면탈크 베이비파우더 사용의 정신적 충격과 향후 질병 발생에 대한 불안감, 소비자 선택권 침해 등을 이유로 정신적 손해배상 책임이 있다고 인정할 수 있는지 여부, ② 정부가 베이비파우더의 주원료인 탈크에 석면이 있었는지 알고 있었음에도 이를 규제하지 않았는지 여부다.

서울중앙지법은 석면이 함유된 탈크를 주원료 한 베이비파우더를 사용한 영유아와 그 부모들이 일부 정신적 충격을 받았을 것으로 짐작되지만 정신적 고통이나 충격 등 구체적·객관적으로 의학적·과학적 근거에 의해 지지되지 못하는 이상 업체들에게 정신적 손해에 대한 배상책임이 있다고 보기 어렵다고 판시하였다.

또한 국가가 베이비파우더의 주원료인 탈크에 석면이 존재한다는 것을 알고 있었음에도 이를 규제하지 않았다는 원고의 주장에 대해 재판부는 국가가 탈크에 석면이 함유돼 있어 베이비파우더에도 석면이 함유돼 있다는 사실을 알았다고 인정할 수 없다고 보아 국가배상책임도 부인하였다.

이러한 하급심(1심과 2심) 판례의 취지를 대법원도 같은 입장을 취하여 판결하였다.

결론적으로 석면이 함유된 베이비파우더의 사용으로 인하여 질병 발생 등의 직접적인 침해 결과가 발생하지 아니한 상황에서, 소비자들의 심리적인 충격으로 인한 사회적인 공분만으로는 결코 손해배상청구소송에서 승소하기란 어렵다는 것을 명백히 보여준 판례라고 생각된다.

11. 담배의 흡연으로 인한 건강침해 사건 (대판 2014. 4. 10, 2011다22092)

가. 사건 개요

30년 넘는 흡연으로 폐암판정을 받은 김모 씨(사망당시 58세) 등 32명은 KT&G가 담배에 발암물질이 포함돼 있음을 알면서도 알리지 않아 질병을 얻게 됐다며 1999년 국가와 KT&G를 상대로 손해배상 소송을 냈다. 김 씨를 포함한 암 발병자 7명 중 5명은 사망했지만, 유가족 등 26명은 소송을 계속해왔다.

나. 판결 요지

[1] 일반적으로 제조물을 만들어 판매하는 사람은 제조물의 구조, 품질, 성능 등에서 현재의 기술 수준과 경제성 등에 비추어 기대가능한 범위 내의 안전성을 갖춘 제품을 제조하여야 하고, 이러한 안전성을 갖추지 못한 결함으로 인하여 사용자에게 손해가 발생한 경우에는 불법행위로 인한 배상책임을 부담하게 되는데, 그와 같은 결함 중 주로 제조자가 합리적인 대체설계를 채용하였더라면 피해나 위험을 줄이거나 피할 수 있었음에도 대체설계를 채용하지 아니하여 제조물이 안전하지 못하게 된 경우를 말하는 이른바 설계상의 결함이 있는지는 제품의 특성 및 용도, 제조물에 대한 사용자의 기대의 내용, 예상되는 위험의 내용, 위험에 대한 사용자의 인식, 사용자에 의한 위험회피의 가능성, 대체설계의 가능성 및 경제적 비용, 채택된 설계와 대체설계의 상대적 장단점 등 여러 사정을 종합적으로 고려하여 사회통념에 비추어 판단하여야 한다.

[2] 국가 등이 제조한 담배에 설계상의 결함이 있는지 문제 된 사안에서, 담뱃잎을 태워 연기를 흡입하는 것이 담배의 본질적 특성인 점, 니코틴과 타르의 양에 따라 담배의 맛이 달라지고 담배소비자는 자신이 좋아하는 맛이나 향을 가진 담배를 선택하여 흡연하는 점, 담배소비자는 안정감 등 니코틴의 약리효과를 의도하여 흡연을 하는 점 등에 비추어 국가 등이 니코틴이나 타르를 완전히 제거할 수 있는 방법이 있다 하더라도 이를 채용하지 않은 것 자체를 설계상 결함이라고 볼 수 없고, 달리 흡연으로 인한 담배소비자의 피해나 위험을 줄일 수 있는 합리적 대체설계를 채용할 수 있었는데도 이를 채용하지 않았다고 인정할 증거가 없으므로 담배에 설계상의 결함이 있다고 보기 어렵다고 본 원심판단은 수긍할 수 있다.

[3] 제조상 내지 설계상의 결함이 인정되지 아니하는 경우라 할지라도, 제조업자 등이 합리적인 설명, 지시, 경고 기타의 표시를 하였더라면 해당 제조물에 의하여 발생될 수 있는 피해나 위험을 줄이거나 피할 수 있었음에도 이를 하지 아니한 때에는 그와 같은 표시상의 결함(지시·경고상의 결함)에 대하여도 불법행위로 인한 책임이 인정될 수 있고, 그와 같은 결함이 존재하는지에 대한 판단을 할 때에는 제조물의 특성, 통상 사용되는 사용형태, 제조물에 대한 사용자의 기대의 내용, 예상되는 위

험의 내용, 위험에 대한 사용자의 인식 및 사용자에 의한 위험회피의 가능성 등 여러 사정을 종합적으로 고려하여 사회통념에 비추어 판단하여야 한다.

[4] 국가 등이 제조·판매한 담배에 표시상의 결함이 존재하는지 문제 된 사안에서, 언론보도와 법적 규제 등을 통하여 흡연이 폐를 포함한 호흡기에 암을 비롯한 각종 질환의 원인이 될 수 있다는 것이 담배소비자들을 포함한 사회 전반에 널리 인식되게 되었다고 보이는 점, 흡연을 시작하는 것은 물론이고 흡연을 계속할 것인지는 자유의지에 따른 선택의 문제로 보일 뿐만 아니라 흡연을 시작하는 경우 이를 쉽게 끊기 어려울 수도 있다는 점 역시 담배소비자들 사이에 널리 인식되어 있었던 것으로 보이는 점 등에 비추어 담배제조자인 국가 등이 법률의 규정에 따라 담뱃갑에 경고 문구를 표시하는 외에 추가적인 설명이나 경고 기타의 표시를 하지 않았다고 하여 담배에 표시상의 결함이 있다고 보기 어렵다고 본 원심판단은 수긍할 수 있다.

[5] 30갑년 이상의 흡연력을 가진 갑과 40갑년 이상의 흡연력을 가진 을이 폐암의 일종인 비소세포암과 세기관지 폐포세포암 진단을 받게 되자, 담배를 제조·판매한 국가 등을 상대로 손해배상을 구한 사안에서, 폐암은 흡연으로만 생기는 특이성 질환이 아니라 물리적, 생물학적, 화학적 인자 등 외적 환경인자와 생체 내적 인자의 복합적 작용에 의하여 발병할 수 있는 비특이성 질환인 점, 비소세포암에는 흡연과 관련성이 전혀 없거나 현저하게 낮은 폐암의 유형도 포함되어 있는 점, 세기관지 폐포세포암은 선암의 일종인데 편평세포암이나 소세포암에 비해 흡연과 관련성이 현저하게 낮고 비흡연자 중에도 발병률이 높게 나타나 흡연보다는 환경오염물질과 같은 다른 요인에 의한 것일 가능성이 높은 점 등에 비추어 흡연과 비특이성 질환인 비소세포암, 세기관지 폐포세포암의 발병 사이에 역학적 인과관계가 인정될 수 있다고 하더라도 어느 개인이 흡연을 하였다는 사실과 비특이성 질환에 걸렸다는 사실이 증명되었다고 하여 그 자체로 양자 사이의 인과관계를 인정할 만한 개연성이 증명되었다고 단정하기는 어렵다는 등의 이유로 갑, 을의 흡연과 폐암 발병 사이의 인과관계가 인정되지 않는다고 본 원심판단은 수긍할 수 있다.

다. 시사점

15년에 걸친 담배소송이 폐암 흡연자의 패소로 막을 내렸다. 대법원은 흡연으로 인해 폐암이 발병할 수 있다는 역학적 인과관계는 인정하더라도, 어느 개인이 흡연을 했다는 사실과 폐암에 걸렸다는 사실 자체만으로 개별 인과관계를 인정할 수는 없다고 판단했다.

앞서 항소심(2007나16979)도 흡연과 폐암 발병의 인과관계는 인정했다. 하지만 다른 요인으로 인해 폐암이 발병했을 가능성이 있고, 흡연과 역학적 인과관계가 인정되는 폐암이 발병했더라도 흡연이 폐암 발병에 주요한 요인이거나 비중 있는 발병요인으로 볼 수 있을 정도로 증명되지 않았다며 패소판결 했다.

대법원도 폐암은 흡연으로만 생기는 특이성 질환이 아니라 물리적·생물학적·화학적 인자 등 외적 환경인자와 생체의 내적 인자의 복합적 작용에 발병될 수 있는 비특이성 질환이고, 폐암 조직형에 따라 흡연과 관련성이 높은 것부터 흡연과 관련성에 대한 근거가 없는 것까지 다양한 종류가 있다고 하면서 비특이성 질환은 특정 위험인자와 질환 사이에 역학적 상관관계가 인정된다 하더라도, 어느 개인이 그 위험인자에 노출되었다는 사실과 그 질환에 걸렸다는 사실을 증명하는 것만으로 양자 사이의 인과관계를 인정할 만한 개연성이 증명됐다고 볼 수 없다고 엄격한 인과관계의 증명을 요구하였다.

담배소송에서의 대법원 판결의 문제점은 [1] 흡연자가 폐암에 걸렸을 때 그 원인이 흡연인지를 밝히는 인과관계는 역학적으로 입증할 수밖에 없다. 또한 흡연과 폐암 사이의 인과관계는 수만 건의 연구 결과 의학적으로 명백한 사실임이 입증되고 있다.

[2] 1989년 이전에는 담배가 폐암을 유발할 수 있다는 사실을 경고한 적이 없다. 피고는 60년대부터 담배가 폐암을 유발한다는 사실을 알고 있었으며, 70년대부터는 내부 연구소에서 담배 속의 발암물질을 구체적으로 분석해 암 유발 사실을 파악하고 있었다. 피고가 소비자에게 경고한 문구는 '건강을 위해 지나친 담배를 삼갑시다'가 전부다. 소비자는 통상 하루 한 갑 이상의 담배를 피우는데, 하루 한 갑의 담배를 20년 이상 피우면 폐암에 걸릴 수 있다. 그런데도 법원은 이러한 수준의 경고를

'충분한 경고'라고 인정했다.

[3] 세계적으로 권위 있는 보고서와 의학 논문, 정신과 교과서, 전문가 증언에 따르면 니코틴은 헤로인, 코카인과 동일한 중독물질이다. 이 가운데 니코틴에 대한 의존성이 가장 높으며, 니코틴의 중독 과정은 마약 중독의 패턴과 같다고 증명하고 있다. 그리고 장기 흡연자의 반복 흡연은 니코틴에 대한 의존 행위이지 결코 자유 선택이 아니라고 했다. 그런데도 법원은 세계적으로 권위를 인정받는 자료보다는 피고 측의 증인으로 나온 치매전문 의사의 증언을 더 신뢰해, 담배는 자발적인 의지로 언제든지 끊을 수 있으며 흡연자가 30분마다 담배를 피우는 행위는 의존에 의한 것이 아닌 '자발적인 행위'라고 판단한 것이 1심 판결이다.

12. 제조물책임소송에서 손해발생지의 외국 법원에 국제재판관할권이 있는지 여부 (대판 2015. 2. 12, 2012다21737)

가. 사건 개요

[1] 주식회사 대륙전자(이후 '주식회사 드레코'로 상호를 변경하였다. 이하 '드레코'라고 한다)는 1999. 6. 1. 미국 뉴욕 주에 본점을 둔 기업인 'Appliance Corporation of America, L.L.C.'(이하 '에이씨에이'라고 한다)에 PC501 전기압력밥솥(이하 '이 사건 압력밥솥'이라 한다)을 제조하여 판매하는 내용의 판매계약을 체결하였다.

[2] 드레코는 이 사건 압력밥솥에 에이씨에이가 지시한 'Wellbilt'라는 상표를 부착하여, 1999. 8. 27.과 같은 해 9. 12. 에이씨에이에 모두 5,865개의 압력밥솥을 공급하였다.

[3] 에이씨에이는 2001년경부터 이 사건 압력밥솥을 위와 같은 상표로 미국 플로리다 주에 본점을 두고 홈쇼핑 사업 등을 하는 원고(에이치에스엔 엘피(HSN, L.P.))에게 판매하였고, 원고는 이를 다시 미국 전역에 판매하였다.

[4] 그런데 이 사건 압력밥솥의 뚜껑은 내용물이 아직 압력 하에 있는 가운데 너무 일찍 열려 사고를 야기한다는 문제가 제기되었고, 그와 같은 사고로 인해 화상과 같은 상해를 입은 피해자들이 2005년경부터 원고를 상대로 미국 뉴욕 주, 캘리포니아 주, 텍사스 주, 플로리다 주, 펜실베이니아 주, 뉴저지 주, 앨라배마 주, 오하이오 주, 뉴멕시코 주, 푸에르토리코 등의 법원에 소송을 제기하거나, 손해배상을 요구하였다.

[5] 피고(주식회사 대양코리아)는 2006. 6. 2. 드레코로부터 분할·설립된 회사이다.

[6] 원고는 2006. 6. 16. 드레코를 상대로 미국 뉴욕 남부 연방지방법원(United States District Court of Southern District of New York, 이하 '이 사건 뉴욕법원'이라 한다)에 원고가 이 사건 압력밥솥의 하자로 피해를 입은 소비자들과의 소송에서 손해배상금을 각 지급하여 합의하였음을 이유로, 그 손해배상금, 소송비용 등을 구하는 소를 제기하였고, 위 사건의 소장과 소환장은 2006. 11. 9. 적법한 방식으로 드레코에 송달되었다.

[7] 원고는 2008. 4. 14. 이 사건 뉴욕법원에 피고를 상대로 피고가 드레코의 원고에 대한 채무를 인수하였음을 이유로 위 소장과 같은 내용의 보충된 소환장 등을 제출하였고, 이는 2008. 6. 13. 적법한 방식으로 피고에게 송달되었다.

[8] 이 사건 뉴욕법원은 2009. 7. 9. 원고의 결석재판신청을 받아들여 피고로 하여금 원고에게 그 판시와 같은 금원을 지급할 것을 명하는 판결(이하 '이 사건 대상판결'이라 한다)을 선고하였다.

[9] 드레코는 미국에 주소나 영업소, 판매대리점 등을 두지 않았고, 미국의 소비자에게 이 사건 압력밥솥에 관하여 상품광고나 구매상담 등의 영업활동을 하지 않았다. 원고는 대한민국 법원에 이 뉴욕법원 판결에 대한 집행판결을 청구하였다.

나. 판결 요지

[1] 물품을 제조·판매하는 제조업자에 대한 제조물책임 소송에서 손해발생지의 외국 법원에 국제재판관할권이 있는지 여부를 판단하는 경우에는 제조업자가

그 손해발생지에서 사고가 발생하여 그 지역의 외국 법원에 제소될 것임을 합리적으로 예견할 수 있을 정도로 제조업자와 손해발생지 사이에 실질적 관련성이 있는지를 고려하여야 한다(대법원 1995. 11. 21. 선고 93다39607 판결 참조). 마찬가지로 제조물의 결함으로 인하여 발생한 손해를 배상한 제조물 공급자 등이 제조업자를 상대로 외국 법원에 구상금 청구 소송을 제기한 경우에도 제조업자가 그 외국 법원에 구상금 청구의 소를 제기당할 것임을 합리적으로 예견할 수 있을 정도로 제조업자와 그 법정지 사이에 실질적 관련성이 있는지를 고려하여야 한다.

[2] 미국 플로리다 주에 본점을 둔 원고(에이치에스엔 엘피(HSN, L.P))는 국내 기업인 드레코가 미국 뉴욕 주에 본점을 둔 에이씨에이에 주문자상표부착방식으로 제작·수출한 전기압력밥솥을 다시 구매하여 미국 전역에 판매하였다가 위 밥솥의 하자로 피해를 입은 소비자들에게 손해배상금을 지급하고 합의한 다음 드레코와 그로부터 분할·설립된 주식회사 대양코리아를 상대로 미국 뉴욕 남부 연방지방법원에 구상금 청구소송을 제기하여 주식회사 대양코리아로 하여금 구상금 지급을 명하는 판결을 선고받은 사안에서, 주식회사 대양코리아와 미국 뉴욕 주 사이에 실질적 관련성이 있다고 보기 어려워 위 법원에 국제재판관할권이 없다.

다. 시사점

이 판결에서는 드레코가 미국에 주소나 영업소, 판매대리점 등을 두거나 미국 소비자에게 이 사건 압력밥솥에 관하여 상품광고 또는 구매상담 등의 영업행위를 한 것이 전혀 없는 이상, 단지 미국 뉴욕 주에 주소를 둔 에이씨에이에 2회에 걸쳐 이 사건 압력밥솥을 주문자상표부착방식으로 제작하여 수출하였고, 이 사건 압력밥솥의 결함으로 인해 손해를 입은 피해자 중 일부가 미국 뉴욕 주에 거주하고 있다는 사정만으로는, 피고가 이 사건 뉴욕법원에 그 구상금 청구의 소를 제기당할 것임을 합리적으로 예견할 수 있을 정도로 피고와 미국 뉴욕 주 사이에 실질적 관련성이 있다고 보기 어렵다고 판단하였다.

이 판결은 미국 플로리다에 제기된 제조물책임 소송에서 손해배상금을 지급하고 피해를 배상한 수입자가 뉴욕법원에 구상청구 소송을 제기한 사안이다. 그리고 OEM 방식에 의하여 미국에 수출을 한 사안이었으므로, 미국에 주소나 영업소, 판매대리점 등을 두거나 미국 소비자에게 이 사건 압력밥솥에 관하여 상품광고 또는 구매상담 등의 영업행위를 한 것이 있는지 여부만을 기준으로 실질적 관련성을 판단하였다.

이는 물품을 제조·판매하는 제조업자에 대한 제조물책임 소송에서 손해발생지의 법원에 국제재판관할권이 있는지 여부를 판단하는 경우에는 제조업자가 그 손해발생지에서 사고가 발생하여 그 지역의 법원에 제소될 것임을 합리적으로 예견할 수 있을 정도로 제조업자와 손해발생지 사이에 실질적 관련성이 있는지를 고려하여야 한다(대법원 2013. 7. 12. 선고 2006다17539 판결)고 본 이전의 판례와 같은 취지이다.

13. 제조물자체의 손해(영업손실)의 제조물책임법 적용여부 (대판 2015. 3. 26, 2012다4824)

가. 사건 개요

甲은 A시에 화력발전소를 설치, 운영할 목적으로 설립된 특수목적 법인으로, 2013. 5. 1. 건설회사 乙과 발전소의 건설을 위한 EPC 공사계약을 체결하였다. 이후 乙은 2013. 6. 1. 발전소 설비 제조회사인 丙과 발전소에 설치할 터빈, 보일러, 발전기 등 주기기를 공급받기로 하는 주기기 공급계약을 체결하였다. 발전소는 약 1년 6개월 뒤인 2014. 12. 1. 준공되어, 상업운전(commercial operation)을 시작하였고, 3개월 이상 정상적으로 운영되던 중, 2015. 3. 10. 터빈의 이상 운전으로 발전소 전체의 가동이 중단되었다. 사고조사결과, 터빈 내부가 열에 의해 심하게 파손된 사실이 밝혀졌고, 수리를 위해 전체 발전소의 운전이 총 59일간 중단되었다. 원인 조사 과정에서 丙은 위 터빈의 파손이 甲의 운전상의 과실로 발생한 것이라고 주장하였으나,

현재까지 그러한 내용은 밝혀진 것은 없었다. 이러한 상황에서 甲은 (직접적인 계약관계는 없지만 자력이 충분한) 터빈공급업체 丙을 상대로 제조물책임법 제3조 제1항에 기하여 발전소 운전중단으로 인한 영업손실의 배상을 구하는 손해배상의 소를 제기하였다.

나. 판결 요지

제조물책임이란 제조물에 통상적으로 기대되는 안전성을 결여한 결함으로 인하여 생명·신체 또는 재산에 손해가 발생한 경우에 제조업자 등에게 지우는 손해배상책임인데, '제조물에 대하여만 발생한 재산상 손해'는 여기서 제외된다(제조물책임법 제3조 제1항).

그리고 '제조물에 대하여만 발생한 재산상 손해'에는 제조물 자체에 발생한 재산상 손해뿐만 아니라 제조물의 결함 때문에 발생한 영업 손실로 인한 손해도 포함되므로 그로 인한 손해는 제조물책임법의 적용 대상이 아니다.

다. 시사점

제조물책임법에서 구제하려는 손해배상의 범위는 제조물의 결함으로 인하여 발생한 소비자(피해자)의 생명·신체 또는 재산에 손해가 확대된 것을 전보하는 데 있다. 따라서 제조물책임법에서 제조물 자체에 발생한 손해는 제조물책임법을 적용하지 않는다고 규정하고 있다. 이는 제조물에 대하여만 발생한 재산상 손해'에는 제조물 자체에 발생한 재산상 손해뿐만 아니라 제조물의 결함 때문에 발생한 영업 손실로 인한 손해도 포함되는 것으로 판단한 것이다.

14. 혈액제제로 인한 혈우병환자들의 바이러스 감염피해 사건 (대판

2017. 11. 9, 2013다26708, 26715, 26722, 26739 판결)

가. 사건 개요

혈우병 치료법으로서 혈장에서 분리된 혈액응고인자가 농축된 제제를 투여하는 방법이 주로 사용되고 있다. 혈우병 환자인 원고들이 피고 녹십자홀딩스에서 공급받은 혈액제제를 투여받음으로써 C형 간염 바이러스에 감염되었고, 이를 이유로 피고를 상대로 손해배상을 청구한 사안이다.

나. 판결 요지

[1] 혈액제제는 혈액을 원료로 하여 제조한 의약품으로서 특정한 질병 등을 치료하는 데 효용성이 큰 반면에 혈액제제를 통한 바이러스 등 감염의 위험 또한 존재한다. 혈액제제 제조업체가 자신의 혈액원 등을 통하여 공혈자(공혈자)의 혈액을 채혈·조작·보존하여 혈액제제에 필요한 혈액을 확보·충당하는 업무는 성질상 전문적인 지식을 요하는 것으로서, 만일 그 업무가 적정하게 수행되지 못할 경우에는 혈액제제 이용자 등의 생명·신체에 직접적인 영향을 미치고 국민 보건에 광범위하고도 중대한 위해를 가하게 된다. 따라서 혈액제제 제조업체로서는 혈액제제의 제조를 위해 순결한 혈액을 확보하여 보존함은 물론이고 필요한 최선의 조치를 다하여 제조된 혈액제제를 통한 감염의 위험을 제거할 고도의 주의의무가 있다. 그리고 이러한 주의의무의 구체적 내용은 혈액을 채혈하는 당시의 의학기술 수준에 맞추어 바이러스 등 감염 여부를 검사하여 불순한 혈액을 제거하는 노력을 기울이고 문진 등을 통하여 C형 간염 바이러스(HCV: Hepatitis C Virus, 이하 'HCV'라고 한다) 등의 감염 위험군으로부터 혈액이 제공되지 않도록 하는 등의 조치를 취하는 것이고, 이러한 주의의무를 위반했는지를 판단할 때에는 문제로 된 행위 당시의 일반적인 의학

의 수준과 그 행위로부터 생기는 결과 발생의 가능성의 정도, 피침해법익의 중대성, 결과회피의무를 부담함에 의해서 희생되는 이익 등을 함께 고려해야 한다. 그리고 혈액제제 제조업체가 자체 혈액원 등을 통하여 혈액제제에 필요한 혈액을 충당하는 과정에서 문진 등을 통하여 HCV 등의 감염 위험이 높은 자로부터 혈액이 제공되지 않도록 하는 등의 조치를 이행하였는지에 대한 증명책임은 특별한 사정이 없는 한 혈액제제 제조업체가 부담한다.

[2] 제조업자 등이 합리적인 설명·지시·경고 기타의 표시를 하였더라면 해당 제조물에 의하여 발생될 수 있는 피해나 위험을 피하거나 줄일 수 있었음에도 이를 하지 아니한 때에는 그와 같은 표시상의 결함(지시·경고상의 결함)에 대하여도 불법행위로 인한 책임이 인정될 수 있고, 그와 같은 결함이 존재하는지 아닌지는 제조물의 특성, 통상 사용되는 사용형태, 제조물에 대한 사용자의 기대의 내용, 예상되는 위험의 내용, 위험에 대한 사용자의 인식 및 사용자에 의한 위험회피의 가능성 등의 여러 사정을 종합적으로 고려하여 사회통념에 따라 판단하여야 한다.

[3] 노동능력상실률은 궁극적으로는 법관이 피해자의 연령, 교육 정도, 노동의 성질과 신체기능 장애 정도, 기타 사회적·경제적 조건 등을 모두 참작하여 경험칙에 비추어 규범적으로 결정하는 것이다.

[4] 의약품의 결함으로 인한 손해배상책임이 성립하기 위해서는 의약품의 결함 또는 제약회사의 과실과 손해 사이에 인과관계가 있어야 한다. 그런데 의약품 제조과정은 대개 제약회사 내부자만이 알 수 있고, 의약품의 제조행위는 고도의 전문적지식을 필요로 하는 분야로서 일반인들이 의약품의 결함이나 제약회사의 과실을 완벽하게 증명한다는 것은 극히 어렵다. 따라서 환자인 피해자가 제약회사를 상대로 바이러스에 오염된 혈액제제를 통하여 감염되었다는 것을 손해배상책임의 원인으로 주장하는 경우, 제약회사가 제조한 혈액제제를 투여받기 전에는 감염을 의심할 만한 증상이 없었고, 혈액제제를 투여받은 후 바이러스 감염이 확인되었으며, 혈액제제가 바이러스에 오염되었을 상당한 가능성이 있다는 점을 증명하면, 제약회사가 제조한 혈액제제의 결함 또는 제약회사의 과실과 피해자의 감염 사이의 인과관계를 추정하여 손해배상책임을 지울 수 있도록 증명책임을 완화하는 것이 손해의 공평·타당한 부담을 지도 원리로 하는 손해배상제도의 이념에 부합한다. 여기

서 바이러스에 오염되었을 상당한 가능성은, 자연과학적으로 명확한 증명이 없더라도 혈액제제의 사용과 감염의 시간적 근접성, 통계적 관련성, 혈액제제의 제조공정, 해당 바이러스 감염의 의학적 특성, 원료 혈액에 대한 바이러스 진단방법의 정확성의 정도 등 여러 사정을 고려하여 판단할 수 있다.

한편 제약회사는 자신이 제조한 혈액제제에 아무런 결함이 없다는 등 피해자의 감염원인이 자신이 제조한 혈액제제에서 비롯된 것이 아니라는 것을 증명하여 추정을 번복시킬 수 있으나, 단순히 피해자가 감염추정기간 동안 다른 회사가 제조한 혈액제제를 투여받았거나 수혈을 받은 사정이 있었다는 것만으로는 추정이 번복되지 않는다. 이는 피해자가 감염추정기간 동안 투여받은 다른 혈액제제가 바이러스에 오염되었을 가능성이 더 높다거나 투여받은 기간이 더 길다고 하더라도 마찬가지이다.

[5] 불법행위에 기한 손해배상채권에서 민법 제766조 제2항에 의한 소멸시효의 기산점이 되는 '불법행위를 한 날'이란 가해행위가 있었던 날이 아니라 현실적으로 손해의 결과가 발생한 날을 의미한다. 그런데 감염의 잠복기가 길거나, 감염 당시에는 장차 병이 어느 단계까지 진행될 것인지 예측하기 어려운 경우, 손해가 현실화된 시점을 일률적으로 감염일로 보게 되면, 피해자는 감염일 당시에는 장래의 손해 발생 여부가 불확실하여 청구하지 못하고, 장래 손해가 발생한 시점에서는 소멸시효가 완성되어 청구하지 못하게 되는 부당한 결과가 초래될 수 있다. 따라서 위와 같은 경우에는 감염 자체로 인한 손해 외에 증상의 발현 또는 병의 진행으로 인한 손해가 있을 수 있고, 그러한 손해는 증상이 발현되거나, 병이 진행된 시점에 현실적으로 발생한다고 볼 수 있다.

[6] 불법행위로 입은 비재산적 손해에 대한 위자료 액수는 사실심법원이 여러 사정을 참작하여 직권에 속하는 재량에 의하여 이를 확정할 수 있다. 법원은 위자료 액수 결정의 근거가 되는 여러 사정을 판결 이유 중에 빠짐없이 명시해야만 하는 것은 아니나, 이것이 위자료의 산정에 법관의 자의가 허용된다는 것을 의미하는 것은 물론 아니다. 위자료의 산정에도 시대와 일반적인 법감정에 부합될 수 있는 액수가 산정되어야 한다는 한계가 당연히 존재하므로, 한계를 넘어 손해의 공평한 분담이라는 이념과 형평의 원칙에 현저히 반하는 위자료를 산정하는 것은 사실심법원이 갖는 재량의 한계를 벗어난 것이 된다.

다. 시사점

의약품을 제조함에 있어 제약회사에 고도의 주의의무를 인정하고, 그 위반을 이유로 제조물책임을 인정한 판결로서, 향후 제조물책임 법리 구성에 상당한 시사점을 주는 판결이다. 또한 제약회사의 과실과 손해 사이의 인과관계를 추정하여 의약품에 결함이 없다는 점을 제조업체가 증명하도록 한 점에서도 증명책임을 완화하고 피해자의 구제에 한 발짝 더 나아간 것에 의미가 있다.

15. 자동차급발진 사고로 인한 교통사고처리특례법 위반 사건 (대판 2008. 6. 12, 2007도5389)

가. 사건 개요

피고인은 대리운전기사로서 2005. 11. 22. 20:30경 승용차를 운전하여 서울 마포구 용강동 소재 먹자골목 내 일방통행로에 진입하여 10중 충돌사고를 야기하여 1인 사망, 5인 상해의 교통사고를 일으켰다.

나. 판결 요지

차량 급발진으로 인한 사고로 볼 만한 여러 사정들이 있고 운전자의 업무상 과실이 있다는 점에 대하여 증명이 부족하다는 이유로 무죄를 선고한 원심 판결을 유지하였다.

형사재판에서 유죄의 인정은 법관으로 하여금 합리적인 의심을 할 여지가 없을 정도로 공소사실이 진실한 것이라는 확신을 가지게 하는 증명력을 가진 증거에 의하여야 하고, 그러한 증거가 없다면 설령 피고인에게 유죄의 의심이 간다 하더라도 피고인의 이익으로 판단할 수밖에 없다.

원심은 그 채택 증거들을 종합하여, 이 사건 사고장소인 일방통행로는 음식점과 주택 밀집지역에 있는 차선이 설치되어 있지 않은 노폭 약 5m 정도의 직선도로로서, 거주자 우선주차구역이 설정되어 있고, 당시 도로 양쪽으로 여기 저기 음식점 손님들의 차량이 주차되어 있어 차량 1대가 지나기 쉽지 않을 정도의 공간밖에 없었을 뿐만 아니라, 음식점 종사자나 손님 등의 통행도 상당수 있었던 사실, 위 일방통행로의 길이는 약 160m 정도 되는데, 가해차량은 당시 불과 수 초 만에 이를 빠져나갈 정도로 빠른 속력이었고, 위 일방통행로의 마지막 부분에 이르러서는 좌측에 주차되어 있는 쏘나타 승용차(차량번호 생략)를 약 10m 정도나 밀고 나간 후 위 일방통행로와 직각으로 만나는 대로에 이르러 그곳에 정차 중인 다른 차량들을 들이받고서야 비로소 정지할 정도로 질주하는 힘이 엄청났던 사실, 다수의 목격자들은 가해차량이 당시 굉음을 내면서 매우 빠른 속도(각자의 느낌에 따라 시속 50㎞에서 100㎞ 사이라고 하고 있다)로 위 일방통행로를 질주하였다고 거의 일치하여 진술하고 있고, 그 중에는 차량 밑부분에서 불꽃이 튀는 것을 보았다는 목격자들도 있는 사실, 위 일방통행로에 있는 '마포 일번관'이라는 음식점의 폐쇄회로TV에 찍힌 가해차량의 당시 상황을 살펴보면, 가해차량이 위 음식점 부근에 설치되어 있는 과속방지턱을 막 넘어가는 순간 차량 후미에 있는 브레이크등과 후진등이 켜지는 모습을 보여주고 있어, 피고인이 당시 브레이크페달을 밟거나 변속기를 후진(R) 위치로 바꾸는 등 차량의 제동을 위해 필요한 조치도 취하였던 사실, 가해차량은 시속 10㎞ 이상의 속도에서는 전진 중에도 변속기를 주차(P)나 후진(R) 위치로 변경시킬 수 있고, 이렇게 하더라도 차량이 고속으로 전진하고 있을 때에는 그 관성에 의해 상당한 거리를 그대로 진행할 수 있으며, 이 경우 변속기에 무리가 가서 손상될 수 있는데, 가해차량은 사고 후 트랜스퍼 케이스의 하우징(변속기로부터 바퀴로 동력을 전달하기 위한 중간장치로서 변속기에 이상이 생겼을 경우 함께 영향을 받게 된다고 한다)이 깨지는 등의 손상이 있어 이를 수리한 사실, 피고인은 당시 대리운전을 의뢰받고 위 일방통행로가 끝나는 지점에 있는 '주물럭 숯불갈비'라는 음식점 앞에서 의뢰인이 나오기를 기다리고 있던 중, 일방통행로 쪽을 향해 주차되어 있던 가해차량이 보행자들의 통행에 방해가 되자 이를 약간 옆으로 옮기기 위해 가해차량의 시동을 걸었던 것일 뿐, 위와 같이 위 일방통행로를 고속으로 역주행해야 할 아무런 이유가 없었던 사실, 피고인은 1980년에 1종 보통 운전면허를 취득하여 운전을 해오던 중 1994년에 교통사고로 운전면허가 취소되었다가 다시 2000년에 1종 대형 운전면허를 취득하였고, 2004년 말경부터는 대리운전기사로 일하고 있는 등 운전경력이 풍부한 사람이며, 이 사건 사고 직후 받은 음주 및 약물 검사에서도 모두 정상으로 판명되었던 사실, 한편 사고 후 가해차량을 매수한 공소외인도 2006년 8월경 가해차량을 주차한 상태에서 뒤로 빼려고 할 때 급발진 상황처럼 '왕'하는 소리가 나면서 앞으로 튀어 나가는 사고를 경험한 적이 있는 사실 등을 인정한 다음, 이와 같이 인정되는 여러 사정들에 비추어 볼 때, 가해차량은 피고인이 운전을 하기 전에 이미 원래의 운전자로서 피고인에게 대리운전을 의뢰한 사람에 의해 진입금지표시에 위반하여 일방통행로에 진입하여 주차된 상태였고, 더욱이 피고인이 가해차량을 운전하여 위 일방통행로를 벗어나려고 역주행하였다고 볼 수 없으며, 오히려 가해차량 자체에서 발생한 피고인이 통제할 수 없는 어떤 불가항력적인 상황에 의해 위와 같이 상상하기 어려운 속력의 역주행이 일어났을 가능성이 있는 것으로 합리적인 의심을 할 여지가 있다고 볼 수 있는 여러 정황들이 확인되고 있는바, 사정이 이러하다면 피고인에게 이 사건 사고 당시 조향 및 제동장치를 정확하게 조작하여 이 사건과 같은 사고를 방지할 것까지 기대할 수는 없었을 뿐만 아니라(피고인이 브레이크페달을 밟았던 점에 비추어 제동장치는 작동하지 않았던 것으로 보인다), 설사 피고인이 그렇게 했다고 하더라도 이 사건과 같은 사고를 미리 방지하기는 어려웠을 것으로 보이고, 더 나아가 이러한 합리적인 의심을 배제하고 피고인의 업무상 과실의 점 등을 인정할 만한 다른 증거가 없다는 취지로 판단하여, 결국 피고인의 이 사건 업무상 과실의 점 및 사고와의 인과관계의 점에 대한 증명이 부족하다는 이유로 피고인에게 무죄를 선고한 제1심 판결을 유지하였다.

원심 판결의 이유를 앞서 이 법리와 기록에 비추어 살펴보면, 원심의 위와 같은 사실인정 및 판단은 정당한 것으로 충분히 수긍할 수 있다.

상고이유에서 들고 있는 대법원판결은, 운전자가 가속페달을 밟지 않는 한 급발진이 생길 수 없음을 전제로, 자동차의 엔진제어장치 등에 결함이 존재하지 아니함이 증명되는 등의 여러 사정을 고려하여 차량의 급발진이 운전자의 페달 오조작으로 인한 것으로 추인되는 경우에는 민사상 제조물책임을 원인으로 하는 손해배상의 청구를 할 수 없다는 취지일 뿐, 검사에게 증명책임이 있는 운전자의 업무상 과실의 점이 합리적 의심의 여지가 없을 정도로 증명되지 아니한 경우에도 차량 급발진에 관한 위 일반 원리만을 근거로 형사상 책임을 물을 수 있다는 취지는 아니므로 이 사건에서 원용하기에는 적절하지 아니하다.

원심 판결에는 상고이유에서 주장하는 바와 같이 채증법칙을 어긴 위법이 없다.

다. 시사점

이 사건에 대한 하급심(제1심과 제2심)은 아래 사정에 비추어 피고인에게 과실이 없다고 보아 형사상 무죄를 선고하였다. 즉, 피고인이 폭 5미터, 길이 160미터의 위 일방통행로를 엄청난 속도로 역질주한 점, 사고차량이 당시 굉음을 내며 질주했고, 차량 밑부분에 불꽃까지 보았다는 목격담, CCTV에 사고차량이 위 일방통행로 역주행 초입의 식당 부근 과속방지턱을 넘는 순간 브레이크등과 후진등이 켜진 사실에 비추어 처음부터 피고인이 차량 제동을 위해 노력한 것으로 보이는 점, 사고 후 사고차량의 변속장치 일부가 깨진 사실에 비추어 위 사고차량 질주 중간에 변속기를 P나 R로 바꾸면서 제동을 위해 노력한 것으로 보이는 점, 피고인이 사고차량 시동을 건 것은 대리기사로서 의뢰인이 식당에서 나오기를 기다리다가 보행방해를 막기 위해 주차차량을 약간 옆으로 옮길 목적이었던 점, 피고인이 운전경력 약 20년의 대리기사로서 사고 직후의 음주 및 약물 검사에서도 정상 판정을 받은 점 및 사고 후 사고차량을 매수한 사람도 주차 상태에서 뒤로 빼려고 할 때 '왕' 하면서 앞으로 튀어가는 사고를 경험한 점을 고려하여 차량의 급발진으로 의심되고 운전자에게 과실을 인정할 수 없다고 보았다.

대법원의 판단도 원심의 판단을 지지하여 검사의 상고를 기각하였다. 이는 엄격한 증명을 요구하는 형사재판의 특성상 피고인에 대한 무죄 판결이 확정되었으나, 급발진을 이유로 제조물책임을 묻는 민사사건에서도 자동차의 급발진이 결함으로 인정될 수 있을지는 미지수이지만 간접적으로나마 자동차의 급발진을 인정한 것으로 추인할 수 있다는 점에서 의미가 있다.

16. 가습기살균제로 업무상과실치사, 업무상과실치상, 표시·광고의 공정화에 관한 법률위반, 상습사기의 형사책임에 관한 사건

(대판 2018. 1. 25, 2017도13628)

가. 사건 개요

롯데마트는 2006년, 홈플러스는 2004년 각각 용마산업에 제조를 의뢰해 옥시와 같은 폴리헥사메틸렌구아니딘(PHMG)이 함유된 가습기 살균제를 출시·판매하여 롯데마트는 41명(사망 16명), 홈플러스는 28명(사망 12명)의 피해자를 낸 혐의로 대표를 비롯한 관련 부서 책임자들 9명이 기소되었다.

1) 업무상 과실치사상죄

피고인①, ②, ③(홈플러스 가습기청정제 관련자들), 피고인⑤, ⑥, ⑦(롯데마트 와이즐렉 가습기살균제 관련자들), 피고인⑧, ⑨ 및 옥시싹싹가습기당번 관련자들이 폴리헥사메틸렌구아니딘(PHMG)이 함유된 가습기살균제를 제조·판매하는 과정에서 각각 업무상 주의의무를 다하지 않은 과실이 중첩적으로 또는 순차적으로 경합한 결과, 가습기살균제 피해자들로 하여금 사망 또는 상해에 이르게 한 혐의이다.

2) 표시·광고의 공정화에 관한 법률(이하 '표시광고법') 위반죄

피고인①, ②는 공모하여 홈플러스 가습기청정제는 흡입독성실험 등 안전성 검사를 실시하지 않은 제품임에도 인체에 안전한 제품으로 거짓의 표시행위를 하였다는 혐의이다. 피고인④(홈플러스 주식회사)는 양벌규정에 따라 기소되었다.

3) 상습사기죄

피고인①, ②는 공모하여, 상습으로, 홈플러스 가습기청정제의 인체 안전성이 객관적으로 검증된 사실이 없음에도 허위의 라벨을 붙여 제조·판매하는 방식으로 소비자인 피해자들을 기망하여 이에 속은 피해자들로부터 대금을 편취하였다는 혐의이다.

<그림 1> 피고인들 지위

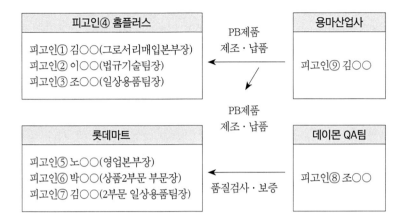

1심에서 피고인들 모두 유죄판결을 받아서 항소하였지만 2심인 고등법원[27]에서도 모두 유죄판결을 받았으며, 일부 형량이 감형된 경우도 있었다.

2심(항소심) 고등법원 재판부는 "피고인들은 소비자의 안전을 외면하고 강한 흡입독성이 있는 원료 물질을 사용한 옥시의 가습기 살균제를 벤치마킹한 PB제품(유통업체가 제조업체에 제품생산을 위탁하면 제품이 생산된 뒤에 유통업체 브랜드로 내놓는 것)을 판매해 상당한 매출을 올렸다"며 "노○○ 등은 안전성 검증 절차를 거치지 않고 제품을 출시했고 그 이후에도 안전성 확보를 위한 조치를 취하지 않았다"고 밝혔다. 업무상 과실치사상 등의 혐의를 유죄로 인정했다.

이어 "제품 출시 전에 관심을 갖고 안전성을 확인했다면 이 같은 비극적 결과를 막을 수 있었을 것"이라며 "회사 임직원들로서 그에 합당한 책임을 져야 하고 향후 비극적 사건의 재발을 방지하기 위해서라도 엄한 처벌이 불가피하다"고 판단하였다.

2심 판결의 판단을 살펴보면 〈표 1〉 2심 고등법원의 판단 현황과 같다.

---

27 서울고법 2017. 8. 17, 2017노243 판결

<표 1> 2심 고등법원의 판단

피고인	죄명	2심 유무죄 판단	2심 형량	상고인
① ②	업무상 과실치사상	유죄 (일부 공소시효 완성)	각 징역 4년	쌍방
	표시광고법 위반	유죄		피고인
	상습사기	무죄	–	검사
③ ⑤ ⑨	업무상 과실치사상	유죄 (일부 공소시효 완성)	③ : 금고 2년 6월, 집행유예 4년 ⑤, ⑨ : 각 금고 3년 ⑥, ⑦, ⑧ : 각 금고 2년 6월	쌍방
④	표시광고법 위반	유죄	벌금 1억 5,000만원	피고인

나. 판결 요지

1) 업무상과실치사상 부분에 관한 피고인들의 예견가능성 여부[28]

원심(2심, 고등법원)은 첫째, 판시와 같은 사정을 종합하여, 피고인들은 적절한 지시나 경고 없이 인체에 대한 안전성이 확보되지 않은 살균제 성분과 함량으로 피고인④의 회사 가습기청정제 또는 (제품명 1 생략)(이하 '이 사건 각 가습기살균제'라고 한다)를 제조·판매할 경우, 이 사건 각 가습기살균제의 살균제 성분이 체내에서 독성반응을 일으켜 이를 사용한 사람이 호흡기 등에 상해를 입을 수 있고 심각한 경우 사망에 이를 수도 있음을 충분히 예견할 수 있었다고 판단하고, 둘째, 이 사건 각 가습기살균제를 제조·판매하였을 당시에 시행 중이던 구 유해화학물질관리법 등 관련 법령에서는 가습기살균제의 원료물질이 유독물로 지정되어 있지 않았다거나, 이미 상당한 기간 동안 판매·사용되고 있었던 (제품명 2 생략) 제품의 유해성이 알려지지 아니한 상태였다는 점 등에 비추어 예견가능성이 인정되지 않는다는 취지의 피고인들의 항소이유 주장을 받아들이지 아니하였다.

---

28 피고인 ④(홈플러스 주식회사)는 법인이므로 제외함.

이에 대법원에서는 "원심판결 이유를 관련 법리 및 적법하게 채택된 증거들에 비추어 살펴보면, 위와 같은 원심의 판단에 상고이유 주장과 같이 예견가능성에 관한 법리를 오해하여 필요한 심리를 다하지 아니하거나 논리와 경험의 법칙에 반하여 자유심증주의의 한계를 벗어난 잘못이 없다."라고 판시하였다.

2) 업무상과실치사상 부분에 관한 피고인들의 주의의무 위반 등

(가) 피고인①, ②, ③(이하 '피고인④ 회사 측 피고인들') **부분**

첫째, 원심은 판시와 같은 사정들을 종합하여, 피고인④ 회사 측 피고인들이 인체에 대한 안전성이 확보되지 않은 살균제 성분과 함량으로 피고인 4 회사 가습기청정제를 제조·판매하고, 피고인①, ②가 적절한 지시나 경고 없이 위 가습기살균제를 제조·판매하였다고 판단하였다.

이 부분 상고이유 주장 중 원심판단의 기초가 된 사실인정을 다투는 취지의 주장은 실질적으로 사실심법원의 자유판단에 속하는 원심의 증거 선택 및 증명력에 관한 판단을 탓하는 것에 불과하다. 그리고 원심판결 이유를 관련 법리 및 적법하게 채택된 증거들에 비추어 살펴보아도, 원심의 이유 설시에 다소 미흡한 부분이 있지만, 원심의 판단에 상고이유 주장과 같이 주의의무 위반에 관한 법리를 오해하거나 논리와 경험의 법칙에 반하여 자유심증주의의 한계를 벗어나거나 판단을 누락하는 등의 잘못이 없다.

상고이유로 들고 있는 대법원판결들은 이 사건과 사안을 달리하는 것이어서 이 사건에 원용하기에 적절하지 아니하다.

둘째, 원심은 판시와 같은 사정들을 종합하여, 피해자들에게 나타난 원인미상 폐질환은 폴리헥사메틸렌구아니딘의 인산염(Polyhexamethyleneguanidine-phosphate, 이하 'PHMG'라고 한다)을 살균제 성분으로 한 가습기살균제의 흡입에 따른 독성반응에 의하여 발생하는 특이성 질환이고, 따라서 PHMG를 살균제 성분으로 한 가습기살균제를 사용할 경우 그에 따른 흡입독성반응과 원인미상 폐질환 발생 사이의 인과관계가 합리적 의심의 여지없이 인정된다고 판단하였다.

원심판결 이유를 관련 법리 및 적법하게 채택된 증거들에 비추어 살펴보면, 위와 같은 원심의 판단에 상고이유 주장과 같이 자유심증주의의 한계를 벗어나 사실을 잘못 인정하거나 상당인과관계 판단에 관한 법리를 오해한 잘못이 없다.

셋째, 원심은 판시와 같은 이유를 들어, 피고인①은 당초 자신이 행한 결정에 따라 퇴직 이후에도 계속하여 결함 있는 피고인④ 회사 가습기청정제가 제조·판매되고 그 사용으로 인하여 피해자들에게 사상의 결과가 발생한 점에 대하여도 책임이 있다고 판단하였다.

원심판결 이유를 관련 법리 및 적법하게 채택된 증거들에 비추어 살펴보면, 위와 같은 원심의 판단에 상고이유 주장과 같이 보증인 지위에 관한 법리를 오해한 잘못이 없다.

(나) 피고인⑤, ⑥, ⑦(이하 '롯데마트 측 피고인들'이라고 한다) **부분**

원심은, 첫째, 판시와 같은 이유를 들어 공소외 롯데마트 주식회사의 ○○사업본부가 제조를 의뢰하여 자체 상표로 판매하는 자체 상표(Private Brand, 이하 'PB'라고 한다) 상품의 경우에 ○○사업본부 임직원인 롯데마트 측 피고인들은 단순한 유통업자로서의 주의의무보다 더 높은, 제조업체 상표(National Brand, 이하 'NB'라고 한다) 상품을 제조하여 판매하는 제조업자에 준하는 주의의무를 부담하는 한편, 둘째, 업무상 과실치사상죄의 보호법익인 사람의 생명·신체도 제조물책임법의 보호목적에 포함되며, 피해자들의 사상이 롯데마트 측 피고인들이 개발에 관여한 (제품명 1 생략)의 성상 및 표시상의 결함에서 비롯되었으므로, 롯데마트 측 피고인들에게 제조물의 개발·제조·판매와 관련한 주의의무가 인정된다고 판단하여, 셋째, NB 상품을 제조·판매한 공소외 2 주식회사(주식회사 △△△△△△△△, 유한회사 △△△△△△△△로 순차 상호 및 조직변경이 이루어졌다. 이하 통칭하여 '공소외 2 회사'라고 한다) 임직원들의 주의의무와 PB 상품을 판매한 롯데마트 측 피고인들의 주의의무 내용에 차이가 있다거나, 제조물책임법에서 제조업자가 부담하는 민사상 주의의무는 형사상의 주의의무에 전용할 수 없다는 취지의 항소이유 주장을 모두 받아들이지 아니하였다.

원심판결 이유를 관련 법리 및 적법하게 채택된 증거들에 비추어 살펴보면, 위와 같은 원심의 판단에 상고이유 주장과 같이 업무상 주의의무에 관한 법리를 오해하여 필요한 심리를 다하지 아니하거나 논리와 경험의 법칙에 반하여 자유심증주의의 한계를 벗어난 잘못이 없다.

또한 원심은 다음과 같은 사정 등을 종합하여 롯데마트 측 피고인들이 (제품명 1 생략)를 제조·판매하기로 결정하면서 최선의 주의를 기울여 결함 유무를 확인하고 안전성을 검증하였어야 함에도 이를 소홀히 한 사실을 인정할 수 있다고 판단하였다. 첫째, 롯데마트가 자체 제조·판매하는 PB 상품의 안전성 검증은 기본적으로 PB 상품의 품질관리의 일환으로서 PB 상품의 제조·판매 결정권한을 가진 롯데마트 임직원의 책임 범위에 속한다. 둘째, (제품명 1 생략)와 같은 화학제품의 제조·판매 시 안전성을 검증하고 확보할 수 있는 역량이 롯데마트에 없었고, 롯데마트와 'PB 상품 개발 관련 컨설팅 서비스 계약'을 체결한 공소외 3 회사(이하 '공소외 3 회사'라고 한다)도 마찬가지였으며, (제품명 1 생략) 제조업자인 □□□□□(피고인⑨) 역시 경험 및 시설 등에 비추어 안전성을 검증하리라고 기대할 수 있는 수준의 제조업자가 아니었다. 셋째, 롯데마트 측 피고인들은 (제품명 2 생략)을 모방하여 동일한 성분·함량으로 (제품명 1 생략)를 제조·판매하는 방식을 택함으로써 직접적인 안전성 검증을 생략하고자 하였으나, (제품명 2 생략)은 그 원료·성분·농도 등의 안전성에 관하여 어떠한 형태로든지 심사 내지 평가를 받은 적이 없고, (제품명 2 생략)의 안전성이 검증되었다고 믿을 만한 객관적인 자료 및 정보도 없었다. 넷째, 그럼에도 피고인⑦은 롯데마트 내에서 PB 상품 개발·제조·판매를 최초로 검토하고 결정할 책임이 있는 사람으로서, 피고인⑥은 PB 상품 개발의 중간결재권자로서, (제품명 1 생략)의 안전성이 확보되었는지 확인하지 않은 채 이를 제조·판매하기로 결정하였다. 다섯째, 피고인⑤ 역시 소싱아워(Sourcing Hour)의 주재자이자 (제품명 1 생략)의 제조·판매에 관한 최종적인 의사결정권자로서, (제품명 1 생략)의 안전성 검증을 위한 절차가 진행되지 않았음에도 그 제조·판매를 최종결정하였다.

이 부분 상고이유 주장 중 원심판단의 기초가 된 사실인정을 다투는 취지의 주장은 실질적으로 사실심법원의 자유판단에 속하는 원심의 증거 선택 및 증명력에 관한 판단을 탓하는 것에 불과하다. 그리고 원심판결 이유를 관련 법리 및 적법하게 채택된 증거들에 비추어 살펴보아도, 원심의 판단에 상고이유 주장과 같이 구체적 주의의무 위반에 관한 법리를 오해하여 필요한 심리를 다하지 아니하거나 논리와 경험의 법칙에 반하여 자유심증주의의 한계를 벗어난 잘못이 없다.

나아가 상고심은 항소법원 판결에 대한 사후심이므로 항소심에서 심판대상이 되지 아니한 사항은 상고심의 심판범위에 속하지 아니하고, 피고인이 항소심에서 항소이유로 주장하지 아니하거나 항소심이 직권으로 심판대상으로 삼은 사항 이외의 사유에 대하여는 이를 상고이유로 삼을 수 없다(대법원 2012. 12. 27. 선고 2012도11200 판결 등 참조).

피고인⑦의 객관적 귀속 관련 상고이유 주장은 항소심에서 심판대상이 되지 않은 것을 상고심에서 비로소 주장하는 것임이 명백하여 적법한 상고이유가 되지 못한다.

(다) 피고인⑧ 부분

원심은, 첫째, (제품명 1 생략) 관련 공소외 3 회사의 품질보증팀(Quality Assurance, QA) 담당자였던 피고인⑧이 ○○○○와 공소외 3 회사 사이의 계약 및 공소외 3 회사의 내부 업무분장에 따라 (제품명 1 생략)의 안전성을 1차적으로 검토할 업무상 지위에 있었음에도 □□□□□의 제품생산능력 및 제조업체 현황 등만을 확인하고 □□□□□가 가습기살균제 제조업체로 적정하다는 의견을 제출하였고, 그 결과 후속절차에서 (제품명 1 생략)의 안전성 확보를 위한 아무런 절차가 진행되지 않은 채 (제품명 1 생략)가 제조·판매되기에 이른 사정 등에 기초하여, 위 피고인이 제1심 판시 기재와 같은 주의의무를 위반하였다고 판단하고, 둘째, 위 피고인이 2006년 당시 품질보증팀 담당자로서 결함이 없는 안전한 제품의 제조·판매의무 및 (제품명 1 생략) 제품의 표지에 정확한 사용법과 그 사용 시 위험성을 지시·경고할 의무를 부담하지 않는다는 취지의 항소이유 주장을 받아들이지 아니하였다.

이 부분 상고이유 주장 중 원심판단의 기초가 된 사실인정을 다투는 취지의 주장은 실질적으로 사실심법원의 자유판단에 속하는 원심의 증거 선택 및 증명력에 관한 판단을 탓하는 것에 불과하다. 그리고 원심판결 이유를 관련 법리 및 적법하게 채택된 증거들에 비추어 살펴보아도, 원심의 판단에 상고이유 주장과 같이 제조물에 관한 컨설팅 제공자의 업무상 주의의무, 지시·경고 의무에 관한 법리를 오해한 잘못이 없다.

(라) 피고인⑨ 부분

원심은 판시와 같은 사정을 종합하여, 피고인 9는 자체 역량 부족으로 화학제품의 안전성을 확보할 수 없음에도, 만연히 (제품명 2 생략)을 모방하여 이 사건 각 가습기살균제를 제조 · 납품함으로써 피해자들의 사상의 결과를 초래한 사실이 인정되고, 위 피고인이 드는 사정만으로는 가습기살균제 제조 과정에서 요구되는 업무상의 주의의무를 위반하지 않을 것을 기대할 가능성이 없다고 볼 수는 없다고 판단하였다.

원심판결 이유를 관련 법리 및 적법하게 채택된 증거들에 비추어 살펴보면, 위와 같은 원심의 판단에 상고이유 주장과 같이 과실범의 회피가능성에 관한 법리를 오해하거나 자유심증주의의 한계를 벗어나 사실을 잘못 인정한 잘못이 없다.

(마) 롯데마트 측 피고인들 및 피고인⑨의 나머지 주장 부분

원심은 판시와 같은 사정을 종합하여, 피고인⑨가 이 사건 각 가습기살균제를 개발, 판매한 이후 원료물질인 PHMG의 독성이 증가하는 방향으로 성상변경이 이루어진 결과 피해자들이 사망이나 상해에 이르렀다고는 볼 수 없다고 판단하였다.

원심판결 이유를 관련 법리 및 적법하게 채택된 증거들에 비추어 살펴보면, 위와 같은 원심의 판단에 상고이유 주장과 같이 증거재판주의, 형사재판에서의 증명책임, 인과관계 인정 또는 단절에 관한 법리를 오해하여 필요한 심리를 다하지 아니하거나 논리와 경험의 법칙에 반하여 자유심증주의의 한계를 벗어나는 등의 잘못이 없다.

3) 피고인①, ②, 피고인④ 회사의「표시·광고의 공정화에 관한 법률」(이하 '표시광고법' 이라고 한다) **위반 부분**

고의의 일종인 미필적 고의는 중대한 과실과는 달리 범죄사실의 발생 가능성에 대한 인식이 있고 나아가 범죄사실이 발생할 위험을 용인하는 내심의 의사가 있어야 한다. 행위자가 범죄사실이 발생할 가능성을 용인하고 있었는지 여부는 행위자의 진술에 의존하지 않고 외부에 나타난 행위의 형태와 행위의 상황 등 구체적인 사정을 기초로 일반인이라면 해당 범죄사실이 발생할 가능성을 어떻게 평가할 것인지를 고려하면서 행위자의 입장에서 그 심리상태를 추인하여야 한다(대법원 2017. 1. 12. 선고 2016도15470 판결 등 참조).

원심은 판시와 같은 사정을 들어, 피고인④ 회사 가습기청정제 표시 문구의 기재 내용을 검토하고 결정하는 일이 전적으로 담당 TM(Technical Manager)의 업무라고만 할 수는 없고, 피고인①, ②의 업무에 포함된다고 판단하여, 거짓의 표시 행위에 관한 위 피고인들의 범의를 인정하였다.

상고이유 주장 중 원심판단의 기초가 된 사실인정을 다투는 취지의 주장은 실질적으로 사실심법원의 자유판단에 속하는 원심의 증거 선택 및 증명력에 관한 판단을 탓하는 것에 불과하다. 그리고 원심판결 이유를 앞에서 본 법리 및 적법하게 채택된 증거들에 비추어 살펴보면, 위와 같은 원심의 판단에 상고이유 주장과 같이 논리와 경험의 법칙에 반하여 자유심증주의의 한계를 벗어나거나 표시광고법 위반죄의 고의에 관한 법리를 오해한 잘못이 없다.

4) 피고인①, ②의 상습사기 부분

원심은, 피고인④ 회사 가습기청정제의 표시문구를 최종확정할 당시 피고인①, ②는 피고인④ 회사 가습기청정제의 안전성에 문제가 없다고 인식하고 있었던 것으로 보이고, 검사가 제출한 증거를 종합하여 보아도 합리적 의심의 여지를 배제할 정도로 위 피고인들에게 사기의 범의가 있었다고 단정하기에 부족하다고 판단하였다.

원심판결 이유를 관련 법리 및 원심이 적법하게 채택된 증거들에 비추어 살펴보면, 위와 같은 원심의 판단에 상고이유 주장과 같이 사기의 범의에 관한 법리를 오해한 잘못이 없다.

결론으로 상고를 모두 기각하기로 하여, 관여 대법관의 일치된 의견으로 주문과 같이 판결하였다.

다. 시사점

1994년부터 시중에 유통된 가습기살균제는 2011년 8월 31일 질병관리본부의 역학조사로 그 위험성이 알려졌다.

가습기살균제로 인한 소비자들의 사망 및 상해 사건은 피해규모가 2021년 9월 말 기준으로 피해 구제 신청자는 총 7,576명에 이르고 이 가운데 환경부로부터 피해자로 인정을 받은 이들은 4,258명이다. 사망자의 숫자만도 1,018명으로 집계되고 있어서 소비자안전침해사건 중에서 가장 큰 피해를 일으킨 사건으로 기록되게 되었다.

이 판례는 가습기살균제로 인한 형사사건에 대한 판결로서 형사책임을 물으려면 민사책임을 묻는 손해배상청구사건과는 달리 피고인들의 고의 또는 과실여부에 대하여 보다 엄격한 증명을 요구하였다고 본다.

원심(2심, 고등법원)에서는 다음의 두 가지 사항에 대하여 첫째, 피고인들은 적절한 지시나 경고 없이 인체에 대한 안전성이 확보되지 않은 살균제 성분과 함량으로 '이 사건 각 가습기살균제'를 제조·판매할 경우, 이 사건 각 가습기살균제의 살균제 성분이 체내에서 독성반응을 일으켜 이를 사용한 사람이 호흡기 등에 상해를 입을 수 있고 심각한 경우 사망에 이를 수도 있음을 충분히 예견할 수 있었다고 판단하고, 둘째, 이 사건 각 가습기살균제를 제조·판매하였을 당시에 시행 중이던 구 유해화학물질관리법 등 관련 법령에서는 가습기살균제의 원료물질이 유독물로 지정되어 있지 않았다거나, 이미 상당한 기간 동안 판매·사용되고 있었던 제품의 유해성이 알려지지 아니한 상태였다는 점 등에 비추어 예견가능성이 인정되지 않는다는 취지의 피고인들의 항소이유 주장을 받아들이지 아니하였다고 보았다.

이에 대법원에서는 "원심판결 이유를 관련 법리 및 적법하게 채택된 증거들에 비추어 살펴보면, 위와 같은 원심의 판단에 상고이유 주장과 같이 예견가능성에 관한 법리를 오해하여 필요한 심리를 다하지 아니하거나 논리와 경험의 법칙에 반하여 자유심증주의의 한계를 벗어난 잘못이 없다."라고 판시하였다.

가습기살균제의 유해성이라는 결함으로 인한 다수 소비자의 사망·상해사건의 교훈은 아무리 기업의 목적이 이윤추구에 있다고 하더라도 기업이 판매해야할 제품과 판매하지 않아야 할 제품에 대한 분명한 마인드 내지 철학이 있어야 한다. 기업은 제품에 대한 대가(구입비용)를 지불하고 소비를 하는 소비자에게 생명이나 신체 또는 재산에 손해를 입히는 안전침해사건이 발생하지 않도록 해야할 중대한 의무가 있다.

더 나아가 소비자에게 피해를 일으켰다면 공개적으로 사과하고 민형사상 책임을 인정하고 소비자의 손해를 배상하는데 적극적으로 나서야 한다.

17. 열병합발전설비 중 가스터빈의 압축기를 구성하는 19단 블레이드 가운데 1단 블레이드 1개가 파단되는 바람에 압축기의 전체 블레이드 등이 손상되는 사고로 인한 피해사건 (대법원 2019. 1. 17, 2017다1448)

가. 사건 개요

인천공항에너지 주식회사(이하 '인천공항에너지'라 한다)는 1998년경 피고와 열병합발전설비(이하 '이 사건 발전설비'라 한다)에 관한 물품구매계약(이하 '이 사건 구매계약'이라 한다)을 맺고 2000. 10. 31. 피고로부터 이 사건 발전설비를 인도받아 2001. 3. 29.경 그 운전을 개시하였다.

2011. 4. 1. 10:34경 이 사건 발전설비 중 가스터빈 2호기(이하 '이 사건 가스터빈'이라 한다)의 압축기를 구성하는 19단 블레이드 가운데 1단 블레이드 1개(이하 '이 사건 블레이드'라 한다)가 파단되는 바람에 압축기의 전체 블레이드가 손상되고 그에 따라 터빈 블레이드와 상부 베어링 패드 등이 손상되는 사고(이하 '이 사건 사고'라 한다)가 발생하였다.

원고는 2011. 1. 31. 인천공항에너지와 이 사건 발전설비에 관하여 재산종합보험계약을 맺었는데, 이 사건 사고로 인한 인천공항에너지의 손해액을 9,130,727,583

원으로 사정한 다음 보험가입금액에 따라 그 일부인 합계 8,276,734,589원을 보험금으로 지급하였다.

나. 판결 요지

1) 제조물책임의 인정 여부

제조물책임이란 제조물에 통상적으로 기대되는 안전성을 갖추지 못한 결함으로 생명·신체 또는 건강이 침해되거나 물건이 손상된 경우에 제조업자 등에게 지우는 손해배상책임이다. 피해자가 제조물의 결함을 증명하지 못하면 제조물책임이 인정되지 않는다. 또한 제조물의 결함에서 발생한 손해라고 하더라도 제조물에 상품적합성이 없어 제조물 그 자체에 발생한 손해는 제조물책임의 적용 대상이 아니다(대법원 2000. 7. 28. 선고 98다35525 판결 등 참조).

원심은 다음과 같은 이유로 제조물책임에 관한 원고의 주장을 배척하였다.

첫째, 원고는 이 사건 블레이드에 제작 시부터 미세한 균열이 있었다고 주장한다. 그 주장에 부합하는 증거로는 한국전력공사 전력연구원이 작성한 사고원인조사 최종보고서(이하 '이 사건 조사보고서'라 한다)와 원심 증인 소외인의 증언 등이 있다. 그러나 이 사건 조사보고서의 내용에 과학적인 근거가 부족하고, 조사과정에서 피고의 참여를 배제하고 파단된 블레이드 파편을 분실하는 등 여러 사정을 종합하여 볼 때, 이 사건 조사보고서의 내용 등을 믿기 어렵고, 달리 이를 인정할 증거가 없다.

둘째, 이 사건 블레이드는 이 사건 가스터빈을 구성하는 부속품에 해당하고, 이 사건 사고로 손상된 부분도 모두 이 사건 가스터빈의 다른 구성 부분이다. 이 사건 블레이드에 통상적으로 기대되는 안전성을 결여한 결함이 있다고 하더라도, 이 사건 가스터빈의 수리, 교체에 필요한 비용은 제조물 자체에 발생한 손해에 해당하므로 제조물책임 법리에 따른 제조자의 손해배상책임의 범위를 벗어난 것이다.

원심판결 이유를 위에서 본 법리에 비추어 살펴보면, 원심의 판단은 정당하다. 원심의 판단에 상고이유와 같이 논리와 경험의 법칙에 반하여 자유심증주의를 벗어나 사실을 오인하거나 제조물책임이 인정되는 제조물의 범위에 관한 법리를 오해한 잘못이 없다.

2) 하자담보책임이나 불완전이행으로 인한 손해배상책임 여부

원심은 다음과 같은 이유로 피고의 하자담보책임이나 불완전이행으로 인한 손해배상책임을 부정하였다.

첫째, 원고는, 피고가 인천공항에너지에 고지한 정비주기인 48,000 등가기저부하운전시간(Equivalent Base Load Hour) 내인 26,332 운전시간 시점에 이 사건 사고가 발생하였으므로 피고가 담보책임을 부담한다고 주장한다. 이 사건 가스터빈을 실제 제조한 회사가 작성한 매뉴얼에 기재된 정비주기 전에 이 사건 사고가 발생하기는 하였으나, 위와 같은 정비주기가 하자보증기간에 해당한다고 볼 수 없다.

둘째, 원고는 제조과정에서 발생한 미세한 균열 또는 부식에 취약한 재료의 사용으로 제조상 결함이 있는 불완전한 블레이드로 이 사건 가스터빈을 제작·공급하여 이 사건 사고가 발생하였으므로 불완전이행에 따른 손해배상책임이 있다고 주장한다. 그러나 이 사건 블레이드에 원고가 주장하는 결함이 있어 이 사건 사고가 발생한 것이라고 인정할 증거가 부족하다.

원심판결 이유를 위에서 본 법리와 기록에 비추어 살펴보면, 원심의 판단에 상고이유와 같이 논리와 경험의 법칙에 반하여 자유심증주의를 벗어나 사실을 오인하거나 하자담보책임기간, 불완전이행책임의 성립요건 등에 관한 법리를 오해한 잘못이 없다.

다. 시사점

이 사건은 발전설비 중 가스터빈 2호기의 압축기를 구성하는 19단 블레이드 가운데 1단 블레이드 1개가 파단되는 바람에 압축기의 전체 블레이드가 손상되고 그에 따라 터빈 블레이드와 상부 베어링 패드 등이 손상되는 사고가 발생한데 대하여 제조물책임과 민법상 매매계약에 따른 하자담보책임 또는 불완전이행에 책임여부가 쟁점이 되었다.

첫째, 제조물책임에 대한 쟁점은 피해자인 원고가 이 사건 블레이드에 제작 시부터 미세한 균열이 있었다고 주장하면서 그 주장에 부합하는 증거로는 한국전력공사 전력연구원이 작성한 사고원인조사 최종보고서와 원심 증인의 증언 등이 있었지만 이 사건 조사보고서의 내용에 과학적인 근거가 부족하고, 조사과정에서 피고의 참여를 배제하고 파단된 블레이드 파편을 분실하는 등 여러 사정을 종합하여 볼 때, 이 사건 조사보고서의 내용 등을 믿기 어렵고, 달리 이를 인정할 증거가 없다고 보았다.

또한 이 사건 블레이드는 이 사건 가스터빈을 구성하는 부속품에 해당하고, 이 사건 사고로 손상된 부분도 모두 이 사건 가스터빈의 다른 구성 부분에 해당하는 것이며, 이 사건 블레이드에 통상적으로 기대되는 안전성을 결여한 결함이 있다고 하더라도, 이 사건 가스터빈의 수리, 교체에 필요한 비용은 제조물 자체에 발생한 손해에 해당하므로 제조물책임 법리에 따른 제조자의 손해배상책임의 범위를 벗어난 것으로 판단하였다.

둘째, 피고가 인천공항에너지에 고지한 정비주기인 48,000 등가기저부하운전시간(Equivalent Base Load Hour) 내인 26,332 운전시간 시점에 이 사건 사고가 발생하였으므로 피고가 담보책임을 부담한다고 주장하지만 이 사건 가스터빈을 실제 제조한 회사가 작성한 매뉴얼에 기재된 정비주기 전에 이 사건 사고가 발생하기는 하였으나, 위와 같은 정비주기가 하자보증기간에 해당한다고 볼 수 없다고 보았다.

나아가 제조과정에서 발생한 미세한 균열 또는 부식에 취약한 재료의 사용으로 제조상 결함이 있는 불완전한 블레이드로 이 사건 가스터빈을 제작·공급하여 이 사건 사고가 발생하였으므로 불완전이행에 따른 손해배상책임이 있다는 원고의 주장에 대하여도 이 사건 블레이드에 결함이 있어서 이 사건 사고가 발생한 것이라고 인정할 증거가 부족하다고 판단하여 원고의 주장을 모두 배척하고 피고의 법적 책임을 인정하지 않았다.

손해배상책임의 법리는 손해가 발생하였을 때, 그 손해를 누구에게(가해자 또는 피해자) 부담시키는 것이 공평·타당한 것인가를 정하는 것이며, 책임을 부담시키기 위하여는 책임을 지게 할 책임요건(고의 또는 과실)이 있어야 한다.

이 판례는 제조물책임이나 민법상 하자담보책임 내지 불완전이행으로 인한 손해배상책임 모두 인정하기에는 충분한 증명이 이루어지지 아니한 점으로 보아 원고의 증명책임 노력이 부족한 것으로 생각된다.

제3절

2002년 7월 1일 제조물책임법 시행 이후의 하급심판례

1. 햄버거로 알레르기발생 피해사건 (서울지법 2003. 1. 30, 2002나43102)

가. 사건 개요

연극인 A씨(47세)는 극단 '사조'의 연극공연을 앞둔 2001년 4월 26일 오후6시 30분쯤 저녁식사대용으로 피고가 운영하는 버거킹 동숭동점에서 이 극단의 단원이 사온 치즈와퍼와 콜라를 먹은지 약 20분 후 온 몸에 반점이 생기고 가려운 알레르기성 두드러기 증상이 나타나자 미국 버거킹사와 프렌차이즈 계약으로 치즈와퍼 등 패스트푸드류를 제조·판매하는 피고 ㈜두산을 상대로 1천만 원의 손해배상소송을 제기하였다.

나. 판결 요지

원고가 치즈와퍼를 사온 즉시 먹었다는 점에 비춰볼 때 치즈와퍼가 피고의 지배영역을 떠난 후 원고가 이를 먹었을 때까지 사이에 피고와 무관한 다른 원인에 의해 비로소 부패하였다거나 그 운반과정에서의 취급 부주의로 세균 등이 침투하였을 가능성은 희박하다.

따라서 이 치즈와퍼에는 사회통념상 당연히 구비하리라고 기대되는 합리적 안

전성을 갖추지 못한 결함이 있었고, 이러한 결함은 피고의 제조 및 관리과정상 과실에 기인한 것이라고 추정할 수 있으며, 또 그렇게 추정함이 상당하므로 원고가 먹은 치즈와퍼를 제조·판매한 피고는 그로 인하여 원고가 입은 손해를 배상할 책임이 있다. 이에 피고는 원고에게 3백만 원을 배상하라는 원고 일부승소판결을 내렸다.

다. 시사점

이 판례도 제조물책임법이 시행되기 전인 2001년에 발생한 사건이므로 민법에 의하여 판단된 것이다. 음식물로 인한 제조물책임소송은 음식물의 결함으로 인하여 소비자의 신체상의 손해가 발생하였다는 인과관계를 증명하기가 무척 어려운데도 민법을 근거로 소비자가 승소한 것이 매우 의미있는 판결로 생각된다.

한편, 2017년 9월에는 어린이 A(당시 4세)가 맥도날드 햄버거를 먹은 뒤 이른바 '햄버거병'으로 불리는 용혈성요독증후군(HUS)에 걸려서 신장의 90%가 기능을 잃었고, A의 부모는 햄버거 패티(다진고기)가 덜 익었기 때문이라며 한국맥도날드를 서울중앙지검에 형사적으로 고소하였다.

이 사건은 형사, 민사, 행정적인 책임이 문제되는 사건이다.

우선 형사적으로는 피해 어린이의 부모가 맥도날드를 식품위생법 위반을 이유로 고소한 것이다. 현행 식품위생법 제4조는 △ 썩거나 상하거나 설익어서 건강을 해칠 우려가 있거나 △ 유독·유해물질이 들어있거나 묻은 것 등을 판매·가공·운반·제조하는 등 행위를 금지하고 있다.

둘째, 민사적으로는 제조물책임법을 근거로 A가 입은 재산적, 정신적 손해에 대한 배상을 청구하는 것이다. 쟁점은 피해자가 먹은 햄버거의 패티가 설익었는지 여부인데 설익었다면 이는 일반적으로 기대되는 안전성이 확보되지 못한 결함이 있다고 할 수 있다.

셋째는 행정적으로 식품위생법을 근거로 영업정지나 과태료의 처분을 받을 수 있다.

2. 모발탈색제로 생긴 두피염증 피해사건 (서울지법 2003. 2. 26, 2001가단 289221)

가. 사건 개요

원고는 2001. 7. 19. 10:00경 검은색 모발을 보라색으로 염색하기 위하여 이 사건 미용실을 방문하게 되었다.

피고 A는 서울 종로구 청진동 287의 3 소재지에서 '○○○ 미용실'이라는 상호로 미용실(이하 '이 사건 미용실'이라 한다)을 운영하는 자이고, 피고 주식회사 웰라코리아(이하 '피고 회사'라 한다)는 화장품 제조 및 판매업을 운영할 목적으로 설립된 법인으로 모발 탈색제의 혼합첨가제인 '브론다더스트프리(Blondor Dust Free 이하 '이 사건 첨가제'라 한다)'를 수입·판매하고 있다.

이에 피고 A는 탈색을 위하여, 이 사건 첨가제와 콜레스톤 퍼펙트(웰록손)를 1 : 2 의 비율로 혼합하여 그 보조자인 B로 하여금 약 3분간에 거쳐 원고의 두발에 도포하게 한 후 랩을 씌우고 그 탈색시간을 단축하기 위하여 전기열 모자를 씌워 가열을 하였다. 그런데 원고는 약 10여 분이 경과한 후 두부에 통증을 느끼게 되었다.

피고 A는 원고가 통증을 호소하자 가열과정을 중지하고 원고의 두발을 씻겼으나, 그 두발의 탈색 상태를 살펴보고는 탈색이 잘 되지 않았다면서 탈색을 1번 더 할 것을 권유하고 원고의 두발에 다시 혼합액을 도포한 후 랩을 씌우고 전기열 모자를 씌워 가열을 하였는데, 원고가 약 10분 후 다시 통증을 호소하자 탈색과정을 중지하고 원고의 두발을 씻긴 후 두발을 보라색 코팅처리를 하여 주었다.

이후, 원고는 머리 정수리 부분에서 진물이 발생하고 통증이 심하여져 강북삼성병원 피부과, 성형외과에서 치료를 받게 되었는데, 담당의사인 피부과 정문철은 자극성피부염 및 화약약품에 의한 화상으로 인한 피부괴사로 진단(갑 제4호증, 갑 제9-31 호증)하였고, 성형외과 서상원은 두피부화상으로 인한 피부괴사로 진단하고 치료를 하였다.

한편, 피고 A는 이 사건 혼합첨가제를 사용하여 탈색을 하는 경우 고객들의 머리 두피에서 진물이 발생하는 등 부작용이 발생한다는 점을 알고 있었다.

나. 판결 요지

먼저, 위 인정 사실에 의하면, 원고는 이 사건 첨가제로 인하여 자극성피부염이 발생하고, 그 상처부가 전열기구인 전기열 모자에 의하여 계속적으로 가열되자 이에 따라 위 첨가제의 성분과 전열기구의 열이 상호작용하여 그로 인하여 두피부화상의 상해를 입은 것으로 봄이 상당하다.

1) 피고 A의 과실

피고 A는 이 사건 첨가제를 사용하여 탈색을 하는 경우 그 탈색제의 성분으로 인하여 두피염증 등 상해를 입을 수 있음을 알고 있었으므로, 이러한 경우 위 피고로서는 이 사건 첨가제를 사용하여 탈색 시술을 함에 있어서 고객의 피부상태를 사전에 점검, 확인하고 그 시술 시에도 첨가제가 두피에 닿지 않도록 조심하고, 특히 탈색시간을 단축하기 위하여 전열기구를 사용하는 경우 수시로 고객의 상태를 확인하여야 할 주의의무가 있다고 할 것임에도, 피부테스트를 거치지도 아니하고 탈색 시술을 시행하고 탈색 시술 도중 원고가 수차에 걸쳐 두피의 통증을 호소하였음에도 적절한 조치 없이 이를 간과하고 계속하여 탈색 및 염색 시술을 함으로써 그 결과 원고로 하여금 두피부 화상을 입게 한 과실이 있다.

2) 피고 회사의 과실

이 사건 첨가제의 제조자인 피고 회사로서는 이 사건 첨가제의 문자 그대로의 의도적인 사용 외에 자신의 제조물이 통상 사용될 수 있는 환경 특히, 이 사건 첨가제의 주 소비대상인 미용실에서의 사용에서는 그러한 환경하에서 사용됨으로써 합리적으로 예견할 수 있는 위험성에 대비하여 제품에 의한 상해의 위험에 관하여 합리적인 지시와 경고를 할 주의의무를 부담한다고 할 것이다.

그런데 위 인정 사실에 의하면, 피고 회사로서는 이 사건 첨가제의 주 소비대상인 미용실에서 탈색시간의 단축을 위하여 전열기구를 사용할 것이라는 점(피고 회사 자신도 사용설명서에 가열에 의하여 탈색을 촉진시킬 수 있다고 설명하고 있다)을 예상할 수 있었고, 나아가 이 사건 첨가제 성질 및 성분에 의하여 피부염증이 발생한 상처부위가 전열기구로 계속 가열되면 첨가제의 성분과 전열기구의 열이 상호작용하여 이로 인하여 화상을 입을 수도 있다는 점도 충분히 예상할 수 있었다(갑 제9-33의 기재에 의하면, 피고 회사는 이러한 위험성을 알고 있었던 점도 엿보인다)고 할 것이므로, 제조자인 피고 회사로서는 전열기구를 사용하여 탈색 시술을 하는 경우 화상을 입었을 수도 있다는 점에 대하여 합리적인 지시와 경고를 하여야 함에도 이를 등한히 하고 오히려 앞서 본 바와 같이 가열에 의한 경우 탈색을 촉진시킨다는 설명만 기재함으로 이 사건 첨가제가 잘못 사용됨으로써 초래될 수 있는 피해에 대하여 충분히 경고하지 못한 과실이 있다.

따라서 피고들은 이 사건 사고로 인한 원고들이 입은 손해를 배상할 책임이 있으며, 피고들의 원고들에 대한 각 손해배상책임은 부진정연대관계에 있다 할 것이다.

3) 책임의 제한

한편, 위 인정 사실에 의하면, 원고는 1차 탈색 시술 중 두피의 통증을 느꼈던 점에 비추어 볼 때, 비록 피고 김인숙의 권유가 있었다 하더라도 원고로서는, 즉시 탈색을 중지하고 적극적으로 상처부위를 살펴 치료를 받는 등 스스로의 안전을 도모하여야 함에도 이를 게을리하고 만연히 2차 탈색 및 염색까지 한 과실이 있고, 이러한 위 원고의 과실도 이 사건 손해의 확대의 원인이 되었다고 할 것이므로, 이를 피고들이 배상하여야 할 손해액의 범위를 정함에 있어 참작하기로 하되, 그 비율은 위 사실관계에 비추어 약 20% 정도로 봄이 상당하다 할 것이고, 따라서 피고들의 책임을 위 과실비율을 제외한 나머지 부분으로 제한한다.

다. 시사점

모발 탈색제의 혼합첨가제를 수입 · 판매하는 업체는 전열기구를 사용하여 탈색 시술을 하는 경우 화상을 입을 수도 있다는 점에 대하여 합리적인 지시와 경고를 하여야 함에도 단지 사용설명서에 가열에 의하여 탈색을 촉진시킨다는 설명만을 기재함으로써 제품이 잘못 사용됨으로 인해 초래될 수 있는 피해에 대한 충분한 경고를 하지 못한 과실이 있다고 하였다.

3. 온수 세정기로 발생한 화재 피해사건 (대구지법 2005. 6. 21, 2004가단29429,
145901)

가. 사건 개요

원고는 2001. 8.경 피고 회사가 제조한 자동 온수 세정기(모델명 BD-6100) 1대(이하
'이 사건 온수 세정기'라고 한다)를 구입하여 원고 소유인 대구 북구 동천동 소재 아파트(이
하 '이 사건 아파트'라고 한다) 화장실의 좌변기에 설치하여 사용하였다.

그런데 2003. 8. 29. 15:20경 이 사건 아파트에서 화재가 발생하여 이 사건 온수
세정기와 위 아파트 내에 있던 가재도구, 가구, 전자제품 등이 소훼되거나 화재로
인한 화염으로 인하여 오염되고 아파트 실내 벽면, 천정 등이 화염으로 인하여 훼손
되었다(이하 '이 사건 화재'라고 한다).

원고는 이 사건 화재는 이 사건 온수 세정기 전원코드의 결함으로 인하여 발생
한 것이므로, 피고는 위 온수 세정기의 제조회사로서 제조물책임법상의 제조물책
임 또는 불법행위로 인한 손해배상책임에 기하여 원고가 입은 모든 손해를 배상하
여야 한다고 주장하였다.

나. 판결 요지

1) 제조물책임의 성립요건

제조물책임법은 시행일인 2002. 7. 1. 이후 제조업자가 최초로 공급한 제조물부
터 적용되는바(제조물책임법 부칙 제1조, 제2조), 이 사건 온수 세정기는 2001년에 공급된
것이므로, 원고의 위 주장은 더 나아가 살필 필요 없이 이유 없다.

그러나 물품을 제조·판매하는 제조업자 등은 그 제품의 구조, 품질, 성능 등에
있어서 그 유통 당시의 기술 수준과 경제성에 비추어 기대가능한 범위 내의 안전성
과 내구성을 갖춘 제품을 제조·판매하여야 할 책임이 있고, 이러한 안전성과 내구

성을 갖추지 못한 결함으로 인하여 소비자에게 손해가 발생한 경우에는 불법행위로 인한 손해배상의무를 부담한다고 할 것이고, 또 위와 같은 제조물의 결함을 증명함에 있어서는 제조물책임의 특성상 소비자측에서 사고가 제조업자의 배타적 지배하에 있는 영역에서 발생한 것임을 증명하고 그러한 사고가 어떤 자의 과실 없이는 통상 발생하지 않는다고 하는 사정을 증명하면, 제조업자측에서 그 사고가 제품의 결함이 아닌 다른 원인으로 말미암아 발생한 것임을 증명하지 못하는 이상 제품의 결함으로 인하여 사고가 발생하였다고 추정하여야 하는 것이다(대법원 2000. 2. 25. 선고 98다15934 판결 참조).

2) 제조물책임에 관한 증명책임의 분배

제조물의 결함을 증명함에 있어서는 제조물책임의 특성상 소비자측에서 사고가 제조업자의 배타적 지배하에 있는 영역에서 발생한 것임을 증명하고 그러한 사고가 어떤 자의 과실 없이는 통상 발생하지 않는다고 하는 사정을 증명하면, 제조업자측에서 그 사고가 제품의 결함이 아닌 다른 원인으로 말미암아 발생한 것임을 증명하지 못하는 이상 제품의 결함으로 인하여 사고가 발생하였다고 추정하여야 한다.

3) 화재가 제품의 결함이 아닌 다른 원인으로 인하여 발생한 것임을 증명하지 못한 제조업자는 제품의 결함으로 말미암아 발생하였다고 추정되는 위 화재로 인한 손해의 배상책임을 진다고 한 사례

이 사건 화재의 원인이 명백히 밝혀지지는 아니하였으나, 우선 위 화재는 이 사건 아파트에 거주하는 원고와 그 가족들이 모두 집을 비운 상태에서, 전열기구 등을 주로 다루는 장소도 아닌 화장실에서 발생한 것이어서 사람에 의한 실화 또는 방화 가능성이 있다고 보기는 어려우므로, 결국 이 사건 화재의 원인으로는 이 사건 온수 세정기 전원코드의 전기합선에 의한 것으로 보아야 할 것인데, 이 사건 온수 세정기의 전원코드를 통하여 정상적으로 전원이 연결된 상태에서 전기합선 현상이 발생한 이상 특단의 사정이 없는 한 이 사건 온수 세정기는 그 이용 시의 제품의 성상이 사회통념상 제품에 요구되는 합리적 안전성을 결여하여 '부당하게 위험한' 것으로서 그 제품에 결함이 있다고 볼 수밖에 없고(앞서 본 바와 같이 제조업자인 피고는 이 사건 화재가 이 사건 온수 세정기의 결함이 아닌 다른 원인으로 인하여 발생한 것임을 증명하여야 할 것인데, 이 사건 화재가 온수 세정기 전원코드의 결함이 아닌 그 설치 내지 사용상의 잘못으로 인하여 절연피복이 손상되어 발생한 것임을 증명하지 못하였으므로, 이 사건 온수 세정기 전원코드에 결함이 있는 것으로 추정할 것이다), 이와 같은 결함은 피고가 이 사건 온수 세정기를 제조하여 유통에 둔 단계에서 이미 존재하고 있었다고 추정되므로, 피고는 이 사건 온수 세정기의 제조업자로서 위 제품의 결함으로 인한 화재로 말미암아 원고가 입은 재산상 손해를 배상할 의무가 있다.

한편 피고는 이 사건 온수 세정기의 품질보증기한인 구입일로부터 1년이 도과하였으므로 이 사건 화재로 인한 손해배상책임이 없다고 주장하나, 위 품질보증기한은 이 사건 온수 세정기의 고장에 대한 수리, 제품교환 등 무료서비스의 기한을 정한 것일 뿐, 이 사건 온수 세정기의 결함으로 인한 손해배상청구권의 권리행사기간 내지 피고의 손해배상채무의 존속기한을 정한 것으로 보기는 어려우므로, 피고의 위 주장은 이유 없다.

다. 시사점

이 사건은 해당 제조물의 구입시기가 2001년 8월경이고 비록 사고는 2003년 8월말에 발생하였지만, 제조물책임법은 시행일인 2002. 7. 1. 이후 제조업자가 최초로 공급한 제조물부터 적용되는 것으로 규정(제조물책임법 부칙 제1조, 제2조)하고 있어서 제조물책임법을 적용하지는 않았다.

이 판례는 온수 세정기의 전원코드의 전기합선이 원인으로 추정되는 화재가 발생한 것으로 보았으며, 사실상의 추정원칙을 적용하여 소비자(피해자)의 증명책임을 경감하였다.

4. 미니컵 젤리로 어린이 질식 사망한 피해사건 <small>(서울중앙지법 2006. 8. 17,</small>
<small>2005가합32369)</small>

가. 사건 개요

수원시 권선구 우만동에 있는 수원 효성초등학교 1학년에 재학 중이던 6세 8개월 된 어린이가 2004. 9. 23. 방과 후 친구 3명과 함께 친구의 부모가 운영하는 식당에 가서 놀던 중, 친구의 아버지가 2004. 7. 18. 구입해 놓은 이 사건 젤리를 먹다가 기도가 막히는 바람에 호흡이 곤란하게 되어 동수원 병원으로 옮겨졌으나 질식상태에서 뇌에 산소가 공급되지 않아 2004. 10. 10. 21:40경 사망(이하 '이 사건 사고'라 한다)하였다.

나. 판결요지

판결에 따르면 첫째, 피고 대한민국의 책임에 대하여 ① 이 사건 젤리는 카라기난을 성분으로 신고하여 수입되었지만 물성은 곤약을 함유한 젤리와 비슷한 탄성과 강도, 응집성을 지니고 있어서 질식의 개연성이 가장 높은 제품인 점을 비롯한 다섯가지 점을 들어서 피고 대한민국으로서는 비록 미니컵 젤리의 첨가물에 대하여 관리할 수 있는 방법이 마련되어 있지 않아서 미니컵 젤리에 곤약이 함유되어 있는지 여부를 분석할 수 없다고 하더라도 미니컵 젤리 형태로 한 입에 흡입하여 내용물을 섭취할 경우 질식에 대한 위험이 항상 내포되어 있는 상황에서, 이 사건 사고가 발생한 것과 같은 해에 미니컵 젤리의 섭취로 사망한 두 건의 사고가 있었음에도 미니컵 젤리에 대한 별도의 검사를 실시함이 없이 막연히 수입업자에 의한 성분에 의존하여 이 사건 젤리를 국내에 유통시킨 잘못을 저질렀고, 그로 인하여 망인이 이 사건 젤리를 섭취하다가 사망에 이르렀다고 할 것이므로, 피고 대한민국은 이 사건 사고로 망인 및 원고들이 입은 손해를 배상할 의무가 있다.

둘째, 피고 회사에 대하여는 피고 회사가 수입한 이 사건 젤리는 비록 곤약 성분을 함유하지 않았다고 신고되었더라도 모두 물성시험에서 강도, 응집성, 탄성 등이 높은 것으로 나타나 질식의 개연성이 높은 제품이었을 뿐만 아니라, 그 형태에 있어서도 한입 크기 정도로 제조되어 통상 입으로 흡입을 하는 방법으로 섭취하도록 되어 있고, 표면이 매끄러워서 입에 쉽게 빨려 들어간 후 입 안에서 쉽게 부서지거나 녹지 않고 탄력성이 있어서 질식할 위험성이 항상 존재하고 있는 등 그 자체로서 하자가 있는 제품이라고 할 것이고, 비록 피고 회사의 주장처럼 '섭취시 주의가 필요하다'는 문구를 기재하였다는 사정만으로 사고의 발생을 회피하는 데 필요한 조치를 다하였다고 할 수도 없으므로, 피고 회사는 그와 같이 하자 있는 제조물의 수입업자로서 그 하자로 인하여 발생한 이 사건 사고로 망인 및 원고들이 입은 손해를 배상할 의무가 있다.

위와 같은 피고 대한민국의 과실에 따른 손해배상책임과 피고 회사의 제조물 하자로 인한 손해배상책임은 서로 부진정연대의 관계에 있으므로 공동불법행위자들인 피고들은 각자 망인과 원고들에게 이 사건 사고로 인한 손해를 배상할 책임이 있는데, 앞서 인용한 증거들에 의하면, 위 사고의 발생에 있어서 망인은 입으로 흡입하여 빨아들이는 방법으로 이 사건 젤리를 섭취하는 경우에는 질식의 위험이 있음에도 불구하고 잘게 썰어서 먹는 등의 방법으로 섭취하지 아니한 잘못을 저질렀고, 망인의 부모들인 원고 1, 2도 망인에 대하여 그러한 점을 미리 지도하지 아니한 잘못을 저질렀다고 할 것이고 그와 같은 망인과 원고 1, 2의 잘못은 위 사고의 발생 및 손해의 확대에 기여하였다고 할 것이므로, 손해의 공평, 타당한 분담을 그 지도원리로 한 손해배상제도의 이념에 비추어 피고들의 책임을 70%로 제한하기로 한다.

다. 시사점

이 사건의 제품은 피고회사가 2004. 6. 10. 부산항에 입항된 이 사건 젤리에 대하여 성분을 카라기난으로 표시하여 2004. 6. 16. 부산세관에 수입신고를 하고, 2004. 6. 26. 부산지방식품의약품안전청의 관능검사에서 적합판정을 받아 2004. 6.

28. 식품 등의 수입신고필증을 교부받아 이 사건 젤리를 수입한 것이므로 동법의 적용을 받게 되는 사건이다.

어린이 안전사고가 많이 발생하는 시점에서 비록 하급심 판결에서 판단한 것이지만, 제조물의 결함여부에 대하여 매우 의미있는 판결을 내렸다고 생각된다. 그동안 사회적으로 관심을 끌었던 자동차 급발진사고, 헬리콥터 추락사고, 담배흡연피해사건, 감기약부작용으로 인한 사망사고 등에 대하여 사안마다 모두 원고(소비자)가 패소한 것을 고려할 때, 제조물의 결함에 대한 법원의 판단은 제조물책임법의 입법취지 등을 고려하여 매우 전향적으로 판단한 것으로 평가할 수 있다.[29]

하급심 판결에서는 제조물책임에 관한 중요한 쟁점인 제조물책임법리, 제조물의 결함여부, 제조업자의 책임주체 등에 대하여 분명한 판단을 보여주었다는 데 의미가 있다. 특히 제품의 특성과 젤리를 먹는 어린이에게 질식위험성이 있음을 이유로 제조물의 결함이 있음을 판단하였다.

그러나 하급심 판결과는 달리 대법원 판례에서는 수입업자의 제조물책임여부와 국가의 배상책임여부에 대하여 다른 판단을 내렸다. 즉, 사안(1)에서 수입업자가 자신이 공급한 제조물이 아니라는 항변을 대법원이 받아들여 피고인 수입업자의 책임을 인정하지 않았고, 국가배상책임 또한 인정하지 않았다. 사안(2)에서는 1심 판결에서 수입업자의 제조물책임을 인정하는 판결에 수입업자가 승복하여 항소하지 않았고, 국가배상책임에 대하여는 대법원이 마찬가지로 국가의 책임을 인정하지 않았다.

다만 하급심에서 내린 제조물책임에 관한 판단이 제조물책임법 제2조에서 규정한 결함의 정의를 근거로 해석·적용하는 것이 타당하였으리라고 생각되지만 그렇지 못한 점과, 제조물책임법상 '결함'이라는 용어가 법적인 용어임에도 불구하고 '하자'라는 표현을 쓴 점도 적절하지 못한 것으로 생각된다. 두 개의 사안에서 원고들에 대한 과실비율도 다르게 판단한 것은 다소 문제가 있다고 생각된다.

---

[29] 최병록, "미니컵 젤리로 인한 어린이 질식 사망사건의 제조물책임—대법원 2010. 9. 9. 선고 2008다77795 판결(A); 대법원 2010. 11. 25. 선고 2008다67828 판결(B)—", 서울법학 제19권 제3호 113-162쪽, 서울시립대학교 법학연구소, 2012. 2.

<참고 자료>[30]

1) 미니컵 젤리로 말미암은 우리나라의 질식사건 사례(결함판단을 위한 참고자료)

[1] 2001. 4.경 안양시에 살고 있는 남자 아이(9세)가 미니컵 젤리를 먹다가 기도가 막히는 바람에 저산소 뇌손상으로 인한 1급 장애를 입었다.

[2] 2004. 2. 1.경 경산시에 있는 사회복지관에서 보호중인 장애아(9세)가 보육사가 입에 넣어준 미니컵 젤리(mango mini fruit jelly)를 먹다가 질식하여 사망하였다.

[3] 2004. 2. 2. 부산에 살고 있는 어린이(6세)가 냉동 보관된 미니컵 젤리(mango mini fruit jelly)를 먹다가 질식하여 사망하였다.

2) 미니컵 젤리에 대한 국내외 조치 내용

[1] 미국(호주, 캐나다도 동일)

미국 식품의약국(FDA)은 곤약을 함유한 미니컵 젤리가 어린이와 노약자에게 질식의 위험이 있다는 1차 경고를 발표(2001. 8. 17.)한 후 미니컵 젤리의 물성(physical properties)이 특히 어린이에게 질식의 위험이 있다고 판단함에 따라 2001. 10. 4. 곤약을 함유한 미니컵 젤리에 대하여 물리적 시험 없이 수입금지 조치를 내렸다(제품 크기: 직경 1.5인치(4.5㎝) 이하의 원형제품, 직경 1.25인치(3.1㎝) 이하의 비원형제품).

[2] 유럽연합(EU)

유럽연합집행위원회(EU)는 2002. 3. 27. 곤약(konjac gum과 konjac glucomannan)이 함유된 젤리에 대하여 잠정적으로 판매·사용·수입금지 결정을 하였고, 유럽연합의회는 2003. 6. 18. 젤리에 대한 곤약 사용을 영구 금지 조치하기로 결정하면서 각 회원국이 2004. 1. 17.까지 국내법에 반영하여 시행할 것을 권고하였고, 유럽연합집행위원회는 2004. 4. 23. 16종의 겔화제(한천(agar), 카라기난(carrageenan) 포함)가 함유된 미니컵 젤리에 대하여 잠정적으로 판매·사용·수입 금지를 결정하였고, 유럽식품안전청의 식품첨가물전문위원회는 2004. 7. 12. 미니컵 젤리의 위험요소로서 제품의 경도, 형태, 크기 및 섭취 방법을 지적하고 시험과정에서 일부 곤약을 함유하지

---

30 이 참고자료는 서울중앙지법 2006. 8. 17, 2005가합32369 판결문의 내용에서 재인용한 것이다.

않은 미니컵 젤리가 곤약을 함유한 미니컵 젤리에 비하여 용해도가 높고 관통하는 데 적은 힘이 필요한 것으로 나타났으나 곤약을 함유하지 않은 미니컵 젤리도 쉽게 용해되지 않고 한 번에 섭취할 때 기침을 하여 뱉어내기 어려운 물리화학적 특성을 나타내므로 질식의 위험이 있는 것으로 판단하였고, 나아가 해조류나 검류에서 유래한 식품첨가물은 종류와 관계없이 입으로 빨아들이는 방법 또는 미니컵을 눌러서 젤리를 입에 넣는 방법으로 섭취할 경우 미니컵 젤리에 의한 질식위험이 있으며 이러한 위험은 어린이에게만 한정되지 않는다는 입장을 밝혔다.

[3] 덴마크, 스위스, 이탈리아, 핀란드
곤약과 글루코만난을 함유한 미니컵 젤리 제품을 금지하고 있다.

[4] 일본
정부 차원에서 별도로 조치하는 사항은 없고, 소비자 단체에서 경고표시 및 구급방법 표시를 강화하고, 제품입구 및 크기, 형태의 설계를 변경하는 등의 건의사항을 내어 놓고 있으며, 정부는 자율적으로 질식 위험이 없는 제품을 생산하도록 업계, 단체에 요청하고 있다.

[4] 대한민국
(a) 곤약을 함유한 미니컵 젤리에 대한 미국 식품의약국의 일련의 조치에 따라 2001. 10. 22. 곤약 및 글루코만난이 함유된 직경 4.5㎝ 이하 원형, 원추형, 타원형의 미니컵 젤리의 생산, 수입, 유통 등을 금지하고, 이들 이외의 식품첨가물(카라기난 등)을 사용한 제품에도 "잘못 섭취할 경우 질식의 위험이 있다."는 내용의 경고문을 표시하도록 조치하였다.

(b) 한국소비자보호원은 2004. 2. 4. 미니컵 젤리로 말미암아 2004. 2. 1.과 2. 2. 연이어 2건의 질식사고가 발생하자 식품의약품안전청장에게 향후 유사 안전사고가 유발되지 않도록 미니컵 젤리에 대한 수입금지 등의 안전조치가 필요한지에 대하여 검토해 줄 것을 촉구하였는데, 이에 대하여 식품의약품안전청은 위 두 사건은 제품 자체에 기인하여 발생한 위해라기보다는 특수한 환경(장애인, 냉동보관 및 섭취시 주의

소홀 등)에서 발생되었을 개연성이 크고, 떡과 같은 식품의 경우에도 유사 사례가 발생할 개연성이 있기 때문에 생산, 수입의 금지는 현실적으로 불가능하므로 교육, 홍보를 통한 위해방지가 보다 합리적인 것으로 판단된다고 회신하였다.

(c) 2004. 10. 10. 이 사건 사고와 2004. 4. 23. 유럽 연합의 미니컵 젤리에 관련된 잠정금지 조치에 따라 2004. 10. 12. 직경 4.5㎝ 이하의 원형, 원추형, 타원형의 모든 미니컵 젤리(함유성분 관계없음)를 잠정적으로 제조, 유통, 판매를 금지하였다가 2005. 4. 11.부터 ① 제품의 형태와 관계없이 곤약, 글루코만난을 함유한 제품 중 뚜껑에 직접 접촉하는 면의 직경 또는 최장길이가 4.5㎝ 이하인 제품은 계속하여 생산, 수입, 판매 등을 금지하고, ② 기타 식품첨가물 및 원료 등으로 제조한 제품도 제품의 형태와 관계없이 뚜껑에 직접 접촉하는 면의 직경 또는 최장길이가 4.5㎝ 이하인 경우에는 질 김성과 깨짐성을 고려하여 정해진 기준에 따라 압착시험을 했을 경우 7N(Newton) 이하의 물성을 갖고 있으며, 질식의 위험성이 있고 냉동섭취를 금하며(얼려서 먹지 말도록 표시), 5세 이하 어린이 및 노약자에게 섭취를 금지한다는 내용의 주의경고를 표시한 제품에 한하여 생산, 수입, 판매 등을 허용하도록 하였다.

5. 승합차의 베어링과 차축융합으로 발생한 자동차사고 피해사건

(서울고법 2007. 1. 12, 2005나45898)

가. 사건 개요

소비자 L은 2001년 8월 H사에서 생산된 승합차를 운전해 경부고속도로에서 시속 90km로 주행하던 중 갑자기 차체가 좌측으로 쏠리면서 중앙 분리대를 들이박는 사고를 냈다. 조사 결과 승합차는 왼쪽 뒷바퀴와 연결된 베어링에 이상이 생겨 베어링과 차축이 서로 녹아 붙는 현상이 일어나 차축이 회전되지 않는 상황에서 과부하가 걸리면서 부러졌던 것으로 나타났다.

L이 다니던 D사가 업무용으로 구입한 승합차는 석 달 전인 2001년 5월 출고된 신차였으며, 주행 거리는 베어링의 이론상 수명(1300만km)에 훨씬 못 미치는 2만 1천 km에 불과했다.

이에 D사와 교통사고 피해자 L등 12명은 "승합차의 결함으로 인해 교통사고가 발생해 피해를 입었다."며 H사를 상대로 손해 배상 청구 소송을 제기했다. 1심 재판부는 "제조물 결함으로 볼수 없다."고 판결했지만, 항소심 재판부는 소비자의 손을 들어줬다.[31]

나. 판결 요지

법원은 사고 후 현장 상황, 승합차의 상태 및 중앙분리대와의 충돌 상황, 사고 후 차축과 베어링 주변 부품의 상태, 감정의견 등을 종합하면 베어링 부분의 용착 현상은 중앙분리대와의 충돌 이전에 이미 발생한 것으로 이러한 베어링 부분의 용착 및 그에 따른 차축의 파손이 사고 발생의 원인이라고 인정했다. 이것만으로 원고들이 제조물책임에 관한 입증책임 완화의 법리에 따라 증명을 다한 것이고, 피고가 달리 사고가 제품 결함이 아닌 다른 원인으로 말미암아 발생한 것임을 입증하지 못하고 있는 이 사건에서, 위 승합차의 베어링 부분 결함으로 사고가 발생하였다고 추정하여 원고들의 손해배상청구를 일부 인용하였다.

다. 시사점

현대인들의 생활과 밀접불가분의 관계에 있는 자동차와 관련하여, 제조물책임에 관한 입증책임 완화라는 대법원 판례의 본지를 살려, 종래 주로 논의되던 급발진 사고가 아닌, 구체적인 부품의 하자로 인한 자동차의 제조물책임을 인정한 데에 그 의의가 있다.

---

31 http://cafe.naver.com/tae6321/338.

6. 발마사지기로 입은 다리의 화상 피해사건 (서울중앙지법 2007. 4. 20, 2006가
합81863)

가. 사건 개요

피고(소비자)는 2006. 3. 3. GS홈쇼핑을 통해 원고(제조회사)가 제조한 모델명 ○○
○○ 발마사지기(이하 '이 사건 제품'이라고 한다)를 구입하였는데, 이 사건 제품에 대한
제품설명서에는 너무 오래 사용하는 것을 방지하기 위하여 약 20분 이후에 자동으
로 멈춘다고 기재되어 있다.

피고는 이 사건 제품을 구입한 이후 계속하여 사용하였는데, 3개월이 지나자 기
계에 소음이 많이 나게 되었고, 이에 피고는 2006. 6. 19. 원고에게 수리를 요구하여
원고는 이 사건 제품을 수리하였다. 원고가 이 사건 제품을 수리한 이후에는 이 사
건 제품 중에 종아리와 접촉하는 부분을 감싸고 있는 헝겊이 얇아졌다.

피고는 2006. 7. 13. 22:00경 정상적인 상태에서 10여 분 정도 이 사건 제품을 사
용하였는데, 사용 도중에 갑자기 종아리에 통증이 오자 사용을 중지하였다. 피고의
종아리에는 이 사건 제품을 사용하기 전에는 아무런 상처가 없었는데, 이 사건 제품
을 사용하자 피고의 왼쪽 종아리는 이 사건 제품이 종아리에 접촉하는 부분의 모양
대로 빨갛게 부어올랐고 그 부분에 동글동글한 자국이 생겼다. 이에 피고는 상처를
치료하기 위해 병원을 찾아갔고 의사 ○○○으로부터 좌측 각 수포성 질환, 2도 화
상 의증이라는 진단을 받았는데, 위 의사는 종아리색소 침착에 대한 치료비로 75만
원(매회 5만 원 × 15회), 흉터에 대한 레이져치료비로 100만 원(매회 20만 원 × 5회) 정도
소요될 것이라고 하였다.

당사자의 주장을 살펴보면, 피해를 입은 소비자(피고)는 이 사건 제품을 사용하기
전에는 아무런 상처가 없다가 이 사건 제품을 사용하여 상처를 입었으므로 원고는
피고에게 손해배상책임을 부담한다고 주장하였다.

이에 대하여 제조회사(원고)는 이 사건 제품에는 아무런 결함이 존재하지 않고 소
비자가 입을 수 있는 상해를 방지할 수 있도록 합리적인 설명을 하였으므로 피고가

입은 상처는 이 사건 제품의 결함이 아닌 다른 원인에 의한 것이어서 손해배상책임이 인정될 수 없다고 주장하며 채무부존재확인을 구하고 있다.

나. 판결 요지

물품을 제조·판매한 자에게 손해배상책임을 지우기 위하여서는 결함의 존재, 손해의 발생 및 결함과 손해의 발생과의 사이에 인과관계의 존재가 전제되어야 하는 것은 당연하지만, 고도의 기술이 집약되어 대량으로 생산되는 제품의 결함을 이유로 그 제조업자에게 손해배상책임을 지우는 경우 그 제품의 생산과정은 전문가인 제조업자만이 알 수 있어서 그 제품에 어떠한 결함이 존재하였는지, 그 결함으로 인하여 손해가 발생한 것인지 여부는 일반인으로서는 밝힐 수 없는 특수성이 있어서 소비자 측이 제품의 결함 및 그 결함과 손해의 발생과의 사이의 인과관계를 과학적·기술적으로 입증한다는 것은 지극히 어려우므로 그 제품이 정상적으로 사용되는 상태에서 사고가 발생한 경우 소비자 측에서 그 사고가 제조업자의 배타적 지배하에 있는 영역에서 발생하였다는 점과 그 사고가 어떤 자의 과실 없이는 통상 발생하지 않는다고 하는 사정을 증명하면, 제조업자 측에서 그 사고가 제품의 결함이 아닌 다른 원인으로 말미암아 발생한 것임을 입증하지 못하는 이상 그 제품에 결함이 존재하며 그 결함으로 말미암아 사고가 발생하였다고 추정하여 손해배상책임을 지울 수 있도록 입증책임을 완화하는 것이 손해의 공평·타당한 부담을 그 지도원리로 하는 손해배상제도의 이상에 맞다(대법원 2000. 2. 25. 선고 98다15934 판결, 대법원 2004. 3. 12. 선고 2003다16771 판결 등 참조).

피고가 이 사건 제품을 정상적으로 사용하다가 피고의 종아리에 상처를 입은 사실, 이 사건 제품을 사용하기 전에는 종아리에 상처가 없었던 사실은 앞에서 인정한 바와 같으므로, 원고가 피고의 상처가 이 사건 제품의 결함이 아닌 다른 원인으로 말미암아 발생한 것임을 입증하지 못하는 이상 이 사건 제품에는 결함이 있었다고 봄이 상당하다고 할 것인데, 피고의 상처가 이 사건 제품의 결함이 아닌 다른 원인으로 말미암아 발생한 것임을 인정할 만한 증거가 없으므로 피고의 상처는 이 사건 제품의 결함으로 말미암아 발생하였다고 할 것이다. 따라서 원고는 피고에게 이 사건 제품의 결함으로 인하여 피고가 입은 손해를 배상할 책임이 있고, 그 범위는 피고가 구하는 바에 따라 위 인정의 치료비를 합한 175만 원으로 봄이 상당하다.

다. 시사점

이 소송의 특징은 제조회사가 피해자인 소비자를 상대로 손해배상채무부존재확인소송을 본소로 제기하였고, 이에 대하여 소비자가 제조회사를 상대로 반소를 제기한 것이다.

이 사건의 판결로 보면 전형적인 제조물책임소송으로서 제조물의 결함을 인정하여 발마사지기를 사용하던 소비자가 신체상해를 입은 것에 대하여 손해배상책임을 인정한 것이다. 다만 판결에서 제조물책임법을 근거로 책임요건을 적용하여 손해배상청구권이 인정됨을 언급하지 않고 있어서 아쉬움이 있다.

7. 스프링클러의 파열로 가재도구 침수 피해사건 (대전지법 2008. 5. 20, 2006 가단91350)

가. 사건 개요

원고는 소방설비 시공전문업체로서 2005. 6.경 대전 유성구 소재 노블레스타워 건물(이하 '이 사건 건물'이라 한다) 신축공사에서 소방시설 일체를 다인건설 주식회사로부터 하수급받았다. 원고는 소방기기 제품의 제조·판매회사인 피고로부터 스프링클러 3,200개를 납품받아 위 건물의 소방시설공사에 사용하였다.

피고가 납품한 스프링클러는 별지 도면과 같이 주름관(플렉시블 관) 중 SP 너트와 연결되는 부위를 패킹으로 감싸고 그 위를 다시 SP 압착링이 감싼 제품으로서, SP 압착링의 내경에 걸림턱이 형성되고 이 걸림턱은 주름관의 홈에 끼워진 상태에서 SP 너트에 결합되어 있으며, SP 압착링의 외경이 SP 너트의 외경보다 크게 제작된다. 원고는 주름관이 결합된 상태로 출고된 SP 너트를 나사를 이용하여 SP 니플과 조립만 하는 방식으로 시공하였다. 한편, SP 너트는 황동으로 제작되었고, SP 압착링은 플라스틱으로 제작되었다.

2006. 8. 3. 이 사건 건물 1408호에서, 스프링클러의 주름관 연결부위가 SP 너트로부터 이탈되면서 스프링클러 배관 내에 있던 소화용수가 천정에서부터 쏟아져 내려 살림살이, 전기설비, 주방기기, 가전제품, 가구, 벽체, 바닥 등이 물에 잠겨 사용할 수 없게 되었다.

사고현장인 1408호에 설치된 스프링클러(이하 '이 사건 스프링클러'라고 한다)에는 사고 이후에도 SP 압착링이나 주름관의 목 부분(SP 너트에 연결되는 부분)에 별다른 손상이나 변형된 흔적이 남아 있지 않다.

이 사건 스프링클러의 SP 압착링 후면 외경은 별지 표에서 보는 것과 같이 피고가 검정승인을 통과할 당시 제출한 규격 28.8㎜와 비교하여 허용오차범위 0.2㎜를 넘어서는 0.35㎜가 작은 28.45㎜로 제작되어 있다.

나. 판결 요지

[1] 물품을 제조·판매하는 제조업자는 그 제품의 구조·품질·성능 등에 있어서 그 유통 당시의 기술수준과 경제성에 비추어 기대 가능한 범위 내의 안전성과 내구성을 갖춘 제품을 제조·판매하여야 할 책임이 있다. 이러한 안전성과 내구성을 갖추지 못한 결함으로 인하여 소비자에게 손해가 발생한 경우에는 불법행위로 인한 손해배상의무를 부담한다. 한편, 고도의 기술이 집약되어 대량으로 생산되는 제품의 결함을 이유로 그 제조업자에게 손해배상책임을 지우는 경우 그 제품의 생산과정은 전문가인 제조업자만이 알 수 있어서 그 제품에 어떠한 결함이 존재하였는지, 그 결함으로 인하여 손해가 발생한 것인지 여부는 일반인으로서는 밝힐 수 없는

특수성이 있다. 따라서 소비자측이 제품의 결함 및 그 결함과 손해의 발생과의 사이의 인과관계를 과학적·기술적으로 입증한다는 것은 지극히 어려우므로 그 제품이 정상적으로 사용되는 상태에서 사고가 발생한 경우 소비자측에서 그 사고가 제조업자의 배타적 지배하에 있는 영역에서 발생하였다는 점과 그 사고가 어떤 자의 과실 없이는 통상 발생하지 않는다고 하는 사정을 증명하면, 제조업자측에서 그 사고가 제품의 결함이 아닌 다른 원인으로 말미암아 발생한 것임을 입증하지 못하는 이상 그 제품에 결함이 존재하며 그 결함으로 말미암아 사고가 발생하였다고 추정하여 손해배상책임을 지울 수 있도록 입증책임을 완화하는 것이 손해의 공평·타당한 부담을 그 지도원리로 하는 손해배상제도의 이상에 맞다 할 것이다.

[2] 이 사건 사고는 스프링클러를 시공한 후 1개월 이상 별다른 이상이 없다가 갑작스럽게 주름관 연결 부분이 SP 너트에서 이탈되면서 발생한 것이다. 이 사건 스프링클러는 SP 너트와 SP 압착링이 일체형으로 납품된 것으로서 시공을 하면서 무리하게 SP 너트에 압력을 가한다는 이유만으로 SP 압착링이 제 위치에서 벗어나 기능을 발휘하지 못한다면 이는 이미 제품의 안전성과 내구성을 갖추지 못하였음을 나타내는 것이다. 더구나 이 사건 스프링클러의 SP 너트에 홈이 있다는 이유만으로 원고가 시공을 함에 있어서 통상의 힘 이상의 무리한 힘을 가하였다거나 내부 구조에 변경을 가하여 SP 압착링이 제 위치를 벗어나게 하였다고 보기에는 부족하다. 결국, 원고가 이 사건 스프링클러를 정상적으로 설치하였음에도 이 사건 사고가 발생하였다고 봄이 상당하다. 따라서 피고는 이 사건 스프링클러의 제조자로서 원고가 입은 모든 손해를 배상할 책임이 있다.

[3] 이에 대하여 피고는, 이 사건 스프링클러는 검정승인을 받은 제품으로서 공급 당시의 법령 기준을 준수한 만큼 제조물책임법 제4조 제1항 제3호에 의해 면책된다고 주장한다. 그러나 이 사건 스프링클러가 검정승인을 받은 제품의 크기와 달리 SP 압착링의 후면 외경이 허용오차를 벗어나는 크기로 제작되었음은 위에서 본 바이므로, 피고가 검정승인을 받은 기준을 준수하였다고 볼 수 없으므로, 위 주장은 이유 없다.

다. 시사점

이 사건은 제조물책임법이 시행된 이후에 제조된 제조물로서 전형적인 제조물 책임판례이다. 특히 스프링클러를 시공한 후 1개월 이상 별다른 이상이 없다가 갑 작스럽게 연결 부분이 이탈하여 침수사고가 발생한 사안이라는 점에서 피해자가 쉽게 구제받았을 수 있었던 것으로 생각된다.

피고는 이 사건 스프링클러는 검정승인을 받은 제품으로서 제조물책임법 제4조 제1항 제3호에 의한 '제조물의 결함이 제조업자가 해당 제조물을 공급한 당시의 법 령에서 정하는 기준을 준수함으로써 발생하였다는 사실'을 면책사유로 주장하였으 나 이 사건 스프링클러가 검정승인을 받은 제품의 크기와 달리 SP 압착링의 후면 외 경이 허용오차를 벗어나는 크기로 제작되었으므로, 피고가 검정승인을 받은 기준 을 준수하였다고 볼 수 없다고 판단하였다.

8. 발코니 확장된 마루시공 후 변질로 인한 피해사건 (수원지법 2009. 8. 20, 2008가합27878)

가. 사건 개요

○○(대표자 소외 1)는 2007. 6. 26.경 오산시 (이하 생략) 소재 ○○ 아파트의 발코니 확장공사를 입주자들로부터 수주하고, 소외 2에게 이를 하도급주었다.

피고는 소외 3 주식회사에 피고 회사가 생산한 마루제품(이하, '이 사건 마루제품'이라 한다)을 공급하였고, 소외 2는 소외 3으로부터 이를 매수하여 발코니 확장공사를 진 행하였다.

소외 2는 2007. 6. 30.경부터 위 발코니 확장 부분에 바닥 터파기, 확장부위 시멘 트작업 등을 새로 한 후 접착제를 이용하여 그 위에 이 사건 마루제품을 설치하는 공사(이하 '이 사건 확장공사'라 한다)를 실시하였고, 위 공사를 한 지 약 3개월 후부터 새로 시공된 부분의 마루가 썩거나 변질, 변색되는 등의 현상(이하, '이 사건 마루변질현상'이라 한다)이 발생하였다.

나. 판결 요지

제조물의 결함으로 인하여 발생한 손해에 대한 제조업자 등의 손해배상책임을 규정함으로써 피해자의 보호를 도모하고 국민생활의 안전향상과 국민경제의 건전한 발전에 기여함을 목적으로 제정된 제조물책임법은 제3조 제1항에서 제조업자는 제조물의 결함으로 인하여 생명·신체 또는 재산에 손해를 입은 자에게 그 손해를 배상하여야 한다고 규정하고 있고, 또한 제2조 제2호에서는 그 책임의 원인인 "결함"이라 함은 해당 제조물에 제조·설계 또는 표시상의 결함이나 기타 통상적으로 기대할 수 있는 안전성이 결여되어 있는 것을 말한다고 규정하고 있는바, 이는 제조물의 결함으로 인해 피해를 입은 자가 계약상 직접적 거래관계가 없는 자에게도 그 제조업자의 고의, 과실에 대한 입증 없이도 손해배상책임을 추궁할 수 있도록 하기 위하여 특별히 도입된 입법원리이다.

따라서 위와 같은 제조물책임법의 입법 목적 및 취지, 규정 내용 등에 비추어 보면, 제조업자가 손해를 배상할 책임이 인정되는 "결함"이라 함은, 제품이 통상 갖추어야 할 안정성을 결여함으로써 그 제조물로 인하여 그 이용자 또는 제3자에게 생명, 신체, 기타 재산상의 피해를 발생시킬 위험성을 가지고 있는 것을 말하고, 안전성과 관련되는 손해 이 사건에서 원고는, 그 주장 자체에 의하더라도 이 사건 마루제품의 안정성의 결여로 인한 손해의 발생을 주장하는 것이 아니라, 그 제품의 품질상 하자로 인하여 야기된 재시공 비용 등을 이 사건 마루제품의 제조자인 피고에게 제조물책임법에 따라 손해배상을 구하고 있으므로, 원고 주장과 같은 손해는 위와 같은 법리에 비추어 제조물책임법이 규정하는 "결함"으로 인한 손해라고 보기 어려워 원고의 청구는 더 나아가 판단할 필요 없이 이유 없다.

피고가 공급한 마루 제품에 하자가 있었는지에 관하여 보더라도, 소외 2가 구입하여 이 사건 확장공사에 쓴 이 사건 마루제품이 생산된 기간으로 보이는 2007. 3. 21.부터 2007. 7. 30.까지 피고가 수입하여 검사한 마루판용 합판, 치장무늬목 및 마루 완성품에 대해서는 모두 무늬목 치장합판 플로어링 보드에 대한 KS 품질 기준(함수율 13%)에 적합하다는 검사 결과가 있었던 점, 이 사건 확장공사를 함에 있어서는 확장 부분에 바닥 터파기, 바닥 수평작업, 확장부위 난방선 연결, 확장부위 시멘트작업 등을 새로 한 후 접착제를 이용하여 그 위에 이 사건 마루제품을 설치하는 공사를 하는 등의 부가적 과정을 거치게 되는 점, 피고 역시 소외 2가 이 사건 확장공사를 시공한 아파트와 같은 아파트의 주방, 거실, 침실 부분에 관해 직접 마루공사를 시공하였고, 피고는 마루 시멘트 공사가 완료되고 약 6개월 후에 마루공사를 한 반면, 소외 2는 시멘트 공사가 완료된 후 약 20일이 지난 후부터 마루공사를 하였는데, 위 아파트 시공사에서는 피고가 직접 시공한 마루 부분에 관해서는 입주자들로부터 하자로 인해 보수요청이 들어오거나 무상으로 보수를 해준 사실이 없다고 밝히고 있는 점 등을 종합하면, 다소 이례적으로 소외 2가 시공한 부분 중 상당히 많은 부분에서 이 사건 마루변질현상이 나타났다고 하더라도 원고가 제출한 증거만으로 그 현상이 이 사건 마루제품의 품질상 하자로 인한 것이라고 인정하기도 어렵다.

다. 시사점

이 사건은 발코니 확장공사에서 마루제품을 설치하는 공사를 실시하였고, 위 공사를 한 지 약 3개월 후부터 새로 시공된 부분의 마루가 썩거나 변질, 변색되는 등의 현상이 발생하여서 마루교체비용, 공사대금 수금 지연비용, 영업손실 등의 손해에 대해서 피고의 제조물책임을 주장했으나, 법원은 안전성과 관련되는 손해를 발생시키지 않는 단순한 품질의 하자는 제조물책임법의 적용대상이 아니라고 판시하였다. 또한 나아가 품질상의 하자도 인정하기 어려워 원고의 청구를 기각하였다.

9. 수입자동차 급발진 사건 (서울중앙지법 2010. 8. 10, 2009나37830)

가. 사건 개요

원고(피해자 ; 소비자)는 2008. 7. 7. 피고로부터 메르세데스 벤츠 제조의 자동차(모델: E220CDI, 2008년식) 1대를 매매대금 6,490만 원에 매수하기로 하는 매매계약(이하 '이 사건 매매계약'이라고 한다)을 체결하고, 2008. 7. 15. 그 매매대금을 모두 지급하였으며, 2008. 7. 18. 그에 관한 차량등록을 마쳤다.

원고는 2008. 7. 26. 17:00경 원고가 거주하는 서울 강동구 ○○동 ○○빌라의 지하주차장에서 이 사건 차량을 운전하여 주차장 입구로 나와 우회전을 한 후 약 30m 가량을 그대로 직진하여 정면의 ○○빌라 앞 화단벽을 넘어 위 빌라 외벽을 충격하는 사고가 발생하였다(이하 '이 사건 사고'라 한다). 원고는 정상적으로 이 사건 차량을 주행하던 도중 위 차량에 존재하는 하자로 말미암아 브레이크를 밟았는데도 불구하고 제동이 되지 않고 오히려 비정상적인 굉음을 동반하면서 급가속하는 바람에 이 사건 사고가 발생하여 이 사건 차량의 앞면 덮개 및 엔진 부분이 파손되었고, 사고 직후 피고가 위 차량을 견인하여 보관하고 있다.

원고는 주위적으로 피고는 원고에게 메르세데스 벤츠 자동차(모델: E220CDI, 2008년식) 신차 1대를 인도하라고 청구하고 예비적으로, 피고는 원고에게 6,490만 및 이에 대하여 2008. 7. 15.부터 이 사건 소장 부본 송달일까지는 연 5%의, 그 다음날부터 다 갚는 날까지는 연 20%의 각 비율에 의한 금원을 지급하라고 청구하였다.

나. 판결 요지

1) 이 사건 차량에 하자가 존재하는지 여부

살피건대, 원고가 제출한 증거들을 모두 살펴보아도 이 사건 자동차에 아래와 같은 원고 주장 하자가 있었다고 보기에 부족하고 달리 이를 인정할 만한 아무런 증거가 없으며, 오히려 앞서 본 증거들과 을가 제1호증, 을나 제2 내지 6호증의 각 기재, 이 법원의 검증결과를 종합하여 인정되는 아래와 같은 제반 사정들에 비추어 보면, 이 사건 사고는 원고가 가속 페달을 브레이크 페달로 오인하는 등 운전조작의 미숙으로 발생하였다고 추인함이 상당하다.

[1] 원고는, 이 사건 차량은 전자제어장치(Electronic Control Unit)가 개입하여 위 전자제어장치가 엔진부에서 공기와 연료량을 결정하는 데 있어 결정적인 역할을 하는데, 위 전자제어장치가 외부의 습기나 전자파, 차량 내부 다른 전자 기기들의 간섭으로 인하여 오류가 발생하였다는 취지로 주장하나, 원고가 제출한 증거들만으로는 이를 인정하기에 부족하고 달리 이를 인정할 증거가 없으며, 오히려, 이 사건 사고일로부터 6일이 경과한 후의 차량 진단 결과 이 사건 사고로 인한 차량 파손 부위 외에 차량의 엔진이나 제동장치 부분에 특별한 이상을 발견할 수 없었던 사실, 이 사건 차량의 콘트롤 유닛은 자체 진단시스템을 장착하고 있고 차량 오작동이 발견될 경우 그 진단코드가 위 콘트롤 유닛에 저장되는데, 이 사건 차량의 콘트롤 유닛에 저장된 진단코드는 충전압력센서, 흡입 팬, 주변온도센서에 관한 진단코드들로 모두 이 사건 사고로 인한 충돌 부위 부품들에 대한 이상 코드들만 저장되어 있을 뿐 원고가 주장하는 바와 같은 엔진 관련한 전자제어장치나 제동장치의 이상 징후를 추인할 만한 진단코드는 저장되어 있지 않은 사실, ○○공단 자동차성능시험연구소가 1999. 11. 발간한 자동변속기 자동차 급발진사고 조사연구보고에 의하면 위 연구소가 자동변속기가 장착된 국내 및 국외 ○○차량에 대하여 기계적 요인은 물론 전자파 영향까지 고려하여 실험을 하였으나 자동차의 구조적 결함은 발견하지 못하였다는 사실이 인정될 뿐이다.

[2] 원고는 또한 이 사건 자동차의 스로틀밸브 케이블의 연결장치 불량 내지 전자제품을 고정시키는 납땜의 불량으로 인하여 온도에 따라 납땜 부분이 붙었다 떨어졌다 하는 냉납현상이 발생하는 등의 제조상의 결함이 있다고 주장하나, 이를 인정할 만한 아무런 증거가 없고, 오히려 이 사건 사고 이후 차량 진단 결과 이상이 없었고, 차량 자체 진단시스템에도 위 주장 사실을 추인할 만한 진단코드가 저장되어 있지 않았음은 앞서 본바와 같으므로, 이 부분 주장도 이유 없다.

[3] 원고는, 이 사건 차량의 브레이크 시스템은 진공배력식 브레이크 시스템으로 브레이크 부스터 내의 진공형성이 엔진의 구동에 의존하고 있는데, 위와 같이 전자제어장치에 이상이 생길 경우 그에 따른 엔진 이상이 브레이크 시스템에 영향을 미쳐 브레이크 시스템 역시 통제 불능 상태에 빠지게 되므로 이를 방지하기 위하여 서로 독립하게 작동할 수 있도록 설계·제작되어야 함에도 엔진 부분과 브레이크 시스템 부분이 연동되도록 설계·제작된 결함이 있다고 주장하나, 원고가 제출한 모든 증거들을 살펴보아도 엔진 부분과 브레이크 시스템을 서로 독립하게 설계해야할 필요성을 찾아 볼 수 없을 뿐만 아니라 설령 그러한 필요성이 있다고 하더라도 그것만으로 이 사건 차량에 결함이 있다고 볼 만한 특별한 사정도 찾아볼 수 없으며, 더 나아가 그러한 결함이 있다고 하더라도 앞서 본바와 같이 이 사건 차고 당시 이 사건 차량에 원고 주장과 같은 전자제어장치의 이상이 있었다고 볼 수 없는 이상 그 결함이 이 사건 사고에 영향을 미쳤다고도 볼 수 없으므로, 원고의 위 주장 역시 받아들일 수 없다.

[4] 원고는, 피고가 미연에 이 사건 차량의 사용설명서 등을 통하여 급발진 사고 및 그 위험성과 급발진 사고 예방 및 사고발생 당시 안전운전요령 등을 매수인인 원고에게 경고하였어야 하나 이를 해태한 경고상의 결함으로 이 사건 사고가 발생하였다고 주장하나, 국내외적인 조사결과에 따르면 자동차 결함으로 인한 급발진 사고는 발생하지 않는다는 사실에 비추어, 원고 주장과 같은 유형의 급발진 사고 위험을 경고하여야 할 의무가 있다고 볼 수 없을 뿐만 아니라, 이 사건 사고는 아래에서 보는 바와 같이 차량의 결함에 따른 급발진 사고라기보다는 원고의 운전 미숙에 기인한 것으로 봄이 상당하므로, 원고의 이 부분 주장 역시 받아들이지 않는다.

[5] 원고는 이 사건 차량을 정상적으로 주행하여 지하주차장을 빠져나온 후 도로를 진행하면서 브레이크를 밟자마자 이 사건 차량이 통제불능 상태로 급발진하였다는 것인데, 이와 같은 사고경위는 통상 국내외적으로 보고되는 급발진 사고가 정상운행 중에는 발생하지 않고 주차 또는 출발시 기어 변속 과정에서 발생한다는 점에서 극히 이례적으로 보인다.

[6] 원고는 설령 원고의 운전미숙으로 이 사건 사고가 발생하였다고 하더라도, 브레이크 페달과 엔진 페달의 간격을 넓히고 높낮이를 조절하여 사고를 미연에 방

지하여야 함에도 그 설계상의 결함으로 이 사건 사고가 발생하였다고 주장하나, 이 사건 차량의 가속페달과 브레이크페달의 표면적 및 높낮이 차이가 상당한 것으로 보이는 점, 페달 간격이 지나치게 넓을 경우 오히려 응급상황 대처에 어렵다는 점에 비추어 보면, 원고의 페달 설계·제작상의 결함 주장 역시 이유 없다.

[7] 원고는 이 사건 사고 당시 최종 충격 지점인 건물 외벽 30m 전방에서부터(벽면에 '경비구역' ○○가 있다) 이 사건 차량의 브레이크를 밟았는데, 오히려 브레이크가 전혀 듣지 않고 전방으로 돌진하여 화단을 타고 넘어 건물 외벽을 충격하였다고 주장하나, 이 사건 사고 당시 사고지점 일부를 비추는 CCTV 영상에는 원고가 지하주차장을 빠져나와 우회전을 한 후 브레이크를 밟았다고 주장하는 '경비구역' ○○지점을 통과하기까지 정상적으로 주행하는 모습을 엿볼 수 있을 뿐 원고 주장과 달리 이 사건 차량의 후미 브레이크 등이 켜있지 않아, 브레이크 페달을 밟았다는 원고의 주장은 믿을 수 없다(더구나 이 사건 차량에는 가속페달과 브레이크 페달을 동시에 밟았을 경우 토크가 줄어들면서 브레이크로 차를 멈출 수 있도록 하는 급발진 방지 장치가 장착되어 있다).

[8] 또한 원고는 이 사건 사고 당시 이 사건 차량이 비정상적인 굉음을 내었다고 주장하면서, 당시 엄청난 자동차 엔진 굉음이 들렸고 급히 현장을 확인하여 다친 사람이 있는지 확인하였다는 취지의 ○○의 진술서를 제출하고 있으나, 그것만으로는 위 굉음을 원고 주장과 같은 통제 불능의 과다한 엔진 공회전에 기인한 소음으로 단정할 수는 없는 것이고, 또한 당시 CCTV영상을 보더라도 사고 당시 일부 행인들이 간간이 지나가는 모습을 볼 수 있으나, 위 진술서 취지와 같은 소란스러운 급박함을 느낄 수 있을만한 정황은 엿볼 수 없다.

[9] 이 사건 사고는 원고가 이 사건 차량의 매수대금을 완납(원고는 매수대금을 완납한 2008. 7. 15. 이 사건 차량을 인도 ○○○○ 진술하고 있다)한지 11일이 경과한 2008. 7. 26. 발생하였는데, 위와 같이 원고가 이 사건 차량을 인도받은 지 얼마 되지 않아 이 사건 사고가 발생한 점에다 사고 당시 원고의 연령(만 70세)까지 감안하여 보면, 원고의 운전미숙으로 인하여 사고가 발생하였을 개연성도 없지 않아 보인다.

2) 원고의 입증책임 완화 주장에 대하여

원고는, 고도의 기술이 집약되어 대량으로 생산되는 제품인 ○○차의 하자 등으로 인한 손해를 이유로 매수인에게 하자담보책임을 추궁하는 경우에도 그 정보나 지식의 편재성은 제조물책임의 경우의 그것과 다를 바가 없음을 이유로, 제조물책임에 있어서 입증책임 완화의 법리가 하자담보책임의 경우에도 유추 적용되어야 한다는 취지로 주장한다.

그러나, 제조물책임에 있어서 입증책임을 완화하는 것은 일반적으로 제품의 생산과정을 전문가인 제조업자만이 알 수 있고 단순한 소비자가 그 결함 내지 결함과 손해와의 인과관계를 입증하는 것은 지극히 어렵다는 정보의 편재 내지 불균형을 감안한 것인데, 설령 제품의 결함 내지 하자가 있다고 하더라도 통상적으로 제조자가 아닌 매도인은 그 하자에 대한 지배가능성이 없어 그 하자 또는 그로 인한 손해를 예견하거나 그 하자로 인한 손해를 보수하거나 제거하는 데 필요한 지식과 능력을 갖추고 있지 못함이 통상이라고 할 것이어서, 매도인의 지위, 매도인과 제조자와의 관계나 제조물에 대한 정보 공유 가능성, 매도인의 하자 보수 능력 등을 감안하여 매도인을 제조자와 동일시 할 수 있다고 볼만한 특별한 사정이 없는 한, 제조물책임의 입증책임 완화의 법리를 하자담보책임의 경우에 유추하여 하자 내지 하자와 손해와의 인과관계를 추정할 수는 없다고 할 것인바, 기록상 피고에게 위와 같은 특별한 사정을 엿볼 수 없고 피고가 이 사건 차량의 국내 독점 판매 회사라고 하더라도 이를 달리 볼 것은 아니므로, 원고의 위 주장은 이유 없다(더구나 이 사건 사고는 이 사건 차량을 정상적으로 사용하는 상태에서 발생한 것이 아니라 원고의 운전미숙에 기인한 사고로 보아야 할 것이므로 제조물책임의 입증책임 완화의 법리에 따르더라도 이 사건 차량에 하자가 있다고 볼 수 없다).

다. 시사점

이 판결은 확대손해가 발생한 제조물책임소송임에도 불구하고 제조물의 하자를 전제로 하는 매매의 하자담보책임을 추궁한 소송으로 쟁점이 이루어졌다.

1심에서는 소비자(피해자)가 승소하였으나 항소심인 이 소송에서 소비자가 패소하였다. 급발진소송에서는 소비자가 승소하기가 너무나 어려운 현실을 보여주고 있다.

10. 김치냉장고 화재로 인한 건물 및 가재도구 소실 피해사건 (서울동

부지방법원 2012. 4. 20, 2011가합20629)

가. 사건 개요

원고는 김치냉장고 등을 제조·판매하는 회사이고, 피고는 2010. 10. 25. ○○
래미안아파트입주자대표회의와 사이에 ① 피공제자: 위 아파트의 각 세대주, ② 목
적물 소재지: 서울 서대문구 ○○동 ○○삼성래미안아파트, ③ 공제기간: 2010. 10.
26. ~ 2011. 10. 26., ④ 공제목적물: 건물 및 가재도구 일체 등의 내용으로 한 주택
화재공제보험계약(이하 '이 사건 보험계약'이라 한다)을 체결한 보험자이며, 송○○는 위
○○삼성래미안아파트 ○○○동 ○○○○호(이하 '이 사건 아파트'라 한다)의 세대주로
서 2010. 1.경 원고가 제조·판매한 김치냉장고(모델명: ○○-○○○○○○, 이하 '이 사건
냉장고'라 한다)를 구입하여 사용하였던 자이다.

2011. 4. 8. 14:30경 이 사건 아파트 주방에서 화재가 발생하여 이 사건 아파트의
바닥, 천정 등 건물과 가재도구가 소훼되었다(이하 '이 사건 화재사고'라 한다).

피고는 이 사건 보험계약에 따라 송○○에게 손해공제금으로 47,893,333원을 지
급하였고, 2011. 9. 15. 원고에게 이 사건 냉장고의 하자로 인하여 이 사건 화재사고
가 발생하였으므로, 위 손해공제금을 지급할 것을 요청하였다.

원고는 이 사건 화재사고는 이 사건 냉장고에서 발생한 것이 아니므로, 원고는
이 사건 화재사고에 관하여 제조물책임법상 손해배상책임이 없다. 따라서, 원고는
피고에 대하여 이 사건 화재사고와 관련하여 구상금 기타 일체의 채무가 존재하지
아니함의 확인을 구한다.

그러나 피고(소비자측, 공제조합의 대위청구)는 이 사건 냉장고를 구입한 송○○는 이
사건 냉장고를 아무런 과실없이 정상적으로 사용하였는데, 이 사건 냉장고의 하자
로 인하여 이 사건 화재사고가 발생하였다. 따라서, 원고는 제조물책임법에 기하여
이 사건 냉장고의 제조업자로서 이 사건 화재사고로 인하여 송○○가 입은 손해를
배상할 의무가 있고, 피고는 이 사건 보험계약에 기하여 송○○에게 이 사건 아파트

및 내부의 가재도구에 관한 손해공제금을 지급하였으므로, 피고는 송○○를 대위하여 원고에게 위 손해공제금 상당액의 배상을 구할 수 있다고 주장하였다.

나. 판결 요지

[1] 물품을 제조·판매하는 제조업자는 그 제품의 구조·품질·성능 등에 있어서 그 유통 당시의 기술수준과 경제성에 비추어 기대 가능한 범위 내의 안전성과 내구성을 갖춘 제품을 제조·판매하여야 할 책임이 있고, 이러한 안전성과 내구성을 갖추지 못한 결함으로 인하여 소비자에게 손해가 발생한 경우에는 불법행위로 인한 손해배상의무를 부담하며(대법원 1992. 11. 24. 선고 92다18139 판결 등 참조), 한편 고도의 기술이 집약되어 대량으로 생산되는 제품의 결함을 이유로 그 제조업자에게 손해배상책임을 지우는 경우 그 제품의 생산과정은 전문가인 제조업자만이 알 수 있어서 그 제품에 어떠한 결함이 존재하였는지, 그 결함으로 인하여 손해가 발생한 것인지 여부는 일반인으로서는 밝힐 수 없는 특수성이 있어서 소비자 측이 제품의 결함 및 그 결함과 손해의 발생과의 사이의 인과관계를 과학적·기술적으로 입증한다는 것은 지극히 어려우므로 그 제품이 정상적으로 사용되는 상태에서 사고가 발생한 경우 소비자 측에서 그 사고가 제조업자의 배타적 지배하에 있는 영역에서 발생하였다는 점과 그 사고가 어떤 자의 과실 없이는 통상 발생하지 않는다고 하는 사정을 증명하면, 제조업자 측에서 그 사고가 제품의 결함이 아닌 다른 원인으로 말미암아 발생한 것임을 입증하지 못하는 이상 그 제품에 결함이 존재하며 그 결함으로 말미암아 사고가 발생하였다고 추정하여 손해배상책임을 지울 수 있도록 입증책임을 완화하는 것이 손해의 공평·타당한 부담을 그 지도원리로 하는 손해배상제도의 이상에 부합한다(대법원 2000. 2. 25. 선고 98다15934 판결 등 참조).

[2] 따라서 원고가 이 사건 화재사고로 인하여 송○○에게 제조물책임법상 손해배상책임을 지려면, ① 이 사건 냉장고가 통상적인 방법으로 사용되는 상태에서, ② 이 사건 화재사고가 이 사건 냉장고의 제조업자인 원고의 배타적 지배하에 있는 영역에서 발생하였고, ③ 이러한 화재는 어떤 자의 과실 없이는 통상 발생하지 않는다

는 점을 채권자인 피고가 주장, 입증하여야 할 것인 바, 이 사건 화재사고가 이 사건 냉장고의 제조업자인 원고의 배타적 지배하에 있는 영역에서 발생한 것인지 판단하기 위해서는 우선 이 사건 화재사고가 이 사건 냉장고로부터 발생하였다는 사실이 입증되어야 한다.

[3] 살피건대, 을 제2호증의 기재에 의하면, 이 사건 화재사고가 이 사건 냉장고 주변에서 발화된 사실은 인정되나, 한편, 갑 제4호증의 기재에 의하면, 국립과학수사연구원은 이 사건 화재사고의 원인에 대하여 '이 사건 냉장고의 후면 하단의 컴프레서 부분은 좌측기판 부분이 상대적으로 심하게 연소된 상태이고, 퓨즈는 용단된 형상이나, 검사 가능한 부분에서는 발화원인으로 작용 가능한 전기적인 특이점이 식별되지 아니한다. 이 사건 냉장고의 전원코드에는 단락흔이 식별되지만, 위 단락흔은 외부·화염에 의한 절연피복의 소실이나, 꺾임 및 눌림 등의 외부 요인에 의하여 절연피복이 손상되면서 발생할 수 있으며, 후자의 경우 발화원인으로 작용 가능하나, 제시된 상태에서 양자의 구분은 불가능하고, 용도미상의 배선(길이 약 26㎝)은 단락에 의하여 용단되고, 출처를 판단할 만한 절연피복이나 특이 잔해가 남아있지 않아, 사용용도 및 기기, 발화원인으로 직접 작용하였는지 여부에 대한 논단이 불가능한 상태이다. 따라서 이 사건 냉장고의 전원코드와 용도미상의 배선에서 식별되는 단락흔을 각각 발화와 관련지을 만한 전기적인 특이점으로 볼 것이므로, 용도미상의 배선이 이 사건 냉장고의 내부배선일 경우 이 사건 냉장고 내부에서 발화된 것으로 추정 가능하나, 용도미상의 배선이 이 사건 냉장고의 내부배선이 아닐 경우 발화원인으로 직접 작용한 부분에 대한 한정은 불가능한 상태이다'라고 감정한 사실이 인정되고, 이 사건에서 위 용도미상의 배선이 이 사건 냉장고의 내부배선이라는 점을 인정할 만한 증거가 없는 이상 위 인정사실만으로는 이 사건 화재사고가 이 사건 냉장고에서 발화되었다거나, 이 사건 냉장고의 배선 등의 결함으로 인하여 발생하였다고 단정하기 어렵고, 그 외 을 제1호증의 기재만으로는 이를 인정하기에 부족하며, 달리 이를 인정할 만한 증거가 없다.

[4] 따라서 원고의 송○○에 대한 제조물책임에 따른 손해배상채무는 존재하지 아니한다 할 것이어서, 이 사건 보험계약에 기하여 송○○에게 손해공제금을 지급한 피고에 대한 구상금 기타 일체의 채무가 존재하지 아니하고, 피고가 이를 다투고

있는 이상 원고로서는 피고에 대하여 그 구상금채무의 부존재 확인을 구할 법률상 이익이 있다.

다. 시사점

이 소송은 제조물책임법을 근거로 한 제조물책임소송이지만 피해자는 보험에 가입하고 있어서 보험회사로부터 보험금을 지급받은 후에 보험회사가 보험자대위를 통하여 냉장고 제조회사를 상대로 구상금청구를 요청하자 제조회사가 보험회사를 상대로 채무부존재확인소송을 제기한 것이다.

소송의 결론은 소비자(피해자)측이 패소하였는데, 이는 냉장고라는 제조물의 결함을 충분히 증명하지 못하여 법원의 심증을 얻는 데 실패한 것이다.

11. 석면공장 인근 주민의 석면으로 인한 건강 피해사건 (부산지법 2012. 5. 10, 2008가합21566)

가. 사건 개요

석면폐증(Asbestosis)은 석면을 취급한 적이 있는 환자나 그 가족 또는 석면을 취급하는 작업장 부근의 주민 등에게서 발생할 수 있는 미만성, 간질성 폐질환으로, 공기 중에 노출된 다량의 석면 섬유가 폐포 내에 침착되어 생기는 폐선유증(폐선유증)을 가리키며, 석면분진과 관련된 대표적인 질환이다.

폐의 이상과 석면 노출과의 인과관계가 확인된 것은 1930년대 초이고, 석면과 폐암 및 악성중피종과의 관계는 1950년대 내지 1960년대에 밝혀져 석면의 위험성에 대한 의학적 견해는 1960년대 전부터 확립되었다.

독일이 1943년 석면폐로 인한 폐암을 석면으로 인한 직업병으로 인정하고 그에 따라 석면노출 근로자들에게 보상한 것을 시작으로, 미국의 경우 1970년대부터 석면제조업자들을 상대로 한 제조물책임소송이 증가하여 1980년대에는 많은 소송이 제기되었고 1989년부터 석면에 대한 단계적 규제가 이루어졌으며, 북유럽 국가에서는 1980년대부터 석면사용이 법률로 금지하기 시작하였다.

국제보건기구(WHO)의 부속기관인 국제암연구기관(IARC)은 1977년 석면의 발암성에 관한 보고서를 작성하였고, 국제노동기구(ILO)에서는 1980년 산재보상에 관한 조약 중 보상 가능한 질병목록에 석면으로 인한 암을 포함하도록 개정하고, 1986년 석면에 관련한 조약을 제정하였다.

원고들은, 망 소외 6, 망 소외 7이 이 사건 석면공장에서 비산된 석면분진에 장기간 노출되었고 그로 인하여 악성중피종이 발병하여 사망한 것이므로, 피고 제일이엔에스는 불법행위자로서 위 망인들이 입은 손해를 배상할 책임이 있다고 주장한다.

나. 판결 요지

[1] 석면에 한번 노출되면 그 후에 다시 노출되는 일이 없어도 장기간의 잠복기를 거쳐 폐암, 석면폐, 악성중피종 등의 질환이 유발되는데, 특히 방사선치료를 받은 경험이 없는 일반인들에게 악성중피종의 발병원인은 현실적으로 석면에의 노출이 유일한 점,

[2] 망 소외 6, 망 소외 7에게 직업적 노출을 의심하거나 방사선치료를 받았다고 볼 만한 특별한 사정이 보이지 않고, 위 망인들이 상당한 기간 동안 거주하였던 연산동 일대에는 석면 취급 공장은 이 사건 석면공장이 유일하여, 위 망인들의 악성중피종 발병이 이 사건 석면공장과 깊은 연관이 있다고 추단되는 점,

[3] 소외 8 교수의 위 연구 결과에 의하더라도 이 사건 석면공장 주변 2km 이내의 악성중피종 발생위험이 다른 곳에 비하여 10배나 높은 것으로 드러나고, 바람의 방향에 따라 이 사건 석면공장의 영향이 2km보다 멀리 미칠 수 있는 것으로 보이는 점,

[4] 앞서 본 바와 같이 피고 제일이엔에스는 이 사건 석면공장에서 석면제품을 생산하는 동안 석면분진이 외부로 배출되어 비산되지 않도록 안전한 작업환경을 조성하는 데 필요한 주의의무를 다하지 아니한 것으로 보이는 점 등을 종합하면, 피고 제일이엔에스의 주의의무 위반과 위 망인들의 악성중피종 발병 사이에는 상당한 인과관계가 인정된다고 봄이 상당하다.

따라서 피고 회사는 석면공장에서 석면제품을 생산하는 동안 석면분진이 외부로 배출되어 비산되지 않도록 안전한 작업환경을 조성하고 인근 주민들의 석면 노출로 인한 피해를 최소화하도록 필요한 조치를 다하여야 할 주의의무가 있음에도, 이를 게을리하여 원고 등을 포함한 인근 주민들로 하여금 석면분진에 지속적으로 노출되게 한 과실로 원고 등이 악성중피종 등 발병으로 사망하였으므로, 피고 회사는 원고 등이 입은 손해를 배상할 책임이 있다.

다. 시사점

이 판례는 석면공장에서 석면제품을 생산하는 동안 석면분진이 외부로 배출되어 비산되지 않도록 안전한 작업환경을 조성하고 인근 주민들의 석면 노출로 인한 피해를 최소화하도록 필요한 조치를 다하여야 할 주의의무가 있음에도, 이를 게을리하여 원고 등을 포함한 인근 주민들로 하여금 석면분진에 지속적으로 노출되게 한 과실로 원고 등이 악성중피종 등 발병으로 사망하였다고 인정하여 손해배상책임을 인정한데 의미가 있다.

그러나 국가는 석면공장 주변의 주민을 보호할 입법을 제정하지 않은 부작위에 대해서는 형성 재량이 크고, 개선명령 내지 조업정지 미조치에 대해서는 구체적 조치 의무를 부과하는 법률이 없었고 구체적 조치 의무를 인정할 사정도 없다고 주장하는 국가의 항변을 받아들여서 법원이 국가에 대한 손해배상청구를 전부 기각하였다.

12. 냉장고의 화재로 인한 미술품 소실 피해사건 (서울고법 2015. 6. 4, 2013 나2023677)

가. 사건 개요

원고는 1995년 ○○전문대학 시각디자인학과를 졸업하고 조형설치 미술가, 그림책 작가로 활동하여 오고 있는 사람이고, 피고는 전기기계 기구의 제작 및 판매업 등을 목적으로 하는 법인이다.

2009. 12. 14. 12:07경 남양주시(주소 생략)에 있는 원고의 부(父) 소외 1 소유의 비닐하우스(이하 '이 사건 비닐하우스'라 한다)에서 화재가 발생하여 비닐하우스 파이프조 1동 65㎡ 및 그 안에 있던 농기구와 냉장고(피고가 제조·판매한 것으로서 이하 '이 사건 냉장고'라 한다), 세탁기, 전기밥솥 등의 가전제품, 원고가 제작하여 보관 중이던 미술 작품 등이 전소하고, 인접한 컨테이너 1동 27㎡가 부분적으로 소실되었다(이하 '이 사건 화재'라 한다).

피고는 이 사건 화재 발생 후 남양주소방서와 함께 화재 현장에 대한 조사를 실시하였고, 엘아이지손해보험 주식회사는 피고와의 보험계약에 따라 2010. 5. 13. 소외 1에게 이 사건 화재로 인한 손해배상으로 보험금 1,000만 원을 지급하였다.

원고는 피고가 제조한 이 사건 냉장고의 과부하 보호장치의 결함으로 인하여 이 사건 화재가 발생하였고, 위 화재로 인하여 이 사건 비닐하우스 내에 있던 원고의 작품이 전부 소실되었으므로, 피고는 이 사건 냉장고의 제조·판매자로서 제조물 책임법 또는 민법상 불법행위책임의 법리에 따라 원고에게 이 사건 화재로 인한 손해를 배상할 책임이 있다고 주장하였다.

이에 원고는 피고에 대하여 이 사건 화재로 소실된 원고의 미술 작품 144점의 가치 상당액인 1억 4,755만 원 및 원고가 작품 활동을 시작한 지 10년이 넘은 중견 작가로서 자신의 분신과도 같은 작품들의 소실로 인하여 받은 정신적 고통에 대한 위자료 5,000만 원 합계 1억 9,755만 원 및 이에 대한 지연손해금의 지급을 청구하였다.

나. 판결 요지

1) 제조물책임법에 의한 책임 인정 여부

제조물의 결함으로 발생한 손해에 대하여 제조자의 고의 또는 과실을 전제로 하지 않는 엄격책임으로서의 제조물책임은 제조물책임법(2000. 1. 12. 법률 제6109호로 제정되어 2002. 7. 1. 시행된 것)에서 새로이 도입되었고 같은 법 부칙 규정에 의하여 2002. 7. 1. 이후 제조업자가 최초로 공급한 제조물부터 적용되는 것이어서(대법원 2003. 9. 5. 선고 2002다17333 판결 참조), 원고가 피고에 대하여 제조물책임법에 기한 책임을 물으려면 먼저 이 사건 냉장고가 2002. 7. 1. 이후에 공급되었다는 사실을 증명하여야 한다.

원고는 소외 1이 이 사건 냉장고를 2003년경 신품으로 구매하였다고 주장하나, 갑 제25, 26호증의 각 기재 및 영상만으로는 이를 인정하기에 부족하고, 달리 이를 인정할 증거가 없다. 오히려 을 제5 내지 9호증의 각 기재에 변론 전체의 취지를 더하여 인정되는 다음과 같은 사정, 즉 원고의 남동생 소외 2는 자신이 이 사건 냉장고를 구매하여 사용하다가 이 사건 비닐하우스에 옮겨 설치하였다고 진술한 점, 이 사건 냉장고의 도어 손잡이는 피고의 1998년도 제조 모델과 같이 타원형 모양으로 되어 있고, 피고의 1999년도 제조 모델부터는 전면부 디스플레이가 있음에도 이 사건 냉장고에는 전면부 디스플레이가 없는 점, 이 사건 냉장고에서는 기계식 모델에만 사용되는 부품인 Bracket Timer가 발견된 점(피고는 1999년경부터 PCB를 사용하는 전자식 모델의 냉장고를 생산하기 시작한 것으로 보인다) 등을 종합하여 볼 때, 이 사건 냉장고는 제조물책임법이 시행되기 전인 1998년경 제조되었고, 소외 2가 위 냉장고를 구매하여 사용하다가 이후에 이 사건 비닐하우스로 옮겨와 소외 1이 사용하게 된 것으로 보인다. 따라서 이 사건 냉장고가 2002. 7. 1. 이후에 공급된 제조물에 해당하여 제조물책임법이 적용되는 것임을 전제로 한 원고의 이 부분 주장은 더 나아가 살펴볼 필요 없이 이유 없다.

2) 민법상 불법행위로 인한 손해배상책임

고도의 기술이 집약되어 대량으로 생산되는 제품에 성능 미달 등의 하자가 있어 피해를 입었다는 이유로 제조업자 측에게 민법상 일반 불법행위책임으로 손해배상을 청구하는 경우에, 일반 소비자로서는 그 제품에 구체적으로 어떠한 하자가 존재하였는지, 발생한 손해가 그 하자로 인한 것인지를 과학적·기술적으로 증명한다는 것은 지극히 어렵다. 따라서 소비자 측으로서는 그 제품이 통상적으로 지녀야 할 품질이나 요구되는 성능 또는 효능을 갖추지 못하였다는 등 일응 그 제품에 하자가 있었던 것으로 추단할 수 있는 사실과 제품이 정상적인 용법에 따라 사용되었음에도 손해가 발생하였다는 사실을 증명하면, 제조업자 측에서 그 손해가 제품의 하자가 아닌 다른 원인으로 발생한 것임을 증명하지 못하는 이상, 그 제품에 하자가 존재하고 그 하자로 말미암아 손해가 발생하였다고 추정하여 손해배상책임을 지울 수 있도록 증명책임을 완화하는 것이 손해의 공평·타당한 부담을 지도 원리로 하는 손해배상제도의 이상에 맞다(대법원 2004. 3. 12. 선고 2003다16771 판결, 대법원 2013. 9. 26. 선고 2011다88870 판결 등 참조).

[1] 살펴건대, 앞서 든 각 증거 및 갑 제2호증, 제21호증, 을 제5호증의 각 기재와 제1심법원의 남양주소방서에 대한 사실조회 결과, 제1심 증인 소외 3의 증언에 변론 전체의 취지를 더하여 인정할 수 있는 다음의 각 사실 및 사정들을 종합하여 보면, 원고와 소외 1이 이 사건 냉장고를 정상적인 용법에 따라 사용하였음에도 이 사건 냉장고의 부품상의 결함과 전기 트래킹(전자제품에 묻어 있는 수분이 섞인 먼지 등에 전류가 흘러 주변의 절연물질을 탄화시키고 오랫동안 탄화가 계속되면 이 부분에 약한 전류가 흘러 발화하는 현상)의 발생이 원인이 되어 이 사건 냉장고 내부에서 이 사건 화재가 발생한 것으로 보이고, 이로부터 이 사건 냉장고에 하자가 있었음을 추단할 수 있으며, 원고는 위 화재로 인하여 이 사건 비닐하우스에 보관하고 있던 미술 작품이 전소되는 손해를 입었으므로, 피고는 이 사건 냉장고의 제조업자로서 이 사건 화재로 인하여 원고가 입은 손해를 배상할 의무가 있다.

(가) 남양주소방서는 이 사건 화재가 발생한 2009. 12. 14. 12:07경부터 그 다음 날 16:10경까지 이 사건 화재 현장을 조사한 결과 '소외 1이 이 사건 비닐하우스 지붕에서 불길이 솟았다고 진술하였고, 이 사건 냉장고 하부 안의 서리제거 기동릴레이 상부에 화재 초기에 나타나는 산화흔이 관찰되고, 위 기동릴레이 단자판에서 트

래킹에 의한 용융, 용단이 식별되며, 기동릴레이 하부 바닥에 있는 목재 합판이 상대적으로 심하게 소훼되고 천공된 상태이고, 이 사건 냉장고의 하부에 연소 형태의 철판의 수열 변색, 경계흔이 보일 뿐만 아니라, 이 사건 냉장고의 하부 안에서 용융된 냉장고 배선의 접속구와 도체가 발견된 점들을 종합적으로 고려하여 볼 때, 이 사건 화재는 이 사건 냉장고의 기동릴레이에서 트래킹이 발생, 기동릴레이 단자판과 접점이 용융, 용단되면서 냉장고 내부에서 발화, 주변에 보관된 물품으로 연소 진행되어 발생한 것으로 추정된다'는 의견을 제시하였다.

(나) 소비자들로서는 냉장고와 같은 가전제품의 경우 일상생활에서 상시적으로 장기간에 걸쳐 사용되는 제품으로 인식하고 있고, 냉장고에서 전기 트래킹 등으로 인해 화재가 발생한 사례 등이 널리 알려져 있다고 볼 자료도 없어서 제조업자들로부터 내부 부품의 위험성이나 안전성에 대한 설명 등이 없는 한 제품의 안전성이나 결함 여부에 대한 주의를 기울이기 어려우며, 그 사용설명서 등에 의하더라도 이에 대한 설명이나 위험성이 구체적으로 나타나 있지 않다.

(다) 원고와 소외 1은 이 사건 비닐하우스를 주로 창고로 사용하였으나 그중 일부를 구획하여 바닥에 마루를 깔고 사람이 생활할 수 있는 주거용 공간처럼 만들고, 이 사건 냉장고는 이러한 주거용 공간에 놓여있었던 것으로 보인다(따라서 이 사건 비닐하우스를 작물이 재배되는 일반적 비닐하우스와 동일·유사한 환경으로 볼 수는 없다).

(라) 이 사건 화재 이후의 현장 상황 등에 비추어 보면, 원고와 소외 1은 이 사건 냉장고에 음식물을 보관하는 등 일반적인 용도로 사용한 것으로 보이고, 위 냉장고를 다른 용도 등으로 사용하였다고 볼 만한 사정도 없다.

[2] 피고의 주장에 관한 판단

(가) 내구연한 경과 주장에 대하여 살피건대, 을 제3호증의 기재에 의하면, 소비자분쟁해결기준 제3조 및 [별표 Ⅳ] 품목별 내용연수표에서 냉장고의 내용연수를 7년으로 정하고 있는 사실은 인정되나, 소비자분쟁해결기준은 소비자기본법에 따라 소비자와 사업자 사이에 발생한 분쟁이 원활하게 해결될 수 있도록 합의 또는 권고의 기준을 제시하기 위한 고시에 불과하여 위 기간이 경과한 경우에는 그 책임을 지울 수 없는 것이라고 할 수는 없다. 또한 피고의 주장과 같이 이 사건 냉장고의 내구

연한이 7년이고 이 사건 화재가 위 내구연한이 지난 지 4년여가 경과한 이후에 발생하였다고 하더라도, 제품의 내구연한은 해당 제품이 본래의 용도에 따라 정상적으로 성능을 발휘할 수 있는 최소한의 기간을 의미하는 것으로 보일 뿐이고(LG 싱싱냉장고에 관한 사용설명서인 을 제1호증에서도 권장안전 사용기간을 7년으로 명시하면서 "권장안전 사용기간을 초과하여 사용 시 사용환경 및 제품노후로 인하여 안전사고가 발생할 수 있습니다. 권장안전 사용기간 내에 안전점검을 받으시길 권장합니다."라고 설명하고 있다), 오늘날 일반 소비자에게 널리 보급된 대표적 가전제품인 냉장고는 제조자가 설정한 권장안전 사용기간이나 내구연한이 다소 경과되었다고 하더라도 사회통념상 소비자의 신체나 재산에 위해를 가할 수 있는 위험한 물건으로는 여겨지지 아니하므로 냉장고 등 가전제품의 제조업자로서는 그 내구연한이 다소 경과된 이후에도 정상적인 용법에 따라 사용하는 경우 제품의 위험한 성상에 의하여 소비자가 손해를 입지 않도록 그 설계 및 제조과정에서 안전성을 확보해야 할 주의의무를 부담한다 할 것이어서, 이 사건 냉장고가 비록 그 내구연한이 4년 정도 초과된 상태라고 하더라도 그 정상적인 이용 상황하에서 이 사건 화재가 발생하였고 다른 원인으로 인한 화재 발생이 입증되지 않았다면, 이 사건 냉장고의 하자로 위 화재가 발생하였음을 인정함에는 아무런 지장이 없다고 할 것이다. 따라서 피고의 이 부분 주장은 받아들이지 아니한다.

(나) 이 사건 냉장고의 자체적 결함으로 볼 수 없다는 주장에 대하여, 앞서 본 바와 같이 이 사건 화재는 이 사건 냉장고의 부품상의 결함과 전기 트래킹이 원인이 되어 발생한 것으로 보이고, 달리 다른 원인으로 이 사건 화재가 발생하였다고 인정할 증거가 없으므로, 피고의 이 부분 주장 역시 이유 없다.

(다) 정상적인 용법에 따른 사용이 아니라는 주장에 대하여, 원고 및 소외 1이 이 사건 비닐하우스를 주거용 공간 내지 창고로 사용하면서 그 공간 내에 냉장고를 설치한 것에 관하여 이를 정상적인 용법에서 벗어난 사용이라고 단정하기 어렵고, 가사 비닐하우스가 일반 가정주택보다 온도 및 습도의 변화가 급격하게 일어나고 이러한 환경에서 냉장고 등 가전제품을 장기간 사용할 경우 전기 트래킹이 발생할 가능성이 높아 화재 발생의 염려가 높다면, 제조자인 피고로서는 사전에 소비자에게 그 위험성을 구체적으로 설명하거나 고지하여야 한다고 봄이 상당한데, 피고가 이 사건 냉장고를 제조하여 유통시킬 당시 이러한 위험성에 관하여 소비자에게 설명,

고지하거나 경고를 하였다는 점에 관하여 을 제1호증의 기재만으로는 이를 인정하기에 부족하고 달리 이를 인정할 자료가 없다. 한편 원고와 소외 1이 10년 넘게 이 사건 냉장고를 사용하면서도 안전점검이나 사후점검서비스를 받지 아니하고 주기적으로 청소를 하지 아니하였다고 하더라도, 이러한 사정은 아래에서 보는 바와 같이 원고 측의 과실이나 책임제한사유로 평가할 수 있을 뿐 이를 두고 정상적인 용법을 벗어난 사용으로서 피고의 책임 자체를 면하게 하는 사유라고 보기는 어렵다. 따라서 피고의 이 부분 주장 또한 받아들이지 아니한다.

다. 시사점

이 판결에서 법원은 피해자가 냉장고를 정상적으로 사용했지만 냉장고의 부품상 결함과 전기 트래킹(전자제품에 묻어 있는 수분이 섞인 먼지 등에 전류가 흐르는 현상) 탓에 냉장고 안에서 화재가 발생한 것으로 보이기 때문에 제조회사는 피해자가 입은 손해를 배상할 의무가 있다고 보았다.

소비자들은 냉장고를 일상적으로 장기간에 걸쳐 사용하는 제품으로 인식하고 있고 전기 트래킹 등으로 화재가 발생한 사례도 널리 알려져 있다고 볼 자료도 없기 때문에 제조업자로부터 안전성에 대한 설명이 없는 한 주의를 기울이기 어렵고, 사용설명서 등에도 그 위험성이 구체적으로 나타나 있지 않다고 보았다. 냉장고의 권장사용기간인 7년이 초과됐더라도 사회통념상 소비자의 신체나 재산에 위해를 가할 수 있는 위험한 물건으로 여겨지지 않으므로 손해배상 책임에 영향을 미치지 않는다는 점에 제조회사는 대책이 필요하다.

이 판결은 소비자가 비록 2003년에 구입하였다고 주장하였지만, 2002년 7월 이전에 제조된 기록을 근거로 제조물책임법이 적용되지 않았고, 민법 제750조 불법행위책임 규정을 적용하였다.

다만, 재판부는 피해자가 10년 넘도록 냉장고 안전점검이나 사후점검 서비스를 받지 않았고, 하단 부분을 제대로 청소하지 않은 점 등을 고려해 제조회사의 책임을 70%로 제한하였다.

13. 스크린 골프장 골프채의 헤드탈락으로 눈 실명 피해사건 (서울중앙
지법 2015. 6. 25, 2012가합45660)

가. 사건 개요

원고는 2012. 1. 12. 피고 D와 E가 대구 ○○구 ○○동 ○○○에서 'GOLF ○○
○ 스크린 연습장'이라는 상호로 공동으로 운영하는 골프연습장(이하 '이 사건 골프장'이
라 한다)에서 스크린 골프를 하던 중 이 사건 골프채에서 분리된 헤드에 원고의 우측
눈을 맞아 우안 시신경 손상, 망막 박리, 홍채 및 섬모체 박리 등의 상해를 입어 우
측 눈을 실명하였다(이하 '이 사건 사고'라 한다).

피고 주식회사 B(이하 '피고 B'라 한다)는 이 사건 골프장에 골프 시뮬레이션 시스
템을 설치한 회사이며, 피고 주식회사 C(이하 '피고 C'라 한다)는 이 사건 골프장에 비치
되어 원고가 사용한 9번 아이언 골프채(이하 '이 사건 골프채'라 한다)를 수입, 판매한 회
사이다.

원고 승계참가인은 2013. 8. 23. 원고에게 장애연금으로 2,041만 7,230원을 지급
하였고, "원고 승계참가인이 제3자의 행위로 장애연금을 지급한 때에는 그 급여액
의 범위 내에서 제3자에 대한 수급권자의 손해배상청구권에 관하여 수급자를 대위
한다."는 국민연금법 제114조 제1항에 따라 위와 같이 지급한 장애연금의 범위 내
에서 원고가 가지는 일실수입 상당의 손해배상청구권을 대위 취득하였음을 이유로
2014. 7. 11. 이 사건 소송에 승계참가 하였다.

나. 판결 요지

1) 피고 D, E에 대한 판단

살피건대, 갑가 3호증의 1 내지 8, 갑가 7호증의 1 내지 35, 갑가 8, 11호증, 을가
1호증, 을가 3, 4호증의 각 1 내지 12, 을가 5호증의 각 기재와 영상, 이 법원의 동영

상 검증결과 및 변론 전체의 취지에 의하여 인정되는 다음과 같은 사정, 즉 ① 원고가 이 사건 골프채로 다운 스윙을 하던 중 헤드 부분이 공에 맞지 않은 채로 분리되었던 점, ② 원고는 이 사건 사고 당시 이미 수년간 골프를 해온 사람으로서 원고의 다운스윙 자세가 정상적인 스윙 자세와 별다른 차이점이 없었고, 스윙 플레이트를 벗어난 곳을 충격할 정도로 우측 겨드랑이와 어깨가 벌어져 있지도 않았던 점, ③ 이 사건골프채가 바닥에 닿은 뒤에 헤드 부분이 분리되었다면, 다운스윙시 헤드의 궤적이 이사건 사고의 발생 여부와 관계없이 큰 차이가 없어야 하고, 헤드가 부딪힌 곳도 스윙플레이트의 안쪽이거나 스윙 플레이트를 벗어난다 하더라도 그 좌측이어야 하는 점, ④ 그러나, 이 사건 사고 발생 당시 헤드의 궤적은 정상적인 다운스윙 때의 궤적에서 바깥쪽으로 크게 벗어나 있고, 헤드가 부딪혀 자국이 생긴 곳도 스윙 플레이트를 우측으로 벗어나 천으로 덮인 나무 재질의 바닥인 점 등을 종합하여 보면, 이 사건 사고는 원고가 이 사건 골프채로 다운스윙을 하던 중 헤드 부분이 바닥에 닿기 전에 골프채로부터 분리되면서 스윙 플레이트의 우측 바깥 부분으로 천으로 덮인 나무 재질의 바닥을 맞고 튀어 오르면서 원고의 우측 눈을 충격하여 발생한 것으로 봄이 상당하다.

스크린 골프는 좁은 실내에서 행하여지는 상당한 위험성을 내포한 스포츠이고, 특히 스크린 골프장에 비치된 골프채의 경우 다중의 이용자가 반복적으로 사용하면서 많은 충격을 받게 되고 통상적인 용법을 벗어나는 방법으로 사용되는 경우도 있을 수 있으므로, 이 사건 골프장 운영자인 피고 D, E로서는 골프채의 안전성과 내구성에 이상이 있는지 여부를 세심히 살펴야 하고, 특히 앞선 이용자가 골프채를 사용한 이후 다시 나중 이용자에게 이를 제공하기 전에 골프채를 점검하고 확인하여 안전성과 내구성에 이상이 없는 골프채를 제공함으로써 이용자의 안전을 배려하고 보호하여야할 업무상 주의의무가 있다.

그럼에도 피고 D와 E는 위와 같은 주의의무를 게을리 한 채 골프채가 바닥에 닿기도 전에 헤드 부분이 분리될 정도로 안전성과 내구성에 중대한 하자가 있는 이 사건 골프채를 만연히 원고에게 제공하였고, 그로 인해 원고가 이 사건 골프채로 다운스윙을 하던 중 이 사건 사고를 당하였으므로, 위 피고들은 원고가 입은 손해를 배상할 의무가 있다.

한편, 피고 D, E는 원고가 이 사건 사고 당시 음주를 한 채 이 사건 골프채로 스윙을 하였으므로 위 피고들에게 책임이 없거나 위 피고들의 책임이 감경되어야 한다고 주장하나, 을나 4호증의 1, 2, 3의 각 영상만으로는 원고가 이 사건 사고 당시 음주를 하였다고 보기 부족하고, 달리 이를 인정할 증거가 없을 뿐만 아니라, 앞서 본 바와 같은 이 사건 사고의 발생 경위 등에 비추어 보면, 원고의 음주 여부에 따라 피고 D, E의 책임의 존부 내지 범위가 달라진다고 할 수 없으므로, 피고 D, E의 주장은 이유 없다.

2) 피고 B에 대한 판단

원고의 주장으로는 피고 B가 이 사건 골프장의 설계, 제작을 한 회사로서 이 사건 골프채의 헤드 부분이 맞고 튀어 오른 바닥 부분에 스폰지 등을 넣어 골프공 등의 물체가 강하게 충격하였을 경우에도 그 충격을 흡수할 수 있도록 설계하였어야 함에도 단단한 나무로 된 재질에 천만 덧씌우는 방식으로 위 바닥 부분을 잘못 설계, 제작한 과실이 있다.

또한, 피고 B는 피고 D, E가 공동운영하는 이 사건 골프장에 자신의 상호를 사용할 것을 허락하였고, 원고는 이 사건 골프장을 피고 B가 운영하는 곳으로 오인하였으므로, 피고 B는 상법 제24조에 따라 명의대여자로서 피고 D, E와 연대하여 원고가 입은 손해를 배상해야 한다는 것이다.

나아가 피고 B가 이 사건 골프장에서 발생하는 수입의 일정 부분을 취득하고 있고, 이 사건 골프장에 자신의 상호 사용을 허락한 점에 비추어 피고 B와 피고 D, E 사이에는 사용자와 피용자의 관계가 있으므로, 피고 B는 민법 제756조에 따른 사용자로서 원고가 입은 손해를 배상해야 한다는 것이다.

[1] 먼저, 이 사건 골프채의 헤드 부분이 충격된 부분의 설계, 제작에 관하여 피고 B의 과실이 있다는 주장에 관하여 보건대, 갑가 9호증의 1 내지 4, 을가 2, 6호증의 각 기재와 변론 전체의 취지에 의하면, 피고 B은 이 사건 골프장에 설치된 골프 시뮬레이션 시스템 등을 생산, 판매하는 업체인데, 이 사건 골프채에서 분리된 헤드가 충격한 바닥 부분은 골프 시뮬레이션 시스템의 구성품이 아닌 사실, 위 바닥 부

분과 같은 이사건 골프장의 인테리어 시설물은 그 운영자인 피고 D, E가 인테리어 업체와 협의하여 공사를 진행하는 부분이지 피고 B가 직접 결정하는 부분이 아닌 사실이 인정되는 바, 이러한 사정에 비추어 보면, 피고 B이 이 사건 골프채의 헤드 부분이 충격된 바닥 부분의 설계, 제작에 관여한다고 볼 수 없으므로, 이와 다른 전제에 선 원고의 위 주장은 이유 없다.

[2] 또한, 피고 B가 명의대여자로서 피고 D, E와 연대하여 책임을 져야 한다는 주장에 관하여 보건대, 이 사건 골프장의 상호는 'B'가 아니라 'GOLF 아레나 스크린 연습장'이고, 가사 이 사건 골프장에 피고 B를 상징하는 표지가 있다 하더라도, 이는 이 사건 골프장에서 피고 B가 제작·판매한 스크린 골프 시뮬레이션 시스템을 사용한다는 의미일 뿐, 그러한 사정만으로 피고 B가 이 사건 골프장을 운영하는 것으로 볼 수 없으므로, 원고의 이 부분 주장 역시 이유 없다.

[3] 한편, 피고 B가 피고 D, E의 사용자로서 책임을 져야 한다는 주장에 관하여 보건대, 민법 제756조가 규정하는 사용자책임은 타인을 사용하여 어느 사무에 종사하게 한자로 하여금 피용자가 그 사무집행에 관하여 제3자에게 가한 손해를 배상하게 하는 것으로서, 사용자책임이 성립하려면 사용자와 불법행위자 사이에 사용관계, 즉 사용자가 불법행위자를 실질적으로 지휘·감독하는 관계에 있어야 하는데, 피고 B와 피고 D, E사이에 위와 같은 실질적 지휘·감독관계가 있었다고 볼 만한 자료가 전혀 없으므로, 원고의 위 주장도 이유 없다.

3) 피고 C에 대한 판단

원고의 주장으로는 피고 C가 이 사건 골프채를 수입·판매하는 회사로서 해당 제품이 통상적인 수준의 내구성과 안전성을 갖추도록 할 의무가 있는데, 이 사건 골프채가 바닥에 닿기 전에 헤드 부분이 분리가 된 것은 위와 같은 내구성과 안전성을 갖추지 못한 중대한 하자가 있는 것이다. 따라서 피고 C는 원고가 입은 손해를 배상할 책임이 있다는 것이다.

이에 대하여 살펴보면, 물품을 제조·판매하는 제조업자는 그 제품의 구조·품질·성능 등에 있어서 그 유통 당시의 기술 수준과 경제성에 비추어 기대 가능한 범위 내의 안전성과 내구성을 갖춘 제품을 제조·판매하여야 할 책임이 있고, 이러한 안전성과 내구성을 갖추지 못한 결함으로 인하여 소비자에게 손해가 발생한 경우에는 불법행위로 인한 손해배상의무를 부담하며, 일반적으로 제품의 결함을 이유로 제조업자에게 손해배상책임을 지우기 위해서는 소비자 측에서 제품이 정상적으로 사용되는 상태에서 사고가 발생하였다는 점, 그 사고가 제조업자의 배타적 지배하에 있는 영역에서 발생하였다는 점과 그 사고가 어떤 자의 과실 없이는 통상 발생하지 않는다고 하는 사정을 증명하면, 제조업자 측에서 그 사고가 제품의 결함이 아닌 다른 원인으로 말미암아 발생한 것임을 입증하지 못하는 이상 그 제품에 결함이 존재하며 그 결함으로 말미암아 사고가 발생하였다고 추정된다고 할 것이다(대법원 2004. 3. 12. 선고 2003다16771 판결 등 참조).

돌이켜 이 사건에 관하여 보건대, 이 사건 사고는 원고가 이 사건 골프채로 다운스윙을 하던 중 헤드 부분이 바닥에 닿기도 전에 골프채로부터 분리되면서 스윙 플레이트의 바깥 부분으로 천으로 덮인 나무 재질의 바닥을 맞고 튀어 오르면서 원고의 오른 쪽 눈을 충격하여 발생한 것으로, 위와 같이 헤드 부분이 분리된 경위 등에 비추어보면, 불특정 다수의 이용자에 의하여 반복적으로 사용된 이 사건 골프채가 이 사건사고 발생 전에 다른 이용자에 의하여 정상적인 용법이 아닌 방법으로 사용되었을 가능성이 있는 점, 또한 피고 D, E가 이 사건 골프채의 안전성과 내구성을 수시로 점검하고 확인할 업무상 주의의무를 게을리 하여 이 사건 사고가 발생한 것인 점 등에 비추어 보면, 갑가 8, 11호증의 각 영상만으로는 이 사건 골프채가 피고 C의 배타적 지배하에 있는 영역에서 정상적으로 사용되는 가운데 일반적으로 요구되는 안전성과 내구성을 갖추지 못하여 이 사건 사고가 발생한 것으로 추정하기 부족하고, 달리 이를 인정할 증거가 없으므로, 원고의 위 주장도 이유 없다.

다. 시사점

이 사건에 대한 판결은 피해자인 소비자(원고)가 입은 눈 실명피해에 대하여 골프장운영자인 피고 D, E에게 "골프채의 안전성과 내구성에 이상이 있는지 여부를 세심히 살펴야 하고, 특히 앞선 이용자가 골프채를 사용한 이후 다시 나중 이용자에게 이를 제공하기 전에 골프채를 점검하고 확인하여 안전성과 내구성에 이상이 없는 골프채를 제공함으로써 이용자의 안전을 배려하고 보호하여야할 업무상 주의의무가 있다."고 하여 손해배상책임을 인정하였다.

그러나 골프장운영시스템을 제공한 피고 주식회사 B, 골프채를 제조·판매한 피고 주식회사 C에 대한 청구는 이유 없다고 기각하였다.

14. 자동차화재로 인한 손해배상청구사건 (서울고법 2016. 1. 27, 2015나9478)[32]

가. 사건 개요

M씨는 S자동차가 제조하여 판매한 SUV자동차를 2011. 6. 9. 대금 3,229만 원에 구입하였다. M씨는 2012. 6. 23. 22:10~22:30경 경북 청도시에서 대구광역시를 향해 이 사건 자동차를 정상적인 용법에 따라 운행하던 중 대구 달성군 가창면 냉천리 ○○가스 앞 도로에서 적색신호에 정지하였다가 다시 주행하였다. 그런데 옆차가 경음기를 울리자 M씨는 일단 정차한 다음 이 사건 자동차를 확인해보니 불이 엔진 아래쪽으로 떨어지는 것을 목격하였고, 이에 15미터 정도 이 사건 자동차를 이동하여 갓길에 세운 후 이 사건 화재의 진화를 시도하였다. 그 후 이 사건 화재는 대구 서부소방서 가창소방소 진압 직원에 의해 소화되었으나, 이 사건 자동차는 이 사건 화재로 인해 엔진 등이 심하게 파손되었다.

M씨 이 사건 자동차에 관하여 B자동차보험회사와 자동차종합보험을 체결하였으므로 2012. 10. 18. 자기차량손해에 대한 보험금 명목으로 2,594만 원을 지급받았다.

M씨는 2012. 5.경 이 사건 자동차에 네비게이션을 설치한 이외에는 전기 장치를 임의로 개조하거나 엔진출력을 증가하기 위한 개조 등을 한 적이 없었다. 이 사

---

32 https://m.lawtimes.co.kr/Content/Case-Curation?serial=134&t=c.

건 자동차의 화재는 자동차 구매일로부터 약 1년 뒤에 발생하였고, 이 때까지 총 주행거리는 약 8,000킬로미터 정도에 불과하다. 제조회사는 이 사건 자동차의 엔진 및 변속기의 경우 5년/10만 킬로미터, 차체 및 일반 부품의 경우 2년/4만 킬로미터의 각 무상수리를 (품질)보증하고 있다.

나. 판결 요지

물품을 제조·판매하는 제조업자는 제품의 구조·품질·성능 등에서 유통 당시의 기술 수준과 경제성에 비추어 기대 가능한 범위 내의 안전성과 내구성을 갖춘 제품을 제조·판매하여야 할 책임이 있고, 이러한 안전성과 내구성을 갖추지 못한 결함으로 인하여 소비자에게 손해가 발생한 경우에는 불법행위로 인한 손해배상책임을 부담한다. 한편 고도의 기술이 집약되어 대량으로 생산되는 제품의 결함을 이유로 제조업자에게 손해배상책임을 지우는 경우 제품의 생산과정은 전문가인 제조업자만이 알 수 있어서 제품에 어떠한 결함이 존재하였는지, 그 결함으로 인하여 손해가 발생한 것인지는 일반인으로서는 밝힐 수 없는 특수성이 있기 때문에 소비자 측이 제품의 결함 및 그 결함과 손해 발생 사이의 인과관계를 과학적·기술적으로 증명한다는 것은 지극히 어려우므로, 제품이 정상적으로 사용되는 상태에서 사고가 발생한 경우 소비자 측에서 그 사고가 제조업자의 배타적 지배하에 있는 영역에서 발생하였다는 점과 그 사고가 어떤 자의 과실 없이는 통상 발생하지 아니한다고 하는 사정을 증명하면, 제조업자 측에서 그 사고가 제품의 결함이 아닌 다른 원인으로 말미암아 발생한 것임을 증명하지 못한 이상 제품에 결함이 존재하고 그 결함으로 말미암아 사고가 발생하였다고 추정하여 손해배상책임을 지울 수 있도록 증명책임을 완화하는 것이 손해의 공평·타당한 부담을 지도 원리로 하는 손해배상제도의 이상에 부합한다(대법원 2004. 3. 12. 선고 2003다16771 판결, 대법원 2015. 2. 26. 선고 2014다74605 판결 등).

제조물책임에서 증명책임을 완화하는 것은 일반적으로 그 제품의 생산과정을 전문가인 제조업자만이 알 수 있어서 그 제품에 어떠한 결함이 존재하였는지, 그 결함으로 인하여 손해가 발생한 것인지 여부를 일반인으로서는 밝힐 수 없는 특수성이 있어서 소비자 측이 제품의 결함 및 그 결함과 손해의 발생과의 사이의 인과관계를 과학적 · 기술적으로 입증한다는 것은 지극히 어렵다는 정보의 편재 내지 불균형을 감안하여 손해의 공평 · 타당한 부담을 이루기 위한 것이므로, 특별한 사정이 없는 한 제조업자나 수입업자로부터 제품을 구매하여 이를 판매한 자가 그 매수인에 대하여 부담하는 민법 제580조 제1항의 하자담보책임에는 제조업자에 대한 제조물책임에서의 증명책임 완화의 법리가 유추적용된다고 할 수 없다(대법원 2011. 10. 27. 선고 2010다72045 판결). 그러나 매도인의 지위, 매도인과 제조자와의 관계나 제조물에 대한 정보 공유 가능성, 매도인의 하자 보수 능력 등을 감안하여 매도인을 제조자와 동일시 할 수 있다고 볼만한 특별한 사정이 있는 경우라면, 제조업자에 대한 제조물책임에서의 증명책임 완화의 법리를 민법 제580조 제1항 소정의 매도인의 하자담보책임에 유추적용할 수 있다.

M씨는 이 사건 자동차를 정상적으로 사용하고 있었음에도 불구하고 이 사건 자동차 엔진룸 내부에서 이 사건 화재가 발생한 사실은 앞서 본 바와 같고, 자동차의 엔진과 같은 핵심 부품은 피고의 배타적인 지배하에 있는 영역이라고 봄이 상당하므로, 위 법리에 비추어 특별한 사정이 없는 한 이 사건 자동차(엔진)에는 거래통념상 기대되는 객관적 성질 · 성능을 갖추지 못한 결함(하자)이 있었고, 그러한 결함으로 말미암아 이 사건 화재가 발생하였다고 추정된다.

결국 피고는 이 사건 자동차의 제조자이자 매도인으로서 매수인 M씨에 대하여 이 사건 자동차에 대한 하자담보책임(손해배상의무)을 부담하며, 나아가 보험자인 원고는 M씨와의 보험계약에 따라 동인에게 이 사건 화재로 인한 보험금(이 사건 자동차 가액 상당액)을 지급함으로써 그 지급한 금액의 범위 내에서 M씨의 피고에 대한 손해배상채권을 대위취득하였다.

다. 시사점

이 판례는 항소심 판결로서 1심에서와 마찬가지로 소비자(자동차보험회사)가 승소하였다. 소비자가 자동차보험에 가입하고 있어서 보험회사로부터 손해배상을 받은 후 보험회사가 소비자의 자동차제조회사에 대한 손해배상채권을 대위하여 소송을 한 것이다.

소송과정에서 안전(화재) 공학 분야의 전문가인 L씨(제1심 증인)는 이 사건 화재가 이 사건 자동차의 엔진룸 중 좌측 부위에서 발생하였고, 화재원인으로 배터리 플러스(+) 단자에 삽입하여 나사체결하는 고리의 전기적인 스파크로 인해 이 사건 화재가 발생하였을 가능성이 높은 것으로 판단하였다.

피고가 2012. 7. 12. 이 사건 자동차에 관하여 장치별 세부(정밀)조사를 마친 결과 ① 이 사건 화재의 발화점은 엔진룸 내부(배터리 및 연료필터 부근)인 것으로 확인, ② 화재 차량의 Engine ECU 탈거 후 동일사양 차량에 장착 후 DTC 확인결과 Error 항목 없음, ③ 차량 전체 고객 과실의 문제점이 발견되지 않음이라고 조사하였다.

피고 직원으로서 위 세부(정밀)조사에 참여한 제1심 증인 C씨도 이 사건 화재와 관련하여 차주(고객)의 과실로 인정할 만한 문제점은 발견하지 못하였고, J씨 단기로 고장코드를 발견하지 못하였다고 하여도 자동차에 이상이 없다고 단정할 수 없다고 증언하였다.

M씨는 2012. 5.경 이 사건 자동차에 네비게이션을 설치한 이외에는 전기 장치를 임의로 개조하거나 엔진출력을 증가하기 위한 개조 등을 한 적이 없었다.

피고는 ① M씨가 2012. 2. 9. 및 2012. 3. 27. 자동차 사고로 앞·뒤 범퍼, 램프, 팬더 등을 교환한 사실이 있는바, 이것이 이 사건 화재의 발생과 무관하다 볼 수 없고, ② 이 사건 자동차에는 ECU(Electronic Control Unit 내지 Engine Control Unit)가 장착되어 있는데, ECU에 자동차 배터리 단자의 전기적 스파크 등 전압 이상의 고장코드가 기록되어 있지 않으며, 배터리 단자에 전기적인 스파크가 발생하였다 하여도 구입한지 1년이 지나 8,500킬로미터 가량 운행한 상태에서 발생한 이 사건 화재는 이 사건 자동차의 결함이 아닌 운전자의 관리부재 등 과실로 말미암아 발생한 것이라고 주장하였다.

그러나 법원은 M씨가 2012. 2. 9.경 이 사건 자동차의 앞 사이드스템커버, 앞 원더(우, 특수), 앞 범퍼(특수), 앞 휠하우스커버, 앞 범퍼어셈블리, 앞 휀더(좌), 앞 헤드램프, 앞 파킹에이드센서, 앞 휠아치몰딩을, 2012. 3. 27.경 뒤 범퍼어셈블리, 뒤 콤비네이션램프, 뒤 파킹에이드센서, 뒤 범퍼를 각 수리받은 사실은 인정되나, 피고 스스로 작성한 화재조사보고서(을 제13호증)에 '고객 임의개조 사항이나 사고 수리 및 정비 불량에 의한 화재 발생 요인을 발견할 수 없고, 위 사고수리내역과 이 사건 화재는 관련이 없다'는 취지로, 역시 피고 스스로 작성한 회의록(을 제3호증)에도 "차량 전체 고객 과실 측면(전기장치 임의개조, 불량연료 사용, 엔진출력 임의 증가 위한 개조, 임의정비 및 사고수리 등)의 문제점 발견되지 않음"이라고 각 기재되어 있는 점 등에 비추어, 이 사건 화재가 이 사건 자동차의 결함이 아닌 다른 원인으로 말미암아 발생한 것이라고 보기 어렵다고 판단하였다.

15. 가습기살균제 사망사건 (서울중앙지법 2016. 11. 15, 2014가합563032)

가. 사건 개요

가습기살균제로 피해를 입었다고 주장하는 원고 최모씨 등 12명이 가습기 살균제 제조업체 세퓨와 국가를 상대로 낸 손해배상청구소송이다. 피해자들은 대부분 2005년부터 2012년 사이에 구입한 가습기살균제를 2009년부터 2012년 사이에 사용하다가 간질성 폐질환, 기흉 등으로 발생한 질병으로 치료를 받다가 사망하거나 중환자실에서 치료를 받았다.

나. 판결 요지

1) 설계상의 결함 유무

일반적으로 제조물을 만들어 판매하는 자는 제조물의 구조, 품질, 성능 등에 있어서 현재의 기술 수준과 경제성 등에 비추어 기대가능한 범위 내의 안전성을 갖춘 제품을 제조하여야 하고, 이러한 안전성을 갖추지 못한 결함으로 인하여 그 사용자에게 손해가 발생한 경우에는 불법행위로 인한 배상책임을 부담하게 되는 것인바, 그와 같은 결함 중 주로 제조자가 합리적인 대체설계를 채용하였더라면 피해나 위험을 줄이거나 피할 수 있었음에도 대체설계를 채용하지 아니하여 제조물이 안전하지 못하게 된 경우를 말하는 소위 설계상의 결함이 있는지 여부는 제품의 특성 및 용도, 제조물에 대한 사용자의 기대와 내용, 예상되는 위험의 내용, 위험에 대한 사용자의 인식, 사용자에 의한 위험회피의 가능성, 대체설계의 가능성 및 경제적 비용, 채택된 설계와 대체설계의 상대적 장단점 등의 여러 사정을 종합적으로 고려하여 사회통념에 비추어 판단하여야 한다(대법원 2003. 9. 5. 선고 2002다17333 판결 등 참조). 또한, 고도의 기술이 집약되어 대량으로 생산되는 제품에 성능 미달 등의 하자가 있어 피해를 입었다는 이유로 제조업자 측에게 민법상 일반 불법행위책임으로 손해배상을 청구하는 경우에, 일반 소비자로서는 제품에 구체적으로 어떠한 하자가 존재하였는지, 발생한 손해가 하자로 인한 것인지를 과학적·기술적으로 증명한다는 것은 지극히 어렵다. 따라서 소비자측으로서는 제품이 통상적으로 지녀야 할 품질이나 요구되는 성능 또는 효능을 갖추지 못하였다는 등 일응 제품에 하자가 있었던 것으로 추단할 수 있는 사실과 제품이 정상적인 용법에 따라 사용되었음에도 손해가 발생하였다는 사실을 증명하면, 제조업자 측에서 손해가 제품의 하자가 아닌 다른 원인으로 발생한 것임을 증명하지 못하는 이상, 제품에 하자가 존재하고 하자로 말미암아 손해가 발생하였다고 추정하여 손해배상책임을 지을 수 있도록 증명책임을 완화하는 것이 손해의 공평·타당한 부담을 지도 원리로 하는 손해배상제도의 이상에 맞다(대법원 2013. 9. 26. 선고 2011다88870 판결 등 참조).

제조물책임법상 '설계상의 결함'이란 제조업자가 합리적인 대체설계를 채용하였더라면 피해나 위험을 줄이거나 피할 수 있었음에도 대체설계를 채용하지 아니하여 해당 제조물이 안전하지 못하게 된 경우(제조물책임법 제2조 제2호 나목 참조)를 의미하는 바, 이에 비추어 이 사건 가습기살균제에 설계상의 결함이 존재하였는지 여부를 살펴 본다.

위 법리 및 갑 제11, 12, 13호중의 각 기재에 변론 전체의 취지를 종합하여 인정하는 아래 사실 및 사정에 비추어 보면, 피고 ○○가 이 사건 가습기살균제에 PGH를 사용한 설계상의 결함이 존재한다고 보인다.

[1] 이 사건 가습기살균제는 가습기살균제 뚜껑에 용액을 약 2/3정도 채운 후(수 돗물 2~3L당 약 10ml), 가습기 물을 교체할 때 넣어주는 방법으로 사용된다.

[2] 피해자들은 위와 같은 정상적인 용법으로 이 사건 가습기살균제를 사용한 후 기침이나 호흡곤란 등의 증상으로 병원에 내원하였고, 공통적으로 원인 미상의 폐 손상 진단을 받게 되었다.

[3] 이 사건 가습기살균제의 주요성분은 PGH인데, 가습기를 통해 분무된 물방 울들이 공기 중으로 기화하면, 물방울에 녹아 있던 PGH가 응결하면서 입자를 형성 하게 된다. PGH의 입자는 그 크기가 매우 작으므로 코 등 상기도에서 걸러지지 않 고 하기도 내지는 폐포 깊숙이 들어와 침착하게 되며, 그 독성학적 성상 때문에 하 기도와 폐포에 일정한 자극을 주게 된다.

[4] PGH의 자극으로 인한 증세가 급속히 진행하면서 급성간질성폐렴으로 진단 (오인)되거나 섬유화가 함께 진행하여 폐가 전체적으로 굳어져 심한 급성호흡부전양 상을 보이며 일반적인 인공호흡기 치료 등에 반응을 보이지 않기도 한다. 기도저항 이 급격히 증가하기 때문에 폐포에 공기를 공급하기 위해서는 매우 세게 힘이 가해 지게 되어, 결과적으로 높아진 압력으로 인해 폐포가 찢어지면서 공기가 새어 나와 폐기종, 종격 동기종, 피하기종 등이 함께 발생한다. 한편 이와 같은 과정을 거치면 서 회복하지 못하는 사람들은 사망하게 되며, 사망하지 않은 사람들에게는 말단기 간지 부위를 중심으로 섬유화된 소견이 남게 되어 소엽중심성 음영 소견이 영상의 학 검사에서 관찰되게 된다.

[5] 사람에게 노출되는 바와 같은 방식으로 13주 동안 가습기로 분무된 가습기 살균제에 쥐를 노출시켰을 때 불규칙한 호흡, 호흡횟수의 증가, 체중 감소 등 주로 호흡 기계 이상소견이 관찰되었고, 병리조직검사에서도 이상소견이 주로 비강, 후 두 및 폐에서 관찰되었다.

[6] 통상적으로 감염성 폐질환은 스테로이드 등 약물 투여로 증상이 완화되는데, 가습기살균제 사용자들에게 발생한 폐손상의 경우에는 기존 약물치료에 반응하지 않았다. 해당 환자들에게서 폐섬유화와 관련된 세균, 진균 및 바이러스성 병원체가 발견되지도 않았고 조직병리학적, 임상적 소견도 감염성 질환과 부합하지 않아 전 문가들은 해당 환자들에게 발생한 폐손상이 감염성 질환일 가능성은 희박하다고

판단했다.

[7] 질병관리본부는 2011. 8.경 역학조사 및 연구 결과 집단적 중증 폐손상의 원인이 가습기살균제로 추정된다고 발표한 데 이어서 동물 흡입독성실험을 시행하여 2011. 11. 및 2012. 2.경 이 사건 가습기살균제와 폐손상의 연관성이 확인된 중간 및 최종 실험결과를 발표하였다.

[8] 위와 같은 사실 및 사정에 비추어 보면 이 사건 가습기살균제에 일응 하자가 있었다는 것을 추단할 수 있고 피해자들은 위 가습기살균제를 정상적인 용법으로 사용하였음에도 생명이나 신체에 손상을 입은 사실을 인정할 수 있다. 그럼에도 피고 ○○는 피해자들의 손해가 이 사건 가습기살균제의 하자가 아닌 다른 원인으로 발생한 것임을 증명하지 못하고 있으므로 이 사건 가습기살균제에 하자가 존재하고 하자로 말미암아 피해자들에게 손해가 발생하였다고 추정된다.

2) 표시상의 결함 유무

제조업자 등이 합리적인 설명, 지시, 경고 기타의 표시를 하였더라면 당해 제조물에 의하여 발생될 수 있는 피해나 위험을 줄이거나 피할 수 있었음에도 이를 하지 아니한 때에는 그와 같은 표시상의 결함(지시·경고상의 결함)에 대하여도 불법행위로 인한 책임이 인정될 수 있고, 그와 같은 결함이 존재하는지 여부에 대한 판단을 함에 있어서는 제조물의 특성, 통상 사용되는 사용형태, 제조물에 대한 사용자의 기대의 내용, 예상되는 위험의 내용, 위험에 대한 사용자의 인식 및 사용자에 의한 위험 회피의 가능성 등의 여러 사정을 종합적으로 고려하여 사회통념에 비추어 판단하여야 한다(대법원 2003. 9. 5. 선고 2002다17333 판결 등 참조).

제조물책임법상 '표시상의 결함'이란 제조업자가 합리적인 설명·지시·경고 또는 그 밖의 표시를 하였더라면 해당 제조물에 의하여 발생할 수 있는 피해나 위험을 줄이거나 피할 수 있었음에도 이를 하지 아니한 경우를 말하므로(제조물책임법 제2조 제2호 다목), 이 사건 가습기살균제 용기에 기재된 문구가 표시상의 결함을 가지고 있는지 살펴본다.

갑 제3, 15호증의 각 기재에 의하면, 이 사건 가습기살균제의 용기에는 '감기, 폐렴 유발균 등 유해 세균 제거', '이제 안심하고 가습기를 켜세요!', '○○는 EU의 승인을 받고 유럽 환경국가에서 널리 쓰고 있는 살균성분 PGH를 기반으로 한 프리미엄 살균솔루션 브랜드입니다', '인체에 무해하며 흡입 시에도 안전(OECD 423: not toxic if swallowed)', 'EU 승인 안심살균물질 사용 국제표준 안전성 테스트 완료' 등의 문구가 기재되어 있는 사실이 인정된다.

위 인정사실 및 위 각 증거에 변론 전체의 취지를 종합하여 인정하는 아래 사정에 의하면, 이 사건 가습기살균제에는 표시상의 결함이 존재한다고 보인다.

[1] 이 사건 가습기살균제는 가습기 물을 교체할 때 가습기 물에 넣어 사용하게 되는데, 가습기는 일반적으로 수분을 조절하기 위하여 사용하는 것으로 건강에 취약한 어린아이나 임산부, 노약자 등 면역력이 약하거나 수분조절 능력이 저하된 사람들이 밀폐된 공간에서 사용하는 경우가 대부분으로 가습기에서 분사되는 입자들이 호흡기로 들어와 인체에 흡입되기 쉬운 환경이므로 그 안전성이 무엇보다 중요하다.

[2] 이 사건 가습기살균제의 사용자들은 그 용기에 표시된 '인체 무해', '흡입 시에도 안전' 등의 문구를 보고 제품에 부작용이 전혀 없거나 제품의 안전기능이 완전하여 추가적인 안전예방조치를 하지 않아도 된다고 기대를 하게 된다.

[3] 또한 피고 ○○는 이 사건 가습기살균제의 주요 성분인 PGH를 원산지인 덴마크로부터 수입을 하는데, PGH가 유럽에서 널리 쓰이는 안전한 성분인 것처럼 표시하였다.

[4] 그러나 당시 피고 ○○는 PGH가 인체에 안전한 성분이라는 객관적인 근거를 전혀 가지고 있지 않았고, 오히려 질병관리본부의 조사결과에 따르면 이 사건 가습기 살균제의 주요 성분인 PGH가 폐손상과 밀접한 관련이 있다는 사실을 알 수 있다.

[5] 이 사건 가습기살균제의 사용자들은 위 제품의 안정성이나 유해성 등을 객관적으로 알기 어려워 전적으로 피고 ○○가 제시한 정보에 의존할 수밖에 없으므로, 이 사건 가습기살균제 용기에 기재된 표시를 그대로 믿을 수밖에 없었다.

따라서 피고 ○○가 제조·판매한 이 사건 가습기살균제에는 설계상 및 표시상의 결함이 존재하고, 그로 인하여 피해자들은 생명이나 신체에 손상을 입었으므로,

피고 ○○는 제조물책임법 제3조에 따라 이 사건 가습기살균제의 결함으로 손해를 입은 원고 최○○ 등에 대하여 그 손해를 배상할 의무가 있다.

3) 피고 대한민국에 대한 청구에 관한 판단

공무원의 부작위로 인한 국가배상책임을 인정하기 위하여는 공무원의 작위로 인한 국가배상책임을 인정하는 경우와 마찬가지로 '공무원이 그 직무를 집행함에 당하여 고의 또는 과실로 법령에 위반하여 타인에게 손해를 가한 때'라고 하는 국가배상법 제2조 제1항의 요건이 충족되어야 할 것인바, 여기서 '법령에 위반하여'라고 하는 것이 엄격하게 형식적 의미의 법령에 명시적으로 공무원의 작위의무가 규정되어 있는데도 이를 위반하는 경우만을 의미하는 것은 아니고, 국민의 생명, 신체, 재산 등에 대하여 절박하고 중대한 위험상태가 발생하였거나 발생할 우려가 있어서 국민의 생명, 신체, 재산 등을 보호하는 것을 본래적 사명으로 하는 국가가 초법규적, 일차적으로 그 위험 배제에 나서지 아니하면 국민의 생명, 신체, 재산 등을 보호할 수 없는 경우에는 형식적 의미의 법령에 근거가 없더라도 국가나 관련 공무원에 대하여 그러한 위험을 배제할 작위의무를 인정할 수 있을 것이나, 그와 같은 절박하고 중대한 위험상태가 발생하였거나 발생할 우려가 있는 경우가 아닌 한, 원칙적으로 공무원이 관련 법령대로만 직무를 수행하였다면 그와 같은 공무원의 부작위를 가지고 '고의 또는 과실로 법령에 위반'하였다고 할 수는 없을 것이므로, 공무원의 부작위로 인한 국가배상책임을 인정할 것인지 여부가 문제되는 경우에 관련 공무원에 대하여 작위의무를 명하는 법령의 규정이 없다면 공무원의 부작위로 인하여 침해된 국민의 법익 또는 국민에게 발생한 손해가 어느 정도 심각하고 절박한 것인지, 관련 공무원이 그와 같은 결과를 예견하여 그 결과를 회피하기 위한 조치를 취할 수 있는 가능성이 있는지 등을 종합적으로 고려하여 판단하여야 한다(대법원 2001. 4. 24. 선고 2000다57856 판결 등 참조).

위 법리 및 갑 제9, 16 내지 18, 21호증의 각 기재, 국립환경과학원에 대한 사실조회 회신결과에 변론 전체의 취지를 종합하여 인정하는 아래 사정에 비추어 보면, 원고들이 제출하는 증거만으로는 피고 대한민국의 국가배상책임을 인정하기에 부족하고 달리 이를 인정할 만한 증거가 없다. 따라서 원고들의 피고 대한민국에 대한 청구는 받아들이지 않는다.

[1] 원고들이 피고 대한민국에 대한 국가배상책임을 인정하기 위하여 제출한 대부분의 증거는 신문기사(갑 제9, 13, 17, 18, 21호증)이거나 보도자료(갑 제16호증)로, 구체적으로 원고들 주장을 입증할 만한 증거는 제출되지 않았다.

[2] 원고들은 2016. 3.경부터 피고 ○○ 등에 대한 가습기살균제 수사결과를 예의주시하며 피고 대한민국의 국가배상책임 관련 구체적인 자료를 제출하려고 노력하였으나, 이 사건 변론 종결일인 2016. 10. 20.까지도 가습기살균제에 대한 국가책임에 관하여 구체적으로 어떠한 조사가 진행되는지를 알지 못하여 결국 이 사건은 추가적인 증거조사 없이 종결되었다.

[3] 가습기살균제는 1997년 우리나라에 최초로 출시된 이후 연간 판매량은 약 60만 개, 시장규모는 판매액 기준으로 약 20억 원 정도를 유지하였으나, 2011. 8. 31. 질병 관리본부의 제조업체에 대한 출시 자제 권고 이후 생산이 중단되었다. 외국의 경우에는 우리나라와 같이 가습기에 가습기살균제를 넣어 사용하는 경우가 없어 임상적, 조직학적으로 동일한 사례를 찾을 수 없었다.

[4] 2006년경 대한소아학회지에 '2006년 초에 유행한 소아급성 간질성폐렴'이라는 논문이 게재되었는데, 위 논문은 2006. 3.경부터 2006. 6.경까지 간질성폐렴으로 입원한 환아 15명에 대한 증상 및 치료에 관한 연구를 내용으로 하고 있고, 2008년경에도 대한소아학회지에 '급성 간질성 폐렴의 전국적 현황 조사'라는 논문이 게재되었는데, 위 논문은 2008. 2.경부터 2008. 7경까지 간질성 폐렴으로 입원한 환아 78명에 대한 증상, 원인 및 치료에 관한 연구를 내용으로 하고 있는 사실은 인정되나, 위 각 논문의 저자인 서울○○병원 홍○○ 교수도 자신은 2011년 봄까지 가습기 살균제가 급성 간질성 폐질환의 원인일 것이라는 생각을 전혀 하지 못하였다고 밝힌 바 있다. 질병관리 본부는 2011. 4. 25. 서울○○병원으로부터 원인 미상 폐질환에 대한 조사를 요청받고, 역학조사와 동물실험 및 전문가 검토 등을 실시한 후 2011. 8. 31. 국민들에게 가습기 살균제 사용을 자제토록 권고하고 동시에 제조업체에 대해서도 가습기살균제의 출시를 자제토록 하였다.

[5] 유해화학물질관리법 제2조 제8호는 유해화학물질을 '유독물, 관찰물질, 취급

제한물질 또는 취급금지물질, 사고대비물질, 그 밖에 유해성 또는 위해성이 있거나 그러할 우려가 있는 화학물질'로 정의하고 있고, 같은 법 제11조는 '신규화학물질이나 10톤 이상 제조 또는 수입되는 관찰물질 등 유해성 심사가 필요하다고 인정되는 화학물질'에 대하여 유해성 심사를 하도록 규정하고 있다. 위 유해성 심사는 화학물질 자체에 대하여 신청인이 제출한 자료 등을 통해 유해성을 평가하도록 되어 있는바, 피고 대한민국(환경부 소속 국립환경과학원)은 2003년경 PGH에 대하여 유해성심사를 한 결과 급성경구독성이 낮고 피부와 눈에 자극성 및 부식성, 과민반응을 일으키는 물질도 아니며 돌연변이 유발 물질도 아니어서 유독물 또는 관찰물질에 해당하지 않는다는 판정을 하였는데, 이는 위 각 법령의 규정에 따른 것으로 보이고, 달리 그 당시의 유해물질의 정의나 기준 등에 비추어 피고 대한민국이 가습기살균제를 유해물질로 지정하여 관리하지 않은 데에 대하여 주의의무를 소홀히 한 과실이 있었다고 보기는 어렵다.

[6] 공산품안전관리법에 의하면 안전관리대상공산품은 안전인증대상공산품, 자율안전확인대상공산품, 안전·품질표시대상공산품 등으로 구분된다(제2조 제13호 참조). 가습기 살균제는 세정제로 판매될 경우에는 자율안전확인대상공산품에 해당하여 그 제조업자 및 수입업자가 해당 공산품이 안전기준에 적합한 것임을 스스로 확인(이하 '자율안전확인'이라 한다)한 후 이를 신고하도록 되어 있으나(그 당시 세정제의 경우 유해성분으로서 염산 및 황산, 수산화나트륨 및 수산화칼륨, 테크라클로로에틸렌, 트리클로로에틸렌 성분에 대하여 시험을 하도록 규정되어 있다), 살균제제로 판매될 경우에는 자율안전확인 및 신고의무를 제조업자에게 강제할 근거가 없고, 실제로 가습기살균제의 제조업자들은 자율안전확인 및 신고를 한 바 없다. 따라서 피고 대한민국으로서는 공산품안전법에 따라 신고되지 아니한 가습기살균제의 성분 및 그 유해성을 확인하여야 할 의무나 이를 확인할 수 있는 제도적 수단이 없었다.

[7] 질병관리본부장 등이 역학조사를 실시하기 위하여는 감염병이 발생하여 유행할 우려가 있다고 인정되어야 하는바(감염병의 예방 및 관리에 관한 법률 제18조 참조), 원인미상의 급성 간질성 폐질환은 위 법률에서 정하고 있는 감염병에 해당하지 아니하므로, 피고 대한민국이 즉시 역학조사를 실시하지 아니하였다는 사실만으로 관계 법령에 따른 의무를 게을리하였다고 보기는 어렵다.

[8] 의약외품범위지정(보건복지부 고시) 제3조 나목은 약사법 제2조 제7호 다목 9)에 따른 의약외품의 범위에 관하여, "다. 인체에 직접 적용되지 않는 살균·소독제제(희석하여 사용하는 제제를 포함한다), 1) 알코올류, 알데히드, 크레졸, 비누제제 형태의 살균소독제, 2) 기타 방역의 목적으로 사용하는 제제"라고 규정하고 있다. 그런데 가습기 살균제는 감염병 예방이 아닌 가습기의 물때 방지 등과 같은 청소를 위한 용도로 사용되었던 것으로 위 고시에서 정하고 있는 의약외품에 해당한다고 볼 수 없으므로, 피고 대한민국의 소속 공무원이 가습기살균제를 의약외품으로 구분하여 관리하지 아니한 데 과실이 있다고 보기도 어렵다.

다. 시사점

이 판결은 가습기 살균제를 사용하다가 폐 질환 등으로 숨지거나 다친 피해자들에게 제조업체가 배상을 해야 한다는 법원의 첫 판결이다. 법원은 아직 조사가 다 이뤄지지 않아 증거가 부족하다는 이유로 국가의 배상책임은 인정하지 않았다. 이번 판결은 가습기 살균제 피해와 관련해 진행되고 있는 다른 11건의 소송에도 영향을 미칠 것으로 보인다.

서울중앙지법 민사10부(재판장 부장판사 이은희)는 원고 최모씨 등 11명이 가습기 살균제 제조업체 세퓨와 국가를 상대로 낸 손해배상청구소송에서 "세퓨는 피해자 또는 유족 1인당 1,000만~1억 원씩 총 5억 4,000만 원을 지급하라"며 원고일부승소 판결했다.

이번에 승소한 피해자들이 실제 세퓨로부터 배상을 받기는 어려울 것으로 보인다. 직원이 10명 정도 되는 작은 업체였던 세퓨는 가습기 살균제 문제가 본격적으로 불거진 2011년 폐업했다. 세퓨 전 대표인 오모씨는 업무상과실치사·상 혐의로 구속 수감돼 재판을 받고 있다.

가습기살균제 피해사건은 소비자안전을 침해하여 많은 피해자를 낸 사상 유례가 없는 사건으로 기록될 것이다. 아무리 돈이 된다고 하더라도 단 한사람의 소비자라도 생명이나 신체를 침해할 우려가 있다면 사업을 하지 않아야 한다. 이 사건으로 인하여 화학물질에 대한 위험성에 대하여 다시 한번 소비자의 인식을 새롭게 바꾸게 된 기회가 되기도 하였다.

16. 벽걸이용 원적외선 히터로 발생한 화재피해사건 (서울중앙지법 2016. 11. 16, 2016가합538474, 2016가합538481)

가. 사건 개요

2015. 3. 9. 22:00경 경남 함안군 칠원읍에 있는 철근콘크리트구조 슬라브지붕 건물(이하 '이 사건 건물'이라 한다) 3층 안방에서 2009년경 제조하여 판매한 벽걸이용 원적외선 히터(이하 '이 사건 전기난로'라 한다) 주변에서 연기와 함께 화재가 발생하여 안방 내 가재도구 및 건물 3층 일부가 소훼되는 사고(이하 '이 사건 사고'라 한다)가 발생하였다.

이 사건 건물은 다음과 같은 구조로 되어 있는데, 1층은 피아노학원 및 어린이집, 2층은 태권도장, 에어로빅학원 및 미술·보습학원, 3층은 가정집으로 이용되고 있다.

피해자 황○○는 이 사건 건물의 소유자이고, 장○○, 또 다른 장○○는 이 사건 건물을 임차하여 사고 당시 위 건물에 거주하였다.

소비자(피해자)들은 정상적인 사용방법에 따라 이 사건 전기난로를 사용하던 중 이 사건 사고가 발생하여 손해가 발생하였으므로 제조회사는 제조물책임법에 따라 피해자들에게 손해를 배상할 책임이 있다고 주장하였다.

이에 대하여 제조회사는 제조물책임법에 따라 이 사건 사고발생에 대한 책임이 인정되기 위해서는 이 사건 전기난로가 피해자들에 의해 정상적으로 사용되는 상태에서, 제조회사의 배타적 지배하에 있는 영역에서 화재가 발생하였다는 점을 피해자들이 입증해야 하는데, 그 입증이 부족하고, 또 가사 제조회사에게 위 책임이 인정된다고 하더라도 피해자들이 주장하는 손해액이 과다하다고 주장하였다.

나. 판결 요지

1) 관련 법리

물품을 제조·판매하는 제조업자는 그 제품의 구조·품질·성능 등에 있어서 그 유통 당시의 기술수준과 경제성에 비추어 기대 가능한 범위 내의 안전성과 내구성을 갖춘 제품을 제조·판매하여야 할 책임이 있고, 이러한 안전성과 내구성을 갖추지 못한 결함으로 인하여 소비자에게 손해가 발생한 경우에는 불법행위로 인한 손해배상의무를 부담한다.

고도의 기술이 집약되어 대량으로 생산되는 제품의 결함을 이유로 그 제조업자에게 손해배상책임을 지우는 경우 그 제품의 생산과정은 전문가인 제조업자만이 알 수 있어서 그 제품에 어떠한 결함이 존재하였는지, 그 결함으로 인하여 손해가 발생한 것인지 여부는 일반인으로서는 밝힐 수 없는 특수성이 있어서 소비자 측이 제품의 결함 및 그 결함과 손해의 발생과의 사이의 인과관계를 과학적·기술적으로 입증한다는 것은 지극히 어려우므로 그 제품이 정상적으로 사용되는 상태에서 사고가 발생한 경우 소비자 측에서 그 사고가 제조업자의 배타적 지배하에 있는 영역에서 발생하였다는 점과 그 사고가 어떤 자의 과실 없이는 통상 발생하지 않는다고 하는 사정을 증명하면, 제조업자 측에서 그 사고가 제품의 결함이 아닌 다른 원인으로 말미암아 발생한 것임을 입증하지 못하는 이상 그 제품에게 결함이 존재하며 그 결함으로 말미암아 사고가 발생하였다고 추정하여 손해배상책임을 지울 수 있도록 입증책임을 완화하는 것이 손해의 공평·타당한 부담을 그 지도원리로 하는 손해배상제도의 이상에 맞다(대법원 2004. 3. 12. 선고 2003다16771 판결 등 참조).

2) 이 사건의 경우

앞서 살펴본 증거들에 갑 제4, 5, 7, 9호증의 각 기재, 이 법원의 한국전기안전공사에 대한 사실조회 결과 및 변론 전체의 취지를 더하여 보면 다음의 각 사정이 인정된다.

[1] 이 사건 전기난로 잔해 중 내부배선 2개소에서 단락흔이 식별되었는데, 위와

같은 단락흔은 절연피복의 손상으로 절연이 파괴되는 과정에서 형성되거나, 연소가 확대되는 과정에서 외부 화염에 의해 절연피복이 소실되면서 형성될 수 있다. 특히 절연피복의 손상으로 절연이 파괴되는 과정에서 단락흔이 형성되는 경우, 전기적 발열 및 불꽃이 수반되고, 이 발열 및 불꽃은 절연피복이나 주변 가연물을 착화시키는 발화원인으로 작용할 수 있다.

[2] 이 사건 사고 발생 당시 전기난로 주변에 다른 발열물질 등은 존재하지 않았던 것으로 보인다. 또한 이 사건 사고는 전기난로에서 스파크가 일어나면서 시작되었고, 전기난로의 플라스틱 등 본체 부분이 불에 녹아서 침대 매트리스에 떨어지면서 불이 옮겨 붙어 확대된 것인데, 위와 같은 화재의 진행경과는 절연피복의 손상으로 절연이 파괴되는 과정에서 단락흔이 발생하는 경우와 매우 유사하다.

[3] 단락흔이 발견된 내부배선은 피고들이 전기난로를 분해하지 않으면 접근할 수 없는 부분으로 제조업자의 배타적인 지배하에 있는 영역으로 보이고, 본체에 의해 보호되고 있어 외부의 눌림에 의해 내부배선에 단락이 발생할 가능성은 쉽게 상정하기 어렵다.

[4] 피해자 장○○, 장△△는 이 사건 전기난로를 건물 3층 안방에서 난방용으로 사용했고, 5년 이상 사용하는 동안 특별한 고장이나 문제점은 발견되지 아니하였다. 위 피고들은 전기난로의 사용설명서에 기재된 설치방법에 따라 바닥에서 1.85m 정도 떨어진 벽면에 이를 설치하였고, 누전차단기와 연결된 멀티탭에 전기난로의 플러그만 단독으로 꽂아 사용해왔다. 이 사건 건물에 설치된 누전차단기는 한국전기안전공사가 제시한 안전기준에 부합하는 것으로, 전기난로를 멀티탭에 연결하여 사용하는 방법은 멀티탭을 사용하지 않고 바로 콘센트에 연결하여 사용하는 방법과 비교할 때 안전에 있어 차이는 없다.

[5] 한국전기안전공사는 위 피고들이 이 사건 전기난로를 설치한 이후인 2012. 7.경 정기점검을 실시하였는데, 전력계통에 특별한 이상 징후는 나타나지 아니하였다.

이상의 사정을 종합하면, 이 사건 사고는 피해자 장○○, 장△△가 전기난로를 정상적으로 사용하고 있던 중 제조업자의 배타적 지배영역 하에 있는 내부배선의 단락에 의해 발생한 것으로 보이므로 제조물책임법에 따라 이 사건 사고로 인해 피해자이 입은 손해를 배상할 책임이 있다.

3) 책임의 제한

다만, 앞서 살펴본 각 증거들에 의하면, 장○○은 이 사건 건물 3층 안방에 전기난로를 켜놓은 채로 2층으로 내려와 샤워를 하면서 일시 자리를 비웠고, 방문자인 소외 장△△ 등은 역시 위 안방 밖의 거실에서 TV를 보고 있었으므로 이 사건 전기난로의 상태를 바로 확인할 수 있는 위치에 있지는 아니하였던 것으로 보이는바, 위와 같은 피해자 측의 전기난로 이용 상의 과실로 인해 화재상황을 보다 신속하게 인지하고 진화하지 못하여 이 사건 사고로 인한 손해가 확대된 것으로 보이므로, 이러한 피해자 측의 과실을 감안하여 제조회사의 책임을 전체의 70% 정도로 제한함이 상당하다.

다. 시사점

이 판결은 2009년경 제조되어 판매된 벽걸이용 원적외선 히터(전기난로)에서 2015년 3월에 소비자의 집에서 화재가 발생한 사건에 대한 것이다.

이 사건 사고 발생 당시 전기난로 주변에 다른 발열물질 등은 존재하지 않았던 것으로 보았다. 또한 이 사건 사고는 전기난로에서 스파크가 일어나면서 시작되었고, 전기난로의 플라스틱 등 본체 부분이 불에 녹아서 침대 매트리스에 떨어지면서 불이 옮겨 붙어 확대된 것인데, 위와 같은 화재의 진행경과는 절연피복의 손상으로 절연이 파괴되는 과정에서 단락흔이 발생하는 경우와 매우 유사하다고 보았다. 단락흔이 발견된 내부배선은 피고들이 전기난로를 분해하지 않으면 접근할 수 없는 부분으로 제조업자의 배타적인 지배하에 있는 영역으로 보이고, 본체에 의해 보호되고 있어 외부의 눌림에 의해 내부배선에 단락이 발생할 가능성은 쉽게 상정하기 어렵다고 보았다.

이 사건은 전형적으로 장기사용한 가전제품에서 발생하는 전선의 경화, 열화되어 일어날 수 있는 화재의 일종으로 보인다. 장기사용 가전제품에 대한 안전점검이나 교체도 검토할 필요가 있음을 보여주는 사례로 생각된다.

17. 감기약 복용으로 발생한 부작용에 대한 의료과실로 인한 양 눈 실명 피해사건 (서울고법 2017. 4. 4, 2013나2010343)

가. 사건 개요

원고 1은 2010. 1. 28.(이하 같은 해에 발생한 사실에 관하여는 월일로만 기재한다) 저녁 무렵 감기, 몸살 기운이 있다며 원고 2에게 약을 사다 줄 것을 부탁하였다. 피고 3은 이 사건 약국을 방문한 원고 2로부터 원고 1의 위 증세를 듣고, 원고 2에게 스파맥 1통(10정)과 쌍화탕[제조·판매원: 동인당제약(주)] 1포를 권하여 이를 판매하였다.

원고 1은 1. 28. 저녁 스파맥 2정과 쌍화탕 1포를 복용하였고, 1. 29. 아침 식사 후 스파맥 2정을, 저녁 식사 후 스파맥 2정을 각 복용하였으며, 1. 30. 아침 식사 후 스파맥 2정을 복용하였고, 저녁에 스파맥 2정을 복용한 뒤 수면을 취하였다. 원고 1은 스파맥을 복용하고 난 후 양안 실명의 장해에 이르게 된 사람이고, 원고 2는 원고 1의 남편이며, 원고 3, 원고 4는 원고 1의 자녀들이다.

피고 일양약품 주식회사(이하 '피고 일양약품'이라 한다)는 의료약품의 제조·판매업 등을 목적으로 설립된 회사로서 '스파맥 정' {Spamac Tab., 주성분은 아세트아미노펜(acetaminophen) 500㎎, 푸르설티아민(fursultiamine, vitamine B1의 유도체) 20㎎으로 감기, 몸살, 신경통, 근육통 등 각종 통증성 및 발열성 질환에 대하여 진통, 해열 작용을 하는 미황색의 장방형 정제(정제)이다. 이하 '스파맥'이라 한다} 이라는 명칭의 일반의약품을 제조·판매한 회사이고, 피고 의료법인 광혜의료재단(이하 '피고 법인'이라 한다)은 부산 동래구 소재 ○○병원(이하 '피고 병원'이라 한다)을, 피고들보조참가인은 부산 연제구 소재 ○○의료원(이하 '참가인 병원'이라 한다)을 각 운영하고 있으며, 피고 3은 부산 동래구 소재 ○○○○약국(이하 '이 사건 약국'이라 한다)을 운영하는 약사이다.

원고들은, 피고 일양약품이 제조한 스파맥의 표시상 결함, 피고 병원의 의료상 과실, 피고 3의 복약지도의무 위반이 경합하여 원고 1이 스파맥을 복용한 후 그 부작용으로 이 사건 장해에 이르게 되었으므로 피고들은 공동불법행위자로서 원고 1 및 그 가족인 나머지 원고들이 입게 된 재산적, 정신적 손해를 배상할 의무가 있다고 주장하였다.

나. 판결 요지

1) 피고 일양약품의 제조물책임에 대하여

제조물책임법 제2조 (다)목에서는 "표시상의 결함"이란 "제조업자가 합리적인 설명·지시·경고 또는 그 밖의 표시를 하였더라면 해당 제조물에 의하여 발생할 수 있는 피해나 위험을 줄이거나 피할 수 있었음에도 이를 하지 아니한 경우를 말한다."라고 규정하고 있으며, 한편 일반의약품의 사용상 주의사항을 기재하는 순서와 요령에 관하여 규정한 식품의약품안전청의 고시인 '의약품의 품목허가·신고·심사 규정' 제17조 제3항 제5호에 의하면 의약품을 복용할 경우 더 심해지거나 지속될 수 있는 이상반응을 '일반인이 인지할 수 있는 처음 나타나는 이상반응을 기술하는 것을 원칙'으로 정하고 있다.

위 인정 사실과 같이 피고 일양약품은 스파맥에 첨부된 제품안내서의 '복용 시 주의사항'란에 "① 이 약의 복용 후 곧바로 두드러기, 부종(후두, 눈꺼풀, 입술 등), 가슴 답답함 등과 함께 안색이 창백해지고, 수족이 차가와지고, 식은 땀, 숨 가쁨 등이 나타나는 경우, ② 고열을 수반하며 발진, 발적, 화상 모양 수포 등의 격렬한 증상이 전신 피부, 입 및 눈의 점막에 나타난 경우" 즉각 복용을 중지하고 의사 또는 약사와 상의하라고 기재하였는바, 앞서 본 '관련 의학지식'의 내용에 비추어 보면 ①항은 아세트아미노펜에서 비교적 빈번하게 나타나는 부작용 증세를, ②항은 스티븐 존슨 증후군 내지 독성 표피 괴사용해증 증세를 표시한 것으로 볼 수 있는 점, 스티븐 존슨 증후군과 독성 표피 괴사용해증 환자의 50% 이상에서 발열, 인후통, 근육통, 비염, 흉통 등 비특이적인 증상이 선행하는데, 이러한 증상을 단순 나열하게 되면 질환의 감별이나 경고의 효과를 기대할 수 없고, 오히려 ②항과 같이 스티븐 존슨 증후군과 독성 표피 괴사용해증의 특정적 증상인 피부 및 점막 침범의 초기 양상과 경과를 기재하는 것이 오히려 일반 구매자에 대한 설명 및 경고 효과를 높일 수 있다고 보이는 점, 스티븐 존슨 증후군이나 독성 표피 괴사용해증(리엘 증후군)은 전문적 의학용어에 해당하므로 반드시 구체적인 병명을 제품안내서에 명시하여야 할 필요는 없고 ②항과 같은 정도의 서술로서 족하다 할 것인 점, 나아가 원고 1이 피고 병원 응급실에 내원하여 호소했던 발열(체온 38.1℃), 얼굴 주위 붓는 경향, 무릎 안쪽으로 가려움증을 동반한 발진 증상은 ①항에서 들고 있는 두드러기나 부종, ②항에서 들고 있는 발진에 포섭될 수 있으므로 원고 1로서는 스파맥 제품안내서의 위 기재 내용을 통하여 자신에게 나타난 증세가 적어도 아세트아미노펜에 의한 부작용일 가능성을 의심할 수 있었다고 보이는 점 등을 종합하면, 피고 일양약품은 스파맥의 제품안내서에 스티븐 존슨 증후군 내지 독성 표피 괴사용해증의 위험성을 적절하고도 효과적인 방법으로 기재하였다고 봄이 상당하고, 달리 위 기재 내용의 표시상 결함을 인정할 증거가 없다.

2) 피고 법인에 대한 청구에 관한 판단

위 인정 사실 및 제1심의 한림대학교 성심병원장에 대한 진료기록감정촉탁 결과, 당심의 성균관대학교 삼성창원병원장에 대한 진료기록감정촉탁 결과, 당심의 식품의약품안전처장, 수내과의원에 대한 각 사실조회 결과에 변론 전체의 취지를 종합하여 알 수 있는 아래와 같은 사정들에 비추어 보면, 피고 병원 의료진에게는 응급실을 내원한 원고 1에 대한 문진의무를 소홀히 하여 스파맥과 주성분(아세트아미노펜)이 동일한 약제를 원고 1에게 경구 복용하도록 처방함으로써 원고 1로 하여금 조기에 독성 표피 괴사용해증에 대한 적절한 치료를 받지 못하여 이 사건 장해에 이르게 한 과실이 있다.

[1] 원고 1은 피고 병원 응급실에 내원할 당시 체온이 38.1℃로 측정되어 발열이 확인되었고, 특히 얼굴 주위의 붓는 경향 및 무릎 안쪽으로 가려움증을 동반한 발진 증상을 호소하고 있었는바, 이는 감염성 질환 또는 약물에 의한 알러지 질환, 자가 면역 질환 등을 의심할 만한 상황이었으므로 피고 병원 응급실 의료진으로서는 원고 1로부터 내원 전에 감기약을 복용한 바 있다는 사실을 들은 이상 약물에 의한 부작용으로 위와 같은 증세가 나타난 것인지를 확인하기 위해, 적어도 위 각 질환의 배제진단을 위해서라도 원고 1에게 복용한 약의 종류, 주성분, 복용량, 복용 시기, 복용 사이의 간격, 함께 복용한 약의 존부 등을 자세히 문진하였어야 함에도 이러한 사항들을 전혀 확인하지 아니하였다.

[2] 아세트아미노펜의 부작용으로는 안면 부종, 두드러기 등이 있고, 이러한 부

작용은 스티븐 존슨 증후군과 독성 표피 괴사용해증과는 달리 비교적 빈번하게 발생한다고 알려져 있으므로 피고 병원 응급실 의료진이 위와 같은 기본적인 문진의무를 다하여 원고 1이 아세트아미노펜을 주성분으로 하는 스파맥을 복용한 사실을 확인하였더라면 비록 당시 원고 1의 증세만으로 스티븐 존슨 증후군 내지 독성 표피 괴사용해증을 진단하기란 여의치 않았다 하더라도 아세트아미노펜의 부작용일 가능성은 충분히 고려할 수 있었다 할 것이므로(제1심에서 진료기록감정을 시행한 감정의는 이 경우 스티븐 존슨 증후군의 초기 증상일 가능성도 염두에 두어야 한다는 의견을 개진하기도 하였다) 원고 1에 대하여 일체의 약물 투여를 중지하고 경과를 관찰하거나 약물 부작용의 경우 원인 약물을 재복용하는 경우 증상이 악화될 수 있다는 점에 주의하여 적어도 원고 1에게 스파맥과 주성분이 동일한 아세트아미노펜 계열의 약제(타세놀 이알서방정)를 경구 처방하는 조치는 피할 수 있었을 것이다.

[3] 스티븐 존슨 증후군과 독성 표피 괴사용해증은 진단이나 처치가 늦어지는 경우 치명적인 합병증과 높은 사망률을 보이는 질환이므로 빨리 진단하고, 원인되는 약물을 바로 중지하는 것이 가장 중요하고도 최선인 치료법이며, 조기 치료를 통해 피부 침범과 점막의 괴사, 병의 중증도를 줄일 수 있는 것으로 알려져 있는바, 피고 병원 응급실 의료진이 아세트아미노펜에 의한 부작용의 발생을 염두에 두고 원고 1에게 약물 투여 중단 등의 적절한 조기 처치를 시행하였더라면 원고 1의 예후가 양안 실명이라는 중증의 이 사건 장해에까지 이르지는 않았을 것으로 보인다.

따라서 피고 법인은 피고 병원 응급실 의료진의 사용자로서 소속 의료진의 위와 같은 불법행위로 인하여 원고 1 및 그 가족들인 나머지 원고들이 입게 된 재산적, 정신적 손해를 배상할 책임이 있다.

다. 시사점

이 판결은 감기약의 복용으로 발생한 부작용을 치료하기 위하여 병원 응급실에 입원하였는데, 의료진의 과실로 피해자가 양 눈이 실명되는 사고를 당하게 된 것에 대한 판단이다.

판결에서 피고 일양약품은 스파맥의 제품안내서에 스티븐 존슨 증후군 내지 독성 표피 괴사용해증의 위험성을 적절하고도 효과적인 방법으로 기재하였다고 봄이 상당하고, 달리 위 기재 내용의 표시상 결함을 인정할 증거가 없다고 보았다.

그러나 병원 의료진에게는 응급실을 내원한 원고 1에 대한 문진의무를 소홀히 하여 스파맥과 주성분(아세트아미노펜)이 동일한 약제를 원고 1에게 경구 복용하도록 처방함으로써 원고 1로 하여금 조기에 독성 표피 괴사용해증에 대한 적절한 치료를 받지 못하여 이 사건 장해에 이르게 한 과실이 있다고 보았다.

약품의 부작용의 발생과 의료과실이 경합하여 일어날 수 있는 이 사건 피해에 대하여 의약품의 경우에는 부작용이 발생하는 것을 무조건 결함으로 볼 수는 없으므로 표시상의 결함여부가 많이 다투어질 수 있는데, 여기서는 의료진의 과실을 밝혀내어서 구제를 받게 된 것이다.

18. 주전자 넘어져 끓는 물에 어린이가 입은 화상 피해사건 (서울중앙지법 2017. 5. 12, 2015가합547075)

가. 사건 개요

피고 제조회사는 이 사건 주전자에 대하여 화상방지를 위한 안심설계를 하였다고 광고하였음에도 뚜껑 개폐부에서 물이 새는 제조상 결함으로 인하여 이 사건 주전자가 넘어져 끓는 물이 흘러나와 생후 8개월의 원고 부부의 아기가 화상을 입는 사고가 발생하였다고 제조물책임법에 의한 손해배상을 청구하였다.

원고 측은 사고 후 피고 제조사의 고객센터를 통하여 이 사건 주전자의 안심버튼이 해제되어 있지 않았음에도 물이 흘러나와 생후 8개월의 아기가 화상을 입었다는 내용의 항의를 하였고 한국소비자원에도 같은 내용의 제보를 하였다.

위와 같은 제보를 받은 한국소비자원은 직접 이 사건 주전자와 같은 모델을 조사하였고, 그 결과 안심설계 버튼이 있어 사용 중 넘어져도 뜨거운 물이 쏟아지지 않는다는 광고 내용과는 달리 해당 모델의 주전자를 기울이면 뚜껑 개폐 버튼부의 스프링과 고리 부분이 불량하여 그 틈새로 물이 새어 나오게 되는 제조상 결함을 발견하여, 이에 한국소비자원은 피고 제조사에 대하여 자발적 시정조치를 요구하였고, 피고 제조사는 한국소비자원의 권고를 수용하여 이 사건 주전자의 제품 판매를 중지하고 당시 제조된 이 사건 주전자에 대한 환급을 실시하였다.

나. 판결 요지

한국소비자원에서 직접 이 사건 주전자와 같은 모델을 조사한 결과, 안심설계 버튼이 있어 사용 중 넘어져도 뜨거운 물이 쏟아지지 않는다는 광고 내용과는 달리 해당 모델의 주전자를 기울이면 뚜껑 개폐 버튼부의 스프링과 고리 부분이 불량하여 그 틈새로 물이 새어나오게 되는 제조상 결함이 발견된 점 등을 고려할 때에, 이 사건 주전자에는 제조물책임법 제2조 제2호 가목의 "제조물이 원래 의도한 설계와 다르게 제조, 가공됨으로써 안전하지 못하게 된 경우"에 해당하는 제조상 결함이 있고, 그 결함으로 인하여 생후 8개월의 유아가 화상을 당하게 되어 피고 제조사는 이 사건 사고로 원고 측이 입은 손해를 배상할 책임이 있다고 판시하였다.

다. 시사점

원고(피해자) 측의 사고 후 제보를 받은 한국소비자원은 직접 이 사건 주전자와 같은 모델을 조사하였고, 그 결과 안심설계 버튼이 있어 사용 중 넘어져도 뜨거운 물이 쏟아지지 않는다는 광고 내용과는 달리 해당 모델의 주전자를 기울이면 뚜껑 개폐 버튼부의 스프링과 고리 부분이 불량하여 그 틈새로 물이 새어 나오게 되는 제조상 결함을 발견하여, 이에 한국소비자원은 피고 제조사에 대하여 자발적 시정조치를 요구하였고, 피고 제조사는 한국소비자원의 권고를 수용하여 이 사건 주전자의 제품 판매를 중지하고 당시 제조된 이 사건 주전자에 대한 환급을 실시하였다.

이 사건은 넘어져도 피해를 당하지 않는다는 과장광고를 하였을 뿐 만아니라 전형적으로 설계도면대로 제품이 제조되지 않은 제조상의 결함이 쉽게 인정되었다. 제조회사에서는 안심설계 버튼이 있어 사용 중 넘어져도 뜨거운 물이 쏟아지지 않는다는 점이 핵심 설계라면 충분히 시험검사를 통하여 검증이 가능하였을 텐데도 이를 소홀히 한 점이 문제라고 생각된다.

19. 짜장면에 넣은 새우로 알레르기발생 피해사건 (수원지법 2017. 6. 13, 2014가합62810)

가. 사건 개요

원고는 2013. 9. 11. 직장동료 2명과 함께 점심을 먹기 위하여 피고가 운영하는 화성시 (주소 생략)에 있는 ○○중화요리 식당(이하 '이 사건 식당'이라 한다)에 방문하였다.

원고는 당시 갑각류 알레르기가 있었으므로, 이 사건 식당 종업원에게 "옛날 짜장(이하 '이 사건 음식'이라 한다)"을 주문하면서 '갑각류 알레르기가 있으니, 새우는 넣지 말아 달라'고 요청하였다.

그런데 원고는 이 사건 음식을 먹던 중 손톱 크기 정도의 새우살을 씹게 되었다. 원고는 위 새우살을 뱉은 후 계속하여 이 사건 음식을 먹었는데, 다시 비슷한 크기의 새우살을 씹게 되었다. 이후 원고는 곧 목이 붓고, 호흡이 곤란해지는 등 알레르기 증상이 발생하였다(이하 '이 사건 사고'라 한다).

이에 원고는 같은 날 ○○대학교 ○○○○병원 응급실에 내원하여 치료를 받았는데, 위 치료 결과 호흡곤란 등의 증상은 호전되었으나, 매우 작은 소리로 쉰 목소리만 낼 수 있을 정도로 목소리가 제대로 나오지 않게 되었다(이하 '이 사건 증상'이라 한다).

원고는 이후에도 이 사건 증상이 호전되지 아니하여 2013. 9. 17.부터 2013. 9. 20.까지 위 병원 이비인후과에서 통원치료를 받았으나, 이 사건 증상이 호전되지 아니하였고, 위 알레르기 증상이 내장까지 확산되어 복통까지 발생하자, 2013. 9. 25.부터 2013. 9. 27.까지 위 병원 이비인후과 및 소화기내과 등에서 통원치료를 받았으며, 의사의 권유에 따라 2013. 9. 28.부터 2013. 10. 3.까지 입원치료를 받았다. 그러나 이 사건 변론종결일까지도 이 사건 증상은 호전되지 아니하였다.

나. 판결 요지

1) 제조물책임법에 따른 책임 인정 여부

제조물책임이란 제조물에 통상적으로 기대되는 안전성을 결여한 결함으로 인하여 생명·신체 또는 재산에 손해가 발생한 경우에 제조업자 등에게 지우는 손해배상책임이다(대법원 2015. 3. 26. 선고 2012다4824 판결 등 참조). 위 법리를 위 인정 사실에 비추어 보면, 위와 같이 새우가 섞여 들어간 이 사건 음식은 비록 원고와 같은 갑각류 알레르기가 있는 사람에게는 안전성을 결여하였다고 할 수 있으나, 그렇지 아니한 사람들에 대하여 까지 안전성을 결여하였다고 볼 수는 없어 이 사건 음식에 새우가 섞여 들어간 것이 제조물에 통상적으로 기대되는 안전성을 결여한 결함에 해당한다고 보기는 어렵다.

2) 민법상 불법행위에 따른 책임 인정 여부

위 인정 사실에 의하면, 피고는 위와 같이 원고가 피고의 종업원에게 갑각류 알레르기가 있음을 고지하였으므로, 피고 및 그 피용자인 종업원으로서는 이 사건 음식에 새우 등 갑각류가 들어가지 않도록 각별히 주의하여야 할 의무가 있음에도 원고에게 새우가 섞여 들어간 이 사건 음식을 제공하였으므로, 피고는 원고에 대하여 원고가 그로 인하여 입은 손해를 배상할 책임이 있다.

3) 손해배상책임의 제한

다만 위 인정 사실 및 앞서 본 증거들과 변론 전체의 취지를 종합하면, 원고는 당시 갑각류 알레르기가 있음을 스스로 알고 있었고 처음 이 사건 음식에 새우가 들어 있다는 점을 발견하고도 계속하여 이 사건 음식을 먹었으며, 그로 인하여 새우가 섞인(또는 새우 자체가 아니더라도 그 새우의 즙 등이 우러나온) 짜장면이 원고의 목과 식도를 통과하면서 알레르기 증상이 악화된 것으로 보이는바, 손해의 공평·타당한 분담을 그 지도원리로 하는 손해배상제도의 이념에 비추어, 피고의 손해배상책임을 60%로 제한함이 타당하다.

다. 시사점

이 사건은 제조물책임여부와 민법상 불법행위책임 여부가 쟁점으로 다투어진 것으로 음식에 새우가 섞여 들어간 것이 제조물에 통상적으로 기대되는 안전성을 결여한 결함에 해당한다고 보기는 어렵다고 하여 제조물책임을 묻지는 않았다..

다만, 원고가 피고의 종업원에게 갑각류 알레르기가 있음을 고지하였으므로, 피고 및 그 피용자인 종업원으로서는 이 사건 음식에 새우 등 갑각류가 들어가지 않도록 각별히 주의하여야 할 의무가 있음에도 원고에게 새우가 섞여 들어간 이 사건 음식을 제공하였으므로, 피고에게 민법상 불법행위책임을 물게 된 것이다.

원고는 당시 갑각류 알레르기가 있음을 스스로 알고 있었고 처음 이 사건 음식에 새우가 들어있다는 점을 발견하고도 계속하여 이 사건 음식을 먹었다는 점이 과실상계로 적용되어 40%의 과실인 인정되었다.

20. 냉장고화재로 인한 손해배상청구사건 (서울중앙지법 2017. 5. 23, 2016나 64014)

가. 사건 개요

10년 이상 사용한 김치냉장고에서 2015. 2. 25. 화재가 발생하여 손해를 입은 사건이다. 피해자는 보험회사에 손해배상으로 보험금 지급받았고 보험회사가 김치냉장고 제조회사를 상대로 구상권을 행사한 사건이다.

나. 판결 요지

1) 민법상 불법행위로 인한 손해배상청구에 관한 판단

[1] 민법상 불법행위책임이 배제되는지 여부 제조물책임법상 손해배상청구권과 민법상 불법행위로 인한 손해배상청구권은 그 성립요건과 책임의 존속기간 등이 상이한 별개의 청구권이고, 제조물책임법의 규정이 민법의 적용을 배제하고 있지도 않다. 또한 피고 주장과 같이 해석하는 것은 고도의 기술이 집약되어 대량생산되는 제품의 하자에 대하여 손해의 공평·타당한 부담을 도모하기 위하여 민법상 입증책임의 원칙을 완화함으로써 제품 소비자들을 보호하겠다는 제조물책임법의 주된 입법취지에도 반한다. 따라서 피고의 이 부분 주장은 이유 없다.

[2] 불법행위책임의 성립

고도의 기술이 집약되어 대량으로 생산되는 제품에 성능 미달 등의 하자가 있어 피해를 입었다는 이유로 제조업자 측에게 민법상 일반 불법행위책임으로 손해배상을 청구하는 경우에, 일반 소비자로서는 그 제품에 구체적으로 어떠한 하자가 존재하였는지, 발생한 손해가 그 하자로 인한 것인지를 과학적·기술적으로 증명한다는 것은 지극히 어렵다. 따라서 소비자 측으로서는 그 제품이 통상적으로 지녀야 할 품질이나 요구 되는 성능 또는 효능을 갖추지 못하였다는 등 일응 그 제품에 하자가 있었던 것으로 추단할 수 있는 사실과 제품이 정상적인 용법에 따라 사용되었음에도 손해가 발생하였다는 사실을 증명하면, 제조업자 측에서 그 손해가 제품의 하자가 아닌 다른 원인으로 발생한 것임을 증명하지 못하는 이상, 그 제품에 하자가 존재하고 그 하자로 말미암아 손해가 발생하였다고 추정하여 손해배상책임을 지울 수 있도록 증명책임을 완화하는 것이 손해의 공평·타당한 부담을 지도 원리로 하는 손해배상제도의 이상에 맞다(대법원 2013. 9. 26. 선고 2011다88870 판결 등 참조).

위 인정사실 및 거시 증거들에 의하여 알 수 있는 다음과 같은 사정들, 즉 ① 이 사건 화재의 최초 발견자가 이 사건 냉장고의 뒤에서 불꽃이 보였다고 진술한 점, ② 국립과학수사연구원의 조사 결과, 비록 이 사건 냉장고의 남아있는 구성품에서 전기적 특이점이 발견되지는 않았으나, 냉장고의 하단부가 심하게 연소되고 바닥 가연물이 일부 천공된 상태였는데, 이러한 연소 형상은 외부의 확장된 화염에 의해 나타나기 어렵고 냉장고 내부에서 발화되었을 경우 용이하게 나타날 수 있는 연소 형상이고, 냉장고 내부의 유실된 부분에서 전기적 요인에 의해 발화되었을 가능성을 배제할 수 없다는 결론을 내린 점, ③ 이 사건 냉장고는 주방에 설치되어 있었고, 제품의 안전성이나 내구성에 좋지 않은 영향을 줄 만한 환경에서 사용되었다고 볼 만한 사정이 없는 점(을 제2호증의 기재에 의하면, 이 사건 냉장고의 전원 코드가 냉장고와 바닥 사이에 압착된 상태로 사용되었고, 냉장고 주변에 가재도구들이 있어 지속적인 청소가 이루어지기 어려워 먼지 등이 있었을 가능성은 인정되나, 이러한 사정만으로는 이 사건 냉장고가 단순한 고장을 일으키는 정도를 넘어서 화재가 발생할 정도의 위험에 노출되었다고 보기는 어렵다), ④ 일반적으로 김치냉장고의 소비자에게 김치냉장고가 별다른 이상 없이 작동함에도 불구하고 내부 부품 등에 대해서까지 관리·보수할 의무가 있다고 볼 수 없고, 김치냉장고를 10년 이상 사용하였다고 하여 사회통념상 김치냉장고 내부에서 전기적 원인으로 화재가 발생할 위험성이 있다고 여겨지지는 않는 점 등을 종합하여 보면, 이 사건 화재는 이 사건 냉장고의 하자로 인하여 발생하였다고 추단되고, 을 제2호증의 기재만으로는 위 인정을 뒤집기에 부족하며, 달리 반증이 없다.

따라서 피고는 상법 제682조에 의하여 손해배상채권을 대위취득한 원고에게 이 사건 화재로 인한 손해를 배상할 책임이 있다.

[3] 책임의 제한

한편, 위 증거들 및 을 제3호증의 기재에 의하면 인정되는 이 사건 냉장고를 사용한 기간이 10년이 넘은 점, 이 사건 화재가 발생하기 이전에 피고가 제조한 김치냉장고에서 몇 차례 화재가 발생하여 이에 대한 언론 보도가 있었음에도 이 사건 냉장고의 사용자가 안전점검을 받지는 않았던 점, 이 사건 냉장고의 전원코드가 냉장고와 바닥 사이에 압착된 채 사용된 점 등 제반사정을 고려하여 피고의 책임을 60%로 제한한다.

[4] 피고의 소멸시효 주장에 대한 판단

법 제766조 제2항에 의하면, 불법행위를 한 날부터 10년을 경과한 때 손해배상청구권이 시효로 소멸한다고 규정되어 있고, 가해행위와 이로 인한 손해의 발생 사이에 시간적 간격이 있는 불법행위에 기한 손해배상청구권의 경우, 위와 같은 소멸시효의 기산점이 되는 '불법행위를 한 날'은 객관적·구체적으로 손해가 발생한 때, 즉 손해의 발생이 현실적인 것으로 되었다고 할 수 있을 때를 의미한다(대법원 2013. 7. 12. 선고 2006다17539 판결 참조).

위와 같은 법리에 비추어 보면, 이 사건 화재로 인한 민법상 불법행위로 인한 손해배상청구권의 소멸시효는 이 사건 화재 발생일인 2015. 2. 25.부터 진행한다고 보아야 할 것이므로, 피고의 소멸시효 주장은 이유 없다.

다. 시사점

이 사건에서 피고 제조회사는 제조물의 '결함'으로 인한 손해배상책임에 있어서는 제조물책임법이 민법에 우선하여 적용되고, 이 사건 화재에 대한 제조물책임법상 손해배상채권이 그 소멸시효가 완성되었음에도 피고에게 다시 민법상 불법행위책임을 부담하게 하는 것은 제조물책임법의 제정 취지 및 소멸시효 규정을 별도로 둔 취지에 반하며, 따라서 피고는 민법상 불법행위책임을 부담하지 않는다고 주장하였다.

그러나 판례는 민법상 불법행위책임이 배제되는지 여부에 대하여 제조물책임법상 손해배상청구권과 민법상 불법행위로 인한 손해배상청구권은 그 성립요건과 책임의 존속기간 등이 상이한 별개의 청구권이고, 제조물책임법의 규정이 민법의 적용을 배제하고 있지도 않다고 보았다. 또한 피고 주장과 같이 해석하는 것은 고도의 기술이 집약되어 대량생산되는 제품의 하자에 대하여 손해의 공평·타당한 부담을 도모하기 위하여 민법상 입증책임의 원칙을 완화함으로써 제품 소비자들을 보호하겠다는 제조물책임법의 주된 입법취지에도 반한다고 판단하였다.

또한 피고는 제조물을 공급한 날로부터 소멸시효가 진행하므로 10년 이상 사용하다가 화재가 발생한 김치냉장고에 대한 책임도 피고에 대한 민법상 불법행위로 인한 손해배상채권의 소멸시효가 완성되었다고 주장하였다. 그러나 판결에서는 소멸시효의 기산점이 되는 '불법행위를 한 날'은 객관적·구체적으로 손해가 발생한 때, 즉 손해의 발생이 현실적인 것으로 되었다고 할 수 있을 때를 의미한다고 보아 이 사건 화재로 인한 민법상 불법행위로 인한 손해배상청구권의 소멸시효는 이 사건 화재 발생일인 2015. 2. 25.부터 진행한다고 보아야 할 것이라고 판단하였다.

21. 차량용 에어컨 탈취제 분사로 승용차 화재 피해사건 (서울중앙지법 2017. 8. 8, 2016가단5233128)

가. 사건 개요

1) 김○○은 2015. 4. 1. 21:57경 충남 홍성군 ○○면 ○○로 33 ○○○아파트 지하 3층 주차장에 ○○서○○○○호 무쏘 차량을 주차한 다음 에어컨 냄새를 없애기 위해 '닥터에어컨 강력탈취'('이 사건 탈취제'라고 한다)를 분사하였다. 갑자기 무쏘 차량의 앞좌석 에어컨 통풍구에서 화염이 발생하여 김○○은 소화기로 진화하려다가 실패하여 22:07경 신고하였고, 출동한 소방관들은 22:35경 화재를 완전히 진압하였다.

그 화재사고로 무쏘 차량이 전소되었고, 그 주변에 서 있던 35주8156 EF쏘나타의 뒤 범퍼에 열로 인한 피해가 발생하였으며 지하주차장 약 10㎡가 탔고 약 330㎡에 그을음이 발생하였다. 또한 소방관들이 물을 사용하여 불을 끄는 과정에서 주차장에 서 있던 차량들에도 피해가 발생하였다.

원고는 ○○○아파트의 입주자대표회의로부터 아파트 관리를 위임 받은 주식회사 ○○관리와 아파트에 발생한 화재로 인한 피해 등을 보상하기로 하는 아파트 종합보험계약을 체결한 보험자이다.

피고 주식회사 휘링은 이 사건 탈취제를 제조 및 판매한 회사이고, 피고 주식회사 휴먼텍은 주문자상표부착생산(OEM) 방식으로 이 사건 탈취제를 제조한 회사이다. 피고 삼성화재해상보험주식회사는 피고 휘링과 1억 원을 한도로, 피고 주식회사 케이비손해보험은 피고 휴먼텍과 3,000만 원을 한도로 각 생산물책임보험계약을 체결한 보험자이다.

원고는 2015. 8. 25.까지 화재로 인해 발생한 피해 배상으로 1억 3,880만 원의 보험금을 지급하였다.

2) 원고의 주장 요지

피고 휘링, 휴먼텍은 제조업자로서 이 사건 탈취제가 LP가스를 포함하고 있어 화재를 유발할 가능성이 있다는 점을 소비자에게 제대로 알리지 않았는데, 이러한 표시상의 결함으로 인해 화재사고가 발생하였으므로 제조물책임법에 따라 그 피해를 배상해야 한다. 또한 피고 삼성화재와 케이비손해는 생산물책임보험자로서 피고 휘링, 휴먼텍과 공동하여 그 피해를 배상해야 한다. 그런데 원고가 아파트종합보험의 보험자로서 화재 사고의 피해를 배상하기 위해 피해자에게 보험금을 지급하였으므로 보험자대위의 법리에 따라 피고들은 원고에게 그 금액을 구상해야 한다.

3) 피고들의 주장 요지

[1] 표시상의 결함에 해당하지 않음

피고 휘링, 휴먼텍은 이 사건 탈취제의 표시 문구에 가연성 제품이라는 점을 분명히 하였고 위험한 사용 방식까지 예시하였으므로 안전한 사용을 위해 제조자에게 요구되는 표시상의 주의의무를 모두 이행하였다. 따라서 화재사고는 밀폐된 곳에서 열기가 완전히 식지 않은 차량 엔진 가까이에 이 사건 탈취제를 분사한 김○○의 부주의 때문에 발생하였고 제조물책임법이 정한 표시상의 결함이 원인이 된 것이 아니므로 피고들은 제조물책임법에 따른 손해배상책임을 지지 않는다.

[2] 원고의 구상권 부재

화재사고로 인하여 아파트의 공용 부분인 주차장에 손해가 발생하였으므로 그 손해 배상을 청구할 수 있는 사람은 아파트의 구분소유자들이지 입주자대표회의나 관리 업체인 주식회사 ○○관리가 아니다. 그런데 원고가 보험자로서 아파트에 관하여 체결한 보험계약의 피보험자는 ○○관리이므로 원고가 보험금을 지급하였더라도 ○○관리가 피고들에 대한 손해배상청구권을 가지지는 않기 때문에 보험자대위에 근거하여 행사할 권리가 없다.

[3] 과실상계

화재사고 당시 아파트 지하주차장에 설치된 스프링클러가 작동하지 아니하였다. 정상적으로 작동되었다면 화재사고로 인한 피해가 대폭 줄어들었을 것이므로 이렇게 스프링클러를 제대로 작동하지 못한 아파트 측의 과실도 참작되어야 한다. 따라서 피고들의 손해배상책임이 인정되더라도 그 범위는 상당히 줄어들어야 한다.

나. 판결 요지

1) 표시상의 결함 여부

제조업자 등이 합리적인 설명·지시·경고 기타의 표시를 하였더라면 당해 제조물에 의하여 발생될 수 있는 피해나 위험을 줄이거나 피할 수 있었음에도 이를 하지 아니한 때에는 그와 같은 표시상의 결함(지시·경고상의 결함)에 대하여도 불법행위로 인한 책임이 인정될 수 있고, 그와 같은 결함이 존재하는지 여부에 대한 판단을 함에 있어서는 제조물의 특성, 통상 사용되는 사용형태, 제조물에 대한 사용자의 기대의 내용, 예상되는 위험의 내용, 위험에 대한 사용자의 인식 및 사용자에 의한 위험회피의 가능성 등의 여러 사정을 종합적으로 고려하여 사회통념에 비추어 판단하여야 할 것이다(대법원 2014. 4. 10. 선고 2011다22092 판결 등).

이 사건 탈취제에는 그 사용방법으로 차량의 통풍구에 주입하는 것이 기재 되어 있고, 표시된 주의사항은 다음과 같다.

고압가스를 사용한 가연성제품으로서 위험하므로 다음의 주의사항을 지킬 것

- 불꽃을 향하여 사용하지 말 것
- 난로, 풍로 등 화기 부근에서 사용하지 말 것
- 화기를 사용하고 있는 실내에서 사용하지 말 것
- 온도 40°C 이상의 장소에 보관하지 말 것
- 밀폐된 실내에서 사용 후 반드시 환기할 것
- 불속에 버리지 말 것
- 사용 후 잔가스가 없도록 하여 버릴 것
- 밀폐된 장소에 보관하지 말 것

김○○은 무쏘 차량을 운행한 후 아파트 지하 3층 주차장에 세운 다음 차량 문을 전부 열고 통풍구에 이 사건 탈취제를 주입하였는데, 갑자기 엔진룸 쪽에서 화염이 생겨서 화재사고가 발생하였다.

국립과학수사연구원은 이 사건 탈취제에 LP가스가 포함되어 있어 그 가스와 알 수 없는 점화원이 작용하여 차량 실내에서 급속한 연소가 발생하였을 가능성이 있다고 화재 원인을 분석하였다.

화재사고 후 국민안전처는 2015. 4. 28. 차량에 사용되는 에어컨 탈취제의 사용상 주의사항에 '차량의 엔진이 충분히 냉각되고 스파크가 발생되는지 확인하고 일정량을 분사한 후 가스가 흩어지는 시간을 기다렸다가 다시 사용하십시오'라고 표시해야 한다고 보도 자료를 냈다. 그 이유는 에어컨 탈취제에는 LP가스와 에탄올이 들어 있어 불꽃 등이 발생하면 불이 붙을 수 있고 차량은 시동이 꺼져도 전원이 공급되기 때문에 전기배선의 접촉 불량 또는 전선피복의 손상으로 스파크가 발생할 수 있어 탈취제에서 나온 LP가스와 에탄올의 점화원 역할을 할 수 있기 때문이라는 것이다.

따라서 이 사건 탈취제는 에어컨의 냄새를 없애기 위한 것으로 차량에 사용될 때는 이 사건 탈취제에 사용 방법으로 표시된 바와 같이 통풍구에 주입하는 것이 통상적인 사용 형태라고 할 수 있다. 이런 경우 차량의 시동이 꺼져 있더라도 공급되는 전원 때문에 전기배선의 접촉 불량 등의 원인으로 불이 붙을 수 있다는 점은 사용자로서는 예상하기 어려운 위험이고 이를 사용자가 주어지는 정보 없이 사전에 알아서 회피해야 한다고 보기는 어렵다. 따라서 이러한 사정에 관하여 이 사건 탈취제의 제조업자들인 피고 휘링, 휴먼텍이 합리적인 방법으로 설명, 지시, 경고 등의 표시를 하였어야 그로 인한 피해나 위험을 줄이거나 피할 수 있었다고 보아야 한다. 그럼에도 피고 휘링, 휴먼텍은 이 사건 탈취제에 가연성 제품에 관한 일반적인 내용에 불과한 주의사항만을 표시하였으므로 이는 제조물책임법 제2조 제2호 다목이 정한 표시상의 결함에 해당한다.

결국 이 사건 탈취제의 제조업자인 피고 휘링, 휴먼텍과 책임보험자들인 피고 삼성화재, 케이비손해는 제조물책임법에 따라 화재사고로 인해 발생한 손해를 배상해야 할 책임이 있다.

2) 원고의 구상권 존재여부

손해가 제3자의 행위로 인하여 발생한 경우에 보험금을 지급한 보험자는 그 지급한 금액의 한도에서 그 제3자에 대한 보험계약자 또는 피보험자의 권리를 취득한다(상법 제682조 제1항).

갑 1호증의 기재에 따르면, 원고는 아파트 관리업체인 주식회사 ○○관리와 아파트에 발생한 화재로 인한 피해 등을 보상하기로 하는 보험계약을 체결하면서 피보험자를 ○○관리로 기재한 보험증권을 발급한 사실을 알 수 있다.

그러나 그 보험계약의 피보험자는 보험증권의 문언과 달리 아파트의 구분소유자들로 보아야 한다. 그 구체적 근거는 아래와 같다.

원고의 보험은 화재로 인한 건물의 손해를 담보하기 위한 것으로 「화재로 인한 재해보상과 보험가입에 관한 법률」에서 정한 일정 규모 이상의 공동주택의 경우 그 소유자가 반드시 가입하여야 하는 의무보험에 해당한다. 이렇게 일정 규모 이상 아파트의 소유자가 가입해야 하는 의무보험이라는 점을 고려하면, 피보험자도 아파트의 구분소유자들로 보는 것이 타당하고 관리업체가 피보험자가 될 합리적인 이유가 없다.

갑 1호증의 기재에 따라 알 수 있는 바와 같이 보험목적물은 아파트 건물 11동, 그 가재도구 일체, 지하주차장, 부대시설 및 부속설비로 피보험이익은 아파트의 전유 부분, 공용 부분 및 가재도구에 대하여 가지는 소유자의 재산상 이익이므로 피보험자도 아파트의 구분소유자들로 보아야 한다.

아파트 입주자대표회의로부터 아파트 관리를 위임받은 ○○관리가 수많은 구분소유자들을 대신하여 원고와 보험계약을 체결하고, 그 보험료는 아파트의 입주자와 사용자들이 관리비에 포함하여 지급하는 방식으로 부담한 것으로 보이는 점을 고려하면, 업무 처리의 편의를 위해 보험증권에 피보험자를 ○○관리로 기재하였다고 볼 여지가 충분하다.

따라서 원고는 피보험자인 아파트의 구분소유자들에게 보험금을 지급함으로써 보험자대위의 법리에 따라 그 금액의 범위에서 그들의 피고들에 대한 손해배상청구권을 취득하였다고 볼 수 있다.

3) 과실상계의 여부

앞에서 믿은 증거들에 따르면, 화재 당시 아파트 지하 3층 주차장에 설치된 스프링클러가 작동하지 않았으나 이는 발생한 화재가 스프링클러가 작동할 정도로 큰 규모의 화재가 아니었기 때문인 사실을 알 수 있다. 을가 4호증의 기재와 같이 당시 그 주차장에 서 있던 차량 40여 대에 피해가 발생하여 피고 삼성화재가 보험금을 지급하였더라도 그 피해는 그을음이나 소방관이 사용한 물 때문에 생길 수 있으므로 그러한 사정만으로 화재 규모가 매우 컸다고 보기는 어렵다. 따라서 스프링클러가 작동하지 않은 것이 아파트 측의 관리상의 잘못이라고 보기는 어려우므로 그 잘못을 근거로 과실상계를 할 수는 없다.

다. 시사점

아파트 주차장에서 승용차에 차량용 에어컨 냄새 탈취제를 뿌렸는데, 통풍구에서 화염이 발생하여 차량이 전소되었고 그 주변에 서 있던 EF쏘나타의 뒤 범퍼에 열로 인한 피해가 발생하였으며, 이 외에 지하주차장 약 10㎡가 타고 약 330㎡에 그을음이 발생하였다.

이 사건 판결에서는 화재 발생으로 인한 보험금 1억 3,880만 원을 지급한 동부화재해상보험이 이 탈취제의 제조·판매회사인 ㈜휘링과 주문자상표부착생산(OEM) 방식으로 탈취제를 제조한 ㈜휴먼텍을 상대로, 휘링과 휴먼텍과 각각 1억 원과 3,000만 원을 한도로 생산물 책임보험계약을 체결한 삼성화재해상보험, KB손해보험을 상대로 낸 구상금소송에서 "휘링과 휴먼텍은 연대하여 동부화재에 1억 3,880만 원을 지급하라"고 판결하였다. 또한 "삼성화재는 휘링과 연대하여 책임보험금 한도액 1억 원에서 이미 지급한 보험금 5,100여만 원을 공제한 4,800여만 원을, KB손해보험은 휴먼텍과 연대하여 책임보험금 한도액인 3,000만 원을 지급하라"고 판결하였다.

이 판결은 탈취제가 에어컨의 냄새를 없애기 위한 것으로 차량에 사용될 때는 탈취제에 사용 방법으로 표시된 바와 같이 통풍구에 주입하는 것이 통상적인 사용형태라고 할 수 있다고 보았다. 이런 경우 차량의 시동이 꺼져 있더라도 공급되는 전원 때문에 전기배선의 접촉 불량 등의 원인으로 불이 붙을 수 있다는 점은 사용자(소비자)로서는 예상하기 어려운 위험이고 이를 사용자(소비자)가 주어지는 정보 없이 사전에 알아서 회피해야 한다고 보기는 어렵다고 지적하였다. 이러한 사정에 관하여 탈취제의 제조업자들인 휘링, 휴먼텍이 합리적인 방법으로 설명, 지시, 경고 등의 표시를 하였어야 그로 인한 피해나 위험을 줄이거나 피할 수 있었다고 보아야 함에도, 휘링과 휴먼텍은 탈취제에 가연성 제품에 관한 일반적인 내용에 불과한 주의사항만을 표시했으므로 이는 제조물책임법 2조 2호 다목이 정한 표시상의 결함에 해당한다고 보았다. 이 사건의 탈취제에는 사용방법으로 차량의 통풍구에 주입하는 것이 기재되어 있고, '불꽃을 향하여 사용하지 말 것', '난로, 풍로 등 화기 부근에서 사용하지 말 것', '온도 40℃ 이상의 장소에 보관하지 말 것' 등의 주의사항만 표시되어 있었다.

이 사건도 제조업자가 실제 사용환경에서 시험하였다면 충분히 일어날 수 있는 위험을 제대로 점검하지 않은 것으로 생각된다. 나아가 제조물책임소송의 상당수의 사건은 피해자들이 보험회사로부터 손해배상을 보험금으로 충당하고 보험회사가 구상권을 행사하여 제조업자나 제조업자가 가입한 보험회사를 상대로 소송하는 경우가 많이 발생하고 있다는 점이다.

22. 전동킥보드 구매대행자의 제조물책임 주체 여부 <small>(서울중앙지법 2017. 10. 24, 2017가단5026235)</small>

가. 사건 개요

2016년 9월 경기도 성남시 A아파트 주민 S씨의 방에서 발생한 화재가 번져 이웃 17세대의 가재도구가 불탔다. 국립과학수사원 분석 결과 S씨의 방 전원에 연결돼 있던 전동킥보드의 충전기 불량으로 화재가 발생한 것으로 조사됐다. S씨가 구입한 전동킥보드는 중국산 제품으로 G씨가 운영하는 인터넷 구매대행 블로그를 통해 구입한 것이었다.

A아파트입주자대표회의와 화재보험계약을 체결한 메리츠화재는 화재사고 피해자들에게 보험금으로 1억 3,600여만 원을 지급한 뒤 올 2월 G씨를 상대로 소송을 냈다. 메리츠화재는 재판과정에서 "화재가 G씨가 판매한 전동킥보드의 제조상 결함 때문에 발생했다."며 "G씨는 제조물책임법상 '제조물의 수입을 업으로 하는 자'로서 제조업자에 해당한다."고 주장했다.

나. 판결 요지

피고가 자신이 운영하는 인터넷블로그에 구매대행할 수 있는 전동킥보드의 가격과 배송이 가능한 날짜를 소개하고 발생한 제품 하자에 관하여 소비자와 중국 업체 사이를 매개하여 수리비 등을 그 업체에 전달하기 위하여 국내 소비자로부터 받기도 한 사실을 알 수 있다.

그러나 이러한 사정만으로는 을 1, 2, 3호증의 기재에 따라 알 수 있는 다음 사실에 비추어 피고가 실제로는 '수입을 업으로 하는 자'에 해당한다고 인정하기에 부족하고, 피고는 단순히 외국 제품을 구매하고자 하는 국내 소비자를 위한 구매대행만을 하였다고 보는 것이 타당하다. 즉, 피고는 2014. 12. 31. 종목을 '구매대행'으로 사업자등록을 하였고 자신이 운영하는 인터넷블로그에 '구매 의뢰 제품에 대한 판매자의 정보 수집, 전달이 부정확할 수 있고, 구매한 제품에 대한 반품, 제품의 하자, 배송 중 오염, 파손 등에 책임을 지지 않는다'라고 공지하였다. 공정거래위원회는 관세청에 문의한 결과를 참조하여 '구매대행'의 경우 관세법에 따른 수입자와 납세의무자는 해당 물품의 구매대행업자가 아니라 구매대행을 요청한 소비자라고 피고가 낸 민원에 대한 회신을 하기도 하였다. 아울러 피고가 국내 소비자에게 외국 제품을 소개하고 그 하자 수리를 위하여 소비자를 대신하여 외국 업체와 연락하였더라도 이는 구매대행을 하면서 소비자의 편의를 늘리기 위한 것으로 보일 뿐, 외국 제품을 직접 반입하여 국내 소비자에게 판매하는 수입업자와 차이가 있음은 분명하다는 점도 고려해야 한다.

따라서 피고가 제조물책임법이 정한 제조업자에 해당한다는 점에 근거한 원고의 주장은 더 나아가 판단할 필요 없이 받아들일 수 없다.

다. 시사점

제조물책임법에서 책임주체인 제조업자는 "제조물의 제조·가공 또는 수입을 업(業)으로 하는 자, 제조물에 성명·상호·상표 또는 그 밖에 식별(識別) 가능한 기호 등을 사용하여 자신을 제조·가공 또는 수입을 업(業)으로 하는 자로 표시한 자 또는 제조·가공 또는 수입을 업(業)으로 하는 자로 오인(誤認)하게 할 수 있는 표시를 한 자"로 규정하고 있다(제조물책임법 제2조 제3호).

이 사건에서는 구매대행업자를 법에서 규정하고 있는 수입업자로 볼 수 있는지가 쟁점이다. 판결은 구매대행업자인 G씨가 자신이 운영하는 인터넷 블로그에 '구매 의뢰 제품에 대한 판매자의 정보 수집, 전달이 부정확할 수 있고, 구매한 제품에 대한 반품, 제품의 하자, 배송 중 오염, 파손 등에 책임을 지지 않는다'라고 공지하고 있다는 점과 공정거래위원회는 또 G씨가 낸 민원에 대해, 관세청에 문의한 결과를 참조하여 '구매대행'의 경우 관세법에 따른 수입자와 납세의무자는 해당 물품의 구매대행업자가 아니라 구매대행을 요청한 소비자라고 회신한 점을 고려하여 피고 G씨가 실제로는 '수입을 업으로 하는 자'에 해당한다고 인정하기에 부족하고, 피고는 단순히 외국 제품을 구매하고자 하는 국내 소비자를 위한 구매대행만을 하였다고 보는 것이 타당하다고 판단하였다.

따라서 이 판결의 교훈으로는 외국에서 직접 제조한 제조업자를 상대로 손해배상을 청구하여야 하고, 수입업자가 있다면 수입업자를 상대로 손해배상을 청구하여야 하므로 최근 늘어나는 직구소비자는 상당한 위험(A/S의 곤란, 제조물책임소송의 곤란 등)을 감수하여야 하는 어려움을 고려하여야 한다.

23. 사다리의 다리 부분 부러짐으로 인한 부상 피해사건 (서울서부지법 2017. 11. 28, 2016가단241617)

가. 사건 개요

원고는 철근콘크리트 공사업 등을 영위하는 회사로서 2016. 6. 9.경 피고가 2014. 6.경 제작한 작업발판 사다리(NLP4012, 이하 '이 사건 사다리'라 한다)를 구입하였다.

원고의 근로자인 서○○은 2016. 6. 17. 08:30경 이 사건 사다리 위에서 작업을 하던 중 이 사건 사다리의 다리 부분이 부러지면서 추락하였고 이로 인하여 우측 견관절 파열 등의 상해를 입었다(이하 '이 사건 사고'라 한다). 원고는 서○○에게 이 사건 사고로 인한 손해배상금으로 4,683만 6,440원을 지급하였다.

한편 피고는 2014. 9. 1. 피고보조참가인에게 사다리 제작 등 사업에 관한 일체의 권리와 의무를 포괄적으로 양도하였다.

원고는 이 사건 사고가 안전성 및 내구성을 갖추지 못한 이 사건 사다리의 제조상 결함으로 인하여 발생한 것이므로, 피고는 이 사건 사다리의 제조업자로서 제조물책임법에 따라 이 사건 사고로 인하여 원고가 입은 손해를 배상하여야 한다고 주장하였다.

피고 및 피고보조참가인은 이 사건 사고 발생 사실 자체를 인정할 근거가 없다. 또한 이 사건 사다리는 피고 보조참가인이 제작하여 공급한 것이므로 피고는 제조물책임을 부담하지 아니한다. 나아가 이 사건 사다리에는 원고 주장과 같은 제조상의 결함이 존재하지 아니하고, 원고가 이 사건 사다리를 용도에 맞지 않게 사용하다 이 사건 사고가 발생한 것이므로 피고 측은 제조물책임법에 따른 손해배상책임을 부담하지 아니한다고 주장하였다.

나. 판결 요지

1) 제조물책임의 성립

물품을 제조·판매하는 제조업자는 그 제품의 구조·품질·성능 등에 있어서 그 유통 당시의 기술수준과 경제성에 비추어 기대 가능한 범위 내의 안전성과 내구성을 갖춘 제품을 제조·판매하여야 할 책임이 있고, 이러한 안전성과 내구성을 갖추지 못한 결함으로 인하여 소비자에게 손해가 발생한 경우에는 불법행위로 인한 손해배상의무를 부담한다. 한편 고도의 기술이 집약되어 대량으로 생산되는 제품의 결함을 이유로 그 제조업자에게 손해배상책임을 지우는 경우 그 제품의 생산과정은 전문가인 제조업자만이 알 수 있어서 그 제품에 어떠한 결함이 존재하였는지, 그 결함으로 인하여 손해가 발생한 것인지 여부는 일반인으로서는 밝힐 수 없는 특수성이 있어서 소비자 측이 제품의 결함 및 그 결함과 손해발생 사이의 인과관계를 과학적·기술적으로 입증한다는 것은 지극히 어려우므로 그 제품이 정상적으로 사용되는 상태에서 사고가 발생한 경우 소비자 측에서 그 사고가 제조업자의 배타적 지배하에 있는 영역에서 발생하였다는 점과 그 사고가 어떤 자의 과실 없이는 통상 발생하지 않는다고 하는 사정을 증명하면, 제조업자 측에서 그 사고가 제품의 결함이 아닌 다른 원인으로 말미암아 발생한 것임을 입증하지 못하는 이상 그 제품에 결함이 존재하며 그 결함으로 말미암아 사고가 발생하였다고 추정하여 손해배상책임을 지울 수 있도록 입증책임을 완화하는 것이 손해의 공평·타당한 부담을 그 지도원리로 하는 손해배상제도의 이상에 부합한다(대법원 2004. 3. 12. 선고 2003다16771 판결 등 참조).

위와 같은 법리에 비추어 살피건대, 인정사실 및 앞서 든 증거, 을 6, 7, 11, 12 호증의 각 기재, 감정인 박○○의 감정결과 및 위 감정인에 대한 사실조회결과에 나타난 다음 각 사정, 즉 ① 피고는 작업발판 사다리 등을 제조하는 업체를 운영하면서 2014. 6.경 이 사건 사다리를 제작한 점, ② 품질경영 및 공산품안전관리법이 정하는 자율안전확인신고는 제조업자 등이 자율안전확인대상 공산품의 모델별로 지정된 시험·검사기관으로부터 안전성에 대한 시험·검사를 받아 해당 공산품이 안전기준에 적합한 것임을 스스로 확인하는 제도에 불과하므로, 피고가 이 사건 사다리와 같은 모델에 대하여 자율안전확인신고를 하였다 하더라도 그것만으로 이 사건 사다리에 결함이 없다고 보기는 어려운 점, ③ 원고가 이 사건 사다리를 구입한 지 얼마 지나지 않아 이 사건 사다리의 한쪽 다리가 부러져 근로자가 낙상하는 이 사건 사고가 발생한 점, ④ 감정인 박○○은 이 사건 사다리가 부러진 원인에 대하여 '외부 충격에 의하여 다리가 파손되었고 이를 원상회복하기 위하여 추가적인 외력이 가해졌으며 이로 인하여 다리가 휘어지면서 굽어지는 현상이 발생하면서 결국 절단된 것으로 추정한다'는 것에 불과하여, 실제 원고가 이 사건 사다리를 사용하는 동안 외부 충격을 가하였는지 혹은 이 사건 사다리에 가해진 외부 충격의 정도가 이 사건 사다리의 절단에 이를 만한 것 인지 등에 관하여는 이를 인정할 아무런 자료가 없는 점, ⑤ 감정인의 감정결과에 의하더라도 이 사건 사다리에 가해진 외부 충격 등이 언제 어디서 발생된 것인지 알 수 없다는 것인 점, ⑥ 이 사건 사다리가 제작된

지 2년이 지나서야 원고에게 공급되었고 그로부터 얼마 지나지 않아 이 사건 사고가 발생한 점에 비추어 볼 때 피고 측이 이 사건 사다리를 제작 및 유통하는 과정에서 이미 이 사건 사다리에 어떠한 외부 충격이 가해져 파손이 있었을 가능성도 배제할 수 없는 점, ⑦ 피고 제출 증거만으로는 원고가 이 사건 사다리를 비정상적인 작업 환경에서 사용하였다는 점을 인정하기 부족한 점 등을 종합하여 보면, 이 사건 사고는 이 사건 사다리가 통상 갖추어야 할 안전성과 내구성을 갖추지 못한 제조상의 결함으로 인하여 발생하였다고 봄이 타당하다. 따라서 이 사건 사다리를 제조한 피고는 이 사건 사고로 인하여 원고가 입은 손해를 배상할 책임이 있다.

2) 손해배상의 범위

위 인정사실에 의하면, 원고는 이 사건 사고로 인하여 4,683만 6,440원을 지출하였으므로, 피고는 원고에게 손해배상으로 4,683만 6,440원과 이에 대하여 이 사건 사고 발생일 이후로서 원고가 구하는 소장 부본 송달 다음날임이 기록상 명백한 2016. 8. 25.부터 다 갚는 날까지 소송촉진 등에 관한 특례법이 정한 연 15%의 비율로 계산한 지연손해 금을 지급할 의무가 있다.

다. 시사점

이 사건은 사다리 위에서 작업을 하던 중 사다리의 다리 부분이 부러지면서 추락하였고 이로 인하여 우측 견관절 파열 등의 상해를 입은 원고가 사다리의 결함을 이유로 제조물책임법에 의한 손해배상을 청구한 것이다. 다툼은 피고는 원고가 이 사건 사다리를 비정상적인 작업 환경에서 사용하였다고 주장하고 있으며, 원고는 이 사건 사다리가 통상 갖추어야 할 안전성과 내구성을 갖추지 못한 제조상의 결함으로 인하여 발생하였다고 주장하였는데, 판결은 원고의 주장을 받아들여 사다리의 결함을 인정하였다.

사다리의 내구성을 충분히 검증하여 제조·판매하는 것이 사다리 제조회사의 제조물안전대책의 기본이라고 생각된다. 사람이 올라가서 작업을 하는 제조물의 본질적인 특성을 고려할 때 평균적인 몸무게가 나가는 소비자뿐만 아니라 다소 무거운 몸무게를 가진 소비자가 작업하더라도 충분히 견딜 수 있는 재질의 사다리를 제조하는 것이 필요하다고 생각된다.

24. 편의점 냉장고 소주병을 고객에게 전달하다가 파손되어 손가락 부상 피해사건 (서울중앙지법 2018. 3. 14, 2017나30421)

가. 사건 개요

원고는 보험업을 영위하는 법인으로 주식회사 코리아○○과 사이에 영업배상책임 보험계약을 체결한 보험자이고, 피고는 보험업을 영위하는 법인으로 ○○○ ○○ 주식회사(이하 '○○○○○'라고만 한다)와 사이에 생산물배상책임보험계약을 체결한 보험자이다.

이○○은 2013. 11. 25. 00:23경 화성시 C에 있는 ○○○○○ 화성조암본점(이하 '이 사건 편의점'이라 한다)에서 저온 진열장에 진열되어 있던 ○○○○○ 제조의 참이슬 후레쉬 소주(360㎖ 들이) 3병(유리병)을 꺼내어 그 중 2병을 지○○에게 전달하는 과정에서 소주 1병(이하 '이 사건 소주병'이라 하고, 이 사건 소주병에 담긴 제품을 '이 사건 소주'라 한다)이 깨어졌다(이하 '이 사건 사고'라 한다). 지○○은 이 사건 사고로 인하여 이 사건 소주병의 파편에 왼손 새끼손가락이 약 2.5cm 찢어지는 등의 부상을 입었다.

원고는 2014. 5. 26. 지○○에게 이 사건 사고로 인한 지○○의 치료비와 위자료 등으로 합계 370만 원의 보험금을 지급하였다.

원고의 주장 요지는 ○○○○○가 생산하는 소주는 새로 제작된 공병에 담기기도 하지만, 그 제작과정에서 이미 여러 차례 제조 및 판매, 재활용 절차를 거친 공병이 사용되었을 가능성이 매우 높고, 검수과정에서 작업자의 부주의 등으로 미세한 금이나 흠집 등 하자의 발견이 누락되어 출고되었을 가능성이 농후할 뿐만 아니라 이 사건 소주병의 측면이 깨졌다는 점에서 소주병 생산시 불완전한 성형 등으로 하자가 발생하였을 가능성도 있는 등 이 사건 소주병은 ○○○○○가 이 사건 소주를 제작하는 과정에서 하자가 발생하였거나 공병을 재활용하는 과정에서 파손되었다고 보는 것이 합리적이라는 점이다.

따라서 ○○○○○ 기대 가능한 범위 내의 안전성과 내구성을 갖춘 제품을 제조·판매할 책임이 있음에도 사회통념상 당연히 구비하리라고 기대되는 합리적 안전성을 갖추지 못한 결함있는 이 사건 소주를 제조하여 유통시켰다고 추정되고, 이로 인하여 이 사건 사고가 발생하였다고 할 것이므로, ○○○○○는 이 사건 소주의 제조업자로서 이 사건 사고에 대하여 제조물책임을 져야 한다고 주장하였다.

그런데 주식회사 코리아○○의 보험자인 원고는 이 사건 사고로 인한 지○○의 치료비 등으로 지○○에게 370만 원의 보험금을 지급함으로써 상법 제682조가 정한 보험자대위에 의하여 지○○의 ○○○○○에 대한 손해배상청구권을 취득하였으므로 ○○○○○의 보험자인 피고는 원고에게 구상금으로 370만 원 및 이에 대한 지연손해금을 지급할 의무가 있다고 주장하였다.

나. 판결 요지

1) 관련 법리

물품을 제조·판매하는 제조업자는 그 제품의 구조·품질·성능 등에 있어서 그 유통 당시의 기술수준과 경제성에 비추어 기대 가능한 범위 내의 안전성과 내구성을 갖춘 제품을 제조·판매하여야 할 책임이 있고, 이러한 안전성과 내구성을 갖추지 못한 결함으로 인하여 소비자에게 손해가 발생한 경우에는 불법행위로 인한 손해배상의무를 부담하며(대법원 1977. 1. 25. 선고 75다2092 판결, 대법원 1992. 11. 24. 선고 판결 등 참조), 한편 고도의 기술이 집약되어 대량으로 생산되는 제품의 결함을 이유로 그 제조업자에게 손해배상책임을 지우는 경우 그 제품의 생산과정은 전문가인 제조업자만이 알 수 있어서 그 제품에 어떠한 결함이 존재하였는지, 그 결함으로 인하여 손해가 발생한 것인지 여부는 일반인으로서는 밝힐 수 없는 특수성이 있어서 소비자 측이 제품의 결함 및 그 결함과 손해의 발생과의 사이의 인과관계를 과학적·기술적으로 입증한다는 것은 지극히 어려우므로 그 제품이 정상적으로 사용되는 상태에서 사고가 발생한 경우 소비자 측에서 그 사고가 제조업자의 배타적 지배하에 있는 영역에서 발생하였다는 점과 그 사고가 어떤 자의 과실 없이는 통상 발생하지 않는다고 하는 사정을 증명하면, 제조업자 측에서 그 사고가 제품의 결함이 아닌 다른 원인으로 말미암아 발생한 것임을 입증하지 못하는 이상 그 제품에 결함이 존재하며 그 결함으로 말미암아 사고가 발생하였다고 추정하여 손해배상책임을 지울 수 있도록 입증책임을 완화하는 것이 손해의 공평·타당한 부담을 그 지도원리로 하는 손해배상제도의 이상에 부합한다(대법원 2000. 2. 25. 선고 ****** 판결, 대법원 2004. 3. 12. 선고 2003다16771 판결 등 참조).

2) 판단

살피건대, 이 사건 소주가 제조업자인 ○○○○○에서 제조되어 이 사건 편의점에 납품된 이후 이 사건 편의점에서의 보관 및 이 사건 소주가 이 사건 편의점의 저온 진열장에 진열되면서부터 이 사건 사고가 발생하기까지의 과정에서 이 사건 소주병에 충격이 가해졌거나 손상이 가해졌을 가능성이 없었다는 점에 대한 입증이 없는 이상, 갑 제1 내지 4, 6 내지 8호증의 각 기재, 갑 제5, 9호증의 각 영상만으로는 이 사건 사고가 제조업자인 ○○○○○의 배타적 지배하에 있는 영역에서 발생하였다는 점을 인정하기에 부족하고, 달리 이를 인정할 만한 증거가 없다.

따라서 이 사건 사고는 제조물인 이 사건 소주의 결함으로 인하여 발생한 것이라고 보기 어려우므로, 이를 전제로 하는 원고의 이 사건 청구는 나머지 점에 관하여 더 나아가 살필 필요 없이 이유 없다.

다. 시사점

이 판결은 항소심 판결로서 1심 판결[33]을 취소하여 1심과는 결론을 달리하고 있

---

33 서울중앙지방법원 2017. 4. 14. 선고 2016가소6981646 판결.

다. 원고는 피해자가 아니라 피해자에게 보험금을 지급한 보험회사이다.

이 판결의 취지는 소주병은 제조업자인 ○○○○○에서 제조되어 이 사건 편의점에 납품된 이후 이 사건 편의점에서의 보관 및 이 사건 소주가 이 사건 편의점의 저온 진열장에 진열되면서부터 이 사건 사고가 발생하기까지의 과정에서 이 사건 소주병에 충격이 가해졌거나 손상이 가해졌을 가능성이 있을 수 있다고 보아 소주병이 제조업자인 ○○○○○의 배타적 지배하에 있는 영역에서 파손될 정도의 결함이 있다고 볼 수 없다고 하여 제조업자의 제조물책임을 인정하지 않았다.

25. 전기보온기의 누전으로 두 번 감전되어 손발, 어깨의 상해 피해 사건 (서울중앙지법 2018. 3. 28, 2016가합523694(본소), 2016가합21365(반소))

가. 사건 개요

1) 원고는 주방기구 등의 제조 및 도·소매업 등을 영위하는 회사로서 전기보온기(모델명: **-***-20)를 제조한 자이고, 주식회사 ○○○○은 서울 중구 C 소재 '서울 스퀘어' 건물 내 '뉴욕○○○앤커피'라는 매장(이하 '이 사건 매장'이라 한다)을 운영하면서 원고가 제조한 전기보온기(**-***-20, 이하 '이 사건 보온기'라 한다)를 구입한 자이며, 피고는 2013. 12. 27. 이 사건 매장에서 근무하면서 이 사건 보온기를 사용한 자이다(이하 주식회사 ○○○○과 피고를 구분하지 아니하고 통칭할 때에는 '피고 측'이라 한다).

2) 이 사건 사고의 발생

피고는 2013. 12. 27. 07:50경 이 사건 보온기를 사용하던 중 보온기의 누전으로 인하여 피고의 우측 손이 1차 감전되었고, 그 상태에서 이 사건 보온기가 놓인 스테인리스 재질의 탁자를 좌측 손 또는 팔로 짚으면서 2차 감전되어 좌우 손, 팔, 어깨의 통증 및 운동 약화 등의 상해를 입었다.

3) 피고의 치료 경과 및 증상 등

피고는 이 사건 사고 당일 서울 중구 D 소재 우리의원에 내원하였으나 담당 의사로부터 E 서울○병원에서 진료를 받으라는 권고를 받아, 12:50경 서울 중구 F 소재 E 서울○병원 응급센터에 내원하여 좌측 상완, 좌측 견부 통증을 이유로 진료 및 검사를 받고 진통제 등을 처방받아 귀가하였다.

그러나 피고는 이 사건 사고 이후 우측 팔과 어깨 부위의 통증이 심해져 2014. 1. 16. G 여의도○○병원 재활의학과에서 우측 상완 운동약화 및 감각저하를 이유로 신경전도 · 근전도 검사를 받았고, 2014. 1. 18. 인천 부평구 H 소재 ○○○의원에서 MRI 검사를 하였다.

피고는 2014. 1. 24. I 한강○○병원에서 '현재 움직일 수 없이 심한 우측 상지 및 흉부 통증, 근력 약화 호전 없이 악화를 보여 추가 검사 및 치료를 위하여 입원이 필요하다'는 담당 의사의 소견에 따라 2014. 1. 27.부터 2014. 2. 21.까지 위 병원에 입원하였고, I 한강○○병원은 2014. 2. 21. 피고가 피부색깔 변화, 발한 감소, 부종을 보여 복합부위통증증후군(Complex Regional Pain Syndrome: CRPS)이 의심된다는 소견으로 G 서울○○병원 마취통증의학과 의사 J에게 진료를 의뢰하였다.

그 후 피고는 복합부위통증증후군 의심 증상으로 K병원, J마취통증의학과의원, G 서울○○병원 등에서 치료를 받았고, G 서울○○병원은 2014. 5. 26. 피고에게 복합 부위통증증후군 I형의 최종진단을 내렸다.

피고는 2014. 6. 27. L병원에 내원하여 복합부위통증증후군 I형 및 외상후통증증후군(Post Traumatic Pain Syndrome: PTPS), 만성통증(Chronic pain)의 임상적 진단에 따라 외래 진료를 받다가 2014. 7. 4.부터 2014. 9. 5.까지 외상후통증증후군, 만성통증을 임상 병명으로 하여 입원하였고, 그 이후에도 계속하여 통원치료를 받고 있다. 피고는 L병원에 처음 내원할 당시 통증점수 10점 만점에 10점의 하루 4~5회 타는 듯한 전신 통증의 악화를 호소하였던 것과 달리 2014. 12.경 이후부터는 성상신경절블록 등의 치료를 통하여 하루 1~2회 통증점수 7점의 발작통 정도를 보이는 정도로 증상이 호전되었으나 현재도 여전히 통증을 호소하고 있다.

나. 판결 요지

1) 제조물책임법에 따른 손해배상책임의 성립

물품을 제조·판매하는 제조업자는 그 제품의 구조·품질·성능 등에 있어서 그 유통 당시의 기술수준과 경제성에 비추어 기대 가능한 범위 내의 안전성과 내구성을 갖춘 제품을 제조·판매하여야 할 책임이 있고, 이러한 안전성과 내구성을 갖추지 못한 결함으로 인하여 소비자에게 손해가 발생한 경우에는 불법행위로 인한 손해배상 의무를 부담한다(대법원 1992. 11. 24. 선고 M9 판결 등 참조). 한편 고도의 기술이 집약되어 대량으로 생산되는 제품의 결함을 이유로 그 제조업자에게 손해배상책임을 지우는 경우 그 제품의 생산과정은 전문가인 제조업자만이 알 수 있어서 그 제품에 어떠한 결함이 존재하였는지, 그 결함으로 인하여 손해가 발생한 것인지 여부는 일반인으로서는 밝힐 수 없는 특수성이 있어서 소비자 측이 제품의 결함 및 그 결함과 손해의 발생과의 사이의 인과관계를 과학적·기술적으로 입증한다는 것은 지극히 어려우므로 그 제품이 정상적으로 사용되는 상태에서 사고가 발생한 경우 소비자 측에서 그 사고가 제조업자의 배타적 지배하에 있는 영역에서 발생하였다는 점과 그 사고가 어떤 자의 과실 없이는 통상 발생하지 않는다고 하는 사정을 증명하면, 제조업자 측에서 그 사고가 제품의 결함이 아닌 다른 원인으로 말미암아 발생한 것임을 입증하지 못하는 이상 그 제품에 결함이 존재하며 그 결함으로 말미암아 사고가 발생하였다고 추정하여 손해배상책임을 지울 수 있도록 입증책임을 완화하는 것이 손해의 공평·타당한 부담을 그 지도원리로 하는 손해배상제도의 이상에 맞다(대법원 2004. 3. 12. 선고 2003다16771 판결 등 참조).

위 법리에 비추어 이 사건에 관하여 보건대, 갑 제3호증, 을 제1, 16, 17호증의 각 기재 및 이 법원의 주식회사 금○○○, 조○○○에 대한 각 사실조회 회신결과에 변론 전체의 취지를 더하여 인정할 수 있는 아래와 같은 사실과 사정들을 종합하여 보면, 이 사건 사고는 피고가 이 사건 보온기를 정상적으로 사용하던 중 제조업자인 원고의 배타적 지배하에 있는 영역에서 발생하였고 이 사건 사고가 이 사건 보온기의 결함 없이는 통상 발생하기 어렵다고 할 것이어서, 이 사건 보온기에는 결함이 존재하며 그 결함으로 말미암아 이 사건 사고가 발생하였다고 추정할 수 있다. 또한 이 사건 사고 외에 피고가 호소하는 통증의 발생 원인으로 볼 만한 별다른 사정을 발견할 수 없으므로 이 사건 사고와 피고에게 나타난 통증관련 장애(복합부위통증증후군 I형 또는 외상후통증증후군) 사이에는 상당인과관계가 있다고 봄이 타당하다.

[1] N주식회사가 2014. 4. 9. 원고가 가입한 생산물배상책임보험에 기하여 이 사건 사고의 발생 원인 및 경위를 조사한 결과, 이 사건 보온기의 주요 부분은 도체로 구성되어 있고 보온기 내부에 설치된 시즈히터의 파이프 후면에서 균열이 식별되었으며, 이러한 균열로 인하여 기기의 외함으로 누전이 발생한 것으로 밝혀졌다.

[2] 이 사건 보온기의 시즈히터를 제조한 주식회사 금○○○은 위 조사 과정에서 '시즈히터는 통상적인 사용과정에서 용접 부위 등에 균열이 발생될 수 있으며, 균열 부분에 물이 들어간 상태로 시즈히터가 가열되면 시즈가 파열될 수 있다'고 설명하였고, 이 법원의 사실조회에 대하여, 시즈히터의 파이프는 스테인리스판을 원형으로 말아 용접하여 생산되는데, 시즈히터 가열시 파이프 표면의 용접 부위에서 균열이 가장 빈번 하게 발생한다'고 회신하였다.

[3] 한편 이 법원의 사실조회에 대하여 주식회사 금○○○과 조○○○는 '보온기 내부에 물이 충분히 채워져 있지 않았음에도 시즈히터가 가열되는 경우 및 히터가 발열된 상태에서 찬물이 닿아 갑작스럽게 온도변화가 일어나는 경우, 시즈히터에 염분이나 침전물이 붙어 부식이 일어나는 경우에도 시즈히터에 균열이 발생할 수 있다'는 내용으로 회신한 바 있다.

[4] 그러나 피고가 2016. 1. 29. N주식회사에 제출한 문답서(을 제1호증)에는 '피고의 담당업무는 보온기 내부에 적정량의 물이 들어있는지 확인한 후 보온기의 온도를 켜고 재료를 넣어두는 것 등이며, 이 사건 보온기의 사용방법에 관하여 보온기에 물이 적정량 들어있는지 확인한 후 보온기의 온도를 올리는 것으로 인지하고 있다. 피고는 이 사건 사고 당일 6시에 출근하자마자 보온기의 온도를 켜고 재료를 넣어두었지만 약 2시간 동안 온도가 올라가지 않았으며, 재료의 상태를 확인하기 위해 보온기 뚜껑을 열자 전류가 흘렀다'고 기재되어 있는 점, 누전의 원인이 된 시즈히터의 균열은 파이프 후면부에 있었기 때문에 피고 측이 시즈히터를 임의로 분리하지 않는 이상 이 사건 보온기를 통상적으로 사용하는 과정에서 위와 같은 균열을 육

안으로 식별하기는 어려웠을 것으로 보이는 점, 시즈히터가 이 사건 보온기에 부착된 구조를 보면 사용자 가 보온기로부터 시즈히터를 용이하게 분리하여 관리할 수 있었다고 보기도 어려운 점 등을 종합하여 보면, 피고가 이 사건 사고 발생 이전 또는 당시에 이 사건 보온기를 그 용법에 맞지 않게 사용·관리하였다고 보기 어렵고, 달리 피고 측의 오사용 또는 부 주의로 인하여 이 사건 보온기 내부에 설치된 시즈히터에 균열이 발생하였다고 볼만한 특별한 사정이 보이지 아니한다.

이에 대하여 원고는, 이 사건 보온기는 안전인증을 받은 제품으로서 제조·설계상의 결함이 없고, 오히려 이 사건 보온기의 시즈히터 균열은 피고 측의 오사용 또는 는 관리상 부주의(① 피고 측이 이 사건 보온기에 적정량의 물을 넣지 않은 상태에서 사용하였거나 ② 고온으로 달궈진 시즈히터에 갑자기 찬물을 공급하였거나 ③ 이 사건 보온기를 수시로 청소하지 않아 음식재료에 남아 있던 염분이 금속 성분의 시즈히터를 부식시키는 등)로 인하여 발생하였을 가능성을 배제할 수 없으며, 피고가 감전 직후 스스로 이 사건 보온기로부터 이탈하였으므로 피고는 인체에 피해를 주지 않는 불수전류(여성: 약 10.5mA) 미만에 감전된 것으로 보일 뿐이라고 주장한다.

살피건대, 갑 제2호증의 기재에 의하면 이 사건 보온기는 전기용품안전관리법에 따라 2013. 2. 26. 한국화학융합시험 연구원장으로부터 안전인증을 받은 사실이 인정되나, 위 인정사실만으로 이 사건 사고가 제품의 제조·설계상의 결함이 아닌 다른 원인에 의한 것임을 인정하기에 부족하고, 달리 이를 인정할 증거가 없으며, 그 외 제출된 증거들만으로는 피고 측이 원고의 위 주장과 같이 이 사건 보온기를 그 용법에 맞지 않게 사용·관리하여 왔음을 인정하기도 어렵다.

또한, 원고의 주장과 같이 피고는 감전 직후 스스로 이 사건 보온기로부터 이탈하였으므로 감전전류가 불수전류(스스로 접촉된 전원으로부터 떨어질 수 없는 전류) 미만이었고, 이 사건 사고 당시 이 사건 보온기에 설치된 인체감전보호용 누전차단기 (정격 감도전류 30mA, 정격부동작전류 15mA)는 정상적으로 작동하고 있었던 것으로 보이기는 한다. 그러나 피고의 인체에 흐른 전류가 15mA 미만으로서 불수전류 또는 누전차단기의 정격 부동작전류에 미치지 못하였더라도, 가수전류(스스로 접촉된 전원으로부터 떨어질 수 있는 0도의 전류)가 일정 값 이상인 경우에는 고통이 따르는 쇼크 등을 유발하거나 감전 경로에 따라 인체에 미치는 위험의 정도가 다를 수 있는 점, 이 사건 사고

외에는 피고가 호소하는 통증 질환에 기여하였다고 볼 만한 별다른 사정이 발견되지 아니하는 점 등에 비추어 보면, 이 사건 사고가 이 사건 보온기의 결함이 아닌 다른 원인으로 말미암아 발생한 것이라고 보기 어렵다. 따라서 원고의 이 부분 주장은 모두 받아들이지 아니한다.

그렇다면 원고는 제조물책임법에 따라 이 사건 사고로 인하여 피고가 입은 손해를 배상할 책임이 있다(피고는 제조물책임법의 표시상의 결함에 대하여도 주장하나, 이 사건 보온기의 제조·설계상의 결함에 대하여 인정하는 이상 표시상의 결함에 대하여는 더 나아가 판단하지 아니한다).

2) 손해배상의 범위

계산의 편의상 기간은 월 단위로 계산함을 원칙으로 하되 마지막 월 미만 및 원 미만은 버린다. 손해액의 사고 당시의 현가 계산은 월 5/12푼의 비율에 의한 중간이자를 공제하는 단리할인법에 따른다.

3) 책임의 제한(원고의 책임 60%; 제조회사의 손해배상책임)

가해행위와 피해자 측의 요인이 경합하여 손해가 발생하거나 확대된 경우에, 그 피해자 측의 요인이 체질적인 소인 또는 질병의 위험도와 같이 피해자 측의 귀책사유와 무관한 것이라고 할지라도 그 질환의 태양·정도 등에 비추어 가해자에게 손해 전부를 배상하게 하는 것이 공평의 이념에 반한다고 판단되면, 법원은 손해배상액을 정 하면서 과실상계의 법리를 유추 적용하여 그 손해의 발생 또는 확대에 기여한 피해자 측의 요인을 참작할 수 있다(대법원 2008. 3. 27. 선고 2008다1576 판결, 대법원 2014. 4. 24. 선고 2012다37251 판결 등 참조).

복합부위통증증후군의 경우 환자들이 호소하는 극심한 자각적 증상에 비하여 경미한 외상을 원인으로 발생할 수도 있고, 그 발생빈도가 낮아 희귀하면서도 그 위험이나 결과의 중한 정도는 대단히 높은 질환인데, 이러한 질환으로 인한 손해의 전부를 원고에게 배상하게 하는 것은 공평의 이념에 반한다고 할 것인 점, 그 밖에 이 사건 사고의 경위, 피고가 입은 상해의 정도, 치료의 내용 및 경과, 현재 피고의 상태 등 이 사건 변론에 나타난 모든 사정에 비추어 이 사건 사고로 인한 피고의 손해에 관한 원고의 책임을 60%로 제한한다.

다. 시사점

이 사건은 제조회사와 전기보온기를 사용한 매장의 주인이 피해자를 상대로 채무부존재확인소송이라는 본소를 제기하였고, 피해자인 매장의 전기보온기를 사용한 직원이 손해배상청구소송의 반소를 제기한 것이다.

이 사건 사고는 피고가 이 사건 보온기를 정상적으로 사용하던 중 제조업자인 원고의 배타적 지배하에 있는 영역에서 발생하였고 이 사건 사고가 이 사건 보온기의 결함 없이는 통상 발생하기 어렵다고 할 것이어서, 이 사건 보온기에는 결함이 존재하며 그 결함으로 말미암아 이 사건 사고가 발생하였다고 추정할 수 있다는 점이다. 또한 이 사건 사고 외에 피고가 호소하는 통증의 발생 원인으로 볼 만한 별다른 사정을 발견할 수 없으므로 이 사건 사고와 피고에게 나타난 통증관련 장애(복합부위통증증후군 I형 또는 외상후통증증후군) 사이에는 상당인과관계가 있다고 봄이 타당하다고 판단하였다.

제조물의 결함을 전제로 손해배상청구를 인정하되 피해자의 과실도 40%로 보아서 과실상계를 한 것이다.

26. 소프트웨어의 보안상 취약점으로 인하여 컴퓨터 웜 바이러스 (computer worm virus)의 감염으로 인한 인터넷장애 피해사건 (서울중앙지법 2006. 11. 3, 2003가합32082)

가. 사건 개요

마이크로소프트사는 2000년 8월 MS-SQL 서버 2000(이하 '이 프로그램')을 출시하였다. 이 프로그램은 서버용 운영 시스템 소프트웨어(OS)로 개인용 컴퓨터로 치면 윈도우에 해당하는 셈이다.

2003년 1월 25일 이 프로그램을 사용하던 서버들이 컴퓨터 웜 바이러스 (computer worm virus)인 '슬래머 웜(Slammer Worm)'에 감염되어 대규모 인터넷 장애 사태가 발생하는 피해사건이 발생하였는데, 슬래머 웜에 감염된 서버는 데이터를 대량으로 만들어 이를 무작위 IP 주소로 발송하는데 이로 인해 네트워크에 과부하가 발생하게 되고 감염된 서버는 물론 주변에 위치한 다른 비감염 서버까지 접속이 불가능하게 된 것이다.

이 슬래머 웜이 이 프로그램의 보안 취약점을 통해 감염되고 전파되었다는 문제점을 가지고 있다는 점에 참여연대는 일반 인터넷 이용자, PC방 업주, PC방 서비스 제공업자, 인터넷 쇼핑몰 등을 원고로 모집하여 집단적으로 마이크로소프트사를 상대로 하는 제조물책임법상의 손해배상청구소송을 제기하였다.

나. 판결 요지

1) 'MS SQL Server 2000' 프로그램이 제조물에 해당하는지 여부

우선 'MS SQL Server 2000' 프로그램을 저장매체(CD-ROM 이나 디스켓)에 저장하여 공급하는 경우에는 저장매체와 소프트웨어는 일체가 되어 유체물로 볼 수 있기 때문에 제조물책임법의 제조물에 해당한다고 보았다.

또한, 특별한 저장매체 없이 웹 사이트에서 다운로드 방식으로 프로그램을 공급하는 경우에도 제공이 완료된 시점에는 결국 해당 소프트웨어가 일정한 저장매체 (이를테면 하드디스크)에 담긴 상태가 되기 때문에 역시 제조물에 해당한다고 보았다.

나아가, 위 프로그램은 대량으로 제작, 공급되는 것이므로 제조물책임법이 적용되는 제조물에 포함시키는 것이 위 법의 제정목적에도 부합한다고 보았다.

2) 이 프로그램에 결함이 존재하는지 여부

이 프로그램에 슬래머 웜의 공격대상이 될 수 있었던 취약점이 있었다는 사실은 인정하면서도 위와 같은 취약점이 개발 당시에는 발견되지 않았고, 이처럼 소프트웨어가 출시되었을 당시 알려지지 않은 보안상 취약점에 관한 모든 책임을 소프트웨어

개발업자들에게 지우는 것은 신기술 개발과 신제품 출시를 원천적으로 봉쇄하는 결과를 초래한다는 점에서 재판부는 이 프로그램에 결함이 있다고 보지 않았다.

또한 마이크로소프트가 위와 같은 취약점을 인식하자마자 이를 웹 사이트에 공지하고 즉각적으로 보안 패치를 받을 수 있도록 한 점, 프로그램을 구매자들에게 보안 패치가 첨부된 이메일을 개별 발송한 점, 보안 패치가 설치된 서버에서는 피해가 발생하지 않은 점들도 고려하였다.

나아가 프로그램의 개발과정, 취약점이 발견된 이후 조치, 인터넷 침해사고 이후 대응과정 등을 고려할 때 마이크로소프트의 고의 또는 과실로 손해가 발생하였거나 확대되었다고 보기 어렵다고 보아 원고들의 민법상 일반 불법행위에 기한 손해배상청구 역시 받아들이지 않았다.

다. 시사점

현대사회는 정보통신혁명이라고 할 만큼 하루가 다르게 첨단기술이 장착된 제품들이 쏟아져 나오고 있는 시기에 각종 소프트웨어의 신뢰도와 품질안전성의 확보가 중요한 법적 쟁점으로 제기되고 있다.

이미 우리 생활에 냉장고, 에어컨, 세탁기 등과 같은 전자제품은 대부분 소프트웨어를 기반으로 하는 제품으로 바뀌어 왔고 앞으로 더욱 더 발전되리라고 생각된다. 특히 최근 인공지능기술의 등장으로 기기에 내장된 이른바 임베디드 소프트웨어(Embedded Software)에 대한 의존도가 높아지고 있어서 편리함이 가속화되고 있지만, 한편으로는 소프트웨어의 오류로 인한 기기 오작동 위험과 이에 따른 생명·신체 또는 재산에 손해가 발생할 가능성에 대한 우려도 커지고 있다.[34]

대상판결은 소프트웨어를 사용하기 위해서는 어떠한 형태로든 저장매체에 이를 설치하여야 한다는 점에 착안하여 소프트웨어가 장착된 물건을 일체로 보아 제조물성을 인정하였다. 그러나 이 판결이 선고된 이후에 많은 시간이 경과하였고 그 사이 소프트웨어의 개발 및 이용환경이 크게 변하였기 때문에 소프트웨어의 제조물

---

34 https://www.ajunews.com/view/20180423121650026

성에 대한 결론을 일반화하기는 쉽지 않다고 할 수 있다.

소프트웨어로 인한 소송사건이 많지 않은 이유는 소프트웨어의 개발에 고도의 전문지식과 기술이 요구되기 때문에 이에 대한 전문지식이 없는 일반 소비자가 그 결함을 증명하여 손해배상을 받는 것은 매우 어렵기 때문으로 생각된다.

대법원에서 소프트웨어의 결함에 대한 제조물책임을 인정한 판례는 아직까지 나오지 않고 있으며, 현재로서는 소프트웨어의 결함으로 인한 제조물책임에 대한 우리 대법원의 태도가 명확하다고 하기는 어렵다.

대상판결에 대하여 재판부는 이 사건 프로그램의 제조물성은 인정하면서도 소프트웨어의 결함이 있다고 인정하지 않았다. 이는 제조업자인 마이크로소프트사가 해당 제조물을 공급할 당시의 과학·기술 수준으로는 결함의 존재를 발견할 수 없었다는 사실 등과 같은 제조업자의 면책사유를 충분히 소명하였기 때문일 것으로 판단된다.

대상판결은 소프트웨어가 출시되었을 당시에는 알려지지 않은 보안상 취약점에 관한 모든 책임을 소프트웨어 개발업자들에게 지우는 것은 신기술 개발과 신제품 출시를 원천적으로 봉쇄하는 결과를 초래한다고 판시하였다. 이는 소프트웨어 제품의 특수성을 정책적으로 고려한 것으로 보인다.

27. 신종플루 백신의 접종 후 사망으로 인한 피해사건 (서울중앙지법 2011. 2. 10, 2010가합42308)

가. 사건 개요

1) 원고들의 이 사건 사고경위
신종플루 백신을 접종받고 사망한 피해자들은 사망한 S, T, U, V, W이며, 이들의 부모나 형제자매들이 소송을 제기한 원고들(S의 아들, T의 아버지, 어머니 동생, U의 아버지,

어머니, 언니, V의 어머니 누나, W의 아버지, 어머니, 형)로서 모두 12명이다.

S는 X생인 여자로서 2009. 10. 14. 10:00경 울산시 북구 보건소에서 O의 P를 접종 받았고, 그로부터 15분 이내에 어지러움을 호소하더니 의식을 잃었으며, 곧바로 Y병 원에 구급차로 이송되었으나 병원에 도착하기 전인 같은 날 10:34경 사망하였다.

T는 Z생인 남자로서 2009. 11. 18. 11:30경 인천 AA초등학교에서 R을 접종 받았 고, 같은 날 12:00경 구토를 하면서 의식이 혼미해져 같은 날 18:30경 AB병원 응급 실에 입원하였다. 망 T은 같은 날 19:00경 응급실에서 수액 링거 주사를 꽂자 경련 을 일으키기 시작하였고 2009. 11. 19. 중환자실에 입원하였으나 2009. 12. 9.까지 경련을 계속하였다. 망 T는 2009. 11. 24. 신부전증 진단을 받고, 2009. 12. 3. 폐렴 이 악화되어 2009. 12. 4. 기관절개술을 실시하였으나 2009. 12. 5. 급성신부전 증세 가 나타났다. 망 T은 2009. 12. 11. AC병원으로 전원되었고, 2009. 12. 12. 다시 중환 자실에 입원하였으나, 2009.12. 17. 02:00경 사망하였다.

U는 AD생인 여자로서 2009. 11. 18. 인천 AE초등학교에서 R을 접종받았고, 2009. 11. 21. 19:40경부터 두통을 호소하더니 같은 날 20:00경 경련을 일으키며 의 식을 잃어 같은 날 20:20경 AB병원으로 이송되었으며, 그로부터 1시간 후 AB병원 의료진으로부터 모야모야병 소견을 받았고, 2009. 11. 24. 23:00경 사망하였다.

V는 AF생인 남자로서 2009. 11. 24. 부산 AG중학교에서 R을 접종받았고, 2009. 11. 30. 19:00경 원고 I에게 1시간 30분 후 컴퓨터 사용하겠으니 자리를 비켜달라고 말하고 안방으로 가 텔레비전을 보았는데, 같은 날 22:00경 원고 I에 의하여 안방 화 장대 앞에 창백하게 쓰러져 있던 채로 발견되었다. 그 후 부산대학교 의학전문대학 원 법의학연구소에서 부검을 하였으나 사인을 알 수 없었다.

W는 AH생인 남자로서 2009. 11. 26. 경기 AI중학교에서 R을 접종받았고, 2009. 11. 27. 11:20경부터 두통, 어지러움을 호소하고 구토를 하더니, 같은 날 13:00경 AJ 병원에서 뇌종양, 뇌출혈 진단을, 같은 날 14:00경 의정부 AK병원에서 뇌종양 진단 을 각 받았고, 그 무렵 의식을 잃었으며, 같은 날 16:00경부터 13시간 동안 종양제거 응급수술을 받았으나, 2009. 12. 1. 뇌종양이 아니라 단순한 혈종이라는 진단을 받 았고, 2009. 12. 2. 이후 의식 없는 상태로 있다가 2010. 1. 12. 사망하였다.

이 사건 사고 중 T, W의 사고에 대하여 피해보상신청이 있었으나, 예방접종피해

보상심의위원회는 이를 모두 기각하였다. 질병관리본부는 S, T, V, W의 사망에 대한 역학조사를 하였으나 모두 이 사건 백신과 이 사건 사고의 관련성이 인정되기 어렵다고 판단하였고, U에 대하여는 역학조사가 이루어지지 않았다.

2) 피고의 이 사건 백신 제조과정 등

피고는 의약품 제조 및 판매업 등을 하는 회사로서 2006년 12월경부터 전남 화순군에서 'M화순 백신공장'을 기공하여 백신원액 생산시설을 갖추고 2009년경 국내 최초로 계절독감백신 및 신종플루백신을 생산하였다. 피고는 2009. 7. 22. 식품의약품안전청(이하 '식약청'이라 함)으로부터 계절독감백신의 원료인 N최종원액(인플루엔자분할백신)에 대한 제조·품목허가를 취득한 다음 이를 O등에 공급하여 O등이 이를 원료로 P등을 제조·공급하였고, 2009년 9월경부터 위 N최종원액을 원료로 하여 인플루엔자분할백신인 Q를 제조·공급하였으며, 정부는 피고, O등으로부터 위 N최종원액을 원료로 하여 만들어진 계절독감백신을 구매하여 2009. 10. 5.경부터 65세이상 노인들을 대상으로 독감백신 무료접종을 실시하였다. 또한 피고는 2009. 10. 21. 식약청으로부터 신종플루백신인 R에 대한 제조·품목허가를 취득하여 2009년 11월경부터 이를 제조·공급하였고, 정부는 피고로부터 R을 구매하여 2009. 11. 11.경부터 전국 초중고 학생들을 상대로 예방접종을 실시하였다.

(가) 이 사건 백신과 같은 계절독감 및 신종플루백신은 유정란을 원료로 하는 백신으로, 항생제와 백신에 노출되지 않은 암탉이 생산한 유정란을 10일 동안 부화시킨 후 유정란의 윗부분을 살짝 깨 인플루엔자 바이러스를 투입하고 사흘간 배양한 다음, 14일째 바이러스가 대량으로 번식한 계란 속 액체 부분만 별도로 추출하여, 추출한 액체를 초고속 원심분리기에 넣어 바이러스 입자만 별도로 농축 분리시키고, 이후 바이러스가 사람 몸에 이상을 일으키지 못하도록 독성을 제거하고 항원성만 갖도록 하는 불활화작업을 거쳐, 바이러스를 1회 주사당 15ug의 비율로 희석해 N최종원액을 제조하며 임상시험 등을 통해 백신의 안정성과 유효성을 검증하고, 마지막으로 백신원액을 주사기나 유리용기 등에 채워 넣는 방법으로 제조된다.

(나) 피고는 2009년 2월경 영국국립생물의약품표준화연구소(NIBSC)로부터 3종류의 인플루엔자 종 바이러스주를 공급받은 후, 이를 혼합하여 백신의 대량생산을 위

한 제조용 바이러스(working seed)를 제조하였고, 2009. 6. 8. 영국국립생물의약품표준화연구소(NIBSC)와 WHO의 협력기관인 미국 질병통제예방센터(CDC, 이하 'CDC'라 한다)로부터 신종 인플루엔자A(H1N1)의 종 바이러스주를 공급받아, 이를 혼합하여 제조용 바이러스를 접종하여 3일 동안 배양한 다음 바이러스를 채독하여 정제하고, 바이러스 불활화 및 희석 과정을 거쳐 이 사건 백신 원액을 생산하였다.

(다) 피고는 우선 종 바이러스주로부터 생산한 제조용 바이러스에 대하여 마이코플라스마부정시험, 무균시험, 감염력시험, 뉴라미니데이즈확인시험, 헤마글루티닌확인시험 등을 실시하였고, 희석 과정을 거치기 전의 백신 원액에 대해서는 무균시험, 계면활경제함량시험, 포름알데히드함량시험, 난알부민함량시험, 계면활성제함량시험, 헤마글루티닌함량시험을 실시하였다. 그리고 피고는 최종원액을 용기에 충전 및 밀봉한 최종 완제품에 대하여, 이물 검사 및 성상 관찰, pH측정시험, 무균시험, 엔도톡신시험, 이상독성부정시험, 헤마글루티닌함량시험, 헤마글루티닌확인시험, 주사제의 실용량 시험, 불용성이물시험, 주사제의 불용성미립자시험 등을 실시하였다.

3) 피고의 유정란 및 부화란 수급과 규격

피고는 이 사건 백신을 생산하기 위하여 농업법인 주식회사 AL(이하 'AL'이라 한다), AM 주식회사(이하 'AM'라 한다), 농업회사 법인 AN 주식회사(이하 'AN'이라 한다)와 사이에 백신제조용 유정란을 공급받는 내용의 계약을 채결하면서, AL, AM, AN으로 하여금 피고 내부의 '독감백신 제조용 유정란에 관한 Standard Operating Procedure'(이하 'SOP'라 한다)에 따라 '부화란 품질 및 규격 세부사항'을 준수하도록 하였는데, 그 내용은 판례를 참고하기로 하고 생략한다.

피고가 이 사건 백신과 관련하여 임상시험계획승인신청 및 제조판매 품목허가 신청시에 식약청에 제출한 Q의 '임상시험용 의약품의 원료물질 규격'에는 부화란의 규격에 관하여 다음과 같이 규정되어 있으나, R의 임상시험용 의약품의 원료물질 규격에는 "(해당사항 없음)"이라고 기재되어 있다.

피고는 이 사건 백신의 원료로 사용되는 유정란의 부화장으로 전남 화순군에 위치한 주식회사 AO, 전북 익산시에 위치한 AP를 이용하였다.

4) 원고들의 주장

(가) 제조물책임법상 손해배상책임

유정란은 종균 바이러스(Seed Virus)를 만들 때 사용되는 '특정병원체부재 유정란 (Specific Pathogen Free Eggs, 이하 'SPF'라 한다)', 백신제조용 유정란(청정란), 일반란으로 나눌 수 있고, 피고는 원래 AL으로부터 청정란을 공급받아 이 사건 백신을 제조하기로 설계하였으나, 청정란의 공급이 부족하게 되자 AM, AN으로부터 청정란이 아닌 종계용, 부화용, 식용인 일반란을 공급받아 이 사건 백신의 원료로 사용함으로써 병원균 및 독소에 오염된 백신을 생산하였을 뿐만 아니라, AM, AN으로부터 유정란을 공급받음에 있어서 이 사건 백신의 제조·판매 품목허가신청 당시 첨부한 유정란의 규격 및 피고 내부의 '부화한 품질 및 규격 세부사항'을 준수하지 않았으므로 이 사건 사고의 망인들이 접종한 이 사건 백신에는 제조상의 결함이 있다.

피고는 국제적인 청정란 기준에 못 미치는 유정란을 백신원료로 사용하였고, 부화란에 대하여 육안 검사와 캔들링 검사만을 시행함으로써 오염된 유정란 및 난계대전염균의 감염여부를 확인할 수 없게 하였다. 또 피고의 백신제조공정에서 사용하는 220nm의 필터로는 각종 이물질을 거를 수 없고, 피고의 백신제조공정에는 살모넬라균에 감염된 유정란이 장독소 등에 오염된 경우 이러한 오염원을 검사하거나 거를 수 있는 단계가 없는 등 피고의 백신제조공정상 유정란에 포함된 각종 독소 및 이물질이 백신에 포함될 수밖에 없다. 또한 피고는 안정성이 입증되지 않은 면역증강제를 사용한 AQ(어쥬번티드 신종인플루엔자분할백신)를 충분한 임상실험을 거치지 아니하고 제조, 공급하는 등 설계상 결함이 있는 이 사건 백신을 제조하였다.

피고의 이 사건 백신을 맞고 사망한 사람 및 이상반응의 신고건수가 다른 제조업체의 백신의 경우와 비교하여 과다하다는 점, 이 사건 사고에 있어서 백신의 접종시점과 망인들의 사망 시점이 너무 근접하다는 점 등 여러 사정을 종합하여 보면, 이 사건 백신의 결함 및 그 결함으로 인한 망인들의 사망 사이의 인과관계가 추정된다. 또한 '의약품등 안전성 정보관리규정'(식품의약품안전청 고시)의 약물유해반응(ADR) 과 인과관계에 관한 평가기준(2조, 14조)에 의할 때, 망인들의 접종 시간과 이상반응 발생시점이 모두 시간적으로 밀접하고, 백신 접종 외에 망인들의 사망에 다른 특별한 원인이 개입될 여지가 없으며, 사망 전후에 보인 증상 및 사망원인이 모두 오염된 백신의 접종으로 인한 면역과다반응이 유발된 경우의 증상과 일치하는 점을 고려하면, 이 사건 백신의 결함과 망인들의 사망 사이의 인과관계는 확실하거나 적어도 상당히 확실한 경우에 해당한다.

피고는 위와 같이 제조, 설계상의 결함이 있는 이 사건 백신을 제조, 공급하여 이를 접종한 망인들을 사망에 이르게 하였으므로, 망인들의 유족인 원고들에게 제조물 책임에 의한 손해배상으로서 청구취지 기재 금원을 지급할 의무가 있다.

(나) 민법상 불법행위에 의한 손해배상책임

피고는 이 사건 백신의 제조·판매 품목허가사항 중 원료물질의 규격과 피고의 '부화란 품질 및 규격 세부사항'에 부적합한 유정란을 이 사건 백신의 원료로 사용하였고, 약사법상의 '의약품 제조 및 품질관리기준'(GMP, 이하 'GMP'라 한다)에 따른 시설을 갖추지 않은 AO, AP의 일반 부화장에서 유정란을 부화시킴으로써 이 사건 백신을 접종한 망인들을 사망에 이르게 하였으므로, 원고들에게 민법상 불법행위에 의한 손해배상으로서 청구취지 기재 금원을 지급할 의무가 있다.

나. 판결 요지

1) 제조물의 결함으로 인한 손해배상책임에 관한 판단

(가) 제조물책임법의 법리와 이 사건에서의 적용 여부

제조물책임법상 '결함'이라고 함은 당해 제조물에 제조·설계 또는 표시상의 결함 기타 통상적으로 기대할 수 있는 안전성이 결여되어 있는 것을 말하고, 여기에서 '제조상의 결함'이라고 함은 제조업자의 제조물에 대한 제조·가공 상의 주의의무의 이행 여부에 불구하고 제조물이 원래 의도한 설계와 다르게 제조·가공됨으로써 안전하지 못하게 된 경우를, '설계상의 결함'이라고 함은 제조업자가 합리적인 대체설계를 채용하였더라면 피해나 위험을 줄이거나 피할 수 있었음에도 대체설계를 채용하지 아니하여 당해 제조물이 안전하지 못하게 된 경우를 말한다.

제조물책임에 있어서의 제조물의 결함은 제조자가 제품의 구조·품질·성능 등에 있어서 그 공급 당시의 기술수준과 경제성에 비추어 기대 가능한 범위 내의 안전성과 내구성을 갖추지 못한 것을 의미하므로, 이러한 결함의 개념을 전제로 한 제조물책임은 과실책임으로 볼 수 있다. 다만, 고도의 기술이 집약되어 대량으로 생산되는 제품의 결함을 이유로 그 제조업자에게 손해배상책임을 묻는 경우, 그 제품의 생산과정은 전문가인 제조업자만이 알 수 있으므로, 그 제품에 어떠한 결함이 존재하였는지, 그 결함으로 인하여 손해가 발생한 것인지 여부는 일반인으로서는 밝힐 수 없는 특수성이 있고, 소비자 측이 제품의 결함 및 그 결함과 손해의 발생과의 사이의 인과관계를 과학적·기술적으로 입증한다는 것은 지극히 어려우므로, 그 제품이 정상적으로 사용되는 상태에서 사고가 발생한 경우, 소비자 측에서 그 사고가 제조업자의 배타적 지배하에 있는 영역에서 발생하였다는 점과 그 사고가 어떤 자의 과실 없이는 통상 발생하지 않는다고 하는 사정을 증명하면, 제조업자 측에서 그 사고가 제품의 결함이 아닌 다른 원인으로 말미암아 발생한 것임을 입증하지 못하는 이상 그 제품에 결함이 존재하며 그 결함으로 말미암아 사고가 발생하였다고 추정하여 손해배상책임을 지울 수 있도록 입증책임을 완화하는 것이 손해의 공평·타당한 부담을 그 지도 원리로 하는 손해배상제도의 이상에 맞다(대법원 2004. 3. 12. 선고 2003다16771 판결 등 참조).

위와 같은 제조물 책임에서의 입증책임 완화 법리에 비추어 보면, 이 사건의 경우, ① 이 사건 백신이 고도의 기술이 집약되어 생산되어서 그 생산과정을 전문가인 제조업자만이 알 수 있는 제품이라는 점, ② 이 사건 백신이 정상적으로, 즉 통상의 용법에 따라 합리적으로 사용되었다는 점, ③ 이 사건 백신의 접종과 고나련하여 이 사건 사고가 발생한 점, ④ 이 사건 사고가 제조업자인 피고의 배타적 지배하에 있는 영역에서 발생한 것인 점, ⑤ 이 사건 사고가 어떤 자의 과실 없이는 통상 발병하지 않는다는 점이 증명된다면, 이 사건 백신에 결함이 존재하고 이러한 결함으로 말미암아 이 사건 사고가 발생한 것으로 추정될 수 있다. 그러나 이 사건 사고가 피고의 배타적 지배하에 있는 영역에서 발생하였다고 보기 어려울 뿐만 아니라, 아래에서 보는 바와 같이 망인들의 사망 원인은 다양한 요인들이 복합적으로 작용하여 발병할 수 있는 질환에 의한 것이거나 그 사망 원인이 규명되지 아니한 경우도 있어서, 이 사건 사고가 이 사건 백신의 결함 이외의 경우에는 통상 발생하지 않는다고 보기도 어려우므로, 위 입증책임 완화 법리를 이 사건에 직접 적용할 수는 없다.

(나) 이 사건 백신의 제조상 결함의 존재여부

[1] 피고가 AL, AM 및 AN과 이 사건 백신의 제조를 위한 유정란 공급계약을 체결하면서 SOP 및 '부화란 품질 및 규격 세부사항'을 준수하도록 하였고, 피고가 이 사건 백신의 제조 · 판매 품목허가신청시에 식약청에 제출한 원료물질 규격 중 부화란의 규격에 관한 내용이 계군의 예방접종대상 질병 및 감염되지 않은 것으로 확인되어야 할 질병 등에 있어서 위 SOP 및 '부화란 품질 및 규격 세부사항'과 차이가 없음은 기초사실에서 본 바와 같다. 갑 제16, 17, 26, 27, 28, 32, 33, 64, 65, 66, 67호증의 각 기재에 변론 전체의 취지를 종합하면, 2005년부터 2008년까지 계절독감백신 접종 후 이상반응 신고건수는 총 218건으로 연 평균 54.5건(= 218건 ÷ 4년)임에 반하여, 2009년 계절독감백신 접종 후 이상반응 신고건수는 총 66건, 2009년 신종플루백신 접종 후 이상반응 신고건수는 총 2,109건으로 보고된 사실, 피고의 N최종원액으로 제조된 계절독감백신은 2009년 제조, 판매된 전체 계절독감백신 중 약 24%임에도, 2009년의 계절독감백신 접종 후 사망자 8명 모두가 피고의 N최종원액으로 제조된 계절독감백신을 접종받았던 사실, 피고는 이 사건 백신의 제조와 관련하여 2009년 7월경부터 2009. 10. 17.경까지 AL으로부터 3,398,000개, AM로부터 530,000개, AN으로부터 1,075,000개의 유정란을 공급받은 사실, 2009년 국정감사자료(갑 제16호증)에 따르면 양계장별로 유정란 생산목적이 AL은 "백신제조용 유정란"으로, AM는 "종계용, 부화용"으로, AN은 "종계용 및 일부 식란"으로 기재되어 있는 사실, 위 국정감사자료에는 AL, AM 및 AN이 피고에게 공급하는 유정란에 대한 검사주체로 AR대학교 수의과대학이 기재되어 있는데, AL은 2008. 12. 15과 2009. 10. 1. AR대학교 산학협력단(AR대학교 수의과대학 AS교수가 시험총괄책임자이다)과 사이에 매월 1회 혈청검사 등을 포함하여 환경위생관리 및 질병모니터링을 위한 연구용역계약을 체결하였으나, AM는 AR대학교 수의과대학과 용역계약을 맺은 적이 없고, AN은 2009. 12. 28. AR대학교 산학협력단과 사이에 환경 모니터링 및 혈청검사서비스에 관한 연구

용역계약을 맺었다가 2010년 7월 이후 위 계약을 파기하였으며, 달리 AM, AN이 정부연구기관 혹은 감정지정기관과 계군의 혈청검사를 위한 계약을 체결하지는 않은 사실, AM, AN은 일반사료회사 및 동물약품회사와 AR대학교 산학협력단과 사이에 체결된 계약에 의한 혈청검사 결과를 피고에게 제출하였고, 감정기관도 농장주 모르게 무작위 채혈을 한 것이 아니라 업자가 보내주는 혈청을 검사하여 결과를 통보하는 등의 방법으로 병성검사를 실시한 사실이 인정된다.

[2] 한편, 을 제27, 28, 30, 32, 36, 40, 49 내지 53호증, 갑 제16, 17, 22, 28, 67호증의 각 기재 및 AR대학교 수의과대학 조류질병학교실에 대한 2010. 12.1.자 사실조회결과에 변론 전체의 취지를 종합하면, 세계보건기구(WHO, 이하 'WHO'라 한다)의 "인플루엔자백신의 제조 및 통제에 관한 권고{Recommendations for the production and control of influenza vaccine (inactivated)}"에 의하면 종균 바이러스의 성장에 사용되는 계란(Eggs used for seed virus growth)은 "밀폐되고, 특정병원체에 감염되지 아니한 건강한 닭으로부터 얻어져야 하고(If the vaccine is to be produced in embryonated eggs, the eggs to be used should be from closed, specific-pathogen-free, healthy flocks)", 백신제조용계란(Eggs used for vaccine production)은 "지역 동물건강기관으로부터 승인받은 방법에 의하여 감독되는 건강한 닭으로부터 얻어져야 하며(If the vaccine is to be produced in embryonated eggs, the eggs should be from healthy flocks, which are monitored by methords approved by local animal health authorities)", "종균 바이러스 및 백신 제조용 계란 모두는 뉴캐슬병 바이러스 백신을 접종하지 않은 어린 새들로부터 얻어진 계란이어야 한다{In both situations (production of vaccine seed ana production of vaccine), the flock must not have been vaccinated with live Newcastle disease virus vaccine. It also recommended that eggs be obtained from young birds)}"고 규정되어 있고, 유럽약전(European Pharmacopoeia)에는 "백신제조에 이용되는 인플루엔자 바이러스 종은 특정병원균에 감염되지 아니한 계군(5.2.2.)으로부터 얻어진 유정란에서 증식되거나, 계태의 섬유아세포 또는 특정병원균에 감염되지 아니한 계균(5.2.2.)으로부터 얻어진 신장세포와 같은 적절한 배양조직(5.2.4.)에서 증식되고, 생산과 관련하여 각 균주의 바이러스는 건강한 닭으로부터 얻어진 유정란의 요막강내에서 배양된다"고 규정되어 있으며, 우리나라 약사법 제52조 제1항에 따른 "생물학적제제 기준 및 시험방법(식품의약품안전청고시 제

2009-103호)"에는 "백신제조용 부화란의 경우 건강한 닭으로부터 얻어 백신 제조에 적합하다고 판정된 계란을 약 11일간 부화시킨 것을 사용한다"고 규정하고 있을 뿐, 현재까지 백신제조용 유정란에 관하여 국제적으로 통일된 기준이나 어떤 특정한 질환에 감염되었는지를 검사해야 한다는 등의 세부 규정은 마련되지 아니한 사실, 피고는 2008년경부터 AL으로부터 백신제조용 유정란을 공급받아오다가 2009. 8. 17경 AM 및 AN과 백신제조용 유정란 공급계약을 체결하고 그 무렵부터 유정란을 공급받아 온 사실, 2009년 국정감사자료(갑 제16호증)에서도 유정란 종류와 관련하여 양계장별로 유정란 생산목적을 기재한 옆의 비고란에 "M 유정란 관련 SOP에 적합한 계란만을 공급받아 백신제조용으로 사용함"이라고 기재되어 있는 사실, AR대학교 산학협력단은 AM의 사료납품업체인 주식회사 AT와 사이에 체결된 2009. 8. 20.자 연구사업용역계약에 따라 AM의 산란계에 대하여 약 35회의 혈청검사를 실시하였고, 주식회사 AU와 사이에 체결된 2009. 12. 8.자 연구사업용역계약에 따라 AN의 산란계에 대하여 약 15회의 혈청검사를 실시하였던 사실, 위 각 혈청검사결과, AM와 AN의 산란계는 추백리(Salmonella pullorum), 가금티푸스(Salmonella gallinarum), 호흡기성 마이코플라즈마병(Mycoplasma gallisepticum), 관절활막염 마이코플라즈마병(Mycoplasma synoviae), 조류인플루엔자(Avian influenza virus)(이하, 위 5가지 질병을 "추백리 등"이라 한다) 등에 관하여 음성임이 판정되었던 사실, AL뿐만 아니라, AM와 AN도 산란계에 대하여 마렉병, 전염성 기관지염, 닭 뇌척수염, 전염성 F 낭병, 산란저하증, 전염성 기관지염, 뉴캐슬병 등에 고나한 예방접종을 하였고, 피고도 이를 확인한 사실, 피고는 AL, AM, AN으로부터 공급받은 유정란에 제조용 바이러스를 배양하여 이 사건 백신 원액을 제조하면서 이 사건 백신 원액의 제조번호를 동 원액의 제조에 사용된 유정란의 입고번호와 동일하게 하였는바, 이에 따라 망인들(역학조사가 이루어지지 않은 망 U 제외)이 접종받은 이 사건 백신의 제조에 사용된 유정란의 공급업체를 추적하면 아래 표 기재와 같고, 이 사건 백신의 제조에 사용된 유정란을 생산한 AL의 계군번호 AV 계군에 대하여 AR대학교 수의과대학은 2009년 3월경부터 2009년 9월경까지 매달 1번씩 혈청검사를 실시하였으며, 매달 동 계군이 추백리 등에 감염되지 않았음을 확인하였던 사실, 망인들(망 U 제외)이 접종한 이 사건 백신에 대하여 식약청의 백신검정결과 적합하다는 검정결과가 나왔고, 질병관리본부의 역학조

사결과 도일 제조번호 백신을 접종한 사람들 중 이상반응 신고는 망 S의 경우 384명 중 1명, 망 T의 경우 동일학교 학생 816명 중 경미한 증상 4명, 망 V의 경우 5,000여 명 중 4명, 망 W의 경우 434명 중 5명으로 발생하였다가 모두 회복된 것 이외에 중증 이상반응으로 신고된 사례는 없었던 사실이 인정된다.

[3] 위 [1]항에서 인정한 사실만으로는 피고가 AM, AN으로부터 공급받은 유정란이 백신제조용으로 생산된 것이 아니라, 종계용, 부화용, 식용으로 생산된 유정란이라고 인정하기에 부족하다. 또, 위 [2]항의 인정사실에서 본 바와 같이 백신제조용 유정란에 대한 국제적으로 통일된 기준이나 법령상의 기준 등이 마련되어 있지 않을 뿐만 아니라, AM 및 AN의 산란계에 대한 혈청검사에서 추백리 등에 관한 음정판정이 있었고, AM 및 AN에서도 산란계에 대하여 필요한 예방접종을 해왔던 사정에 비추어 볼 때, AM, AN이 피고에게 백신제조용 유정란을 공급함에 있어서 그 공급계약의 내용이 된 '부화란 품질 및 규격 세부사항'을 준수하지 아니하여 정부연구기관이나 병성감정지정 기관을 통해 육추 중과 산란 중 계군 당 30수씩 매월 1회 주기적으로 혈청검사를 실시하지 않았고 피고 역시 이를 확인하지 아니한 채 AM, AN으로부터 공급받은 유정란을 사용하여 이 사건 백신을 제조한 사실만으로는 이 사건 백신이 통상 기대되는 안정성이 결여된 방법으로 제조됨으로써 제조상의 결함이 존재한다고 보기 어렵다. 또한 망인들이 접종한 이 사건 백신이 AM, AN으로부터 공급된 유정란을 원료로 하여 제조되었거나, 그로 인하여 병원균 및 독소에 오염된 사실을 추인하기에 부족하고 달리 이를 인정할 증거가 없으므로 이 사건 백신에 제조상의 결함이 존재한다는 원고들의 주장은 이유 없다.

(다) 설계상 결함의 존재여부

당사자 사이에 다툼이 없거나 갑 제19, 23, 53, 54호증, 을 제10, 11, 17호증의 각 기재에 변론 전체의 취지를 종합하면, 피고가 이 사건 백신의 원료인 유정란의 산란계에 대하여 미국 AW사와 달리 추백리 등에 관하여만 음성임이 확인될 것을 요구하고, 이 사건 백신의 제조과정에서 유정란에 대하여 육안 검사와 캔들링 검사만을 시행하고 있는 사실, 식약청은 신종플루백신의 공급지연을 해소하기 위하여 생물학적제제등 품목허가·심사 규정 제36조에 따라 신종플루 백신을 소속심사 대상으로 정하여 기존의 계절독감백신의 허가심사 소요기간이 약 17개월 정도였던 것에 비하여 신종플루백신에 대하여는 약 3~4개월만에 허가심사가 완료될 수 있도록 하였던 사실, 피고의 신종플루 백신에는 R과 면역증강제를 사용한 AQ가 있는데, AQ는 적은 양의 백신 원료로 많은 백신을 생산하기 위하여 피고의 항원과 AX회사의 면역증강제를 혼합하여 만든 백신이고, 피고는 다른 혼합 백신의 경우 임상시험기간이 약 1년 3개월임에 반하여 위 AQ에 대하여 8주의 임상시험을 거쳐 품목허가를 받은 사실이 인정된다.

그러나, 기초사실과 을 제46, 47, 48호증, 갑 제28호증의 각 기재에 변론 전체의 취지를 종합하여 인정되는 다음과 같은 사정들, 즉, 원고들은 미국 AW사의 백신제조용 유정란이 12종의 바이러스성 질병과 13종의 세균성 질병에 대하여 음성임이 확인된 계란이라고 주장하나, 갑 제23호증의 기재만으로는 AW사가 위 질병들을 모두 산란계에 대한 혈청검사를 통하여 확인한다고 보기 부족할 뿐만 아니라, 원고들이 주장하는 AW사의 기준은 WHO의 SPF보다 강화된 기준이고, AW사의 기준이 백신제조용 유정란에 대한 국제적 기준이라고 볼 아무런 자료가 없는 점, 백신제조용 유정란에 관한 CDC의 기준은 존재하지 않고, 일본 식약청은 10~12일간 부화시킨 유정란을 사용해야 한다고 규정하며, WHO는 백신제조용 계란을 정의하면서 특정 병원체에 감염되지 아니할 것이라는 요건을 정하지 않고 건강한 닭으로부터 나온 계란일 것을 요구하고 있고, 이 사건 백신의 제조, 판매 품목허가 과정에서도 식약청은 백신제조에 사용되는 유정란의 규격에 관하여 "배양에 사용되는 부화란은 건강한 닭으로부터 얻어져 백신제조에 적합하다고 판정된 10~12일된 부화란으로, 피고가 인정한 부화란 공급자로부터 구입하며, 제조사 기준에 따라 관리된 것을 사용한다"고 요구하였을 뿐, 그 외에 품목 허가 사항으로서 유정란에 대하여 어떠한 구체적인 규격 내지 기준도 제시하지 않고 있는 점, 피고는 약사법 제53조 제1항, 생물학적 제제 기준 및 시험방법(식품의약품안전청 고시 제2009-103호) 별표 4 중 '인플루엔자 분할백신'의 제조방법에 따라 이 사건 백신을 개발, 제조하였고, 같은 별표 4 중 '인플루엔자 분할백신'의 시험기준에 따라 이 사건 백신 제조과정의 각 공정단계별로 각종 시험을 실시한 다음 비임상실험, 임상실험을 모두 실시하였던 점, 식약청은 이 사건 백신의 제조·판매 품목허가 이후에도 이 사건 백신의 제조단위(로트) 별로 백신의 안전성에 대한 검정절차를 실시하여 안전성이 확인된 백신에 한하여 출하를 승인하고 있는 점, 육안 검사와 캔들링 검사로 확인할 수 없는 유정란의 질병이 무엇인지, 또 그러한 질병을 확인하기 위하여 육안 검사와 캔들링 검사 이외에 요구되는 검사가 무엇인지에 관한 자료가 없는 점, 원고들은 피고의 유정란은 닭백혈병과 같이 인체 내 주입될 경우 암을 유발할 수 있는 난계대 전염균에 대하여 감염여부에 대한 검사를 하지 않는다고 주장하나, AY 교수의 '인플루엔자백신의 품질관리 평가에 관한 연구의 용역연구사업 연구결과보고서'에 의하면, 독감백신생산과정에서 오염될 수 있는 마이크로플라즈마, 조류인플루엔자, 닭백혈병은 정제과정 또는 포르말린 불활화 과정을 통하여 100% 사멸될 수 있고, 뉴캐슬병은 정제과정에서 제거가 불가능하나 포르말린으로 12시간 이상 처리하면 100% 사멸될 수 있다고 기재되어 있고, 달리 피고가 감염 여부를 확인하지 않는 질병들이 이 사건 백신의 오염에 직결되고 그것이 인체에 문제를 일으킬 수 있다는 점에 관한 자료가 없는 점, 이 사건 백신은 모두 면역증강제를 사용하지 아니한 R인 점 등에 비추어 보면, 위 인정사실 및 갑 제30, 48, 49, 51, 55, 56, 68, 69호증의 각 기재만으로는 피고가 제조, 공급한 이 사건 백신이 오염된 유정란을 원료로 하는 설계상의 결함이 존재한다거나, 적어도 피고가 합리적인 대체설계를 채용하지 아니하여 그 제조 및 공급 당시의 기술수준과 경제성 등에 비추어 기대 가능한 범위 내의 안전성을 갖추지 못함으로써 이를 접종하였다가 피해를 입은 소비자에 대하여 불법행위책임을 부담하게 할 정도의 결함을 가지고 있다고 보기는 어렵다. 따라서 이에 관한 원고들의 주장은 이유 없다.

(라) 이 사건 백신 접종과 망인들 사망 사이의 인과관계의 존재여부

(1) 입증의 정도

피고가 제조, 공급한 이 사건 백신에 의하여 망인들이 사망하게 된 것인지 여부는 사실적 인과관계의 존부에 관한 문제로서 이에 대한 소송상 입증은 한 점의 의혹도 남기지 않을 정도의 엄격한 자연과학적 증명을 요하는 것이 아니라, 경험칙에 비추어 모든 증거를 종합, 검토하여 볼 때 특정의 사실로부터 특정의 결과가 발생하였음을 시인할 수 있을 정도의 고도의 개연성이 인정되면 족하고, 그 판단은 일반인이 의심을 품지 아니할 정도로 그 진실성을 확신할 수 있을 것을 필요로 한다.

(2) 인과관계의 존재여부

망인들이 이 사건 백신을 각 접종받았고, 이 사건 백신의 접종과 망인들의 이상 반응 또는 사망이 시간적으로 근접한 사실은 기초사실에서 본 바와 같고, 갑 제11, 34, 37, 50, 52, 58, 62호증의 각 기재와 질병관리본부에 대한 2010. 8. 17.자, 국민건강보험공단에 대한 2010. 8. 26.자, AZ에 대한 2010. 11. 29.자 각 사실조회결과에 변론 전체의 취지를 종합하면, 망 T, 망 V, 망 U, 망 W는 이 사건 사고 이전에 심장질환, 뇌혈관질환에 대하여 치료를 받은 적이 없다는 사실, 망 T의 사망 원인은 패혈증, 패혈성 쇼크, 산혈증에 의한 심부전 및 혈액응고장애와 이에 따른 패출혈로 추정되는 사실, 망 W의 주치의인 AZ 교수는 망 W의 사망에 관하여 "환아의 연령에 자발성 소뇌출혈은 기존의 혈관질환 없이 발생하는 경우가 아주 드물기에 예방접종이 어느 정도 기여했다고 생각하나, 단 이는 연관이 있다고 증명하기 힘들며 연관이 없다고 증명하기 힘들다"는 소견을 밝힌 사실, 면역과다반응이란 인체 내에 면역을 담당하는 면역세포들을 과다 활성화시키고, 조양괴사인자(이하 'TNF'라 한다)가 과다 분비되는 것을 말하는데, 고농도의 TNF는 심근의 수축 및 혈관 평활근의 수축을 방해하여 현저한 혈압강하 또는 심장마비를 초래할 수 있고, 혈전을 생성하여 심근경색 및 뇌경색을 유발할 수 있으며, 혈액 내 혈당 농도를 떨어뜨려 쇼크사를 야기할 수 있는 사실이 인정된다.

한편, 갑 제7, 34 내지 40, 70, 71호증, 을 제 34, 46호증의 각 기재 및 질병관리본부에 대한 2010. 8. 3.자 및 2010. 8. 17.자, 국민건강보험공단에 대한 2010. 8. 26.자, AZ에 대한 2010. 11. 29.자, AC병원에 대한 2010. 12. 2.자, AB병원에 대한 2011. 1. 12.자, 각 사실조회결과에 변론 전체의 취지를 종합하면, 망 S은 2004년 10월 경부터 울혈성 심장기능상실(심부전), 고혈압 등으로 약을 복용하면서 치료를 받아온 사실, 망 S의 사망 원인에 대한 울산 BA병원 주치의의 소견은 기저질환과 주증상으로 보아 심근경색으로 인한 사망의 가능성이 높은 것으로 추정된다는 것이었고, 2009. 10. 15. 실시한 부검결과 만성적 심근경색으로 인한 사망으로 판정된 사실, 망 T는 이 사건 백신 접종 3~4일 전부터 이미 두통이 시작되었고, 특히 백신접종 2일 전부터는 아침에 일어나지 않고 계속 자려고 하는 등의 증세를 보여 병원에서 감기약 처방을 받고 등교하였으나 학교에서 계속 잠을 잤던 사실, AB병원의 신경과 주치의는 망 T의 입원 당시의 증상에 대하여 바이러스 감염에 의한 뇌염으로 추정하였고, 망 T가 전원한 AC병원의 지정진료의인 BB 교수도 망 T가 임상적으로 뇌염을 의심할 수 있는 증세와 징후를 보이고 있었다고 한 사실, 소아기의 경우 경련 지속증은 매우 드물고, 그 원인으로 고열, 두부외상, 중추신경계감염, 뇌병증, 중추신경계손상 등이 있으나, 망 T의 지속적인 경련에 대한 원인을 찾을 수 없었던 사실, 망 U에 대하여 역학조사가 실시되지 않았으나, AB병원 신경외과 전문의 BC은 망 U의 사망 원인에 대하여 혈관의 형태학적 변화를 볼 때 모야모야병으로 소견을 밝혔고(원고들은 2009. 11. 21.자 뇌혈관조영필름 판독결과, 망 U는 모야모야병이 아닌 것으로 판명되었다고 주장하나, 갑 제 40, 70, 71호증의 각 기재만으로는 원고들의 위 주장을 받아들이기 어렵다), 모야모야병의 발병 원인은 유전적 이상, 자가면역 및 혈관의 물리적 손상 등 여러 가설이 제시되고 있으나 아직은 명확히 규정되지 아니한 사실, 망 V는 초등학교 3학년 때 2차례 실신했고, 6학년때 1차례 실신한 과거력이 있었으며, 이 사건 백신의 접종 후 6일간 발열, 근육통, 두통 등 이상반응에 대하여 관찰하였으니 특이한 소견은 없었던 사실, 망 V에 대하여 2009. 12. 1. 실시된 부검결과, 뇌출혈도 없었고 심장 조직에 대한 검사 등에서도 특기할 소견이 없어서 사인이 밝혀지지 않았던 사실, 망 V에 대하여 2009. 12. 1. 실시된 부검결과, 뇌출혈도 없었고 심장 조직에 대한 검사 등에서도 특기할 소견이 없어서 사인이 밝혀지지 않았던 사실, 망 W는 뇌출혈 진단을 받았으나, 그 뇌출혈의 뚜렷한 선행요인은 밝혀지지 않았고, 사망 후 부검이 이루어지지 않아 진단되지 않은 다른 사망 원인의 존재 여부를 명확히 알 수 없게 된 사실이 인정되고, 위 인정사실 및 변론 전체의 취지에 의하면, 질병관리본부에서 신고된 이상반응 중 보상결정을 한 경우가 적다거나 사망 사례에 관하여 이 사건 백신과의 인과관계를 대부분 부정하고 있다는 사정만으로는 질병관리본부의 역학조사가 불합리하다고 단정하기 어려운 점, 현재까지 의학적으로 인플루엔자 예방접종과 뇌출혈과의 상관관계가 밝혀지지 않은 점, 이 사건 백신의 접종으로 면역과다반응이 일어났고 면역과다반응으로 망인들이 사망하게 되었다는 점에 관한 아무런 자료가 없는 점(사망 당시 망인들의 혈액 내 TNF의 농도에 관하여는 조사된 바가 전혀 없다), AZ 교수의 소견서는 신종플루백신의 예방접종과 소뇌 출혈의 연관관계에 유무에 관하여 증명할 수는 없으나 소아에게 매우 드문 자발성 소뇌 출혈이 기왕증이 없는 아이에게 발생하였다는 점에 비추어 신종플루백신의 접종이 망 W의 사망의 하나의 요인이 될 가능성이 있다는 견해를 밝힌 것에 불과하고 이 사건 백신의 접종과 망 W의 사망 사이에 역학적 또는 개별적 인과관계가 인정된다는 취지는 아닌 점 등이 인정된다.

위와 같은 사정들을 종합하여 보면, 기초사실과 인정한 사실만으로는 이 사건 백신의 접종으로 면역과다반응이 일어났고 면역과다반응으로 망인들이 사망하게 되었다는 사실을 추인하기에 부족하고, 달리 이 사건 사고와 이 사건 백신의 접종 사이의 인과관계를 인정할 자료가 없었으므로, 원고들의 이에 관한 주장은 받아들이기 어렵다.

2) 민법상의 불법행위책임에 관한 판단

먼저, 이 사건 백신의 원료로 사용된 유정란에 제조, 설계상의 결함이 있음을 인정하기 어렵다는 점은 앞에서 본 바와 같으므로, 이를 전제로 한 원고들의 주장은 이유가 없다.

다음으로, 피고가 이 사건 백신의 원료로 사용된 유정란을 AO, AP에서 부화시킨 것이 불법행위에 해당하는지 여부에 관하여 살피건대, AO, AP가 GMP상의 시설을 갖추지 않은 부화장이라는 사실을 인정할 아무런 증거가 없고, 오히려 을 제32, 37호증, 갑제 22, 28, 59호증의 각 기재에 변론 전체의 취지를 종합하면, 피고의 SOP 및 부화란 품질 및 규격 세부사항에는 부화장에 관하여 ① 부화장은 주기적으로 환경모니터링을 실시하여 청정도가 유지됨을 입증하고, ② 백신공장으로 운송되는 난좌와 대차는 세척, 소독된 청결한 것을 사용하며, ③ 부화용 유정란은 앞에서 규정한 유정란만을 구입하여 사용하고, 부화장 입고 후 지정된 장소에서 포르말린 훈증 등의 적당한 방법으로 그 표면이 소독되어 일정한 온도와 습도가 유지되는 청결한 장소에 보관하고, ④ 부화기는 온도, 습도가 자동적으로 조절되는 부화프로그램으로 위생적으로 운영하며, ⑤ 백신공장으로 운송 시 운반차량은 온도유지 및 충격이 가지 않도록 특정차량을 이용하고, 운반차량은 청소, 소독하여 청결하게 유지하도록 규정하고 있고, 또한 피고가 임상시험계획승인신청시 식약청에 제출한 Q의 '임상시험용 의약품의 원료물질 규격'에는 부화란 오염방지를 위한 백신접종 및 질병관리 등에 관한 사항(3.1.1.2.4.1.)으로, 양계농장의 시설 및 관리에 있어서 사육시설 내부로 야생조류나 설치류의 접근이 되지 않아야 할 것, 지정된 사람 외에는 출입을 통제할 것, 올인, 올아웃 시스템을 갖춘 무창계사이어야 할 것, 모든 시설은 주기적으로 청소, 소독되어야 할 것, 유정란 생산기간 중에는 주기적으로 살모넬라균에 대한 환경 모니터링검사를 실시하여야 할 것, 가능한 젊고 건강한 계군이어야 할 것, 양계장에는 계군매입내역, 백신접종내역, 미생물검사 기록, 일일 사육 수 및 일일 산란율 변화, 출입 및 방문자 기록, 청소 및 소득기록, 급이급수 등 사육기록 등의 작업내용을 기록 유지할 것, 사육 중에 병리학적 임상증상을 나타낸 닭의 부검 및 병리학적 검사결과와 모든 추가적 조치는 사용자에게 통보되고 문서화할 것, 사료에는 항생제가 첨가되어서는 안될 것 등을 요구하고 있는 사실, 식약청에서 2009. 9 . 17.경 AO, AP의 관리실태를 조사한 결과, AO, AP에서는 위와 같은 사항을 충족하면서 외부차단, 훈증소독 등 적절하게 관리되어 있고, 피고가 GMP에 따라 원료공급업체에 대한 관리기준과 평가시스템을 갖추고 있다고 평가되었던 사실이 인정되므로 AO, AP가 GMP에 따른 시설을 갖추지 않은 부화장임을 전제로 한 원고들의 주장은 이유 없다.

다. 시사점

의약품의 결함을 요건으로 제조물책임을 물어서 손해배상청구를 하는데 피해자들의 입증부담이 크다는 점을 다시 한번 일깨워주는 판례이다. 의약품으로 인한 사망사고의 경우에는 일단 의약품제조회사가 법률과 정부에서 정한 일정한 제조 및 품목허가기준을 갖추고 있어서 의약품의 제조상 또는 설계상의 결함을 규명하기가 어렵다는 점이다. 또한 피해자들이 가진 소위 '기저질환'으로 인하여 사망의 원인을 의약품에 돌리기 어려운 점도 있다는 것이다.

그러나 이 사건 판례에서처럼 백신의 접종과 사망사이에 역학적 또는 개별인과관계를 모두 인정받아서 의약품제조회사에 대한 제조물책임을 묻기는 상당히 어렵기 때문에 법원의 입증의 정도나 인과관계의 존재여부에 대한 증명을 완화하여 피해자 구제에 초점을 맞춘 판단으로 변화될 필요가 있다.

28. 자전거 안장의 고정 핀의 파손으로 자전거에서 넘어져 상해를 입은 피해사건 (서울동부지법 2011. 4. 6, 2010가합16944)

가. 사건 개요

원고는 2006. 4. 27. 자전거 수입·판매회사인 피고가 수입·판매한 'O 디자인 폴딩 자전거' 1대(이하 '이 사건 자전거'라 한다)를 'O사이클'이라는 상호로 자전거판매대리점을 운영하는 소외 이○○으로부터 45만 원에 구매하였다.

원고는 2006. 5. 1. 10:10경 이 사건 자전거를 타고 서울 영등포구 당산동 347 차도와 양화고수부지를 연결하는 터널의 입구를 지나던 중 자전거 안장을 고정하는 핀(이하 '이 사건 안장핀'이라 한다)이 부러져 안장이 시계방향으로 돌아가 바닥에 떨어지는 바람에 위 도로 위로 넘어져, 약 10주 동안의 치료를 필요로 하는 우측 원위부 장골 외측과 골절 등의 상해를 입었다(이하 '이 사건 사고'라 한다).

이 사건 안장핀에 대한 감정결과를 살펴보면, 이 사건 안장핀과 정상품(피고가 수입·판매하는 이 사건 자전거와 같은 종류의 자전거에 사용된 부러지지 않은 상태의 안장핀으로서 피고가 이 법원에 제출한 것이다. 정상품도 이 사건 안장핀과 같이 크롬몰리브덴 합금강인 SCM435 강종으로 제작되었다)의 비커스경도(직각피라미드 형태의 다이아몬드 압자가 시험편에 압입되어 시험하중의 제거 후에 남아 있는 표면 압입자국이 대각선 길이로 경도값을 계산하여 경도값 측정)의 비교, 이 사건 안장핀과 정상품의 화학조성 비교, 이 사건 안장핀과 정상품의 조직구성을 모두 살펴보면, 정상품의 경우 일반적인 크롬몰리브덴 합금강인 SCM435 강종의 조직상태를 나타내고 있으나, 이 사건 안장핀의 경우 탄소성분이 구상화(정상품의 경우는 탄소성분이 줄 모양으로 길고 균일하게 퍼져 있는데, 이 사건 안장핀의 경우 탄소성분이 공처럼 뭉쳐져 있음)되어 원형의 검은 점 형태로 모여 있어 서로 다른 조직상태를 나타내었다.

따라서 이 사건 안장핀의 파면에서 딤플(움푹 패인 홈)이 관찰되고 있어 연성파괴임을 알 수 있고, 연성파괴의 원인은 과하중이다. 또한 이 사건 안장핀의 비커스 경도가 정상품에 비하여 8~10 정도 낮고, 화학조성 및 조직구성도 달라, 일반적인 크롬몰리브덴 합금강인 SCM435 강종 기준에 부합하는 제품으로 보기 어렵다.

나. 판결 요지

1) 청구원인에 관한 판단

무릇 물품을 제조·판매하는 제조업자 등은 그 제품의 구조, 품질, 성능 등에 있어서 그 유통 당시의 기술 수준과 경제성에 비추어 기대 가능한 범위 내의 안전성과 내구성을 갖춘 제품을 제조·판매하여야 할 책임이 있고, 이러한 안전성과 내구성을 갖추지 못한 결함으로 인하여 소비자에게 손해가 발생한 경우에는 불법행위로 인한 손해배상의무를 부담한다. 또한 제품이 정상적으로 사용되는 상태에서 사고가 발생한 경우 그 제품의 결함을 이유로 제조·가공·수입업자에게 손해배상책임을 지우기 위해서는 달리 제조·가공·수입업자측에서 그 사고가 제품의 결함이 아닌 다른 원인으로 말미암아 발생한 것임을 입증하지 못하는 이상 소비자측에서 그 사고가 제조업자의 배타적 지배하에 있는 영역에서 발생하였다는 점과 그 사고가 어떤 자의 과실 없이는 통상 발생하지 않는다고 하는 사정을 증명하는 것으로서 충분하다(대법원 2000. 2. 25. 선고 98다15934 판결, 대법원 2004. 3. 12. 선고 2003다16771 판결 등 참조)

위 기초사실에 의하면, 이 사건 자전거 안장핀에는 통상 갖추어야 할 안전성과 내구성을 갖추지 못한 제조상의 결함이 있었고, 이러한 결함으로 인하여 이 사건 사고가 발생하였다고 봄이 타당하므로, 특별한 사정이 없는 한 제조물책임법에 따라 제조물책임이 있는 수입업자인 피고(위 법 제3조 제1항, 제2조 제3호 가목)는 원고에게 이 사건 사고와 상당인과관계가 있는 모든 손해를 배상할 의무가 있다.

2) 피고의 항변에 대한 판단

이에 대하여 피고는, 원고가 사고 후 이○○으로부터 자전거 대금만을 반환받았을 뿐 치료비는 받지 않은 점, 원고가 사고 후 2년 1개월이 지난 후에야 이 사건 소를 제기한 점, 이 사건 자전거의 휠베이스가 짧아 주행속도가 빠른 편인 점, 원고가 사고일로부터 불과 4일 전 이 사건 자전거를 구매하여 아직 운전에 미숙하였을 것인 점 등의 사정에 비추어 이 사건 사고는 오로지 원고의 부주의(운전미숙, 졸음운전)로 인하여 자전거가 캣아이(도로 바닥에 설치된 금속제 야간반사장치)에 부딪히면서 발생한 것이라고 주장한다.

그러나, 이 사건 변론에 나타난 다음과 같은 사정, 즉 ① 원고는 어려서부터 자전거를 타왔고, 이 사건 사고 무렵 자전거를 이용하여 출퇴근을 하여 왔던 점, ② 이 사건 사고 발생일시는 봄날 아침 10:10경이고 날씨도 맑았던 점, ③ 이 사건 사고발생지점은 내리막길이나 평탄한 도로로서 도로상에 주행에 방해가 되는 물체가 있었다고 볼 만한 사정도 없는 점 등에 비추어 보면, 피고가 주장하는 사정이나 을제1호 내지 7호증(가지번호가 있는 경우 가지번호 포함)의 각 기재 또는 영상, 증인 ○○○의 증언만으로는 피고의 주장을 인정하기 부족하고, 달리 이를 인정할 증거가 없다.

3) 과실상계

그러나 이 사건 사고발생장소는 지하차도로서 자전거 통행이 금지된 장소였던 점(을제6호증의 7), 원고가 무릎보호대 등 안전장비를 착용하지 않았던 점 등 원고의 과실도 이 사건 사고의 발생 및 손해의 확대에 한 원인이 되었다고 할 것이므로 피고가 배상하여야 할 손해액을 산정함에 있어 이를 참작하기로 하되, 그 비율은 위 사실관계에 비추어 20% 정도로 봄이 상당하다.

따라서, 피고의 책임을 80%로 제한하고, 그 액수는 60,824,194원(=76,030,243원×80%)이 된다(피고가 주장하는 원고의 운전부주의, 졸음운전 등의 사정은 이를 인정할 증거가 없다).

다. 시사점

이 사건은 전형적인 제조물책임 사건으로서 이 사건 안장핀에 대한 감정결과를 살펴보면, 이 사건 안장핀의 파면에서 딤플(움푹 패인 홈)이 관찰되고 있어 연성파괴임을 알 수 있고, 연성파괴의 원인은 과하중이며, 또한 이 사건 안장핀의 비커스 경도가 정상품에 비하여 8~10 정도 낮고, 화학조성 및 조직구성도 달라, 일반적인 크롬몰리브덴 합금강인 SCM435 강종 기준에 부합하는 제품으로 보기 어렵다고 보았다.

따라서 이 사건 자전거 안장핀에는 통상 갖추어야 할 안전성과 내구성을 갖추지 못한 제조상의 결함이 있었고, 이러한 결함으로 인하여 이 사건 사고가 발생하였다고 봄이 타당하므로, 특별한 사정이 없는 한 제조물책임법에 따라 제조물책임이 있는 수입업자인 피고(제조물책임법 제3조 제1항, 제2조 제3호 가목)는 원고에게 이 사건 사고와 상당인과관계가 있는 모든 손해를 배상할 의무가 있다고 판단하였다.

다만, 이 사건 사고발생장소는 지하차도로서 자전거 통행이 금지된 장소였던 점, 원고가 무릎보호대 등 안전장비를 착용하지 않았던 점 등 원고의 과실도 이 사건 사고의 발생 및 손해의 확대에 한 원인이 되었다고 보아 원고의 과실비율을 20% 정도로 보고 피고의 책임을 80% 인정하였다.

이 사건도 제품의 안전성을 확보하는데 필요한 정도를 갖추지 못하여, 안장핀의 비커스 경도가 정상품에 비하여 8~10 정도 낮고, 화학조성 및 조직구성도 달라, 일반적인 크롬몰리브덴 합금강인 SCM435 강종 기준에 부합하는 제품으로 보기 어렵다는 점에 핵심이 있다고 생각된다. 아마도 제조비용을 절감하기 위하여 안일하게 부품이나 자재를 선택한 것으로 추정되지만 정확하게 문제점을 판단하기에는 어려운 점이 있다.

29. 차량용 내비게이션 배터리셀의 발화사고로 인한 리콜로 입은 피해사건 (서울고등법원 2012. 2. 3, 2011나18347)

가. 사건 개요

1) 사실관계

이 사건 배터리팩의 공급과 내비게이션의 발주 과정에 관하여 원고는 2006.2.16.부터 2006.5.25.까지 미국 회사인 ○○○○○○○○○○○○○○○(○○○○○○○○○○, 이하 ○○○○이라 한다)로부터 차량용 내비게이션 7,100대를 주문받았다. 원고는 위 차량용 내비게이션 제작에 필요한 배터리팩을 주식회사 ○○○(이하 ○○○라 한다)에 주문하였고, ○○○는 위 배터리팩의 주요 부품 중의 하나인 배터리셀을 피고에게 주문하였다.

이 사건 제1차 공급분 내비게이션의 제작 등에 관하여 피고는 2006.3.17.과 21.두 차례에 걸쳐 배터리셀(리튬 폴리머 2차 전지이다. 모델번호 SP823472, 이하 제1배터리셀이라 한다) 3,000개를 ○○○에 공급하였다. ○○○는 위와 같이 피고로부터 공급받은 배러리셀을 이용하여 제작한 배터리팩 2,913개를 2006.3.27.과 2006.4.30.두 차례에 걸쳐 원고에게 공급하였다. 원고는 위와 같이 공급받은 배터리팩을 이용하여 제작한 내비게이션 2,807대(이하 1차 공급분이라 한다)를 2006.3.27.부터 2006.7.27.까지 ○○○○에 공급하였다.

이 사건 제2차 공급분 내비게이션의 제작 등에 관하여 피고는 2006.7.경 ○○○에 배러리셀(모델번호 ○○○○○, 이하 제2배터리셀이라 한다) 2,452개를 공급하였다. ○○○는 피고로부터 공급받은 배터리셀을 사용하여 제작한 배터리팩 1,300개를 2006.7.경 원고에게 공급하였다. 원고는 위와 같이 공급받은 배터리팩을 이용하여 제작한 내비게이션 1,300대(이하 2차 공급분이라 한다)를 2006.7.28.부터 2006.8.1.까지 ○○○○에 공급하였다.

이 사건 발화사고의 발생과 환불에 관하여 원고가 위와 같은 과정을 거쳐 ○○○○에 공급한 내비게이션의 배터리팩에서 2006.7.경 발화사고(이하 이 사건 발화사고

라 한다)가 발생하였다. 미국에서 접수된 이 사건 내비게이션 발화사고는 총 9건이었
는데, 그 중 4건은 1차 공급분에서, 5건은 2차 공급분에서 각 발생하였다(발화사고는
모두 배터리팩에서 발생하였다). ○○○○은 2006.12.14. 미국 ○○○○○○○○위원회
(U.S.○○○○○○ ○○○○○○○○○)에 통보하고, 이 사건 내비게이션 리콜(recall, 이하 이
사건 리콜이라 한다)을 실시하였다.

원고는 2007.5.경부터 2009.5.경까지 ○○○○으로부터 위 내비게이션 2,492대
를 회수한 후(이하 이 사건 환불이라 한다), ○○○○에 위 내비게이션 공급대여금 상당
하는 미화 1,038,416.4달러를 지불하고, 환불에 따른 운반비 등으로 미화 41,879.18
달러를 지출하였다.

원고는 2006.11.경 이 사건 발화사고와 관련된 것으로 보이는 배터리팩을 대체
하기 위하여 미화 47,250달러 상당의 배터리팩 2,500개(이하 제3배터리팩이라 한다)를 피
고로부터 구입하였으나, 위 내비게이션의 수리에 사용하지는 않았다.

2) 원고의 주장

원고는 이 사건 발화사고가 피고가 설계 · 제조한 배터리셀의 제조 또는 설계상
결함 때문에 발생한 것이므로, 피고는 원고에게 주위적으로 채무불이행책임, 예비
적으로 제조물책임법 제3조 제1항의 제조물책임에 따라 이 사건 발화사고로 말미
암은 원고의 손해를 배상할 의무가 있다는 것이다.

3) 피고의 주장

피고는 이 사건 발화사고가 원고나 ○○○가 지시한 배터리셀의 규격이 배터리
팩의 규격보다 크게 설계 · 제작되는 바람에 배터리셀에 과중한 압력이 작용하여
발생하였거나 이 사건 내비게이션에 설정된 과방전 방지전압이 일반적으로 통용되
는 3.0볼트(V)보다 낮은 2.4볼트로 설계 · 제작됨에 따른 단락의 위험성이 현실화한
것일 뿐이고 배터리셀 제작이나 설계상 결함으로 말미암은 것이 아닐 뿐 아니라 피
고의 지배영역에서 발생한 것으로 보기도 어려우므로, 피고는 원고의 이 사건 청구
에 응할 수 없다는 것이다.

나. 판결 요지

1) 원고의 채무불이행 주장에 관한 판단

이 사건 제1, 2 배터리셀과 관련한 원고의 채무불이행 주장에 관하여 살피건대, 피고는 ○○○와 이 사건 제1,2 배터리셀에 관한 공급계약을 체결하고 ○○○에 이를 각 공급하였을 뿐 원고와 이 사건 제1,2 배터리셀의 공급에 관한 직접적인 계약을 체결한 사실이 없음은 위에서 인정한 것과 같다.

그렇다면 원고와 피고 사이에 이 사건 제1,2 배터리셀에 관한 공급계약이 체결되었음을 전제로 피고가 원고에 대한 위 공급계약상의 채무를 불이행하였음을 이유로 한 원고의 이 부분 채무불이행 주장은 더 나아가 살필 필요 없이 이유 없다.

이 사건 제3 배터리팩 공급과 관련하여 살펴보면, 원고가 피고로부터 이 사건 제3 배터리팩 2,500개를 공급받은 사실은 위에서 인정한 것과 같으나, 위 제3 배터리팩에 관한 공급계약이 이 사건 발화사고가 발생한 훨씬 뒤인 2006.11.무렵에 체결되어 원고로서도 피고가 제작한 배터리셀을 이용한 배터리팩에서 발화사고가 발생하는 등의 문제가 있음을 알고 있었던 사정과 이 사건 제3 배터리팩이 이 사건 내비게이션의 제작에 사용되지 아니한 사정 및 이 사건 제3 배터리팩에서 발화가 발생하는 등과 같이 어떠한 결함이 발생하였음에 관한 주장이나 입증이 없는 사정 등에 비추어 볼 때, 원고가 제출한 증거만으로는 이 사건 제3 배터리팩에 관한 공급계약과 관련하여 피고에게 어떠한 채무불이행 행위가 있었음을 인정하기에 부족하고 달리 인정할 증거가 없으므로, 원고의 이 부분 주장도 이유 없다.

2) 원고의 제조물책임 주장에 관한 판단

물품을 제조·판매하는 제조업자는 그 제품의 구조·품질·성능 등에 있어서 유통 당시의 기술 수준과 경제성에 비추어 기대 가능한 범위 내의 안전성과 내구성을 갖춘 제품을 제조·판매하여야 할 책임이 있고, 이러한 안정성과 내구성을 갖추지 못한 결함 때문에 소비자에게 손해가 발생한 경우에는 불법행위로 인한 손해배상의무를 부담하며, 한편 고도의 기술이 집약되어 대량으로 생산되는 제품의 결함을 이유로 그 제조업자에게 손해배상책임을 지우는 경우 그 제품의 생산과정은 전문가인 제조업자만이 알 수 있어서 그 제품에 어떠한 결함이 존재하였는지, 그 결함으로 인하여 손해가 발생한 것인지 여부는 일반인으로서는 밝힐 수 없는 특수성이 있어서 소비자 측이 제품의 결함 및 그 결함과 손해의 발생 사이의 인과관계를 과학적·기술적으로 입증한다는 것은 지극히 어려우므로 그 제품이 정상적으로 사용되는 상태에서 사고가 발생한 경우 소비자 측에서 그 사고가 제조업자의 배타적 지배하에 있는 영역에서 발생하였다는 점과 그 사고가 어떤 자의 과실 없이는 통상 발생하지 않는다고 하는 사정을 증명하면 제조업자 측에서 그 사고가 제품의 결함이 아닌 다른 원인으로 말미암아 발생한 것임을 입증하지 못하는 이상 그 제품에 결함이 존재하며 그 결함으로 말미암아 사고가 발생하였다고 추정하여 손해배상책임을 지울 수 있도록 입증책임을 완화하는 것이 손해의 공평·타당한 부담을 그 지도원리로 하는 손해배상 제도의 이상에 맞는 것이라 할 것이다(대법원 2004. 3. 12. 선고 2003다 167771 판결 등 참조).

위서 살펴본 사실관계와 증거들에 의하여 인정되는 아래의 여러 사정 등을 종합하면 이 사건 발화사고는 피고가 제작한 배터리셀이라는 피고의 배타적 지배하에 있는 영역에서 정상적으로 사용되는 도중에 발생하였다 할 것이고 피고가 제출한 증거만으로는 이 사건 발화사고가 이 사건 배터리셀의 제품 결함이 아닌 다른 원인 또는 피고나 ○○○의 설계와 제작에 관한 지시 때문에 발생하였다거나 피고의 지배영역 외에서 발생한 것임을 인정하기에 부족하고 달리 인정할 증거가 없으므로 원고의 이 부분 주장은 이유 있고 이에 반하는 피고의 이 부분 주장은 이유 없다.

(가) 이 사건 발화사고가 원고가 제작하여 공급한 배터리셀에서 발생한 점

(나) 배터리셀이 발화하거나 폭발한다는 것은 사회통념상 당연히 구비하리라고 기대되는 합리적 안전성을 갖추지 못한 것이기 때문에 그 자체로 결함에 해당한다고 보이는 점

(다) 일반적으로 과충전이 배터리 발화의 원인이 될 수 있는 것에 반하여 과방전은 직접적으로 배터리 발화의 원인이 되지 않는 것으로 보이는 점

(라) 과방전 방지전압 3V 이하로 과방전될 경우 음극에서 구리가 석출되는 등에 의해 전극이 열화되면 그 때문에 단락이 발생할 수 있고, 방전전압이 0V가 된 이후 충전할 경우 내부 단락이 발생할 수 있으나, 이 사건 제1, 2배터리셀의 음극에서 구

리 등의 이물질이 석출되었다거나 방전전압이 0V까지 떨어졌다는 등 과방전에 의하여 이 사건 발화사고가 발생하였음을 인정할 증거가 부족한 점

(마) 피고가 제1 배터리셀에 관하여 작성한 TECHINCAL INFORMATION에 의하면 제1 배터리셀은 13kN의 압력조건에서도 발화나 폭발이 일어나지 않았고, 원고가 의뢰한 ○○○○○○○시험원의 시험결과와 피고가 의뢰한 ○○○○○○연구원 및 ○○○○전자시험연구원의 시험결과에서도 제1, 2차 배터리팩이 압력시험을 모두 통과한 점

(바) 피고가 제2 배터리셀을 공급하면서는 배터리팩의 규격에 관한 문제를 일부 해소하였음에도 2차 공급분에서도 발화사고가 발생한 점

(사) 피고가 제1 배터리셀을 공급하면서 ○○○나 원고에게 과방전 방지전압 (cut-off voltage)이 2.4V로 설정된 것을 지적하면서도 품질보증 예외사항으로 전지의 수명에 관하여만 품질보증을 하지 못한다고 통지하였을 뿐 단락의 문제를 지적하지는 않은 점을 들었다.

3) 피고의 면책 항변과 이에 관한 판단

(가) 제조물책임법 제4조 제1항 제4호에 관하여, 피고는 이 사건 배터리셀의 설계나 제작에 관한 원고 또는 ○○○의 지시 때문에 이 사건 배터리셀의 결함이 발생한 것이므로, 제조물책임법 제4조 제1항 제4호에 따라 이 사건 손해배상책임을 면한다고 주장한다.

살피건대, ○○○가 제1, 2 배터리셀을 공급받으면서 피고에게 배터리팩의 규격에 대한 지시를 한 사실은 원고도 이를 적극적으로 다투지 아니하나, 피고가 제출한 증거만으로는 ○○○가 지시한 배터리셀이나 배터리팩의 규격이 이 사건 발화사고에 어떠한 영향을 미쳤다거나 원고나 ○○○의 지시로 인하여 제1, 2 배터리셀에 결함이 발생하였음을 인정하기에 부족하고 달리 인정할 증거가 없으므로, 피고의 이 부분 주장은 이유 없다.

(나) 원고가 손해배상청구권을 포기하거나 면제하였다는 주장에 관하여, 피고는 원고가 이 사건 내비게이션 제품의 충·방전 조건상의 문제점을 인정하면서 충·방전 조건상의 문제 때문에 발생한 사고에 대하여는 책임을 묻지 않겠다고 하였으

므로 원고의 이 사건 청구에 응할 수 없다고 주장한다.

살피건대 을 제2 내지 6, 8, 11, 12, 20, 21호증의 각 기재 및 변론 전체의 취지를 종합하면 원고가 이 사건 내비게이션의 충·방전 조건상의 문제점을 인식하고 피고와 이에 관한 대책회의를 한 사실은 인정되나, 위와 같은 사정이나 피고가 제출한 증거만으로는 이 사건 발화사고가 피고가 지적하는 충·방전 조건상의 문제 때문에 발생하였다거나 원고가 피고에게 이 사건 충·방전 조건상의 문제로 말미암은 사고에 대하여는 책임을 묻지 않겠다고 약정하였음을 인정하기에 부족하고 달리 인정할 증거가 없으므로 피고의 이 부분 주장도 이유 없다.

4) 손해배상책임의 범위

(가) 인정하는 손해의 범위를 살펴보면, 피고가 제작한 제1, 2 배터리셀의 결함으로 이 사건 발화사고가 발생하였고 이로 인하여 원고가 ○○○○에 사건 환불을 시행한 사실은 앞에서 본 것과 같으므로 피고는 원고에게 이 사건 환불에 따른 손해를 배상할 의무가 있다.

나아가 피고가 원고에게 배상하여야 할 손해의 범위에 관하여 보건대 위에서 든 증거들과 갑 제19 내지 30, 33, 34호증의 각 기재 및 변론 전체의 취지에 의하여 인정되는 아래와 같은 여러 사정 등을 종합하면 피고는 원고에게 이 사건 환불에 따른 통상손해에 해당하는 배어치셀 또는 배터리팩 대금은 물론 특별한 사정으로 인한 손해라 할 수 있는 이 사건 내비게이션 환불금액까지를 배상하여야 한다.

① 이 사건 내비게이션은 ○○○이 요구한 독자적인 사양에 맞게 제작된 것이어서 내비게이션을 제작하여 공급하는 영업만을 할 뿐 독자적인 판매망을 갖추고 있지 아니한 원고로서는 ○○○○으로부터 환불받은 이 사건 내비게이션을 제3자에게 다시 판매하는 것이 결코 쉽지만은 아니하였을 것으로 보이는 점

② 이 사건 내비게이션이 미국으로 판매되어 환불되는 동안 1년에서 3년까지의 시간이 경과하였기 때문에 짧은 시간 안에 새로운 기술 등을 적용한 고성능의 신제품이 계속하여 출시되는 등과 같은 전자제품의 특성상 출시된 지 1년에서 3년이 지난 이 사건 내비게이션을 다시 조립하거나 포장하여 제3자에게 정상적인 제품으로 판매하는 것이 상당히 곤란하였을 것으로 보이는 점

③ 이 사건 내비게이션을 제3자에게 다시 판매하기 위해서는 외부 케이스와 지도 등을 변경하여야 하는데, 이에 필요한 금형 제작, 조립, 포장·지도 구입 등의 비용이 3억 원 이상으로 예상됨에 반하여 이 사건 내비게이션의 재판매로 인하여 얻게되는 수익이 4억 원에 달하지 아니할 것으로 예상되기 때문에 재판매에 따른 실익이 거의 없었을 것으로 보이는 점

④ ○○○○이 원고에게 이 사건 내비게이션에 내장된 배터리팩만이 아니라 이 사건 내비게이션 전체에 관한 환부를 요구하였고 원고가 ○○○○에 이 사건 내비게이션 전체를 환불하여준 점

⑤ 피고 또한 전자제품에 필수적인 배터리 등을 제조하여 판매하는 사업자로서 이 사건 내비게이션을 다시 판매하는 것이 상당히 곤란하였을 것이라는 사정을 충분히 알고 있었거나 알 수 있었을 것으로 보이는 점

(나) 원고의 손해액으로는 갑 제4, 7호증의 각 기재에 의하면 원고가 ○○○○에 이 사건 환불에 따른 대금과 운반비 등으로 다음 표 기재와 같이 1,080,295.58달러(=환불대금 1,038,416.4달러 +운반비 41,879.18달러)를 지급하여 동액 상당의 손해를 입은 사실을 인정할 수 있고, 위 각 송금 당시의 매매기준 환율이 다음 표 기재와 같은 사실은 이 법원에 현저하므로, 피고는 원고에게 1,047,081,037원을 배상할 의무가 있다.

5) 손해배상책임의 제한

위에서 살펴본 사실관계에 의하여 인정되는 아래의 여러 사정과 이 사건 배터리셀의 제작 및 공급 경위와 과정 등 이 사건 변론에 나타난 여러 사정 등을 참작하면, 피고가 원고에게 배상하여야 할 손해액은 공평의 원칙 또는 신의성실의 원칙에 따라 60% 정도로 제한함이 상당하다 하겠다.

(가) 이 사건 발화사고의 원인이 정확하게 밝혀지지 아니한 점

(나) 원고가 이 사건 배터리셀이나 전자기기에 대한 전문적인 지식이 없는 일반소비자가 아니라 내비게이션을 제작하는 전문업체로서 이 사건 배터리셀 등에 관하여 상당한 전문적 지식을 보유하고 있게 때문에 피고가 제작하여 공급한 이 사건 배터리셀의 결함에 관하여 사전에 이를 검사하거나 검수하여야 할 의무가 있음에

도 이를 소홀히 한 것으로 보이는 점

(다) 피고가 ○○○나 원고로부터 이 사건 배터리셀 등의 대금으로 지급받은 금액은 약 1억 원 정도에 불과한 반면(을 제25호증), 원고가 이를 내비게이션에 장착함으로 인한 환불금액은 1,038,416.4달러(운반비 제외)에 이르러 원고의 지출금액과 손해와의 사이에 현저한 불균형이 생긴 점

(라) 원고가 ○○○○으로부터 환불받은 이 사건 내비게이션에 대해 신속한 조치를 취하였다면 문제가 된 이 사건 배터리팩만을 제거하거나 교체한 후 이를 다시 제3자에게 판매하거나 액정화면이나 메모리 등의 부품을 분리하여 재사용 또는 판매하는 것이 불가능하지 않았을 것으로 보임에도 이를 그대로 방치하여 이 사건 발화사고로 인한 손해를 확대시키는 데 어느 정도 기여를 한 것으로 보이는 점을 참작하였다.

다. 시사점

이 사건도 제조물책임에 관한 소송으로 인정되며, 원고(피해자)의 피고에 대한 제조물책임이 살펴본 사실관계와 증거들에 의하여 인정되는 여러 사정 등을 종합하여 이 사건 발화사고는 피고가 제작한 배터리셀이라는 피고의 배타적 지배하에 있는 영역에서 정상적으로 사용되는 도중에 발생하였다고 인정하였다.

나아가 피고가 제출한 증거만으로는 이 사건 발화사고가 이 사건 배터리셀의 제품 결함이 아닌 다른 원인 또는 피고나 ○○○의 설계와 제작에 관한 지시 때문에 발생하였다거나 피고의 지배영역 외에서 발생한 것임을 인정하기에 부족하고 달리 인정할 증거가 없으므로 피고의 주장은 이유 없다고 판단하였다.

또한 피고는 제조물책임법 제4조 제1항 제4호에 따른 이 사건 배터리셀의 설계나 제작에 관한 원고 또는 ○○○의 지시 때문에 이 사건 배터리셀의 결함이 발생한 것이므로, 제조물책임법 제4조 제1항 제4호에 따라 이 사건 손해배상책임을 면한다고 면책사유를 주장하였다.

그러나 ○○○가 제1, 2 배터리셀을 공급받으면서 피고에게 배터리팩의 규격에

대한 지시를 한 사실은 원고도 이를 적극적으로 다투지 아니하나, 피고가 제출한 증거만으로는 ○○○가 지시한 배터리셀이나 배터리팩의 규격이 이 사건 발화사고에 어떠한 영향을 미쳤다거나 원고나 ○○○의 지시로 인하여 제1,2 배터리셀에 결함이 발생하였음을 인정하기에 부족하고 달리 인정할 증거가 없으므로, 피고의 이 부분 주장은 이유 없다고 판단하였다.

손해배상의 범위는 상당인과관계가 있는 범위에 한정하여 인정하였고, 원고(피해자) 측의 과실참작은 공평의 원칙 또는 신의성실의 원칙에 따라 60% 정도로 제한하였다.

30. 자동차 운행 중 뒷 자석 중앙부위에서 발생한 화재로 인한 피해 사건 (서울중앙지법 2012. 7. 13, 2011나50218)

가. 사건 개요

원고는 03더****호 △△△ ○○−*** 2006년식 차량(이하 '이 사건 차량'이라 한다)의 소유자이고, 피고는 원고에게 위 차량을 판매한 제조업을 목적으로 하는 법인이다.

원고는 2010. 11. 13. 05:40경 대리운전을 이용하여 서울 강남구 역삼동 652−5 소재 탐앤탐스 커피숍 부근에서부터 논현동 경복아파트 사거리 방면으로 이 사건 차량을 약 200m 정도 운행하던 중, 위 차량의 뒷좌석 중앙 부분에서부터 원인을 알 수 없는 화재(이하 '이 사건 화재'라고 한다)가 발생하여 위 차량 내부가 전소되는 손해를 입었다.

이 사건 화재 사고를 조사한 강남소방서는 '가스누출·방화·인적 부주의·기계적 요인 등에 의한 발화요인은 희박하거나 배제되었고, 차량 시동시 순간 과전류가 흘러 전선피복의 열화현상으로 인하여 절연이 파괴되면서 절연열화에 의한 단락으로 전선피복에 착화발화된 화재로 추정된다'는 결론을 내렸다.

원고의 주장은 이 사건 화재가 이 사건 차량의 결함으로 인하여 발생한 것이므로, 피고는 차량 제조회사로서 제조물책임법상의 제조물책임 또는 불법행위로 인한 손해배상책임에 기하여 원고가 입은 자차부담금 30만 원, 대차료 140만 원 상당의 손해를 배상하여야 하고, 위자료로 1,000만 원을 지급하여야 한다는 것이다.

나. 판결 요지

이 사건 화재가 이 사건 차량의 운행 중 위 차량의 뒷좌석 중앙 부분에서부터 발화된 이상 제조업자인 피고의 배타적 지배하에 있는 영역에서 발생하였다고 봄이 상당하고, 피고가 이 사건 화재가 이 사건 차량의 결함이 아닌 다른 원인으로 말미암아 발생하였는지 여부에 관하여 별다른 주장·입증을 하지 않았는바, 사정이 이러하다면, 이 사건 화재는 이 사건 차량의 결함으로 인하여 발생하였다고 추정할 수 있다.

나아가 피고가 배상하여야 할 손해액의 범위에 관하여 보건대, 위에서 든 각 증거에 의하면, 원고가 이 사건 화재로 인하여 자차부담금으로 30만 원을 지출한 사실이 인정되고, 이 사건 화재가 차량이 운행되던 중 갑작스럽게 발생하여 자칫 인명사고의 위험이 있었던 점, 이 사건 화재로 인하여 차량의 내부가 상당부분 소훼된 점, 원고가 이 사건 차량을 운행하지 못하게 되어 겪었을 불편함, 이 사건 화재 후 피고 측의 대응 및 피해 회복을 위한 노력의 정도 등의 제반 사정에 비추어, 피고는 원고에게 정신적 손해에 대한 위자료로 300만 원을 지급함이 상당하다(한편 대차료 140만 원과 관련하여서는 원고가 실제로 이와 같은 비용을 지출하였다는 점을 인정할 만한 증거가 없으므로, 이 부분 주장은 이유 없다).

따라서, 피고는 원고에게 손해배상으로 330만 원(30만 원 + 300만 원) 및 이에 대하여 이 사건 화재 발생일인 2010. 11. 13.부터 피고가 그 이행의무의 존부 및 범위에 관하여 항쟁함이 상당한 이 사건 제1심 판결 선고일인 2011. 10. 14.까지는 민법이 정한 연 5%, 그 다음날부터 다 갚는 날까지는 소송촉진 등에 관한 특례법이 정한 연 20%의 각 비율에 의한 지연손해금을 지급할 의무가 있다.

다. 시사점

이 사건에 대한 판례에서는 차량에서 발생한 화재가 차량의 운행 중 위 차량의 뒷좌석 중앙 부분에서부터 발화된 이상, 제조업자인 피고의 배타적 지배하에 있는 영역에서 발생하였다고 봄이 상당하고, 피고가 이 사건 화재가 이 사건 차량의 결함이 아닌 다른 원인으로 말미암아 발생하였는지 여부에 관하여 별다른 주장·입증을 하지 않았다는 점에서 이 사건 차량의 화재는 차량의 결함으로 인하여 발생하였다고 '사실상의 추정'을 한 점이다.

손해배상의 범위는 차량화재로 보험처리하고 자기부담금 30만원과 위자료 청구금액 1,000만원에서 300만원을 인정하였고, 대차료 청구 140만원에 대한 증빙자료를 제출하지 않아서 인정하지 않았다.

개정된 제조물책임법(2018년 4월 19일부터 시행)에서는 피해자의 입증부담을 경감하기 위하여 결함과 인과관계에 대하여 '법률상 추정'하는 규정을 도입하여 피해자가 제조물의 결함책임을 묻기가 더욱 쉬워졌다고 생각된다.

31. '에어쿨 재킷'에 용접 불똥이 튀어 발생한 폭발로 인한 화상피해 사건 (서울중앙지법 2012. 11. 20, 2012가단108199)

가. 사건 개요

W사에서 용접공으로 일하던 정모씨는 2008년 7월 에어쿨 재킷에 산소가스 호스를 연결한 채로 용접작업을 하다가 용접 불똥이 자켓을 뚫고 들어가 산소가스가 폭발하는 사고를 입었다. 원래 냉각기 공기호스를 연결해 사용해야 하는데 압력이 약하자 산소가스를 연결해 사고가 발생한 것이다. 정씨는 이 사고로 전신의 45% 부분에 3도 화상을 입었다. 보험금 청구를 받은 보험사는 합의를 거쳐 정씨에게 보험

금 6,500만원을 지급한 뒤 에어쿨 재킷을 제조한 A사를 상대로 구상금 청구소송을 냈다.

나. 판결 요지

　　표시상의 결함이란 제조업자가 합리적인 설명·지시·경고 기타의 표시를 했더라면 당해 제조물에 의해 발생할 수 있는 피해나 위험을 줄이거나 피할 수 있는데도 이를 하지 않은 경우를 의미한다.

　　이 사건 에어쿨 자켓이라는 제품 자체에는 아무런 표시가 없는 점, 그 제품설명서에는 '원사자체에 방염처리를 한 후 원단을 만들었기 때문에 용접스패너(불똥)에 강하며, 여러 번 세척 후에도 방염성능은 그대로 유지된다'는 설명은 있는 반면, 산소 주입 엄금 또는 압축공기 외에는 주입금지 등 관련 표시는 전혀 없는 점, 위와 같은 설명은 이 사건 자켓 사용자로 하여금 용접 스패너(불똥)에 강하므로 그 주입된 내용물 성분과 무관하게 불똥으로 인한 피해가 방지될 수 있다고 여길 여지가 있는 점, 이 사건 자켓은 불꽃은 없지만 발열이 심해 고온 상태인 현장에서도 사용되기도 하지만 불꽃이 튀는 용접현장에서 많이 사용되는 것으로 보이는 점, 일반적으로 용접현장에는 압축공기 외에도 산소, LNG, CO_2, 에어배관이 있는 점, 만일 이 사건 자켓 제품 자체 또는 사용설명서에 산소 주입 엄금 또는 압축공기 외에는 주입 금지 등을 표시하였더라면 피해자가 이 사건 자켓 사용에 더욱 주의를 기울였을 것으로 보이는 점 등을 종합하여 보면, 피고로서는 이 사건 자켓 제품 자체 또는 제품설명서에 산소 주입 엄금 또는 주입 금지를 표시하는 등 '합리적인 설명·지시·경고 기타의 표시를 하였더라면 당해 제조물에 의하여 발생될 수 있는 피해나 위험을 줄이거나 피할 수 있었음에도 이를 하지 아니한 때'에 해당한다고 할 것이고, 결국 이 사건 자켓에는 제조물책임법상의 표시상의 결함이 존재한다고 봄이 상당하다.

　　다만 원고 정씨를 고용한 W사 역시 사용자로서 용접 현장에서 교육 및 지시에 관한 주의의무를 위반해 A사와 연대배상책임이 있다. W사는 70%, A사는 30%의 책임이 있다고 판단하였다.

다. 시사점

이 사건 판례는 사고가 발생한 발열조끼의 제조물책임법의 '표시상 결함' 여부가 문제된 것이다. 제조물책임법은 '표시상의 결함'에 대하여, 제조물책임법 제2조 제2호 다목에서 "제조업자가 합리적인 설명·지시·경고 또는 그 밖의 표시를 하였더라면 해당 제조물에 의하여 발생할 수 있는 피해나 위험을 줄이거나 피할 수 있었음에도 이를 하지 아니한 경우를 말한다."라고 규정하고 있다.

재킷 설명서에는 '용접스패너(불똥)에 강하며, 세척 후에도 방염 성능은 그대로 유지된다'는 설명은 있지만, 산소 주입 엄금 또는 압축공기 외에는 주입 금지 등 관련 표시가 전혀 없다. 제품설명서는 재킷 사용자로 하여금 용접스패너(불똥)에 강하므로 주입된 내용물 성분과 무관하게 불똥으로 인한 피해가 방지될 수 있다고 여길 여지가 있다. 만약 자켓 제품 자체 또는 사용설명서에 산소 주입 엄금 등의 설명을 했다면 정씨는 자켓 사용에 더 주의를 기울였을 것으로 볼 수 있다.

따라서 제품 사용에 따른 위험발생 가능성이 대하여 경고 등을 표시하지 않은 제조사에 대하여 제조물책임법에 따른 손해배상을 인정한 한편, 원고를 고용한 사용자(W사)에 대하여도 민법상 사용자로서의 안전배려의무(용접 현장에서 교육 및 지시에 관한 주의의무) 등을 다하여야 함에도 이를 다하지 않은 과실이 있다고 보아 사용자책임을 함께 물은 것이다.

32. 해병대 훈련병의 수류탄 투척 훈련중 수류탄 폭발로 인한 사망 사건 (부산지법 2016. 2. 3, 2015가합2754)

가. 사건 개요

A(망인)는 2014년 9월 16일 오전 10시 22분쯤 해병대 교육훈련단 15연대에서 신병훈련을 받던 중 수류탄을 투척하기 위해 수류탄의 안전클립 및 안전핀을 제거하고, 투척 자세를 취한 후 오른손으로 수류탄을 들고 던지려는 순간, 수류탄이 폭발하는 사고를 당하여 우측손목절단상, 안면부 파편상 등의 상해를 입었고, 해군 포항병원을 경유하여 인근에 위치한 F병원으로 후송되었으나 같은 날 16:25분경 뇌간압박, 전해질 이상, 저혈량성 쇼크 등으로 사망했다. 이에 A의 부모가 손해를 배상하라며 수류탄 제조회사인 주식회사 한화를 상대로 소송을 냈다.

피고는 2005. 5.경 K413 경량화 세열 수류탄 81,270발을 생산하여 국방부에 납품하였다. 해병대 교육훈련단 15연대는 2014. 9. 1. 신병들의 수류탄 투척 훈련을 위하여 중앙군탄약고에서 수류탄 1,080발을 수령하였고, 2014. 9. 15. 그 중에 520발을 다음날 있을 훈련에 사용하기 위하여 15연대 컨테이너에 임시로 보관하였다가, 그 다음날인 2014. 9. 16. 수류탄 투척 훈련장으로 가져갔다.

나. 판결 요지

수류탄의 구조, 작동방법 및 원리, 해병대 교육훈련단의 수류탄 투척훈련, 실제 수류탄 투척과정 및 망인의 담당교관이었던 증인 G의 진술 및 증언 등의 인정사실에 변론전체의 취지를 더하여 알 수 있는 다음 ㉮ 내지 ㉲의 사정, 즉 ㉮ 수류탄은 살상력이 높은 무기로 안전사고가 발생할 경우 다수의 인명피해를 야기할 우려가 있기에 해병대 교육훈련단에서는 훈련병들을 대상으로 2일에 걸쳐 반복훈련을 하고 있으며, A씨도 위와 같은 훈련을 받은 것으로 보이는 점, ㉯ 담당교관들 역시 훈련병이 수류탄의 파지를 잘못하여 공이가 뇌관을 치는 경우 등 위급상황에서의 대처방법을 사전에 교육받은 것으로 보이는 점, ㉮ 증인 G는 사고 직후부터 이 사건 법정에 이르기까지 망인은 안전손잡이를 잡고 있었다고 일관되게 진술 내지 증언하고 있으며, 망인의 안전손잡이 파지 여부는 증인 G의 생명과도 직결된 것이므로 증인 G가 그 확인을 소홀히 하였을 가능성은 상정하기 어려운 점, ㉯ 피고가 주장하는 소위 더블클릭이 발생하기 위해서는 수류탄의 안전손잡이가 수류탄 몸체로부터 40° 이상 이격되어야 하는데, 증인 G는 망인이 안전핀을 제거할 때부터 망인이 던져 자세를 취하기 전까지 안전손잡이를 잡고 있는 망인의 손을 움직이지 못하게 감싸 쥐고 있었던 것으로 보이는 바, 그와 같은 상황에서 더블클릭이 발생할 가능성은 극히 낮다고 할 것인 점, ㉰ 수류탄의 경우 훈련과정에서 단기간 사용하는 일회성 제품이며, 접근 자체가 제한되므로 사용자의 입장에서 제품의 결함 또는 완성상태를 알 수 있는 방법이 없으며, 수류탄이 폭발한 이상 일반인인 원고들이 그 수류탄에 결함이 있었다는 것을 규명하는 것은 지극히 어려운 일인 점 등에 비추어 보면, 망인 A가 이 사건 수류탄을 정상적으로 사용하고 있었음에도 불구하고, 그 결함 여부가 피고의 배타적 지배하에 있는 상태에서 사고가 발생하였다고 봄이 상당하므로 특별한 사정이 없는 한 수류탄은 객관적 성질·성능을 갖추지 못한 결함이 있었고, 그러한 결함으로 말미암아 사고가 발생하였다고 봄이 상당하다.

피고는 A의 부모에게 그로 인하여 발생한 손해를 배상할 책임이 있다. A의 전역 예정일인 2016년 5월 24일을 일실수입의 기산점으로 삼아 만 60세가 될 때까지 산정한 일실수입에서 원고들이 보훈청으로부터 이미 받은 보상금 1억여원을 공제한 후 A에 대한 위자료 8,000만원과 원고들에 대한 위자료 각 1,000만원 합계 1억원을 더해 손해배상액을 정하였다.

다. 시사점

이 사건은 피해자인 신병이 수류탄 투척 자세를 취한 후 오른손으로 수류탄을 들고 던지려는 순간, 수류탄이 폭발하는 사고를 당하여 우측손목절단상, 안면부 파편상 등의 상해를 입었고, 해군 포항병원을 경유하여 인근에 위치한 F병원으로 후송되었으나 같은 날 16:25분경 뇌간압박, 전해질 이상, 저혈량성 쇼크 등으로 신병교육을 받던 군인이 사망한 것이다.

수류탄의 결함을 정확하게 증명하는 것은 쉽지 않은 것이며, 다섯 가지 정황으로 보아 수류탄의 결함으로 사고가 발생한 것으로 사실상 추정을 한 것이다. 즉, 피해자인 신병이 이 사건 수류탄을 정상적으로 사용하고 있었음에도 불구하고, 그 결함 여부가 피고(수류탄 제조업자)의 배타적 지배하에 있는 상태에서 사고가 발생하였다고 봄이 상당하므로 특별한 사정이 없는 한 수류탄은 객관적 성질·성능을 갖추지 못한 결함이 있었고, 그러한 결함으로 말미암아 사고가 발생하였다고 봄이 상당하다고 판단하였다.

따라서 2017. 4. 18. 개정되어 2018. 4. 19.부터 시행된 2차 개정 제조물책임법에서는 제3조의2(결함 등의 추정)를 신설하여 "피해자가 다음 각 호의 사실을 증명한 경우에는 제조물을 공급할 당시 해당 제조물에 결함이 있었고 그 제조물의 결함으로 인하여 손해가 발생한 것으로 추정한다. 다만, 제조업자가 제조물의 결함이 아닌 다른 원인으로 인하여 그 손해가 발생한 사실을 증명한 경우에는 그러하지 아니하다. 1. 해당 제조물이 정상적으로 사용되는 상태에서 피해자의 손해가 발생하였다는 사실, 2. 제1호의 손해가 제조업자의 실질적인 지배영역에 속한 원인으로부터 초래되었다는 사실, 3. 제1호의 손해가 해당 제조물의 결함 없이는 통상적으로 발생하지 아니한다는 사실"이라고 규정하였다. 이는 피해자의 증명책임을 경감하고자 '법률상의 추정'을 도입한 것이다.

이 규정은 시행일 2018. 4. 19.이후부터 공급한 제조물에 적용하므로 상당한 기간이 지나면 피해자들이 입증책임의 경감을 받아서 보다 쉽게 증명하여 손해배상을 받는데 도움이 되리라고 기대된다.

33. 벽걸이용 원적외선 히터의 화재로 인한 건물소손 피해사건 (서울

중앙지법 2016. 11. 16, 2016가합538474(본소), 2016가합538481(반소))

가. 사건 개요

2015. 3. 9. 22:00경 경남 함안군 칠원읍에 있는 철근콘크리트구조 슬라브지붕 건물(이하 '이 사건 건물'이라 한다) 3층 안방에서 원고가 2009년경 제조하여 판매한 벽걸 이용 원적외선 히터(이하 '이 사건 전기난로'라 한다) 주변에서 연기와 함께 화재가 발생하 여 안방 내 가재도구 및 건물 3층 일부가 소훼되는 사고(이하 '이 사건 사고'라 한다)가 발 생하였다.

이 사건 건물은 다음과 같은 구조로 되어 있는데, 1층은 피아노학원 및 어린이 집, 2층은 태권도장, 에어로빅학원 및 미술·보습학원, 3층은 가정집으로 이용되고 있다.

이 사건은 벽걸이용 원적외선 히터를 제조하여 판매한 H주식회사가 피해자들을 상대로 채무부존재 확인청구소송을 제기한 것으로 이에 대하여 피해자들은 반소를 제기한 사건이다.

따라서 원고(반소피고)는 H주식회사이고 , 피고(반소원고)는 피해자 3인으로서 황○ ○는 이 사건 건물의 소유자이고, 피고 장○○, 장○○은 이 사건 건물을 임차하여 사고 당시 위 건물에 거주하였다.

1) 원고(반소피고)인 벽걸이용 원적외선 히터의 제조·판매업자인 H주식회사의 주장

원고에게 제조물책임법에 따라 이 사건 사고발생에 대한 책임이 인정되기 위해 서는 이 사건 전기난로가 피고들에 의해 정상적으로 사용되는 상태에서, 원고의 배 타적 지배하에 있는 영역에서 화재가 발생하였다는 점을 피고들이 입증해야 하는 데, 그 입증이 부족하고, 또 가사 원고에게 위 책임이 인정된다고 하더라도 피고들 이 주장하는 손해액이 과다하다.

2) 피고들(이 사건 전기난로의 화재로 소실된 주택의 소유자 및 임차인들)**의 주장**

정상적인 사용방법에 따라 이 사건 전기난로를 사용하던 중 이 사건 사고가 발생하여 피고들에게 손해가 발생하였으므로 원고는 제조물책임법에 따라 피고들에게 손해를 배상할 책임이 있다.

나. 판결 요지

1) 제조물책임법에 따른 손해배상책임의 성립여부에 관한 판단

물품을 제조·판매하는 제조업자는 그 제품의 구조·품질·성능 등에 있어서 그 유통 당시의 기술수준과 경제성에 비추어 기대 가능한 범위 내의 안전성과 내구성을 갖춘 제품을 제조·판매하여야 할 책임이 있고, 이러한 안전성과 내구성을 갖추지 못한 결함으로 인하여 소비자에게 손해가 발생한 경우에는 불법행위로 인한 손해배상의무를 부담한다.

고도의 기술이 집약되어 대량으로 생산되는 제품의 결함을 이유로 그 제조업자에게 손해배상책임을 지우는 경우 그 제품의 생산과정은 전문가인 제조업자만이 알 수 있어서 그 제품에 어떠한 결함이 존재하였는지, 그 결함으로 인하여 손해가 발생한 것인지 여부는 일반인으로서는 밝힐 수 없는 특수성이 있어서 소비자 측이 제품의 결함 및 그 결함과 손해의 발생과의 사이의 인과관계를 과학적·기술적으로 입증한다는 것은 지극히 어려우므로 그 제품이 정상적으로 사용되는 상태에서 사고가 발생한 경우 소비자 측에서 그 사고가 제조업자의 배타적 지배하에 있는 영역에서 발생하였다는 점과 그 사고가 어떤 자의 과실 없이는 통상 발생하지 않는다고 하는 사정을 증명하면, 제조업자 측에서 그 사고가 제품의 결함이 아닌 다른 원인으로 말미암아 발생한 것임을 입증하지 못하는 이상 그 제품에게 결함이 존재하며 그 결함으로 말미암아 사고가 발생하였다고 추정하여 손해배상책임을 지울 수 있도록 입증책임을 완화하는 것이 손해의 공평·타당한 부담을 그 지도원리로 하는 손해배상제도의 이상에 맞다(대법원 2004. 3. 12. 선고 2003다16771 판결 등 참조).

이 사건의 경우, 앞서 살펴본 증거들에 갑 제4, 5, 7, 9호증의 각 기재, 이 법원의 한국전기안전공사에 대한 사실조회 결과 및 변론 전체의 취지를 더하여 보면 다음의 각 사정이 인정된다.

① 이 사건 전기난로 잔해 중 내부배선 2개소에서 단락흔이 식별되었는데, 위와 같은 단락흔은 절연피복의 손상으로 절연이 파괴되는 과정에서 형성되거나, 연소가 확대되는 과정에서 외부 화염에 의해 절연피복이 소실되면서 형성될 수 있다. 특히 절연피복의 손상으로 절연이 파괴되는 과정에서 단락흔이 형성되는 경우, 전기적 발열 및 불꽃이 수반되고, 이 발열 및 불꽃은 절연피복이나 주변 가연물을 착화시키는 발화원인으로 작용할 수 있다.

② 이 사건 사고 발생 당시 전기난로 주변에 다른 발열물질 등은 존재하지 않았던 것으로 보인다. 또한 이 사건 사고는 전기난로에서 스파크가 일어나면서 시작되었고, 전기난로의 플라스틱 등 본체부분이 불에 녹아서 침대 매트리스에 떨어지면서 불이 옮겨 붙어 확대된 것인데, 위와 같은 화재의 진행경과는 절연피복의 손상으로 절연이 파괴되는 과정에서 단락흔이 발생하는 경우와 매우 유사하다.

③ 단락흔이 발견된 내부배선은 피고들이 전기난로를 분해하지 않으면 접근할 수 없는 부분으로 제조업자의 배타적인 지배하에 있는 영역으로 보이고, 본체에 의해 보호되고 있어 외부의 눌림에 의해 내부배선에 단락이 발생할 가능성은 쉽게 상정하기 어렵다.

④ 피고 장○○, 장○○은 이 사건 전기난로를 건물 3층 안방에서 난방용으로 사용했고, 5년 이상 사용하는 동안 특별한 고장이나 문제점은 발견되지 아니하였다. 위 피고들은 전기난로의 사용설명서에 기재된 설치방법에 따라 바닥에서 1.85m 정도 떨어진 벽면에 이를 설치하였고, 누전차단기와 연결된 멀티탭에 전기난로의 플러그만 단독으로 꽂아 사용해왔다. 이 사건 건물에 설치된 누전차단기는 한국전기안전공사가 제시한 안전기준에 부합하는 것으로, 전기난로를 멀티탭에 연결하여 사용하는 방법은 멀티탭을 사용하지 않고 바로 콘센트에 연결하여 사용하는 방법과 비교할 때 안전에 있어 차이는 없다.

⑤ 한국전기안전공사는 위 피고들이 이 사건 전기난로를 설치한 이후인 2012. 7.경 정기점검을 실시하였는데 전력계통에 특별한 이상 징후는 나타나지 아니하였다.

이상의 사정을 종합하면, 이 사건 사고는 피고 장○○, 장○○이 전기난로를 정상적으로 사용하고 있던 중 제조업자인 원고의 배타적 지배영역 하에 있는 내부배선의 단락에 의해 발생한 것으로 보이므로 원고는 제조물책임법에 따라 이 사건 사고로 인해 피고들이 입은 손해를 배상할 책임이 있다.

2) 책임의 제한

다만, 앞서 살펴본 각 증거들에 의하면, 피고 장○○은 이 사건 건물 3층 안방에 전기난로를 켜놓은 채로 2층으로 내려와 샤워를 하면서 일시 자리를 비웠고, 방문자인 소외 장○○ 등은 역시 위 안방 밖의 거실에서 TV를 보고 있었으므로 이 사건 전기난로의 상태를 바로 확인할 수 있는 위치에 있지는 아니하였던 것으로 보이는바, 위와 같은 피고 측의 전기난로 이용 상의 과실로 인해 화재상황을 보다 신속하게 인지하고 진화하지 못하여 이 사건 사고로 인한 손해가 확대된 것으로 보이므로, 이러한 피고 측의 과실을 감안하여 원고의 책임을 전체의 70% 정도로 제한함이 상당하다.

3) 손해배상책임의 범위

(가) 피고 황○○의 건물보수공사 비용

총 118,100,000원(= 3층 81,200,000원 + 2층 16,800,000원 + 옥상 20,100,000원)[인정근거] 다툼 없는 사실, 을 제2 내지 4, 15, 16호증의 각 기재, 변론 전체의 취지를 고려해 볼 때, 원고는 피고들이 이 사건 사고와 관련 없는 부분을 과다하게 수리하여 건물보수공사 비용이 과다하게 산정되었다고 주장하나, 화재를 진압하는 과정에서 건물의 내부 및 외부에 다량의 물이 살포되었고, 당시가 동절기여서 살포된 물로 인한 벽면 및 옥상 바닥면의 결빙 등이 충분히 있을 수 있는 상황이었으므로, 건물의 옥상과 2층 등 부분의 누수로 인한 방수공사, 타일공사 등은 이 사건 사고와 관련하여 필요한 범위 내에서 이루어진 보수공사라고 보이므로, 원고의 위 주장은 받아들이지 아니한다.

(나) 피고 장○○의 가재도구

이미 소실된 가구, 의류 등의 경우 제조업체, 모델명, 수량, 구입일자 등을 특정할 수 없어 감가상각 등이 이루어진 구체적인 손해액을 입증하는 것은 어려우므로, 가재도구의 소실로 인한 손해액을 경험칙에 따라 피고들이 청구한 범위 내에서 10,000,000원으로 인정한다.

(다) 피고 장○○, 장○○의 일실수입

을 제5, 6, 10호증의 각 기재에 의하면 피고 장○○, 장○○이 이 사건 건물에서 각 학원을 운영해 온 사실은 인정되나, 위 증거들만으로 위 피고들이 주장하는 기간 동안 피고들이 주장하는 액수 상당의 손해가 발생하였다고 인정하기에 부족하고 달리 위 손해를 인정할 증거가 없다.

(라) 피고 장○○의 치료비

총 647,986원(= 피고 장○○ 242,741원 + 소외 장○○, 이○○ 405,245원)

피고 장○○은 향후치료비도 함께 구하고 있으나, 향후치료가 필요함을 인정할 객관적인 증거가 부족하다.

(마) 피고 장○○의 임시거주비

피고 장○○은 이 사건 사고 발생 이후 건물보수공사가 완료될 때까지 임시거주비로 1,500,000원을 지출하였다고 주장하나 이를 인정할 증거가 없다.

(바) 원고의 책임의 제한(피고들의 과실비율을 30%로 보아 과실상계)

피고 황○○ 82,670,000원(= 118,100,000원 × 70%), 피고 장○○ 7,453,590원(= 10,647,986원 × 70%).

4) 위자료

피고 장○○, 장○○의 경우 주거로 사용하던 이 사건 건물 3층이 소훼되어 주거지가 원상복구되는 동안 생활에 큰 불편을 겪고 이로 인해 상당한 정신적인 고통을 겪었을 것으로 보이는 점, 특히 피고 장○○은 이 사건 사고로 인해 응급실로 후송되어 치료를 받기도 한 점 등을 고려하여 위 피고들의 위자료를 500만 원(피고 장○○), 300만 원(피고 장○○)으로 정한다.

5) 소결

원고는 피고 황○○에게 82,670,000원, 피고 장○○에게 12,453,590원, 피고 장○○에게 3,000,000원 및 위 각 금원에 대하여 이 사건 사고발생일인 2015. 3. 9.부터 원고가 그 이행의무의 존부 및 범위에 관하여 항쟁함이 상당하다고 인정되는 이 판결 선고일인 2016. 11. 16.까지는 상법이 정한 연 6%의, 그 다음날부터 다 갚는 날까지는 소송촉진 등에 관한 특례법이 정한 연 15%의 각 비율로 계산한 지연손해금을 지급할 의무가 있다.

원고와 피고들 사이에 이 사건 사고로 인한 원고의 손해배상책임의 존부 및 범위에 관하여 다툼이 있는 이상, 원고로서는 그 손해배상책임의 존부에 관하여 확인을 구할 이익이 있다 할 것이므로, 이 사건 사고와 관련하여 원고의 피고들에 대한 손해배상채무는 위 인정범위를 초과하여서는 존재하지 아니함을 확인한다.

다. 시사점

이 사건은 전형적인 제조물책임소송으로서 제조물의 결함으로 인한 소비자 또는 제3자가 입은 손해배상청구에 관한 것이다. 일반적으로는 제조물책임소송의 당사자를 살펴보면, 원고는 제조물을 사용하다고 피해를 입은 소비자(또는 제3자)이거나 피해 소비자에게 보험금을 지급하고 구상권을 행사하는 보험회사이고 피고는 제조물을 제조 또는 판매한 제조업자나 수입업자이다.

그러나 이 사건에서는 원고가 제조물을 제조판매한 제조업자이고 피고는 피해자인 소비자(또는 제3자)라는 특징이 있고, 소송의 성격도 원고(제조업자)에 대한 채무부존재확인청구소송이다. 즉, 피해자인 소비자들이 제조업자를 상대로 손해배상을 청구하자 제조업자가 역으로 피해자인 소비자들을 상대로 채무부존재확인청구소송으로 대응하였으며, 이에 피해자들도 반소청구를 하여 손해배상을 청구한 것이다.

다만, 이 사건 판결의 시사점을 특별히 거론할 것은 없는 전형적인 제조물책임소송으로서 제조물의 결함을 인정하는데 소방서의 화재현장에 대한 감식과 한국전기안전공사와 같은 공공기관의 점검이 중요한 증거로 활용되었다는 점을 볼 수 있다.

피해자측의 과실비율은 30%인정되어 제조업자의 책임은 70%로 제한되었으며, 피해자들이 주장하는 손해배상의 범위에 대하여도 일부 증빙자료가 부족하여 인정되지 못하였다는 점을 유의하여 손해배상을 충분하게 받기 위하여는 평소에 증빙자료의 확보가 중요하다는 점이다.

34. 노래연습장 벽걸이 에어컨의 화재로 인한 건물소손 피해사건

(서울중앙지법 2017. 8. 9, 2016가단5121010)

가. 사건 개요

원고는 김AA와 화재보험 계약(이하 '이 사건 보험계약'이라고 한다)을 체결한 보험회사이고, 피고는 김AA가 운영하는 부산 소재 건물(이하 '이 사건 건물'이라고 한다)의 지하 1층 '**노래연습장'의 5호실 벽에 설치된 벽걸이형 에어컨(이하 '이 사건 에어컨'이라고 한다)을 수입하여 판매한 회사이다.

2014. 8. 18. 07:10경 위 '**노래연습장' 내 5호실에서 화재(이하 '이 사건 화재'라고 한다)가 발생하였다. 이로 인하여 김AA 소유의 이 사건 건물과 집기 비품류가 소손되어 56,841,809원 상당의 손해가 발생하였고, 노래연습장 영업을 하지 못함으로 인하여 1,980,000원 상당의 일실수익이 발생하였다. 그리고 김AA로부터 이 사건 건물의 1층 점포를 임차하여 식당을 운영 중인 이BB는 지하로부터 올라오는 연기를 피해 대피하다가 넘어져 외상성 뇌경막하 출혈 등의 상해를 입었다.

원고는 이 사건 보험계약에 따라, ① 김AA에게 화재손해보험금으로 2014. 9.

19. 25,000,000원, 2014. 10. 28. 24,584,809원, 2014. 10. 28. 7,257,000원, 점포휴업 손해보험금으로 2014. 10. 28. 1,980,000원, ② 이BB에게 책임보험금으로 2014. 12. 5. 2,000,000원을 지급하였다.

1) 원고의 주장

이 사건 화재는 피고가 수입·판매한 에어컨 내부 제어용 기판의 문제점 때문에 발생하였으므로 제조업자인 피고의 배타적 지배 아래에 있는 영역에서 발생하였다고 봄이 타당하고, 이러한 종류의 발화사고는 에어컨의 설계 또는 제조상의 결함이 없다면 통상 발생할 수 없는 것이므로, 피고가 제품 결함이 아닌 다른 원인으로 이 사건 화재가 발생하였음을 증명하지 못하는 이상, 피고는 김AA와 이BB가 입은 재산상 또는 신체상 손해를 배상할 제조물책임을 부담한다. 그런데 원고는 김AA와 이BB에게 이 사건 보험계약에 따라 위와 같이 보험금 합계 60,821,809원을 지급하였으므로, 보험자대위로서 피고에게 위와 같이 지급한 보험금 및 이에 대한 지연손해금의 지급을 구한다.

2) 피고의 주장

① 이 사건 에어컨 내부의 증발기 파열 및 알루미늄 핀 소손이 없었고 사출로 된 팬 브로워의 형태가 원형 그대로 보존되어 있음은 최초 발화점이 이 사건 에어컨이 아님을 보여주는 점, ② 에어컨에 과전류가 흐르면 기판 내부의 퓨즈가 단선되어 전원이 차단되므로 과전류로 인하여 콘덴서가 부풀어 오르는 현상은 발생하지 않으므로 이 사건 에어컨 기판 콘덴서의 내부 유전체 일부가 부풀어 오른 것은 외부의 열에 의해 발생한 것으로 보아야 하는 점, ③ 콘덴서 쪽에서 발화되었다면 부품이나 배선 등이 심하게 소손되어야 하나 이 사건에서 부품이 원형 그대로 유지되어 있고 배선 색도 유지되고 있는 점, ④ 화재가 에어컨 내부 기판에서 발화된 것이라면 기판이 설치된 우측이 더 심하게 소훼되어 있어야 하나 좌측의 바람조절판 및 먼저거름필터가 더 심하게 소훼된 점, ⑤ 연소방향은 실제로 'V'자 연소가 아니라 'ㄱ'자 연소가 되는데 이는 과학적으로 생길 수 없는 연소형태라는 점 등에 비추어 보면 이 사건 화재의 발화원은 이 사건 에어컨이 될 수 없다.

설령 이 사건 화재가 이 사건 에어컨 내부에서 발생한 것이라고 하더라도, 김AA의 이 사건 에어컨 사용 및 관리상의 부주의 등이 화재 발생 및 확산에 기여하였으므로 책임제한이 되어야 한다.

나. 판결 요지

1) 인정사실

이 사건 화재신고를 받고 현장을 조사한 부산기장소방서는 이 사건 화재의 원인에 관하여 이 사건 에어컨의 소훼가 심하고 주변 특이점이 식별되지 않는 점에서 이 사건 에어컨 내 PCB기판의 콘덴서 및 배선접속 커넥터 등에서 미확인 단락으로 발생한 불씨가 케이스 합성수지재 등에 착화되어 벽체 및 천장을 따라 연소진행된 것으로 추정된다.

또한 부산기장소방서가 참조한 한국폴리텍대학 권○○ 교수의 감식결과도 이 사건 에어컨 송풍기 전원 커넥터의 접촉 불량에 의한 발열이 발화열원인 것으로, 기판에 접속되는 커넥터의 핀과 송풍기 모터에 연결되는 단자와의 접촉 불량에 의해 장기적인 발열로 커넥터 플라스틱을 녹인 것이 발화요인으로 추정되고, 기판 주변에 쌓인 먼지에 최초 착화된 것으로 추정된다고 보았다.

이 사건 화재 원인을 감정한 감정인 윤CC는 발화원인에 관하여 이 사건 에어컨 제어용 기판의 모터전원 커넥터에 연결된 6가닥의 모터전원선 중 1가닥이 기판접속용 핀과의 접촉 불량으로 저항이 증가하여 접촉 불량 지점에서 열이 발생하여 커넥터 플라스틱을 녹이고 가늘게 붙어있던 접촉점이 분리되면서 발생한 열이 기판 주변 먼지에 착화되면서 발화된 것으로 추정된다는 의견을 제시하였다.

2) 제조물책임의 발생

제품이 정상적으로 사용되는 상태에서 사고가 발생한 경우 소비자 측에서 그 사고가 제조업자의 배타적 지배하에 있는 영역에서 발생하였다는 점과 그 사고가 어떤 자의 과실 없이는 통상 발생하지 아니한다고 하는 사정을 증명하면, 제조업자 측에서 그 사고가 제품의 결함이 아닌 다른 원인으로 말미암아 발생한 것임을 증명하지 못한 이상 제품에 결함이 존재하고 그 결함으로 말미암아 사고가 발생하였다고 추정된다(대법원 2015. 2. 26, 2014다74605 판결 등 참조).

앞서 본 사정들을 위 법리에 비추어 보면, 이 사건 화재는 피고의 배타적 지배하에 있는 영역에서 발생하였고 이러한 종류의 발화사고는 에어컨의 설계 또는 제조상의 결함이 없다면 통상 발생하지 아니한다는 사정이 증명되었다고 봄이 타당하고, 피고가 이 사건 화재가 이 사건 에어컨의 결함이 아닌 다른 원인으로 발생한 것임을 증명하지 못하는 이상 이 사건 에어컨에 설계 또는 제조상 결함이 존재하고 그 결함으로 이 사건 화재가 발생한 것으로 추정된다. 따라서 특별한 사정이 없는 한 피고는 김AA와 이BB에게 이 사건 화재로 입은 손해를 배상할 책임이 있다.

3) 책임의 제한

다만 앞서 든 증거들에 의하면, 이 사건 화재가 발생한 노래연습장은 지하에 위치하여 먼지가 쌓이기 쉬운데도 벽걸이 에어컨 내부의 먼지 제거 등 관리가 잘 이루어지지 않아 불씨가 기판 주위 먼지에 최초로 착화된 것으로 보이는 점, 위 노래연습장에 다중이용업소의 안전관리에 관한 특별법에서 갖추도록 규정한 간이스프링클러설비가 설치되지 않은 점, 이BB의 상해는 이 사건 화재로 직접 입은 것이 아니라 대피하다가 넘어져 생긴 상해인 점 등이 인정되고, 이러한 사정은 이 사건 화재의 발생 및 손해 확대의 한 원인이 되었으므로, 피고의 손해배상액을 산정함에 참작하기로 하여 피고의 책임을 70%로 제한한다.

다. 시사점

이 사건도 전형적인 제조물책임소송이라고 할 수 있지만 다음과 같은 몇 가지 특징을 보여주고 있다.

첫째, 소송주체가 제조물을 구입하여 사용하다가 피해를 입은 소비자가 아니라 소비자는 화재보험금을 수령하였고 화재보험금을 지급한 보험회사가 구상권을 행사하여 소송을 제기하였다.

제조물책임소송이 이처럼 자본과 인력을 가진 보험회사가 소비자를 대위하여 소송한다는 측면에서 제조물책임에 대한 제조업자의 대책(제품안전대책과 제조물책임방어대책 등)이 달라져야 한다는 점이다.

둘째, 증명책임에서 피해자가 일정한 정도의 정황증거나 간접사실을 증명하면 '사실상의 추정칙'을 적용하여 증명책임을 완화하고 있다는 점이다. 이 사건에서도 벽걸이 에어컨에서 발화된 불씨 때문에 화재가 난 것으로 추정된다면 에어컨 수입·판매업체는 다른 원인으로 화재가 발생한 것임을 증명하지 못하는 이상 제조물의 결함으로 인한 손해배상책임이 있다는 판결이다.

셋째, 제조업자의 책임(여기서는 수입·판매업자의 책임)이 있다고 하더라도 과실상계의 원칙을 적용하였다. 과실참작 사유로 든 것은 이 사건 화재가 발생한 노래연습장은 지하에 위치하여 먼지가 쌓이기 쉬운데도 벽걸이 에어컨 내부의 먼지 제거 등 관리가 잘 이루어지지 않아 불씨가 기판 주위 먼지에 최초로 착화된 것으로 보이는 점, 위 노래연습장에 다중이용업소의 안전관리에 관한 특별법에서 갖추도록 규정한 간이스프링클러설비가 설치되지 않은 점, 이BB의 상해는 이 사건 화재로 직접 입은 것이 아니라 대피하다가 넘어져 생긴 상해인 점 등이 인정되고, 이러한 사정은 이 사건 화재의 발생 및 손해 확대의 한 원인이 되었으므로, 피고의 손해배상액을 산정함에 참작하기로 하여 피고의 책임을 70%로 제한한 것이다.

35. 식기세척기의 화재로 인한 주택소손 피해사건 (서울중앙지법 2017. 8. 11, 2016가단5155648)

가. 사건 개요

원고는 소외 배AA와 서울시 소재 주택 B동 C호 건물(이하 '이 사건 주택'이라 한다) 및 일반가재도구 등에 관하여 화재로 입은 손해 등을 보상하기로 하는 보험계약을 체결한 보험회사이고, 피고들은 식기세척기 등 전자, 전기기계 제작, 판매업에 종사하는 회사(이하 '피고 회사'라 한다)와 피고 회사와 보험기간 2015. 10. 15.부터 2016. 10. 15.까지, 보험가입금액 1사고 당 3억 원으로 정한 생산물배상책임보험계약을 체결한 ○○손해보험 주식회사(이하 '피고 ○○손보'라 한다)이다.

배AA는 피고 회사가 제조한 식기세척기(모델명 DWA1670P) 1대(이하 '이 사건 식기세척기'라 한다)를 구입하여 이 사건 주택 주방 싱크대 위에 설치하여 사용하던 중 2016. 1. 25. 20:04경부터 같은 날 21:59경 사이 위 식기세척기를 작동시킨 후 외출하여 집에 아무도 없는 사이 화재가 발생하여 주방이 전소되고, 주택 내부 천장이 반소되고, 가재도구들이 소훼되었다(이하 '이 사건 화재'라 한다).

원고로부터 이 사건 화재로 인한 손해사정을 의뢰받은 T손해사정 주식회사(이하 'T손해사정'이라 한다)는 이 사건 주택에 대한 손해액을 23,101,826원으로, 가재도구에 대한 손해액을 10,482,540원으로 각 산정하였고, 원고는 2016. 3. 8. 배AA에게 보험계약에 따른 보험금(화재로 인한 건물 손해 50,000,000원, 가재도구 10,000,000원)의 범위 내에서 33,101,826원(=주택 손해 23,101,826원 + 가재도구 10,000,000원)을 지급하였다.

1) 원고의 주장

이 사건 화재는 피고 회사가 배타적으로 지배하는 이 사건 식기세척기 내부에서 발생하였고, 이 사건 식기세척기에는 거래통념상 기대되는 객관적인 성질 및 성능을 갖추지 못한 결함이 존재하므로 피고 회사는 제조물책임법에 따른 손해배상 책임 또는 거래통념상 기대되는 객관적인 성질 및 성능을 가지지 못한 이 사건 식기세척기를 매도·인도한 불완전이행에 따른 채무불이행으로 인한 손해배상책임을 부담하고, 원고는 피고 회사에게 상법 제682조에 의하여 보험금으로 지급한 전부에 대하여 구상권을 취득하였다. 피고 ○○손보는 피고 회사와 생산물배상책임보험계약을 체결한 보험자로서 이 사건 식기세척기 결함으로 발생한 화재로 인한 대물배상 책임을 부담하는 피고 회사가 입은 손해를 보상하여야 하므로 원고는 피고 ○○손보에게 보험금 전부에 대한 구상권을 취득하였다.

2) 피고들 주장

이 사건 화재는 배AA가 정상적으로 이 사건 식기세척기를 정상적으로 사용하고 있던 중 발생한 사고가 아니고, 피고 회사의 배타적 지배영역 하에서 발생한 사고라고 보기도 어려워 피고 회사는 제조물책임법에 기한 책임을 부담하지 않고, 배AA가 이 사건 세척기를 직접 피고 회사로부터 직접 구입하였다고 볼 자료가 없으므로 채무불이행 책임은 부담하지 않는다. 따라서 피고 ○○손보도 원고에게 아무런 책임을 부담하지 않는다.

나. 판결 요지

1) 제조물책임의 법리

물품을 제조·판매하는 제조업자는 그 제품의 구조·품질·성능 등에 있어서 그 유통 당시의 기술수준과 경제성에 비추어 기대 가능한 범위 내의 안전성과 내구성을 갖춘 제품을 제조·판매하여야 할 책임이 있고, 이러한 안전성과 내구성을 갖추지 못한 결함으로 인하여 소비자에게 손해가 발생한 경우에는 불법행위로 인한 손해배상의무를 부담한다 할 것인데, 고도의 기술이 집약되어 대량으로 생산되는 제품의 결함을 이유로 그 제조업자에게 손해배상책임을 지우는 경우 그 제품의 생산과정은 전문가인 제조업자만이 알 수 있어서 그 제품에 어떠한 결함이 존재하였는지, 그 결함으로 인하여 손해가 발생한 것인지 여부는 일반인으로서는 밝힐 수 없는 특수성이 있어서 소비자 측이 제품의 결함 및 그 결함과 손해의 발생과의 사이의 인과관계를 과학적·기술적으로 입증한다는 것은 지극히 어려우므로 그 제품이 정상적으로 사용되는 상태에서 사고가 발생한 경우 소비자 측에서 그 사고가 제조업자의 배타적 지배하에 있는 영역에서 발생하였다는 점과 그 사고가 어떤 자의 과실 없이는 통상 발생하지 않는다고 하는 사정을 증명하면, 제조업자 측에서 그 사고가 제품의 결함이 아닌 다른 원인으로 말미암아 발생한 것임을 입증하지 못하는 이상 그 제품에 결함이 존재하며 그 결함으로 말미암아 사고가 발생하였다고 추정하여 손해배상책임을 지울 수 있도록 입증책임을 완화하는 것이 손해의 공평·타당한 부담을 그 지도원리로 하는 손해배상제도의 이상에 맞다(대법원 2004. 3. 12. 선고 2003다 16771 판결 참조).

2) 이 사건 화재가 이 사건 식기세척기의 결함으로 인한 것인지 여부

① 경찰 감식결과 식기세척기 내부에서 전기적 원인으로 화재 발생한 것으로 추정된 점, ② 국립과학수사연구원은 발화지점이 식기세척기 내부로 한정되며 내부 배선들에서 식별되는 단락흔 형성 과정에서 수반된 전기적 발열 또는 불꽃이 발화원으로 작용 가능하다고 감정한 점, ③ 이 사건 화재 당시 이 사건 주택에 거주하는 배AA와 가족 등이 모두 집을 비운 상태였고, 외부 침입의 흔적도 알 수 없어 실화나 방화에 의한 것으로 보기 어려운 점 등을 종합하면 이 사건 화재는 피고 회사가 지배가능한 영역인 이 사건 식기세척기 내부의 제조상 또는 설계상의 결함에 의하여 발생한 것으로 봄이 상당하다.

따라서 피고 회사는 이 사건 식기세척기의 제조자로서 위 제품의 결함으로 인한 화재로 말미암아 배AA이 입은 손해를 배상할 의무가 있다.

3) 책임의 제한

다만, 배AA로서도 이 사건 식기세척기를 작동시킨 후 외출하여 화재발생 초기에 화재를 조기에 진화하지 못한 점, 이 사건 식기세척기가 제조일로부터 8년 이상 넘게 사용되었음에도 배AA가 식기세척기에 대한 안전점검을 받았다고 볼 자료가 없는 점 등도 이 사건 화재로 인한 손해의 발생 및 확대의 한 원인이 되었다 할 것이므로, 이를 참작하여 피고 회사의 책임을 배AA가 입은 손해의 60%로 제한함이 상당하다.

다. 시사점

제조물책임소송사건의 상당한 수가 보험에 가입한 피해자(소비자)는 보험금을 수령하여 보험회사가 소비자를 대신하여(대위하여) 제조업자를 상대로 구상권을 행사하여 소송을 하는 특징이 있다. 이 사건도 마찬가지이지만 제조물책임소송의 주체가 보험회사(원고)와 제조업자(피고)라는 점을 고려한다면 이제는 정보, 기술, 재력, 인력 면에서 열위에 있는 소비자와 제조업자의 분쟁이 아니라는 점이 특징이라고 할 수 있다.

이 판례가 시사하는 점은 국가기관의 전문적인 감식결과가 결함의 존재를 증명하는데 기여하였다는 점이다. 즉, ① 경찰 감식결과 식기세척기 내부에서 전기적 원인으로 화재 발생한 것으로 추정된 점, ② 국립과학수사연구원은 발화지점이 식기세척기 내부로 한정되며 내부배선들에서 식별되는 단락흔 형성 과정에서 수반된 전기적 발열 또는 불꽃이 발화원으로 작용 가능하다고 감정한 점, 또한 이 사건 화재 당시 이 사건 주택에 거주하는 배AA와 가족 등이 모두 집을 비운 상태였고, 외부침입의 흔적도 알 수 없어 실화나 방화에 의한 것으로 보기 어려운 점 등도 종합하면 고려하였다. 따라서 이 사건 화재는 피고 회사가 지배가능한 영역인 이 사건 식기세척기 내부의 제조상 또는 설계상의 결함에 의하여 발생한 것으로 봄이 상당하다고 추정하였고 이를 뒤집을 만한 반대증거(제조물 자체가 아닌 외부요인에 의한 발화가능성)를 제시하지 못하여 피고(제조회사)가 패소한 것이다.

한편, 소비자(배AA)로서도 일부 과실을 참작하여 제조업자의 손해배상책임을 제한하였다. 과실참작사유로 이 사건 식기세척기를 작동시킨 후 외출하여 화재발생 초기에 화재를 조기에 진화하지 못한 점, 이 사건 식기세척기가 제조일로부터 8년 이상 넘게 사용되었음에도 배AA가 식기세척기에 대한 안전점검을 받았다고 볼 자료가 없는 점 등도 고려하였다. 이를 참작하여 피고 회사의 책임을 배AA가 입은 손해의 60%로 제한하여 소비자책임을 40%로 보았다.

이는 일반적으로 가전제품은 10년 가까이 장기사용하는 관행과 문화를 고려할 때 장기사용가전제품에 대한 점검제도를 도입하여 화재발생을 미연에 방지하는 제도의 도입이 필요하다. 현재 일부 가전제품에 대하여 권장안전사용기간을 정하여 운영하고 있지만 법적인 제도가 아니므로 효과적인 운영이 되기는 어렵다.

36. 태블릿 피시(Tablet PC)의 잠금해제 비밀번호를 알지 못하여 태블릿 피시가 비활성화 상태가 된 것이 제조물책임법의 결함에 해당하는지 여부 사건 (서울중앙지법 2019. 3. 29, 2018가합555404)

가. 사건 개요

1) 원고의 주장

피고는 이 사건 아이패드를 제조·판매한 자로서 사용자가 비밀번호를 잊어버렸을 경우 잠금을 해제하여 이를 사용하게 할 계약상·신의칙상 의무를 부담한다.

피고가 제조·판매한 이 사건 아이패드는 iTunes Store와 같은 Apple 서비스에 접속할 수 있는 단말기로서, 피고는 이 사건 아이패드와 함께 위 서비스를 이용할 수 있는 권리를 판매하였고, 서비스 이용 기간에 제한을 두지도 않았으므로, 이 사건 아이패드의 잠금을 해제하여 위 서비스를 이용하게 할 계약상 의무를 부담한다.

피고는 사용자의 신원이 확인된 경우 잠금을 해제하여 준다고 공지하였으므로 위 공지를 이행할 계약상·신의칙상 의무를 부담하는데, 원고는 이 사건 아이패드를 수 년간 점유하고 있었고, 구매 사실을 증명할 수 있는 충분한 자료를 제출하였으므로, 피고는 이 사건 아이패드의 잠금을 해제하여야 한다.

2) 피고의 주장

피고는 이 사건 아이패드를 제조·판매한 회사로서, 이 사건 아이패드에 사용자가 정한 비밀번호를 입력하는 경우에만 기기가 활성화되도록 잠금 및 잠금해제 기능을 설정하였다.

피고는 사용자가 비밀번호를 잊어버린 경우 ① Apple ID 계정 페이지에서 사용자가 미리 설정해 둔 보안질문에 답을 함으로써 비밀번호를 재설정할 수 있는 절차 및 ② 사용자 본인이 기기를 구매하였다는 내용과 제품식별번호가 기재된 자료를 제출하면 피고가 이를 확인한 후 서비스센터를 통하여 잠금을 해제해 주는 절차를 각 마련해 두고 있다.

피고는 이 사건 아이패드 사용설명서에 'Apple ID를 찾을 수 없거나 암호를 재설정할 수 없으면 계정에 접근할 수 없으며 기기를 사용하지 못하거나 다시 활성화하지 못할 수 있습니다. 이를 예방하려면 주기적으로 Apple ID 계정 페이지에 접속하여 계정 정보를 확인하고 업데이트해야 합니다'라고 안내하고 있고, 홈페이지에 '사용자는 신원을 확인한 후 Apple ID의 잠금을 해제할 수 있습니다'라고 안내하고 있다.

원고는 2018년경 피고에게 이 사건 아이패드의 잠금을 해제하여 줄 것을 요구하였으나, 피고는 ① 원고가 Apple ID 및 비밀번호를 기억하지 못하고, ② 이 사건 아이패드의 제품식별번호가 기재된 원고 명의의 구매영수증을 제출하지 아니하였다는 이유로 이를 거절하였다.

나. 판결 요지

1) 제조물책임법상 책임 부담 여부

제조물책임법 제1조는 "이 법은 제조물의 결함으로 발생한 손해에 대한 제조업자 등의 손해배상책임을 규정함으로써 피해자 보호를 도모하고 국민생활의 안전 향상과 국민경제의 건전한 발전에 이바지함을 목적으로 한다"고 규정하고 있고, 제2조 제2호는 "'결함'이란 해당 제조물에 다음 각 목의 어느 하나에 해당하는 제조상·설계상 또는 표시상의 결함이 있거나 그 밖에 통상적으로 기대할 수 있는 안전성이 결여되어 있는 것을 말한다. 가. '제조상의 결함'이란 제조업자가 제조물에 대하여 제조상·가공상의 주의의무를 이행하였는지에 관계없이 제조물이 원래 의도한 설계와 다르게 제조·가공됨으로써 안전하지 못하게 된 경우를 말한다. 나. '설계상의 결함'이란 제조업자가 합리적인 대체설계(代替設計)를 채용하였더라면 피해나 위험을 줄이거나 피할 수 있었음에도 대체설계를 채용하지 아니하여 해당 제조물이 안전하지 못하게 된 경우를 말한다. 다. '표시상의 결함'이란 제조업자가 합리적인 설명·지시·경고 또는 그 밖의 표시를 하였더라면 해당 제조물에 의하여 발생할 수 있는 피해나 위험을 줄이거나 피할 수 있었음에도 이를 하지 아니한 경우를 말한다"고 규정하고 있다.

살피건대, 원고가 이 사건 아이패드의 잠금해제 비밀번호를 알지 못하여 이 사건 아이패드가 비활성화 상태가 된 것이 제조물책임법 제2조 제2호에서 규정한 제조물의 결함에 해당한다고 볼 수 없으므로, 피고는 제조물책임법상 제조업자로서 이 사건 아이패드에 관한 책임을 부담하지 않는다.

2) 계약상 의무 부담 여부

(가) 매매계약상 의무

갑 제3, 4, 8호증의 1 내지 3, 9, 10호증의 각 기재에 의하면, 변호사인 원고가 근무하였던 법무법인 □□에서 2011. 12. 30. 이 사건 아이패드와 같은 기종인 아이패드 3대를 구매하여 원고를 포함한 변호사들에게 교부한 사실은 인정할 수 있으나, 위 인정사실만으로 원고가 이 사건 아이패드를 매수한 사실을 인정하기 부족하고 (갑 제8호증의 1 내지 3 각 전자세금계산서에 제품식별번호가 기재되어 있지 않으므로 법무법인 □□ 이 구입한 아이패드와 이 사건 아이패드의 동일성을 확인할 수 없다), 달리 이를 인정할 증거가 없다. 따라서 피고는 원고에게 매매계약상 책임을 부담하지 않는다.

(나) Apple 서비스 이용 계약상 의무

피고가 제출한 Apple 미디어 서비스 이용약관에 의하면 피고는 위 약관에 동의한 소비자들과 Apple 서비스에 관한 계약을 체결하게 되나, 원고가 위 약관에 동의한 사실을 인정할 수 있는 증거가 없으므로, 피고는 Apple 서비스 이용 계약에 따른 책임을 부담하지 않는다.

설령 원고가 위 약관에 동의하였다 하더라도, 위 약관은 Apple 서비스에 관한 이용계약일 뿐 이로부터 피고가 이 사건 아이패드의 잠금 상태를 해제하여 줄 의무가 발생한다고 볼 근거가 존재하지 않는다.

(다) 신의칙상 의무 부담 여부

첫째, 신의칙상 의무부담여부에 대하여 살펴보면, 피고가 이 사건 아이패드의 사용설명서 및 피고 운영 홈페이지에 ① 사용자가 Apple ID 계정 페이지를 통하여 비밀번호 재설정 절차를 거치거나(이하 '①절차'라고 한다), ② 사용자가 기기를 구매하였음을 확인할 수 있는 자료를 제출하면 서비스센터를 통하여 잠금을 해제해 준다고 안내하고 있으므로(이하 '②절차'라고 한다), 피고는 이 사건 아이패드의 점유자가 위 ① 혹은 ②절차에서 정한 요건을 갖춘 경우 잠금을 해제하여 줄 신의칙상 의무를 부담한다.

한편 이 사건 아이패드의 잠금해제 기능은 소유자가 아닌 제3자가 기기 내 정보에 접근하여 소유자의 개인정보를 열람하거나 취득하지 못하게 할 목적으로 설계되었고, 피고가 이 사건 아이패드의 점유자가 소유자인지 여부를 확인하지 아니하고 잠금을 해제하여 줄 경우 기기에 저장된 정보가 제3자에게 유출되어 피해가 발생할 수 있으므로, 피고는 위 ①, ②절차에 따라 잠금을 해제해 줄지 여부를 결정할 때 이 사건 아이패드의 점유자가 소유자인지 여부를 엄격하게 확인하여야 하고, 소유자임이 명확하지 않은 자의 잠금해제 요구를 거절할 수 있다.

둘째, Apple ID 계정페이지를 통한 잠금 해제 절차를 살펴보면, 피고는 원고에게 ①절차를 통해 소유자임을 입증할 기회를 제공하였으나, 원고가 Apple ID와 잠금 기능 설정 당시 사용자에 의해 입력된 이메일 주소의 힌트를 기억하지 못하여 비밀번호를 재설정하지 못하였으므로, 피고는 ①절차에 따라 이 사건 아이패드의 잠금을 해제하여 줄 신의칙상 의무를 부담하지 않는다.

셋째, 구매 관련 자료 확인을 통한 잠금해제 절차를 살펴보면, 원고가 소유자인 사실이 입증되었는지에 관하여 보건대, 앞서 살펴본 것과 같이 원고가 제출한 증거 및 원고가 이 사건 아이패드를 점유하고 있다는 사실만으로는 원고가 이 사건 아이패드의 소유자인 사실을 인정하기에 부족하다. 따라서 피고는 ②절차에 따라 이 사건 아이패드의 잠금을 해제하여 줄 신의칙상 의무를 부담하지 않는다.

따라서 원고의 청구는 이유 없으므로 이를 기각하기로 판결한다.

다. 시사점

이 판례는 소비자가 2018년경 아이폰 제조회사인 애플사에게 이 사건 아이패드의 잠금을 해제하여 줄 것을 요구하였으나, 애플사는 ① 소비자가 Apple ID 및 비밀번호를 기억하지 못하고, ② 이 사건 아이패드의 제품식별번호가 기재된 소비자 명의의 구매영수증을 제출하지 아니하였다는 이유로 이를 거절하여 소송이 제기된 것이다.

이 사건의 소송상 쟁점은 아이패드의 잠금해제 비밀번호를 알지 못해 제품이 비활성화 상태가 된 것이 제조물책임법에서 규정한 제조물의 결함에 해당하는지 여부에 대하여 재판부는 결함이라고 볼 수 없으므로 애플은 소비자(변호사)의 아이패드에 관한 책임을 부담하지 않는다고 판단하였다.

또한 재판부는 증거를 통해 소비자(변호사)가 근무한 법무법인에서 해당 아이패드와 같은 기종인 제품 3대를 구매해 소비자(변호사)를 포함한 변호사들에게 교부한 사실은 인정할 수 있지만 해당 아이패드와의 동일성을 확인할 수 없기 때문에 소비자의 것이라는 사실을 인정하기 부족하다고 판시하였다.

그러면서 애플은 소비자(변호사)에게 비밀번호 재설정 절차를 통해 소유자임을 입증할 기회를 제공했지만 이메일 주소의 힌트를 기억하지 못해 비밀번호를 재설정하지 못했으므로 소비자가 제조회사에게 민법상 계약상 또는 신의칙상 의무를 부담하여 잠금을 해제하여 줄 의무도 있다는 주장을 기각하였다.

재판부에서 언급한 것처럼 만약에 아이패드의 점유자가 소유자인지 여부를 확인하지 않고 잠금을 해제해줄 경우 기기에 저장된 정보가 제3자에게 유출돼 피해가 발생할 수 있기 때문에 잠금을 해제해 줄지 여부를 결정할 때 점유자가 소유자인지 여부를 엄격하게 확인해야 하고 명확하지 않을 경우 요구를 거절할 수 있다는 점이 소비자의 주장보다는 제조회사의 주장이 훨씬 설득력이 있는 것으로 생각된다.

37. 가습기살균제로 인한 폐질환 피해사건 (수원지법 2019. 9. 18, 2016나51085)

가. 사건 개요

1) 당사자 및 피해현황

피고 유한회사 옥시레킷벤키저(이하 '피고 옥시'라 한다)는 가습기살균제를 개발·제조·판매한 회사이고, 피고 주식회사 한빛화학(이하 '피고 한빛화학'이라 한다)은 화학제품을 제조·판매하는 회사로 피고 옥시로부터 가습기살균제의 제조를 의뢰받아 제조·납품한 회사이다.

원고는 2007. 11.경부터 2011. 4.경까지 매년 11월경부터 4월경까지 사이에 피고들이 제조 및 판매한 '○○○○ △△△ □□□□□'이라는 상품명의 가습기살균제(이하 '이 사건 가습기살균제'라 한다)를 사용하였는데, 사용기간 중 기침 등 증상이 발생하였고, ◇◇병원에서 상세불명의 세균성 폐렴, 상세불명의 사이질성 폐질환 소견으로 2010. 5. 10.부터 치료를 받다가 2010. 9.경부터 ☆☆☆☆☆☆병원에서 폐질환 소견으로 수차례 입원 내지 통원 치료를 받아왔으며, 2013. 5. 9. ☆☆☆☆☆☆병원에서 상세불명의 간질성 폐질환, 섬유증을 동반한 기타 간질성 폐질환, 폐의 진단적 영상상 이상소견 등의 진단을, 2017. 11. 20. ☆☆☆☆☆☆병원에서 상세불명의 간질성 폐질환, 폐의 진단적 영상상 이상소견이 있다는 진단을 각 받았고, 현재까지 치료 중에 있다.

2) 정부의 조사내용

보건복지부 질병관리본부(이하 '질병관리본부'라 한다)는 2011. 4.경 ▽▽▽▽병원으로부터 원인미상의 중증 폐질환 환자가 증가하고 있다는 신고 및 조사요청을 받아 역학조사를 실시하였고, 가습기살균제와의 관련성이 문제되자 역학조사를 실시하였으며, 2011. 8. 31. 환자-대조군 역학조사 결과 가습기살균제 사용집단에서 원인미상 폐손상의 발생 가능성이 미사용 집단에 비해 47.3배 높게 나타났다고 중간조사 결과를 발표하였다. 또한 위 역학조사 외에도 예비독성실험을 통해 일부 가습기살균제 제품에서 역학조사 결과와 일치하는 폐세포 손상을 확인하고, 가습기살균제 성분이 호흡기에 침투할 수 있음을 확인하였다.

이러한 중간조사 결과를 바탕으로 질병관리본부는 가습기살균제가 원인미상 폐손상의 위험요인으로 추정된다고 밝히며 최종 결과가 나올 때까지 국민들에게 가습기살균제 사용을 자제하고 제조업체에 대해서도 가습기살균제의 출시를 자제토록 권고하였다.

질병관리본부는 더 나아가 가습기살균제의 사용과 원인미상 폐손상과의 인과관계를 밝혀내기 위하여 세포독성실험 및 동물흡입독성실험을 실시하였는데 그 결과 이 사건 가습기살균제는 정상 폐세포에 독성 반응을 나타냈으며, 폐섬유화를 유발할 수 있는 활성산소를 발생시키는 것으로 확인되어 2011. 11.경 사용 중단을 강력 권고하고, 수거를 명령하였다.

이후 질병관리본부는 폐손상 조사위원회를 구성하여 가습기살균제에 노출되어 건강 손상이 발생한 것으로 의심되는 신고사례들에 대하여 임상판정과 환경조사를 바탕으로 가습기살균제로 인한 폐질환 발생 여부를 판정하기 위하여 조사를 진행하였다(이하 '이 사건 조사'라 한다). 구체적으로는 2012. 12. 가습기살균제 피해에 대한 조사 필요성을 검토하고, 2013. 7.경부터 같은 해 9.경까지 검진 및 환경조사를 수행하였으며, 2013. 9.경부터 같은 해 11.경까지 판정절차를 진행하였다. 판정결과는 '가능성 거의 확실함(1등급)', '가능성 높음(2등급)', '가능성 낮음(3등급)', '가능성 거의 없음(4등급)', '판단 불가능'으로 제시되었다.

이 사건 조사 결과 2014. 3. 10. 원고는 '거주환경에 대한 환경노출 평가와 원고가 제출한 임상자료 판독에 근거하여 판정하였을 때, 원고의 질병은 가습기살균제로 인한 말단기관지 부위 중심의 폐질환 가능성이 낮은 것으로 판단된다'는 이유로 3등급으로 판정되었다. 위 3등급은 가습기살균제 노출이 확인된 사례로, 소엽중심성 섬유화를 동반한 폐질환이 발생하고 진행하는 과정의 일부를 일정 시점에서의 병리조직검사, 영상의학검사, 또는 임상소견 등을 통해 의심할 수 있어 가습기살균제의 영향을 완전히 배제할 수는 없으나, 그 전체적인 진행경과가 소엽중심성 섬유화를 동반한 폐질환의 발생 및 진행과 일치하지 않아 다른 원인들을 고려할 때 가습기살균제로 인한 말단기관지 부위 중심의 폐질환 가능성이 낮다는 의미이다.

위 판정에 대하여 원고는 2014. 7. 재심사 청구를 하였으나 재심사에서도 3등급으로 판정되었다.

질병관리본부는 2014. 3. 11.경 이 사건 조사 결과 1, 2등급으로 판정받은 사람들에 대하여만 의료비, 장례비 등 정부지원금을 지급하는 내용의 가습기살균제 피해자 지원 및 건강관리계획을 확정했다. 반면 원고를 포함한 3등급으로 판정받은 사람들에 대하여는 정부지원금이 구상권 행사를 전제로 하는 것임을 이유로 정부지원금 지급 대상에서 제외하였다. 위와 같은 피해 판정과 구제급여지원은 환경보건법에 근거하여 이루어지다가 2017. 2. 8. 제정되고, 2017. 8. 9. 시행된 가습기살균제 피해구제를 위한 특별법(이하 '특별법'이라고만 한다)에 포함되었다.

그러나 이후 환경부는 가습기살균제 건강피해를 인정받지 못한 신청자에 대한 지원을 위해 구제급여와 별도로 특별구제계정을 만들어 구제계정운용위원회 심의를 통해 '가습기살균제 노출과 신청자의 건강피해 발생 간에 의학적 개연성이 인정될 것, 가습기살균제 노출과 건강피해 발생 간에 시간적 선후관계가 확인될 것, 건강피해의 정도가 중증이거나 지속적일 것'이라는 요건을 충족하는 경우 구제급여에 상당하는 지원을 해주기로 하였고, 원고는 2017. 10. 27.자로 환경부 산하 한국환경산업기술원으로부터 '특별법 제32조 제2호에 따라 구제계정운용위원회에서 구제급여 상당 지원 대상자로 인정되었다'는 통보를 받고 2018. 5.경부터 월 973,707원의 급여를 지급받고 있다.

한편 환경부는 가습기살균제 피해자의 범위를 가습기살균제 건강피해를 인정받은 사람 외에 구제계정운용위원회의 심의를 거쳐 구제급여에 상당하는 지원이 필요하다고 인정받은 사람을 추가하는 것으로 넓히고, 구제급여 지급 시 가습기살균제 사업자 등에 대한 손해배상청구권 대위를 전제로 한다는 내용을 삭제하며, 환경부장관의 손해배상청구권 대위조항을 강행규정에서 임의규정으로 수정하는 내용으로 특별법을 개정하고 2019. 2. 15. 시행하였다.

환경부는 2019. 5. 27. 원고에 대한 환경노출조사 결과 원고가 가습기살균제 노출확인자에 해당한다고 통보하였다.

3) 당사자들의 주장

원고는 이 사건 가습기살균제에는 폐 등 호흡기에 치명적인 손상을 야기할 수 있는 위험물질인 폴리헥사메틸렌구아니딘(Polyhexamethyleneguanidine, 이하 'PHMG'라 한다) 성분이 함유되어 있음에도 불구하고 피고들은 이 사건 가습기살균제를 제조 및 판매하면서 그 용기에 인체에 안전하다는 취지의 문구를 표시하였다고 주장하였다. 따라서 피고들은 이 사건 가습기살균제의 제조자로서 제조물책임법에 따라 이 사건 가습기살균제의 설계상 및 표시상의 결함으로 인하여 신체에 손해를 입은 원고에게 그 손해를 배상할 의무가 있다는 주장이다.

그러나 피고들은 원고는 이 사건 조사 결과 3등급 판정을 받은 자로 원고의 이 사건 가습기살균제의 사용과 현재 병증 사이에 인과관계가 없다고 주장하였다.

나. 판결 요지

1) 제조물책임의 성립요건으로서 설계상의 결함 유무

(가) 관련 법리

일반적으로 제조물을 만들어 판매하는 자는 제조물의 구조, 품질, 성능 등에 있어서 현재의 기술 수준과 경제성 등에 비추어 기대가능한 범위 내의 안전성을 갖춘 제품을 제조하여야 하고, 이러한 안전성을 갖추지 못한 결함으로 인하여 그 사용자에게 손해가 발생한 경우에는 불법행위로 인한 배상책임을 부담하게 되는 것인바, 그와 같은 결함 중 주로 제조자가 합리적인 대체설계를 채용하였더라면 피해나 위험을 줄이거나 피할 수 있었음에도 대체설계를 채용하지 아니하여 제조물이 안전하지 못하게 된 경우를 말하는 소위 설계상의 결함이 있는지 여부는 제품의 특성 및 용도, 제조물에 대한 사용자의 기대와 내용, 예상되는 위험의 내용, 위험에 대한 사용자의 인식, 사용자에 의한 위험회피의 가능성, 대체설계의 가능성 및 경제적 비용, 채택된 설계와 대체설계의 상대적 장단점 등의 여러 사정을 종합적으로 고려하여 사회통념에 비추어 판단하여야 한다(대법원 2003. 9. 5. 선고 2002다17333 판결 등 참조).

또한 고도의 기술이 집약되어 대량으로 생산되는 제품에 성능 미달 등의 하자가 있어 피해를 입었다는 이유로 제조업자 측에게 민법상 일반 불법행위책임으로 손해배상을 청구하는 경우에, 일반 소비자로서는 제품에 구체적으로 어떠한 하자가 존재하였는지, 발생한 손해가 하자로 인한 것인지를 과학적·기술적으로 증명한다는 것은 지극히 어렵다. 따라서 소비자 측으로서는 제품이 통상적으로 지녀야 할 품질이나 요구되는 성능 또는 효능을 갖추지 못하였다는 등 일응 제품에 하자가 있었던 것으로 추단할 수 있는 사실과 제품이 정상적인 용법에 따라 사용되었음에도 손해가 발생하였다는 사실을 증명하면, 제조업자 측에서 손해가 제품의 하자가 아닌 다른 원인으로 발생한 것임을 증명하지 못하는 이상, 제품에 하자가 존재하고 하자로 말미암아 손해가 발생하였다고 추정하여 손해배상책임을 지울 수 있도록 증명책임을 완화하는 것이 손해의 공평·타당한 부담을 지도 원리로 하는 손해배상제도의 이상에 맞다(대법원 2013. 9. 26. 선고 2011다88870 판결 등 참조).

(나) 판단

제조물책임법상 '설계상의 결함'이란 제조업자가 합리적인 대체설계를 채용하였더라면 피해나 위험을 줄이거나 피할 수 있었음에도 대체설계를 채용하지 아니하여 해당 제조물이 안전하지 못하게 된 경우(제조물책임법 제2조 제2호 (나)목 참조)를 의미하는바, 이에 비추어 이 사건 가습기살균제에 설계상의 결함이 존재하였는지 여부[35]를 살펴본다.

위 인정 사실 및 앞서 든 증거에 갑 제13, 20, 88 내지 90, 96호증의 각 기재, 이 법원에 현저한 사실 및 변론 전체의 취지를 더하여 알 수 있는 아래와 같은 사실 및 사정들에 비추어 보면, 피고들이 이 사건 가습기살균제에 PHMG를 사용한 설계상의 결함이 존재한다고 보인다.

① 이 사건 가습기살균제는 가습기 물을 채울 때 함께 10㎖ 정도를 넣어주는 방법으로 사용되고, 원고는 위와 같은 정상적인 용법으로 이 사건 가습기살균제를 사용해오다가 기침 등의 증상이 생겼고, 폐손상에 관련된 진단을 받게 되었다.

---

35 원고는 피고들이 합리적인 대체설계를 채용하였더라면 피해나 위험을 줄이거나 피할 수 있었다는 사정 등 설계상의 결함을 구체적으로 주장하지는 않으나, 인체에 유해한 위험물질인 PHMG를 이 사건 가습기살균제에 사용한 것 자체를 설계상의 결함으로 보는 듯하다.

② 이 사건 가습기살균제의 주요 성분은 PHMG인데, 가습기를 통해 분무된 물방울들이 공기 중으로 기화하면 물방울에 녹아 있던 PHMG가 응결하면서 입자를 형성하게 된다. PHMG 입자는 그 크기가 매우 작아 코 등 상기도에서 걸러지지 않고 하기도 내지는 폐포 깊숙이 들어가 침착하게 되며, 그 독성학적 성상 때문에 하기도와 폐포에 일정한 자극을 주게 된다. 자극으로 인한 증세가 급속히 진행하면서 급성 간질성 폐렴으로 진단(오인)되거나 섬유화가 함께 진행하여 폐가 전체적으로 굳어져 심한 급성 호흡부전 양상을 보이며 일반적인 인공호흡기 치료 등에 반응을 보이지 않기도 한다. 기도저항이 급격히 증가하기 때문에 폐포에 공기를 공급하기 위해서는 매우 세게 힘이 가해지게 되어, 결과적으로 높아진 압력으로 인해 폐포가 찢어지면서 공기가 새어 나와 폐기종, 종격동기종, 피하기종 등이 함께 발생하고, 한편 이와 같은 과정을 거치면서 회복하지 못하는 사람들은 사망하게 되며, 사망하지 않은 사람들에게는 말단기관지 부위를 중심으로 섬유화된 소견이 남게 되어 소엽중심성 음영 소견이 영상의학 검사에서 관찰되게 된다. 원고의 폐의 진단적 영상 결과에서도 이상소견이 있고, 원고를 최근까지 치료한 ☆☆☆☆☆☆☆병원 등에서는 원고의 증상에 대하여 가습기 세정액과의 연관 가능성이 있다고 보았다.

③ 통상적으로 감염성 폐질환은 스테로이드 등 약물 투여로 증상이 완화되는데, 가습기살균제 사용자들에게 발생한 폐손상의 경우에는 기존 약물치료에 반응하지 않는다. 원고의 경우에도 폐섬유화와 관련된 세균, 진균 및 바이러스성 병원체가 발견되지 않았고 조직병리학적, 임상적 소견도 감염성 질환과 부합하지 않는다(갑 제96호증, 한편 갑 제2호증의 기재에 의하면 당초 원고는 2010. 6. ◇◇병원으로부터 상세불명의 세균성 폐렴으로 진단을 받았으나 당시 가습기살균제와의 연관 가능성이 전혀 문제 되지 않은 상황에서 정밀검사를 거치기 전의 진단이어서 위 결과만으로 원고가 감염성 폐질환이었다고 단정하기는 어렵다).

④ 질병관리본부는 2011. 8.경 역학조사 및 연구 결과 집단적 중증 폐손상의 원인이 가습기살균제로 추정된다고 발표한 데 이어서 동물흡입독성실험을 시행하여 2011. 11. 및 2012. 2.경 이 사건 가습기살균제와 폐손상의 연관성이 확인된 중간 및 최종실험 결과를 발표하였다.

⑤ 원고는 구제계정운용위원회에서 구제급여 상당 지원 대상자로 인정되었다. 구제계정운용위원회는 가습기살균제 노출 및 역학·독성학 연구를 보고받고, 가습

기살균제 건강피해와 관련성이 높은 성인 간질성 폐질환 등 4개 질환을 특별구제계정 대상 질환으로 선정하였는데 기존 건강피해 인정질환이 소염중심성 섬유화를 동반한 폐질환이었다면, 위에서 새롭게 인정된 간질성 폐질환은 폐의 간질을 주로 침범하는 비종양성, 비감염성 질환이다. 한편 가습기살균제 피해구제를 위한 특별법 시행령 제32조에 의한 구제급여 상당 지원 인정기준으로는 가습기살균제 노출과 신청자의 건강피해 발생 간에 의학적 개연성이 인정될 것, 가습기살균제 노출과 건강피해 발생 간에 시간적 선후관계가 확인될 것, 건강피해의 정도가 중증이거나 지속적일 것이 충족되어야 하는데 원고의 경우 이에 충족됨이 확인되었다.

⑥ 피고들의 전 임원, 연구소 직원 등이 이 사건 가습기살균제 사용으로 인해 인명피해가 발생한 사건으로 업무상과실치사 등의 죄로 유죄판결을 받았다(서울고등법원 2017노242호, 대법원 2017도12537호).

⑦ 위와 같은 사실 및 사정에 비추어 보면 이 사건 가습기살균제에 일응 하자가 있었다는 것을 추단할 수 있고 원고는 이 사건 가습기살균제를 정상적인 용법으로 사용하였는데도 신체에 손상을 입은 사실을 인정할 수 있다. 그럼에도 불구하고 피고들은 원고의 손해가 이 사건 가습기살균제의 하자가 아닌 다른 원인으로 발생한 것임을 증명하지 못하고 있으므로 이 사건 가습기살균제에 하자가 존재하고 그 하자로 말미암아 원고에게 손해가 발생하였다고 추정된다.

2) 제조물책임의 성립요건으로서 표시상의 결함 유무

(가) 관련 법리

제조업자 등이 합리적인 설명, 지시, 경고 기타의 표시를 하였더라면 당해 제조물에 의하여 발생될 수 있는 피해나 위험을 줄이거나 피할 수 있었음에도 이를 하지 아니한 때에는 그와 같은 표시상의 결함(지시·경고상의 결함)에 대하여도 불법행위로 인한 책임이 인정될 수 있고, 그와 같은 결함이 존재하는지 여부에 대한 판단을 함에 있어서는 제조물의 특성, 통상 사용되는 사용형태, 제조물에 대한 사용자의 기대의 내용, 예상되는 위험의 내용, 위험에 대한 사용자의 인식 및 사용자에 의한 위험회피의 가능성 등의 여러 사정을 종합적으로 고려하여 사회통념에 비추어 판단하여야 한다(대법원 2003. 9. 5. 선고 2002다17333 판결 등 참조).

(나) 판단

제조물책임법상 '표시상의 결함'이란 제조업자가 합리적인 설명 · 지시 · 경고 또는 그 밖의 표시를 하였더라면 해당 제조물에 의하여 발생할 수 있는 피해나 위험을 줄이거나 피할 수 있었음에도 이를 하지 아니한 경우를 말하는바(제조물책임법 제2조 제2호 (다)목), 이 사건 가습기살균제 용기에 기재된 문구가 표시상의 결함을 가지고 있는지 살펴본다.

갑 제3호증의 기재 및 영상에 의하면, 이 사건 가습기살균제의 용기에는 '가습기 청소를 간편하게, 살균 99.9% ― 아이에게도 안심', '인체에 안전한 성분을 사용하여 안심하고 사용할 수 있습니다', '항균, 정화 기능이 있는 가습기를 사용하더라도 가습기는 습기가 높아 세균이 쉽게 번식합니다. 세균이 번식하면 물때 또한 쉽게 끼게 됩니다. 가습기의 수증기는 직접 들이마시므로 자칫 기관지 점막을 자극해 호흡기 증상을 악화시킬 수 있기 때문에 세균 번식을 억제하기 위하여 물을 매일 갈아주더라도 2~3일에 한 번씩은 청소가 필요합니다. ○○○○ □□□□□을 사용하면 세균번식을 막고 곰팡이 물때를 방지하여 주어 가습기 청소가 쉬워집니다' 등의 문구가 기재되어 있는 사실이 인정된다.

위 인정 사실 및 앞서 든 증거에 변론 전체의 취지를 종합하여 인정되는 아래와 같은 사정들에 의하면, 이 사건 가습기살균제에는 표시상의 결함이 존재한다고 보인다.

① 이 사건 가습기살균제는 가습기 물을 교체할 때 가습기 물에 넣어 사용하게 되는데, 가습기는 일반적으로 수분을 조절하기 위하여 사용하는 것으로 건강에 취약한 어린아이나 임산부, 노약자 등 면역력이 약하거나 수분조절 능력이 저하된 사람들이 밀폐된 공간에서 사용하는 경우가 대부분으로, 가습기에서 분사되는 입자들이 호흡기로 들어와 인체에 흡입되기 쉬운 환경이므로 그 안전성이 무엇보다 중요하다.

② 피고들은 PHMG가 흡입독성 여부에 대하여 안전하다고 판단받지 않은 물질인데도 이를 포함한 이 사건 가습기살균제의 용기에 인체에 안전하다는 취지의 문

구를 표기하여 원고를 비롯한 사용자들로 하여금 이 사건 가습기살균제가 마치 부작용이 전혀 없거나 제품의 안전기능이 완전하여 추가적인 안전예방조치를 하지 않아도 된다고 기대를 하게 하였다. 그러나 오히려 질병관리본부의 조사 결과에 따르면 이 사건 가습기살균제의 주요 성분인 PHMG가 폐손상과 밀접한 관련이 있다는 사실을 알 수 있다.

③ 원고를 비롯한 이 사건 가습기살균제의 사용자들은 위 제품의 안정성이나 유해성 등을 객관적으로 알기 어려워 전적으로 피고들이 제시한 정보에 의존할 수밖에 없으므로, 이 사건 가습기살균제 용기에 기재된 표시를 그대로 믿을 수밖에 없었다.

3) 손해배상의 범위

원고는 당초 소송물에 따른 청구금액을 구분하지 않은 채 기왕치료비로 5,229,634원에 추가로 446,300원, 간병비로 약 180만 원이 지출되었고, 향후 치료비가 13,389,000원이 예상되는 점, 위자료로 원고 몫 500만 원, 원고의 배우자 몫 200만 원, 원고의 두 자녀와 시모 몫 총 150만 원이 적당한 점, 교통비 1,081,366원이 지출된 점 등을 고려하여 3,000만 원을 구한다고 하였는데, 원고에 대한 신체감정절차가 이루어지지 않은 점, 원고 대리인이 당심 변론종결 후 위자료만 구하는 취지의 참고서면을 제출한 점 등을 고려하여 피고들이 원고에게 배상할 손해의 범위를 위자료에 한정한다.

나아가 위자료 액수를 보면, 앞서 인정한 사실 및 변론 전체의 취지에 의하여 인정되는 다음과 같은 사정들, 즉 피고들은 이 사건 가습기살균제가 무해하다는 객관적인 실증자료가 없음에도 불구하고 인체에 안전하다는 취지의 문구를 기재한 이 사건 가습기살균제를 제조하여 그 안전성을 믿고 구입한 원고에게 폐손상이라는 피해를 발생시켰고 그로 인해 원고가 현재까지 육체적·정신적 고통을 겪고 있는 점, 피고들은 이 사건 가습기살균제와 원고의 상해 사이의 인과관계가 없다는 주장만을 할 뿐 원고에 대한 보상이나 진심 어린 반성을 하고 있지 않은 점, 원고가 이 사건 소에서 원고 본인이 아닌 가족의 위자료를 구할 수는 없는 점, 원고가 이 사건 조사에서 3등급 판정을 받았고 뒤늦게 구제급여 상당 지원 대상자로 인정되어 매월 일정액의 급여를 지급받게 된 점 등을 종합하여 피고들이 원고에게 배상하여야 할 위자료 액수를 500만 원으로 인정한다.

따라서 피고들은 연대하여 원고에게 500만 원 및 이에 대하여 원고가 구하는 바에 따라 2015. 2. 26.부터 피고들이 이행의무의 존재 여부 및 범위에 관하여 다투는 것이 타당하다고 인정되는 이 사건 판결 선고일인 2019. 9. 18.까지는 민법이 정한 연 5%의, 그 다음 날부터 다 갚는 날까지는 소송촉진 등에 관한 특례법이 정한 연 15%의 각 비율로 계산한 지연손해금을 지급할 의무가 있다(소송촉진 등에 관한 특례법 제3조 제1항 본문에 따른 법정이율을 연 20%에서 연 15%로 인하하는 내용의 소송촉진 등에 관한 특례법 제3조 제1항 본문의 법정이율에 관한 규정이 2015. 9. 25. 개정 공포되어 2015. 10. 1.부터 시행되었고, 위 시행 당시 이 사건 제1심의 변론이 종결되지 아니하였으므로 2015. 10. 1.이 경과한 이 사건 판결 선고일 다음 날부터 다 갚는 날까지의 지연손해금은 연 15%의 범위 내에서만 인정하고, 이를 초과하는 위 원고들의 지연손해금 청구 부분은 기각한다).

4) 결론

피고들이 제조·판매한 이 사건 가습기살균제에는 설계상 및 표시상의 결함이 존재하고, 그로 인하여 원고가 신체에 손상을 입었으므로, 피고들은 제조물책임법 제3조, 제5조에 따라 이 사건 가습기살균제의 결함으로 손해를 입은 원고에 대하여 그 손해를 연대하여 배상할 의무가 있다.

그렇다면 원고의 이 사건 청구는 위 인정 범위 내에서 이유 있어 인용하고, 나머지 청구는 이유 없어 기각할 것인바, 제1심판결은 이와 결론을 일부 달리하여 부당하므로 원고의 항소를 일부 받아들여 이를 취소하고, 피고들에 대하여 이 법원에서 인정한 위 돈의 지급을 명하며, 원고의 나머지 항소는 이유 없어 기각하기로 하여 주문과 같이 판결한다.

다. 시사점

이 판결이 시사하는 점은 앞에서 살펴본 "16. 가습기살균제로 업무상과실치사, 업무상과실치상, 표시·광고의 공정화에 관한 법률위반, 상습사기의 형사책임에 관한 사건(대판 2018. 1. 25, 2017도13628)"과 함께 소비자안전을 침해한 중대한 사건 중의 하나로 평가할 수 있다. 다만 이 소송은 직접 가습기 살균제를 사용하다가 피해를 입은 피해자 중의 극히 일부가 제기한 것으로 1심 판결이다.

가습기살균제의 유해성이라는 결함으로 인하여 피해규모가 2021년 9월말 기준으로 피해 구제 신청자는 총 7,576명, 환경부로부터 피해자로 인정을 받은 이들은 4,258명, 사망자의 숫자만도 1,018명으로 집계되고 있을 정도로 소비자안전을 침해한 최악의 사건이다.

현재 정부에서는 피해자 구제를 위한 특별법으로 '가습기살균제 피해구제를 위한 특별법' 제10조 제2항에 따라 환경부장관에게 구제급여 지급결정을 받은 피해자 및 유족들이 가해 기업을 상대로 소송을 제기하여 손해배상을 받을 수 있다. 환경부 산하 한국환경산업기술원은 대한법률구조공단과 2021년 4월 26일 "가습기살균제 피해자 법률구조사업을 위한 업무협약"을 체결하여 소송지원을 하고 있다.

끝으로 기업의 존립근거와 설립목적이 이윤추구에 있다고 하더라도 정도경영, 안전경영, 소비자후생과 고객만족경영 등은 아무리 강조해도 지나치지 않는 경영철학을 기반으로 하여야 한다는 점이다.

참 고 문 헌

강창경 · 최병록 · 박희주, 「제조물책임법의 제정에 관한 연구」, 한국소비자보호원, 1994.

권오승 등, 「제조물책임법」, 법문사, 2003.

박동진, 「제조물책임법 개정방안 연구」, 2012년도 법무부 · 공정거래위원회 연구용역과제보고서, 2012.

진효근 역, 야스다(安田)종합연구소, 「제조물책임대책」, 대광서림, 1995.

이은영, 「채권각론」, 박영사, 1989.

정용수 · 강병모, 「제조물책임과 제품안전인증제도에 관한 연구」, 한국소비자원 정책연구 2008-06, 한국소비자원, 101면, 2008.

최병록, 「최신 제조물책임법론」, 구룡문화사, 2007.

하종선 · 최병록, 「제조물책임법과 결함방지대책」, 한국표준협회, 2000.

한봉희, 「제조물책임법론」, 대왕사, 1997.

권영준, "제조물책임에 있어서의 결함", 「민법과 법학의 중요문제」(의당장경학박사고희기념론문집), 동국대학교출판부, 1987.

김상용, "제조물책임의 법리구성", 「인권과 정의」 제217호, 1994. 9.

김성탁, "제조물책임에 관한 비교법적 연구", 연세대 박사학위논문, 1991.

민경도, "제조물책임", 「경사 이회창선생화갑기념론문집－법과 정의－」, 1995.

송오식, "제조물책임법상 설계상의 결함", 「법률신문」 제3241호, 2004. 2. 9.

양창수, "한국의 제조물책임법", 「법학」 제42권 제2호, 서울대학교, 2001

연기영, "생산물책임의 주체와 객체", 「비교사법」 제5권 2호(통권9호), 1998.

여상규, "제조물책임소송과 증명책임", 「민사증거법(하) 재판자료」 제26집, 1985.

이상수, "임베디드 소프트웨어의 결함과 제조물책임 적용에 관한 고찰", 「법학논문집」 제39집 제2호, 2015.

이재상, "제조물 관련 불법행위책임 성립요건 및 판단기준(대법원 2013. 9. 26. 선고 2011다88870 판결)", 「법률신문」, 2013. 11. 11.

전광백, "TV제조회사의 제조물책임", 「법률신문」 제2493호, 1996. 4. 11.

전창조, "소비자보호의 사법적 처리에 관한 연구－제조물책임을 중심으로", 「아카데미논총」 제5집, 세계평화교수아카데미, 1977.

차성민, "정보통신업에서의 제조물책임", 「법조」 제55권 제1호, 2006.

최병록, "제조물책임의 법리와 입법방향에 관한 연구", 경북대학교 대학원 박사학위논문, 1994.

최병록, "의약품(감기약 콘택 600)의 제조물책임", 「법학논고」 제38집, 2012. 2.

최병록, "미니컵 젤리로 인한 어린이 질식 사망사건의 제조물책임—대법원 2010. 9. 9. 선고 2008
    다77795 판결(A); 대법원 2010. 11. 25. 선고 2008다67828 판결(B)—", 「서울법학」 제19권
    제3호, 서울시립대학교 법학연구소, 2012. 2.

홍천룡, "소비자피해의 민사적구제", 「경남대논문집」 제5집, 1978.

竹內昭夫 編, 「製造物責任法」, 東京: 有斐閣, 1990.

升田 純, 「詳解製造物責任法」, 商事法務研究會, 1997.

松本恒雄, "製造物の意義と範圍", 「ジュリスト」 No. 1051, 1994. 9.

松本恒雄, "アメリカにおける製造物責任", 「判例タイムズ」 第673號, 1988. 10.

東京高裁, 判決(判タ330号, 286面), 1975. 6. 30.

Schriner v. Pennsylvania Power & Light Co., 501. A. 2d 1128(Pa. Swper), 1985.

Ramsome v. Wisconsin Electric Power Co., 87 Wis. 2d 605, 275 N. W. 2d 641, 1979.

Winter v. G. P. Putnam's Sons, 938 F. 2d 1033, 1035(9th Cir.), 1991.

Schafer et al v. State Farm Fire & Casualty Company.

Gemignani, Product Liability and Software, 8 Rutgers Computer & Tech. L. J. 173, 1981.

저자 약력

경 력

경북대학교 법과대학 법학과 및 동 대학원 졸업(법학박사)
경북대학교 법과대학 강사 역임
한국소비자원 법제연구팀장 역임
한국표준협회, 한국능률협회를 비롯한 기업체 제조물책임법 강사
산업통상자원부 품질경영대상(대통령상) 고객만족경영 부문 심사위원
산업통상자원부 품질경쟁력 우수 100대기업, 50대중소기업 심사위원
한국소비자원 소비자분쟁조정위원회 비상임 분쟁조정위원
공정거래위원회/한국소비자원 CCM(소비자중심경영) 심사위원
사법시험(민법, 경제법), 변호사시험(민법), 입법고시(상황판단영역), 공인중개사,
주택관리사(보), 세무사, 공인노무사, 가맹거래사 등 출제위원
현재 서원대학교 공공서비스대학 경찰학부 교수(민법담당)

저 서

생활 속의 법의 이해
소비자와 권리
지식재산권의 이해
협동조합기본법
PL법과 기업의 대응방안(하종선·최병록 공저)
제조물책임법과 결함방지대책(하종선·최병록 공저)
소비자법과 정책(최병록 외 4인 공저)
최신 소비자법과 정책(최병록 외 1인 공저)

제2판
제조물책임법

초판발행   2018년 9월 15일
제2판발행   2022년 3월 15일

지은이   최병록
펴낸이   안종만·안상준

편 집   이승현
기획/마케팅   김한유
표지디자인   이영경
제 작   고철민·조영환

펴낸곳   (주) 박영사
             서울특별시 금천구 가산디지털2로 53, 210호(가산동, 한라시그마밸리)
             등록 1959. 3. 11. 제300-1959-1호(倫)

전 화   02)733-6771
f a x   02)736-4818
e-mail   pys@pybook.co.kr
homepage   www.pybook.co.kr
ISBN   979-11-303-4102-6   93360

정 가   20,000원